2025 최신개정판

LOGIN

FAT 1급

회계실무

김영철 지음

도서출판
어울림
www.aubook.co.kr

머리말

회계는 기업의 언어입니다. 회계를 통해서 많은 이용자들이 정보를 제공받고 있습니다. 회계는 약속이며 그리고 매우 논리적인 학문입니다.

회계를 잘하시려면
왜(WHY) 저렇게 처리할까? 계속 의문을 가지세요!!!
1. 이해하실려고 노력하세요.
   (처음 접한 회계와 세법의 용어는 매우 생소할 수 있습니다.
   생소한 단어에 대해서 네이버나 DAUM의 검색을 통해서 이해하셔야 합니다.)
2. 그리고 계속 쓰세요.(특히 분개)
3. 이해가 안되면 암기하십시오.
2, 3회독 후 다시 보시면 이해가 될 것입니다.

회계를 공부하시는 수험생들 중 대다수는 이론실력이 없는 상태에서 전산프로그램 입력연습에 많은 시간을 할애합니다. 그런 수험생들을 보면 너무 안쓰럽습니다. 회계이론의 기초가 바탕이 되지 않은 상태에서 입력에 치중해 시험을 대비한 수험생이라면 십중팔구 실패의 쓴 맛을 보게 될 것입니다.

모든 회계프로그램은 분개를 통하여 최종 산출물인 재무제표를 만들게 되어 있습니다. 따라서 회계이론이 정립되어 있으면 회계 프로그램에 입력하는 것은 단순 반복작업입니다.
대부분의 한국 기업들은 더존의 회계프로그램을 사용합니다. 그리고 한국공인회계사회가 주관하는 AT자격시험도 더존의 회계프로그램을 사용합니다.
본 교재는 AT자격시험 수험목적으로 만든 교재입니다. 그리고 AT시험의 특징은 실무중심의 회계교육을 표방하고 있습니다. 따라서 이 교재도 실무 중심에 맞게 편집하였습니다.

수험생 여러분!!
자격증을 취득하기 위해서는 본인의 노력이 합격의 키포인트입니다.
그리고 계속 "왜(WHY)"란 의문을 가지시고, 주변의 동료나 회계 선배들에게 계속 질문하십시오. 회계와 세법은 이론공부를 하는 것입니다.

본 교재에 있는 이론과 실무능력을 공부하시고 FAT1급 기출문제를 60분 안에 푸시는 연습을 계속하세요. 그래서 수험생 스스로 시간안분과 실력을 테스트하시고 부족한 부분은 보충하시기 바랍니다.

회계는 여러분 자신과의 싸움입니다. 자신을 이기십시요!!!

마지막으로 이 책 출간을 마무리해 주신 도서출판 어울림 임직원들에게 감사의 말을 드립니다.

2025년 1월
김 영 철

다음(Daum)카페 **"로그인과 함께하는 전산회계/전산세무"**

1. 실습 데이터(도서출판 어울림에서도 다운로드가 가능합니다.)

2. 오류수정표 및 추가 반영사항

3. Q/A게시판

로그인카페

NAVER 블로그 "로그인 전산회계/전산세무/AT"

1. **핵심요약**

2. **오류수정표 및 추가반영사항**

3. **개정세법 외**

국가직무능력 표준(NCS)

1. 정의

국가직무능력표준(NCS, national competency standards)은 산업현장에서 직무를 수행하기 위해 요구되는 지식·기술·소양 등의 내용을 국가가 산업부문별·수준별로 체계화한 것으로 산업현장의 직무를 성공적으로 수행하기 위해 필요한 능력(지식, 기술, 태도)을 국가적 차원에서 표준화한 것을 의미

2. 훈련이수체계

수준	직종	회계·감사	세무
6수준	전문가	사업결합회계	세무조사 대응 조세불복 청구 절세방안 수립
5수준	책임자	회계감사	법인세 신고 기타세무신고
4수준	중간 관리자	비영리회계	종합소득세 신고
3수준	실무자	원가계산 재무분석	세무정보 시스템 운용 원천징수 부가가치세 신고 법인세 세무조정 지방세 신고
2수준	초급자	전표관리 자금관리 재무제표 작성 회계정보 시스템 운용	전표처리 결산관리
-		직업기초능력	

3. 회계 · 감사직무

(1) 정의

회계 · 감사는 기업 및 조직 내 · 외부에 있는 의사결정자들이 효율적인 의사결정을 할 수 있도록 유용한 정보를 제공하며, 제공된 회계정보의 적정성을 파악하는 업무에 종사

(2) 능력단위요소

능력단위(수준)	수준	능력단위요소	교재 내용
전표관리	3	회계상 거래 인식하기	이론적 기초
		전표 작성하기	자산, 부채, 자본 등
		증빙서류 관리하기	
자금관리	3	현금시재관리하기	자산
		예금관리하기	
		법인카드 관리하기	부채
		어음수표관리하기	자산
원가계산	4	원가요소 관리하기(3)	
		원가배부하기(3)	
		원가계산하기	
		원가정보활용하기	
결산관리	4	결산분개하기(3)	결산
		장부마감하기(3)	
		재무제표 작성하기	
회계정보 시스템 운용	3	회계 관련 DB마스터 관리하기	프로그램 설치 및 실행 프로그램 첫걸음
		회계프로그램 운용하기	
		회계정보활용하기	
재무분석	5	재무비율 분석하기(4)	
		CVP 분석하기(4)	
		경영의사결정 정보 제공하기	
회계감사	5	내부감사준비하기	
		외부감사준비하기(4)	
		재무정보 공시하기(4)	
사업결합회계	6	연결재무정부 수집하기(4)	
		연결정산표 작성하기(5)	
		연결재무제표 작성하기	
		합병 · 분할회계 처리하기	
비영리회계	4	비영리대상 판단하기	비영리회계
		비영리 회계 처리하기	
		비영리 회계 보고서 작성하기	

4. 세무직무

(1) 정의

기업의 활동을 위하여 주어진 세법범위 내에서 조세부담을 최소화시키는 조세전략을 포함하고 정확한 과세소득과 과세표준 및 세액을 산출하여 과세당국에 신고·납부하는 업무에 종사

(2) 능력단위요소

능력단위(수준)	수준	능력단위요소	교재 내용
전표처리	2	회계상 거래 인식하기	재무회계
		전표 처리하기	
		증빙서류 관리하기	
결산관리	2	손익계정 마감하기	재무회계
		자산부채계정 마감하기	
		재무제표 작성하기	
세무정보 시스템 운용	3	세무관련 전표등록하기	프로그램 첫걸음
		보고서 조회·출력하기	
		마스터데이터 관리하기	
원천징수	3	근로/퇴직/이자/배당/연금/사업/기타소득 원천징수하기	
		비거주자의 국내원천소득 원천징수하기	
		근로소득 연말정산하기	
		사업소득 연말정산하기	
부가가치세 신고	3	세금계산서 발급·수취하기	부가가치세
		부가가치세 부속서류 작성하기	
		부가가치세 신고하기	
종합소득세 신고	4	사업소득 세무조정하기	
		종합소득세 부속서류 작성하기	
		종합소득세 신고하기	
법인세 세무조정	3	법인세신고 준비하기	
		부속서류 작성하기	
법인세 신고	5	각사업년도 소득 세무조정하기	
		부속서류 작성하기	
		법인세 신고하기	
		법인세 중간예납 신고하기	
지방세 신고	3	지방소득세 신고하기	
		취득세 신고하기	
		주민세 신고하기	
기타세무 신고	5	양도소득세/상속 증여세 신고하기	
		국제조세 계산하기	
		세목별 수정신고·경정 청구하기	

2025년 AT 자격시험 일정

1. 시험일자

회차	종목 및 등급	원서접수	시험일자	합격자발표
79회		02.06~02.12	02.22(토)	02.28(금)
80회		03.06~03.12	03.22(토)	03.28(금)
81회		04.03~04.09	04.19(토)	04.25(금)
82회		06.05~06.11	06.21(토)	06.27(금)
83회	FAT1,2급 TAT1,2급	07.03~07.09	07.19(토)	07.25(금)
84회		08.07~08.13	08.23(토)	08.29(금)
85회		10.10~10.16	10.25(토)	10.31(금)
86회		11.06~11.12	11.22(토)	11.28(금)
87회		12.04~12.10	12.20(토)	12.27(토)

2. 시험종목 및 평가범위

등급			평가범위
FAT 1급	이론 (30)	재무회계	계정과목별 회계처리, 재무상태표/손익계산서 작성, 결산
		부가가치세	부가가치세의 기초개념
	실무 (70)	기초정보관리	시스템 회계기초정보등록, 전기이월정보 관리
		회계정보관리	상기업의 회계정보(증빙포함)의 발생, 입력, 수정, 조회, 결산 및 재무제표작성
		회계정보분석	재무제표 /부가가치세 신고서 조회 및 분석

3. 시험방법 및 합격자 결정기준

1) 시험방법 : 실무이론(30%)은 객관식 4지 선다형,
　　　　　　　실무수행(70%)은 교육용 더존 Smart A 실무프로그램으로 함.
2) 합격자 결정기준 : 100점 만점에 70점 이상

4. 원서접수 및 합격자 발표

1) 접수기간 : 각 회차별 원서접수기간내 접수
2) 접수 및 합격자발표 : 자격시험사이트(http : //at.kicpa.or.kr)

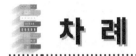
차 례

Part I. 이론

Part II. 실무능력

Part III. 기출문제

2024년 시행된 기출문제 중 합격률이 낮은 4회분 수록

〈LOGIN FAT1급 시리즈 2종〉

도서명	도서 내용	기출문제 횟수	용도	페이지
LOGIN FAT1급 (기본서)	이론, 실무, 기출문제	4회	강의용/독학용	약 570
LOGIN FAT1급 기출문제집	기출문제	14회	최종마무리용	약 300

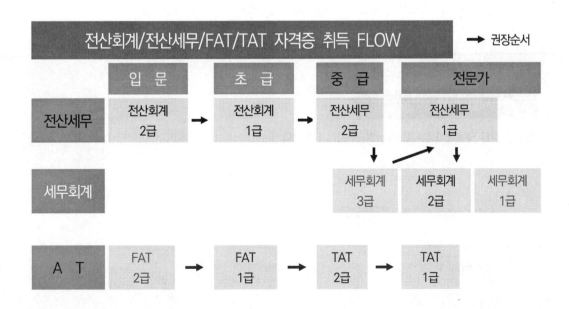

1분강의
QR코드 활용방법

본서 안에 있는 QR코드를 통해 연결되는 유튜브 동영상이 수험생 여러분들의 학습에 도움이 되기를 바랍니다.

방법 1

❶ 스마트폰에서 다음(Daum)을 실행한 후 검색창의 오른쪽 아이콘 터치

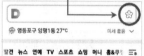

🔍 영동포구 양평1동 27°C   미세 좋음 ∨

발견 뉴스 연예 TV 스포츠 쇼핑 머니 홈&루틴 ☰ₐ

❷ '코드검색'을 터치하면 카메라 앱이 실행됨

음성검색   음악검색   꽃검색   코드검색

❸ 도서의 QR코드를 촬영하면 유튜브의 해당 동영상으로 자동 연결

되는 현금 및 현금성자산을 구하면 얼마인가?

• 배당금지급통지표 : 500,000원
• 양도성예금증서(100일 만기) : 500,000원

방법 2

카메라 앱을 실행하고, QR코드를 촬영하면 해당 유튜브 영상으로 이동할 수 있습니다.

개정세법 반영

유튜브 상단 댓글에 고정시켰으니, 참고하시기 바랍니다.

댓글 1개   ☰ 정렬 기준

LOGIN   댓글 추가...

LOGIN   @loginat1 1년 전
       <개정세법 2023> 2023년 0.8억 원 2024.7.1~2025.06.30
       👍 👎 ♡ 답글

✔ 과도한 데이터 사용량이 발생할 수 있으므로, Wi-Fi가 있는 곳에서 실행하시기 바랍니다.

Part I
이 론

Log-In
Log-In

Part I

Chapter I

재무회계

Section 01

이론적 기초

NCS회계 - 3 전표관리 - 회계상거래 인식하기

제1절 │ 회계란?

1. 회계의 개념 및 목적

기업의 경영활동에서 일어나는 자산과 부채 및 자본의 증감변화를 일정한 원리에 의하여 기록 · 계산 · 정리하고 이를 이해관계자에게 제공하는 것이다.

즉, 이는 ① 재무적 성격을 갖는 거래나 사건(기업의 회계자료)을 일정한 원리에 따라 기록 · 분류하여 재무제표를 작성하며

② 이를 회계정보이용자들의 경제적 의사결정에 유용한 정보를 제공하는 것이다.

2. 회계의 분류 : 정보이용자에 따른 분류

회사의 경영활동에는 주주, 채권자, 경영자등 다양한 이해관계자들과 관련되어 있고 이들은 직 · 간접적으로 회사와 이해관계를 가지고 있다.

이와 같이 기업의 외부에 있는 이해관계자를 외부 이해관계자라 하고, 기업의 내부에 있는 이해관계자를 내부이해관계자라 한다.

(1) 재무회계

재무회계는 투자자, 채권자, 정부 등 기업의 외부이해관계자들의 의사결정에 유용한 재무적 정보를 제공하는 것을 목적으로 하는 회계이다. 재무회계는 주로 기업외부의 투자자를 위한 회계이며, **기업회계기준을 적용하여 재무제표 작성을 중심**으로 한다.

한국의 회계기준 체계

회계기준	적용대상	관련법령
1. 한국채택국제회계기준	주권상장법인 및 금융회사	주식회사의 외부감사에 관한 법률
2. 일반기업회계기준	외부감사대상주식회사	

* 외부감사대상법인 : 주권상장법인 및 자산총액 120억원 이상 등 일정조건을 충족시키는 주식회사 등

(2) 관리회계

관리회계는 기업내부의 경영자가 합리적인 의사결정에 필요한 정보를 제공하는 것을 목적으로 하는 회계를 말한다. 관리회계는 주로 경영자의 경영계획 수립과 경영통제활동에 필요한 정보를 제공한다. 관리회계의 정보에는 기업의 재무적 정보뿐만 아니라 경영자의 의사결정에 필요한 판단자료까지 포함하게 되며, **재무회계와 달리 일반적으로 인정된 회계 원칙에 구애를 받지 않고 다양한 형태로 정보가 제공**된다.

관리회계는 일정한 형식이 없으며 법적 강제력 없이 필요에 따라 정보를 신속하게 제공하는데 중점을 두며, 주로 기업 경영상의 필요에 따라 특정 분야별 회계정보를 제공하게 된다.

(3) 재무회계와 관리회계의 비교

	재무회계	관리회계
목 적	외부보고	내부보고
정보이용자	투자자, 채권자 등 외부정보이용자	경영자, 관리자 등 내부 정보 이용자
최종산출물	**재무제표**	**일정한 형식이 없는 보고서**
특 징	**과거정보의 집계보고**	**미래와 관련된 정보 위주**
법적강제력	있음	없음

제2절 | 회계의 기본적 개념

1. 자 산

일상생활에서 재산이라는 말을 흔히 사용한다. 재산은 개인이 가지고 있는 금전적 가치가 있는 물건 및 권리를 말한다. 이러한 재산을 회계에서는 자산이라고 한다. 즉 **자산이란 기업이 소유하고 있는 물건 및 권리로서 금전적 가치가 있는 것**이다.

현 금	일상적으로 통용되는 화폐와 동전		
예 금	은행 등에 일시적으로 예치한 금액(보통예금, 정기예금, 정기적금)		
매 출 채 권 (상 거 래)	외상매출금	**외상으로 상품을 판매한 경우** 판매대금을 받을 권리	
	받을어음	**상품을 판매**하고 그 대금으로 받은 어음을 말한다. ☞ 어음 : 발행하는 사람이 일정한 금액을 일정한 시기와 장소에서 지급할 것을 약속한 유가증권을 말한다.	
미 수 금 (상 거 래 이외)	**상품이외의 물건을 외상으로 판매**하고 받을 돈을 말하는데, 회사가 사용하던 차량(영업용)을 외상으로 판매한 경우에 미수금이라는 채권을 사용한다.		
선 급 금	상품을 사기 전에 미리 지급한 계약금		
대 여 금	타인에게 빌려준 돈		
상 품	판매할 목적으로 다른 사람으로부터 구입한 물건		
제 품	판매할 목적으로 자기가 제조하여 만든 물건		
원 재 료	제품을 제조할 목적으로 구입한 원료, 재료		
토 지	영업활동을 위하여 소유하고 있는 땅		
건 물	영업활동을 위하여 소유하고 있는 공장이나 창고, 영업소 등의 건물 등		
비 품	회사에서 사용하는 책걸상, 복사기 등(내용연수가 1년 이상인 것)		
임 차 보 증 금	부동산을 사용하기 위하여 임차인이 임대인에게 지급하는 보증금을 말한다.		

		외상매입(구입)	외상매출(매각)
상거래	**회사의 고유목적사업** (상품의 매입·판매)	① 매입채무	② 매출채권
상거래 이외	고유목적사업이외 (유형자산 등의 구입·매각)	ⓐ 미지급금	ⓑ 미수금

2. 부채

일상생활에서 빌린 돈(빚)과 같은 것이며, **기업이 미래에 변제하여야 하는 경제적 가치**를 말한다. 즉, 부채는 다른 사람으로 부터 빌린 돈으로서 앞으로 갚아야 할 것을 말한다. 기업이 가지고 있는 대표적인 부채항목을 보면 다음과 같다.

매 입 채 무 (상 거 래)	외 상 매 입 금	**상품을 외상으로 매입**한 경우 상품대금을 지급할 의무
	지 급 어 음	**상품을 매입하고** 그 대금으로 어음을 준 경우
미 지 급 금 (상거래이외)		**상품 이외의 물건을 외상으로 구입**하고 지급할 금액을 말하는데, 회사가 영업목적으로 차량을 외상으로 구입한 경우에 미지급금이라는 채무를 사용한다.
선 수 금		상품을 사고자 하는 사람에게 미리 받은 계약금
차 입 금		타인으로부터 빌린 돈
임 대 보 증 금		임대인이 부동산등을 임차인에게 빌려주고 받은 보증금을 말한다.

3. 자 본

자본이란 부채이외의 자금 중 기업 자신이 조달한 것을 회계에서 자본이라고 한다.

자본은 기업의 재산에 대한 소유주 지분 또는 기업의 순자산(순재산)을 의미하는 것으로서 자기자본이라고도 한다.

자산-부채=자본(=순자산, 자기자본)

4. 수 익

수익(revenue)이란 일정기간 동안 **기업이 모든 활동을 통하여 벌어들인 수입**으로서 고객에게 상품을 판매하거나 서비스를 제공하고 받은 것으로서 자본을 증가시키는 것을 말한다.

상 품 매 출	상품을 판매하고 받은 대가
제 품 매 출	제품을 판매하고 받은 대가
(수입)임대료	부동산을 빌려 주고 받은 대가
이 자 수 익	현금을 은행에 예금하거나, 타인에게 빌려주고 받은 이자

5. 비 용

비용(expense)이란 **수익을 얻는 과정에서 소비 또는 지출한 경제가치**를 말한다. 즉, 비용은 수익을 얻기 위하여 소비·지출한 것으로서 기업의 자본(순자산)을 감소시키는 원인이 된다.

상 품 매 출 원 가	상품매출에 직접 대응되는 상품원가로서 회사가 구입한 상품의 원가
제 품 매 출 원 가	제품매출에 직접 대응되는 제품원가로서 회사가 원재료를 가공해서 제품을 만들기 위해 투입된 원가
급 여	종업원에게 지급하는 근로대가
(지급)임차료	부동산 등을 빌린 경우에 지급하는 월세
이 자 비 용	은행에서 차입하거나 타인에게 돈을 빌리고 지급하는 이자
세 금 과 공 과 금	국세, 지방세 등 세금과 각종 공과금
○ ○ 비	○○비는 대부분 비용에 해당한다. **(예외 : 개발비는 무형자산)**

6. 이익(또는 손실)

경영성과

$$수익 - 비용 = 손익(= 이익 \ 또는 \ 손실)$$

수익에서 비용을 차감한 결과를 말하며 이는 두 가지 결과로 나타난다.
① 이익 : 수익이 비용을 초과한 경우 → <u>순자산(자본) 증가</u>의 결과를 가져온다.
② 손실 : 비용이 수익을 초과한 경우 → <u>순자산(자본) 감소</u>의 결과를 가져온다.

█ 제3절 │ 재무제표

1. 재무제표의 종류

〈재무제표의 종류와 체계〉

기초의 재무상태 재무상태표(기 초)	**2. 손익계산서** (일정기간의 경영성과)	1. 일정시점 재무상태 재무상태표(기 말)
	3. 현금흐름표 (일정기간의 <u>영업, 투자, 재무활동</u>에 따른 현금의 변동)	
	4. 자본변동표 (일정기간의 자본의 변동내역)	

5. 주 석
(재무제표에 필요한 추가적인 정보 제공)
☞ <u>해당 개별항목에 기호를 붙이고 별지에 동일한 기호를 표시하여 그 내용을 설명한다.</u>

☞ 정태적(일정시점)보고서 : 재무상태표
　동태적(일정기간)보고서 : 손익계산서, 현금흐름표, 자본변동표

2. 재무제표의 기본요소

(1) 재무상태표(대차대조표)의 기본 요소

① 자산 : ㉠ 과거의 거래나 사건의 결과로서 ㉡ 현재 기업에 의해 지배되고(통제)
  ㉢ 미래에 경제적 효익을 창출할 것으로 기대되는 자원이다. (경제적 자원 - 미래 현금의 유입)
② 부채 : ㉠ 과거의 거래나 사건의 결과로 ㉡ 현재 기업이 부담하고 있고(의무), ㉢ 미래에 자원
  의 유출이 예상되는 의무이다. (경제적 의무 - 미래현금의 유출)
③ 자본(소유주지분, 잔여지분) : 기업의 자산 총액에서 부채 총액을 차감한 잔여금액(= 순자산)
  으로서 기업의 자산에 대한 소유주의 잔여청구권이다.

(2) 손익계산서의 기본요소

① 수익 : 기업의 경영활동과 관련된 재화의 판매나 용역의 제공 등에 대한 대가로 발생 하는 자산의
  유입 또는 부채의 감소이다.
② 비용 : 기업의 경영활동과 관련된 재화의 판매 또는 용역의 제공 등에 따라 발생하는 자산의
  유출 또는 부채의 증가이다.
③ 포괄손익 : 전통적 손익계산서의 기본요소는 수익과 비용이다.
  포괄이익이란 기업이 일정기간 동안 소유주와의 자본거래를 제외한 모든 거래나 사건에서 인
  식한 자본의 변동을 말한다.

포괄손익 = 당기순손익 + 기타포괄손익(매도가능증권평가손익 + 해외사업환산손익 등)

☞ 포괄손익계산서 : 전통적인 손익계산서의 당기손익과 기타포괄손익으로 구성된 재무제표

(3) 현금흐름표의 기본요소

① **영업활동 현금흐름** : 제품의 생산과 판매활동 등 회사의 주된 영업활동과 관련한 현금 흐름을
  말한다.
② **투자활동 현금흐름** : 주로 비유동자산의 취득과 처분, 여유자금의 운용활동과 관련한 현금흐
  름을 말한다.
③ **재무활동 현금흐름** : 자금조달 및 운용에 관한 현금흐름이다.

(4) 자본변동표의 기본요소

① **소유주(주주)의 투자** : 주주들의 회사에 대한 투자를 말하는 것으로서 순자산의 증가를 가져
  온다.
② **소유주(주주)에 대한 분배** : 현금배당 등을 함으로서 회사의 순자산이 감소하게 되는 것을 말한다.

3. 재무제표 요소의 측정

측정은 재무상태표와 손익계산서에 기록해야 할 재무제표 기본요소의 화폐금액을 결정하는 과정이다.

[자산 평가의 측정속성]

시장＼시간	과거가격	현행가격	미래가격
유입가치 (재화 유입시장)	취득원가 (역사적원가)	현행원가 (현행유입가치)	-
유출가치 (재화 유출시장)	-	현행유출가치	현재가치

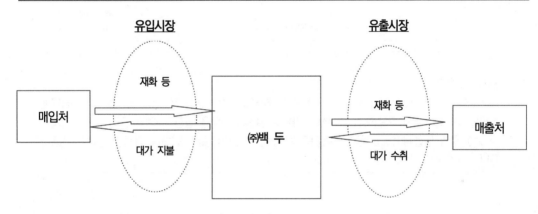

측정기준	자산	부채
1. 역사적원가	취득의 대가로 **취득당시에 지급한** 현금 등	부담하는 의무의 대가로 수취한 금액
2. 현행원가	동일하거나 또는 동등한 자산을 **현재시점에서 취득할 경우**에 그 대가	현재시점에서 그 의무를 이행하는데 필요한 현금 등
3. 실현가능가치	정상적으로 처분하는 경우 **수취할 것으로 예상되는** 현금 등	부채를 상환하기 위해 지급될 것으로 예상되는 현금 등
4. 현재가치	자산이 창출할 것으로 기대되는 **미래순현금유입액의 현재할인가치**로 평가	부채를 상환시 예상되는 미래순현금유출액의 현재할인가치로 평가

→ 참고 **현재가치**

1. 일시금의 미래가치

'일시금의 미래가치(future value : FV)'란 현재 일시금으로 지급한 금액에 복리를 적용한 이자를 합한, 미래에 받을 원리금(원금+이자)합계액을 말한다.

예를 들어 100,000원을 5%의 정기예금에 가입했다고 가정하자. 1년 후에 원금 100,000원과 이에 대한 이자 5,000원(100,000원×5%)을 합한 금액 105,000원을 은행으로부터 돌려받는다. 또한 2년 후에는 1년 후의 원금 105,000원 과 이에 대한 이자 5,250(105,000원×5%)을 돌려 받는다.

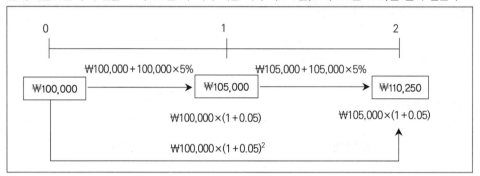

2. 일시금의 현재가치

'일시금의 현재가치(present value : PV)'란 미래가치의 반대개념으로 미래 일시에 받을 금액에서 복리를 적용한 이자를 차감해서 현시점의 가치로 환산한 금액을 말한다. 예를 들어 5%의 이자율에서 2년 후에 받을 110,250원의 현재시점의 가치는 미래가치를 계산하는 과정을 반대로 적용하면 된다.

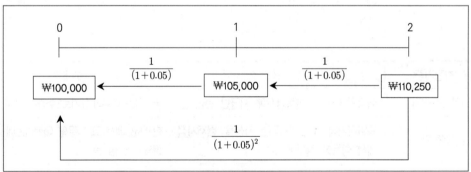

4. 재무제표 작성과 표시의 일반원칙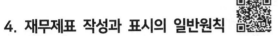

(1) 재무제표의 작성책임

재무제표의 작성과 표시에 대한 책임은 경영자에게 있다.

(2) 계속기업

경영자는 재무제표를 작성 시 기업의 존속가능성을 평가하고, **계속기업을 전제로 재무제표를 작성**해야 한다.

(3) 중요성과 통합표시

중요한 항목은 재무제표의 본문이나 주석에 그 내용을 가장 잘 나타낼 수 있도록 구분표시하며, 중요하지 않는 항목은 **성격이나 기능이 유사한 항목과 통합하여 표시할 수 있다.(예 : 판매비와 관리비)** **재무제표본문에는 통합하여 표시한 항목이라 할지라도 주석에는 이를 구분하여 표시할 만큼 중요한 항목인 경우 주석으로 기재한다.**

(4) 공시

① 비교정보
- 계량정보 : 기간별 비교가능성을 높이기 위해서 **전기와 비교하는 형식으로 작성**해야 한다.
- 비계량정보 : 당기 재무제표를 이해하는데 필요시 전기 재무제표의 **비계량정보를 비교하여 주석에 기재**한다.

② 항목의 표시와 분류의 계속성
재무제표의 항목의 표시와 분류는 원칙적으로 매기 동일하여야 한다.

③ 금액표시
이용자들에게 오해를 줄 염려가 없는 경우에는 **금액을 천원이나 백만원 단위 등으로 표시**할 수 있다.

5. 재무상태표의 작성기준

재무상태표(대차대조표)는 회계연도 종료일 현재 기업의 재무상태를 나타내는 보고서로 자산, 부채 및 자본으로 구분하여 표시하여야 한다.

재 무 상 태 표

20×1년 12월 31일 현재

㈜백두   단위 : 원

과 목	금 액	과 목	금 액
자 산		부 채	
Ⅰ. 유 동 자 산		Ⅰ. 유 동 부 채	
(1) 당 좌 자 산		Ⅱ. 비 유 동 부 채	
…		부 채 총 계	
(2) 재 고 자 산			
		자 본	
Ⅱ. 비 유 동 자 산		Ⅰ. 자 본 금	
(1) 투 자 자 산		Ⅱ. 자 본 잉 여 금	
(2) 유 형 자 산		Ⅲ. 자 본 조 정	
(3) 무 형 자 산		Ⅳ. 기타포괄손익누계액	
(4) 기 타 비 유 동 자 산		Ⅴ. 이 익 잉 여 금	
		자 본 총 계	
자 산 총 계		부 채 와 자 본 총 계	

1. 구분표시의 원칙	재무상태표상에 자산 · 부채 및 자본을 종류별, 성격별로 적절히 분류하여 일정한 체계 하에 구분 · 표시한다.
2. 1년 기준	자산과 부채는 결산일 **현재 1년 또는 정상적인 영업주기**를 기준으로 구분, 표시 → 자산(부채) 중 1년 내에 현금화(지급할)되는 것에 대해서 유동자산(유동부채)로 분류하고 그렇지 않는 것은 비유동자산(비유동부채)로 표시한다.
3. 유동성배열	**자산, 부채는 환금성이 빠른 순서로 배열**한다. 따라서 재무상태표의 자산은 당좌자산, 재고자산, 투자자산, 유형자산, 무형자산, 기타비유동자산의 순서로 배열한다.
4. 총액주의	자산, 부채는 순액으로 표기하지 아니하고 **총액으로 기재한다.** **[자산항목과 부채항목간의 상계금지]** (예) 당좌예금과 당좌차월, 외상매출금과 선수금 ☞상계 : 채권자와 채무자가 동종의 채권 · 채무를 가지는 경우에 그 채권과 채무를 비슷한 금액에 있어서 소멸시키는 의사표시를 말한다.
5. 잉여금 구분의 원칙	주식회사의 잉여금은 **주주와의 자본거래인 자본잉여금과 영업활동의 결과인 이익잉여금**으로 구분하여 표시하여야 한다.

6. **미결산항목 및 비망계정(가수금, 가지급금 등)**은 그 내용을 나타내는 적절한 계정과목으로 표시하고 재무제표상 표시해서는 안된다.

☞비망(memorandum)계정 : 어떤 거래의 발생을 잠정적으로 기록하는 계정으로 향후 확정되면 대체된다.

6. 손익계산서의 작성기준

손익계산서

20×1년 1월 1일부터 20×1년 12월 31일까지

㈜백두   단위 : 원

과　　목	금　　액
Ⅰ. 매 출 액 Ⅱ. 매출원가(1+2-3) 　　1. 기초상품재고액 　　2. 당기상품매입액 　　3. 기말상품재고액 Ⅲ. 매출총이익(Ⅰ-Ⅱ) Ⅳ. 판매비와 관리비 Ⅴ. 영업이익(영업손실)(Ⅲ-Ⅳ) Ⅵ. 영업외수익 Ⅶ. 영업외비용 Ⅷ. 법인세비용차감전순이익(Ⅴ+Ⅵ-Ⅶ) Ⅸ. 법인세비용 Ⅹ. 당기순이익(당기순손실)(Ⅷ-Ⅸ) Ⅺ. 주당순손익	**영업관련(상거래)-계속·반복** **(회사의 고유목적사업)** **영업이외-일시·우발** **(부수적인 수익/비용)**

☞ 영업수익은 매출액이고 영업비용은 매출원가와 판매비와 관리비가 해당한다.

1. 구분계산의 원칙	손익은 매출총손익, 영업손익, 법인세비용차감전순손익, 당기순손익, 주당순손익으로 구분하여 표시한다. ☞ **제조업, 판매업 및 건설업 외의 업종에 속하는 기업은 매출총손익의 구분표시를 생략할 수 있다.**
2. 발생기준 (수익, 비용)	현금주의란 현금을 수취한 때 수익으로 인식하고 지출한 때 비용으로 인식하는 것을 말하는데, **발생주의란 현금 유·출입시점에 관계없이 당해 거래나 사건이 발생한 기간에 수익·비용을 인식하는 방법**을 말한다.
3. 실현주의(수익)	수익은 **실현시기(원칙 : 판매시점)**를 기준으로 계상한다. 즉, 수익은 ① 경제적 효익의 유입가능성이 매우 높고 ② 그 효익을 신뢰성있게 측정할 수 있을 때 수익을 인식하는 것을 의미한다.
4. 수익비용대응의 원칙(비용)	비용은 관련수익이 인식된 기간에 인식한다. 즉 비용은 수익을 창출하기 위하여 발생된 비용을 관련된 수익이 인식된 기간에 대응시켜야 한다는 원칙이다.
5. 총액주의	**수익과 비용은 총액으로 기재한다.** 대표적인 예로 이자수익과 이자비용을 상계하지 말고 영업외수익, 영업외비용으로 각각 기재하여야 한다.

7. 중간재무제표

중간재무제표란 **중간기간(3개월, 6개월)을 한 회계연도로 보고 작성한 재무제표**를 말한다.

(1) 종류 : 재무상태표, 손익계산서, 현금흐름표, 자본변동표, 주석

(2) 작성기간 및 비교형식

중간기간이란 보통 3개월(분기), 6개월(반기)이 대표적이나 그 밖의 기간도 가능하다.
중간재무제표는 다음과 같이 비교하는 형식으로 작성한다.
재무상태표는 당해 중간기간말과 직전 회계연도말을 비교하는 형식으로 작성하고 손익계산서는
중간기간과 누적중간기간을 직전 회계연도의 동일 기간과 비교하는 형식으로 작성한다.

(3) 공시

연차재무제표와 동일한 양식으로 작성함을 원칙으로 하나, 다만 계정과목 등은 대폭 요약하거나
일괄 표시할 수 있다.

8. 주 석

주석은 일반적으로 **정보이용자가 재무제표를 이해하고 다른 기업의 재무제표와 비교하는데 도움이 되는 정보**를 말한다.
① 일반기업회계기준에 준거하여 재무제표를 작성하였다는 사실의 명기
② 재무제표 작성에 적용된 유의적인 회계정책의 요약
③ 재무제표 본문에 표시된 항목에 대한 보충정보
④ 기타 우발상황, 약정사항 등의 계량정보와 비계량정보

30

제4절 회계의 기록

1. 회계의 기록대상 - 거래

기업의 자산, 부채, 자본을 증가시키거나 감소시키는 모든 활동을 거래라 한다.

회계상 거래로 인식하기 위해서는

① **회사의 재산상태(자산·부채·자본)에 영향을 미쳐야 하고**

② **그 영향을 금액으로 측정 가능하여야 한다.**

주의할 점은 회계상 거래와 경영활동에서 사용하는 거래의 의미가 반드시 일치하지 않는다는 점이다.

2. 거래요소의 결합관계

(1) 거래의 이중성

회계상의 모든 거래는 원인과 결과라는 두 가지 속성이 공존하는데, 모든 회계상 거래는 차변요소와 대변요소로 결합되어 이루어진다. 그리고 차변과 대변요소의 금액도 같게 되는데 이것을 거래의 이중성 또는 양면성(원인과 결과)이라 한다.

즉, 복식부기에서는 하나의 **회계상 거래가 발생하면 반드시 왼쪽(차변)과 동시에 오른쪽(대변)에 기입**한다.

(2) 거래의 8요소와 결합관계

기업에서 발생하는 거래형태는 여러 가지가 있으나 결과적으로 자산의 증가와 감소, 부채의 증가와 감소, 자본의 증가와 감소, 수익과 비용의 발생이라는 8개의 요소로 결합된다. 이것을 거래의 8요소라고 한다.

〈재무상태표＋손익계산서〉 (시산표)

차 변		대 변	
자산	⇧	부채	⇧
		자본	⇧
비용	⇧	수익	⇧
계	××××	계	××××

차변과 대변은 언제나 일치한다.

재무상태표와 손익계산서를 합친표를 시산표라 하는데, 차변에는 자산, 비용 대변에는 부채, 자본, 수익을 기재한다. **따라서 자산의 증가는 차변에 기재하고 마찬가지로 자산의 감소는 대변에 기재하게 되는데 이러한 것을 조합하면 거래의 8요소가 된다.**

〈거래 요소의 결합관계〉

왼쪽(차변)	오른쪽(대변)
자산의 증가	자산의 감소
부채의 감소	부채의 증가
자본의 감소	자본의 증가
비용의 발생	수익의 발생

3. 계정 및 계정과목

기업의 자산·부채·자본의 증감 변화를 항목별로 세분하여 기록·계산·정리하는 구분단위로서 회사에서 일어나는 거래들 중 유사한 것들만 모아서 분류해놓은 것을 계정이라 하고, 현금계정, 상품계정 등과 같이 계정에 붙이는 이름을 계정과목이라고 한다.

재무상태표 계 정	자산	현금, 매출채권(외상매출금, 받을어음), 미수금, 대여금, 상품, 건물, 임차보증금 등
	부채	매입채무(외상매입금, 지급어음), 미지급금, 차입금 등
	자본	자본금 등
손익계산서 계 정	수익	상품매출, 제품매출, 이자수익, 임대료 등
	비용	상품매출원가, 제품매출원가, 이자비용, 임차료, 급여, 여비교통비 등

이와 같이 계정기록 방법을 요약하면
① 자산의 증가는 차변, 감소는 대변에
② 부채(자본)의 증가는 대변, 감소는 차변에
③ 수익의 발생은 대변, 소멸은 차변에
④ 비용이 발생은 차변, 소멸은 대변에
결국 거래의 8요소에 따라 회계상 거래를 계정에 기록하면 된다.

대차평균(대차균형)의 원리

거래가 발생하면 거래의 이중성에 의하여 차변과 대변에 기입되고, 금액도 일치하게 되며, 아무리 많은 거래가 발생하더라도 계정전체를 통하여 본다면 차·대변 합계액은 일치하게 되는데 이것을 대차 평균의 원리라 한다. 이 대차평균의 원리에 의하여 복식회계는 자기검증 기능을 갖게 된다.

4. 분 개

분개란 거래가 발생하면 그 거래의 내용을 차변요소와 대변요소로 세분하여 어느 계정에 얼마의 금액을 각 계정에 적어 넣을 것인지 결정하는 절차를 말한다.

즉, 회계상 거래를 거래의 이중성에 따라 차변요소와 대변요소로 나누고 계정과목과 금액을 결정하는 것이다.

5. 전 기

전기란 분개한 것을 해당계정에 옮겨 적는 것을 말한다. 또한 이러한 계정들이 모여 있는 장부 즉, 모든 계정들이 모여 있는 장부라는 뜻에서 총계정원장 또는 원장이라고 한다. 즉, 분개가 끝난 뒤 분개한 내용을 각 계정에 옮겨 기입하는 것을 전기라 하며, 전기하는 방법은 차변과목은 해당 계정 차변에, 대변과목은 해당 계정 대변에 금액을 기입하고, 과목은 상대계정과목을 기입한다.

그러면 다음 분개를 전기해보자.
기계를 구입하면서 현금 100,000원을 지급하였다면,

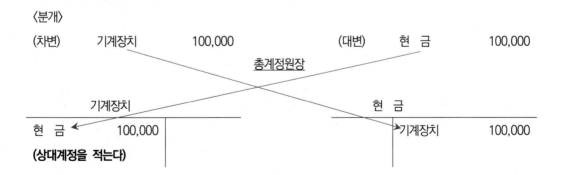

또한 총계정원장을 보고 역으로 분개를 할 수 있어야 한다.

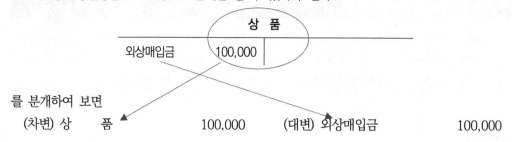

를 분개하여 보면

  (차변) 상   품   100,000   (대변) 외상매입금   100,000

예제 1-1 전기

다음 분개에 대해서 계정별로 전기를 하시오.

1.	(차) 원 재 료 11,000,000	(대) 현 금	11,000,000
2.	(차) 현 금 12,000,000	(대) 단 기 차 입 금	12,000,000
3.	(차) 차 량 운 반 구 13,000,000	(대) 현 금 미 지 급 금	3,000,000 10,000,000
4.	(차) 현 금 14,000,000	(대) 제 품 매 출	14,000,000
5.	(차) 접대비(기업업무추진비) 15,000,000	(대) 미 지 급 금	15,000,000

[자산]

  ⊕   현   금   ⊖

  ⊕   원 재 료   ⊖

  ⊕   차량운반구   ⊖

[부채]

⊖	단기차입금	⊕

⊖	미지급급	⊕

[수익]

⊖	제품매출	⊕

[비용]

⊕	접 대 비	⊖

해답

[전기]

⊕		현 금		⊖
2. 단기차입금	12,000,000	1. 원 재 료	11,000,000
4. 제품 매 출	14,000,000	3. 차량운반구	3,000,000

⊕		원 재 료	⊖
1. 현 금	11,000,000	

⊕		차량운반구	⊖
3. 현 금	3,000,000	
3. 미지급금	10,000,000	

[부채]

⊖	단기차입금		⊕
	2. 현 금	12,000,000

35

⊖	미지급금	⊕
	3. 차량운반구	10,000,000
	5. 접대비	15,000,000
	(기업업무추진비)	

[수익]

⊖	제품매출	⊕
	4. 현 금	14,000,000

[비용]

⊕	접 대 비(기업업무추진비)	⊖
5. 미지급금	15,000,000	

예제 1-2 전기 및 분개

㈜백두의 총계정원장에 전기한 내역에 대해서 분개하시오.

	외상매출금		
1.제품매출	1,100	2.현 금	1,200
		3.보통예금	1,300

	선급금		
4.현 금	1,400	5.원 재 료	1,400

	지급어음		
7.당좌예금	1,600	6.원 재 료	1,600

	자본금		
		8.기계장치	1,800

(분개)

1.	(차)	(대)	
2.	(차)	(대)	
3.	(차)	(대)	
4.	(차)	(대)	
5.	(차)	(대)	
6.	(차)	(대)	
7.	(차)	(대)	
8.	(차)	(대)	

해답

1.	(차) 외상매출금	1,100	(대) 제품 매출	1,100
2.	(차) 현 금	1,200	(대) 외상매출금	1,200
3.	(차) 보통예금	1,300	(대) 외상매출금	1,300
4.	(차) 선 급 금	1,400	(대) 현 금	1,400
5.	(차) 원 재 료	1,400	(대) 선 급 금	1,400
6.	(차) 원 재 료	1,600	(대) 지 급 어 음	1,600
7.	(차) 지 급 어 음	1,600	(대) 당 좌 예 금	1,600
8.	(차) 기 계 장 치	1,800	(대) 자 본 금	1,800

제5절 | 회계의 순환과정

회계의 순환과정이란 회계상 거래를 식별하여 장부상에 기록하고, 최종적으로 정보이용자들에게
회계정보를 제공해 주는 수단인 재무제표를 완성하기까지의 모든 과정을 말한다.

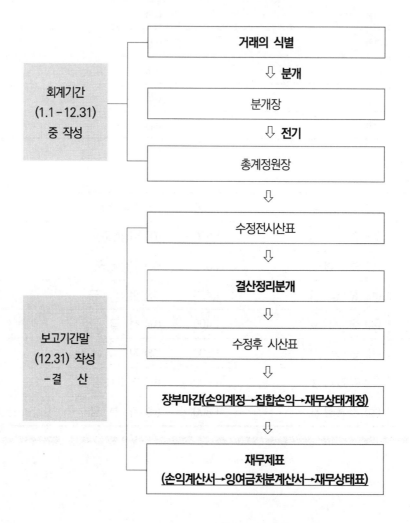

[로그인 시리즈]

전전기	전기	당기	차기	차기
20yo	20x0	**20x1**	20x2	20x3
2021	2022	**2025**	2024	2025

 객관식

01. 다음 중 재무회계의 목적에 관한 설명으로 옳지 않은 것은?

① 기업에 관한 투자 및 신용의사결정에 유용한 정보를 제공한다.

② 기업의 미래 현금흐름 예측에 유용한 정보를 제공한다.

③ 특정 기업실체에 관한 정보 뿐 아니라, 산업 또는 경제 전반에 관한 정보도 제공한다.

④ 경영자의 수탁책임 평가에 유용한 정보를 제공한다.

02. 다음 중 회계정보이용자에 따른 재무회계의 정보제공 목적으로 옳지 않은 것은?

① 경영자의 수탁책임 평가에 필요한 정보 제공

② 고객을 위한 상품별 원가 정보 제공

③ 투자 및 신용 의사결정에 필요한 정보 제공

④ 재무상태, 경영성과, 현금흐름 및 자본변동에 대한 정보 제공

03. 다음 중 재무보고에 대한 설명으로 옳지 않은 것은?

① 재무보고는 다양한 이해관계자의 경제적 의사결정을 위해 재무정보를 제공하는 것을 말한다.

② 재무제표는 가장 핵심적인 재무보고 수단이다.

③ 재무보고는 기업실체의 경제적 자원과 의무, 경영성과, 현금흐름, 자본변동 등에 관한 정보를 제공하는 것을 말한다.

④ 주석은 재무제표에 포함되지 않는다.

04. (주)한공은 사무실에서 업무용으로 사용하던 복사기를 외상으로 판매하였다. 이 거래로부터 발생하는 채권계정으로 옳은 것은?

① 외상매출금   ② 받을어음

③ 미수금   ④ 미수수익

05. 다음 중 재무제표 작성과 표시의 일반원칙에 대한 설명으로 옳은 것은?

① 자산과 부채는 원칙적으로 상계하여 표시한다.

② 재무제표의 작성과 표시에 대한 책임은 종업원에게 있다.

③ 중요한 항목은 재무제표의 본문이나 주석에 통합하여 표시한다.

④ 경영진은 재무제표 작성 시 계속기업으로서의 존속가능성을 평가해야 한다.

06. 다음은 회계의 기초개념에 대한 대화이다. 바르게 설명하고 있는 학생을 모두 고른 것은?

> • 현종 : 회계는 회계정보이용자의 합리적인 의사결정에 유용한 정보를 제공하는데 목적이 있어.
> • 재영 : 회계의 내부정보이용자에는 투자자, 채권자, 정부기관 등이 있지.
> • 지수 : 회계에서 기업의 경영 활동을 기록, 계산하기 위한 장소적 범위를 회계기간이라고 해.
> • 주혁 : 회계용어 중 전기는 회계기간이 시작하는 날을 의미하지.

① 현종   ② 지수, 주혁

③ 현종, 재영, 주혁   ④ 현종, 재영, 지수, 주혁

※ 1차 저작권자의 저작권 침해 소지가 있어 삽화 삽입은 어려우니 양해바랍니다.

07. 다음 중 재무제표에 대한 설명으로 옳은 것은?

① 재무상태표는 일정 기간 동안 기업의 경영성과에 대한 정보를 제공하는 재무보고서이다.

② 매출액은 주된 영업활동에서 발생한 총매출액에서 매출할인, 매출환입 등을 차감한 금액이다.

③ 손익계산서는 일정 시점 기업이 보유하고 있는 자산과 부채, 그리고 자본에 대한 정보를 제공한다.

④ 보고기간종료일로부터 1년 이내에 상환되어야 하는 사채는 비유동부채로 분류한다.

08. 다음 중 재무제표에 대한 설명으로 옳지 않은 것은?

① 유동자산은 당좌자산과 재고자산으로 구분하며, 비유동자산은 투자자산, 유형자산, 무형자산, 기타비유동자산으로 구분한다.

② 자본은 자본금, 자본잉여금, 자본조정, 기타포괄손익누계액 및 이익잉여금(또는 결손금)으로 구분한다.

③ 제조업, 판매업 및 건설업 외의 업종에 속하는 기업은 매출총손익의 구분표시를 생략할 수 있다.

④ 자산과 부채는 원칙적으로 상계하여 표시한다.

09. 재무제표의 작성과 표시에 대한 설명으로 옳지 않은 것은?

① 재무제표는 재무상태표, 손익계산서, 현금흐름표, 자본변동표로 구성되며, 주석을 포함한다.

② 일반적으로 인정되는 회계원칙에 따라 재무제표를 작성하면 회계정보의 기간별·기업간 비교가 능성이 높아진다.

③ 자산은 원칙적으로 1년을 기준으로 유동자산과 비유동자산으로 분류한다.

④ 현금흐름표는 일정 기간 동안 기업의 경영성과에 대한 정보를 제공하는 재무보고서로서 미래현금흐름과 수익창출능력의 예측에도 유용한 정보를 제공한다.

10. 다음 중 재무제표의 작성과 표시에 대한 설명으로 옳지 않은 것은?

① 경영진은 재무제표를 작성할 때 계속기업으로서의 존속가능성을 평가해야 한다.

② 재무제표의 작성과 표시에 대한 책임은 외부감사인에게 있다.

③ 재무제표는 경제적 사실과 거래의 실질을 반영하여 공정하게 표시하여야 한다.

④ 일반기업회계기준에 따라 적정하게 작성된 재무제표는 공정하게 표시된 재무제표로 본다.

11. 재무상태표의 기본구조에 관한 설명으로 옳지 않은 것은?

① 유동자산은 당좌자산과 재고자산으로 구분한다.

② 비유동자산은 투자자산, 유형자산, 무형자산, 기타비유동자산으로 구분한다.

③ 자산과 부채는 유동성이 작은 항목부터 배열하는 것을 원칙으로 한다.

④ 자본은 자본금, 자본잉여금, 자본조정, 기타포괄손익누계액 및 이익잉여금(또는 결손금)으로 구분한다.

12. 다음 중 재무상태표에 대한 설명으로 옳지 않은 것은?

① 현금및현금성자산은 별도 항목으로 구분하여 표시한다.

② 자본잉여금은 법정적립금과 임의적립금으로 구분하여 표시한다.

③ 자본금은 보통주 자본금과 우선주 자본금으로 구분하여 표시한다.

④ 자산과 부채는 원칙적으로 상계하여 표시하지 않는다.

13. 다음 (주)한공의 재무상태표에 대한 설명으로 옳지 않은 것은?

재 무 상 태 표

(주)한공	20x1. 12. 31. 현재		(단위 : 원)
현금및현금성자산	50,000	매 입 채 무	300,000
매 출 채 권	700,000	장 기 차 입 금	1,000,000
상 품	400,000	퇴직급여충당부채	200,000
투 자 부 동 산	100,000	자 본 금	200,000
본 사 건 물	500,000	이 익 잉 여 금	50,000
	1,750,000		1,750,000

① 유동자산은 750,000원이다.　　　② 투자자산은 100,000원이다.

③ 비유동부채는 1,200,000원이다.　　④ 자본은 250,000원이다.

14. 손익계산서에 대한 설명으로 옳지 않은 것은?

① 손익계산서는 경영성과에 대한 유용한 정보를 제공한다.

② 매출액은 총매출액에서 매출할인, 매출환입, 매출에누리를 차감한 금액으로 한다.

③ 매출원가는 매출액에 대응하는 원가로서, 매출원가의 산출과정을 재무상태표 본문에 표시하거나 주석으로 기재한다.

④ 포괄손익은 일정 기간 동안 주주와의 자본거래를 제외한 모든 거래나 사건에서 인식한 자본의 변동을 말한다.

15. 손익계산서와 관련된 설명으로 옳지 않은 것은?

① 매출액은 총매출액에서 매출할인, 매출환입, 매출에누리를 차감한 금액으로 한다.

② 판매비와관리비는 제품·상품·용역 등의 판매활동과 기업의 관리활동에서 발생하는 비용으로서 매출원가에 속하지 않는 모든 영업비용을 포함한다.

③ 영업외수익은 기업의 주된 영업활동이 아닌 활동으로부터 발생한 수익과 차익이다.

④ 매출총이익은 매출액에서 매출원가, 판매비와관리비를 차감한 금액으로 한다.

16. 다음 중 손익계산서에 대한 설명으로 옳지 않은 것은?

① 일정 기간 동안 기업실체의 경영성과에 대한 정보를 제공한다.

② 기업의 미래현금흐름과 수익창출능력 등의 예측에 유용한 정보를 제공한다.

③ 판매비와 관리비는 상품, 용역 등의 판매활동과 기업의 관리활동에서 발생하는 비용으로 매출원가에 속하지 아니하는 모든 영업비용을 포함한다.

④ 수익과 비용은 각각 순액으로 보고하는 것을 원칙으로 한다.

17. 다음은 재무상태표에 대한 대화이다. 선생님의 질문에 바르게 대답한 학생은?

> • 선생님 : 재무상태표에 대해 설명해 보세요.
> • 한국 : 자산과 부채는 유동성이 작은 항목부터 배열하는 것을 원칙으로 합니다.
> • 공인 : 자산, 부채, 자본으로 구분하여 표시합니다.
> • 회계 : 일정기간의 경영성과를 나타내기 위한 재무보고서입니다.
> • 사회 : 비유동자산은 투자자산, 유형자산, 무형자산, 기타의 비유동자산으로 구분합니다.

① 한국, 회계   ② 한국, 사회

③ 공인, 회계   ④ 공인, 사회

18. 다음 중 손익계산서에 대한 설명으로 옳은 것은?

① 자본의 크기와 변동에 관한 정보를 제공한다.

② 수익과 비용은 각각 총액으로만 보고해야 한다.

③ 일정 기간 기업실체에 대한 현금유입과 현금유출에 대한 정보를 제공하는 재무보고서이다.

④ 당해 회계기간의 경영성과를 나타낼 뿐만 아니라 기업의 미래현금흐름과 수익창출능력 등의 예측에 유용한 정보를 제공한다.

19. 다음 중 재무상태표에 대한 설명으로 옳은 것은?

① 기업실체에 대한 자본의 크기와 그 변동에 관한 정보를 제공하는 재무보고서이다.

② 일정 시점 현재 기업실체가 보유하고 있는 경제적 자원인 자산과 경제적 의무인 부채, 그리고 자본에 대한 정보를 제공하는 재무보고서이다.

③ 일정 기간 동안 기업실체의 경영성과에 대한 정보를 제공하는 재무보고서이다.

④ 일정 기간 동안 기업실체에 대한 현금유입과 현금유출에 대한 정보를 제공하는 재무보고서이다.

20. 다음 중 재무제표의 작성에 대한 설명으로 옳지 않은 것은?

① 기타포괄손익누계액은 손익계산서 항목이다.

② 자산은 유동자산과 비유동자산으로 분류한다.

③ 비용은 관련된 수익이 인식되는 기간에 인식하는 것을 원칙으로 한다.

④ 현금흐름표는 영업활동, 투자활동 및 재무활동으로 인한 현금흐름으로 구분하여 표시한다.

21. 다음 중 재무제표의 표시에 대한 내용을 잘못 설명하고 있는 사람은?

> 희영 : 재무제표에는 기업명, 보고기간종료일 또는 회계기간, 보고통화 및 금액단위를 기재해야 합니다.
>
> 상철 : 자산과 부채는 원칙적으로 상계하여 표시해야 하고 예외적으로 상계하지 않을 수 있습니다.
>
> 동연 : 재무제표 이용자에게 오해를 줄 염려가 없는 경우에는 금액을 천원이나 백만원 단위 등으로 표시할 수 있습니다.
>
> 윤우 : 재무제표의 기간별 비교가능성을 높이기 위하여 전기 재무제표의 정보를 당기와 비교하는 형식으로 표시해야 합니다.

※ 1차 저작권자의 저작권 침해 소지가 있어 삽화 삽입은 어려우니 양해바랍니다.

① 희영   ② 상철

③ 동연   ④ 윤우

주관식

AT시험에서 이론 문제는 객관식으로 출제되나, 수험생들의 학습효과를 높이기 위하여 주관식으로 편집했습니다.

01. 다음에 해당하는 재무제표는 무엇인가?

- 발생주의 원칙
- 당기순손익 산출의 근거자료
- 일정기간 동안의 경영성과를 나타내는 표

02. 다음에서 설명하고 있는 재무제표는 무엇인가?

- 기업의 일정 기간의 경영성과에 대한 정보를 제공하는 재무보고서이다.
- 기업의 미래 현금흐름과 수익창출능력 등의 예측에 유용한 정보를 제공한다.

연습 답안

Financial Accounting Technician

회계정보처리 자격시험 1급

🔑 객관식

1	2	3	4	5	6	7	8	9	10	11	12	13	14	15
③	②	④	③	④	①	②	④	④	②	③	②	①	③	④

16	17	18	19	20	21
④	④	④	②	①	②

[풀이 – 객관식]

01 **재무제표는 특정 기업실체에 관한 정보**를 제공하며, 산업 또는 경제 전반에 관한 정보를 제공하지는 않는다.

02 재무회계에는 상품별 원가 정보가 제공되지 않으며, 이는 관리회계(원가회계)를 통해 기업 내부이해 관계자에게 제공된다.

03 주석은 재무제표의 중요한 부분으로서, 중요한 회계방침이나 자산 및 부채 측정치에 대한 설명 등 재무제표가 제공하는 정보를 이해하는 데 필수적인 요소이다.

04 업무용으로 사용하고 있는 복사기는 유형자산이므로 이를 외상으로 판매하였을 경우 **상거래 이외의 채권인 미수금**을 사용한다.

05 ① 자산과 부채는 원칙적으로 상계하여 표시하지 않는다.

　② **재무제표의 작성과 표시에 대한 책임은 경영진**에게 있다.

　③ **중요한 항목**은 **재무제표의 본문이나 주석**에 그 내용을 잘 나타낼 수 있도록 **구분하여 표시**한다.

06 투자자, 채권자, 정부기관 등은 외부정보이용자이다. **회계기간은 시간적 범위**를 나타내며 **장소적 범위는 회계단위**라고 한다. 전기는 앞 회계연도이다.

07 ①은 손익계산서에 대한 설명이고 ③은 재무상태표에 대한 설명이다.

　④는 보고기간종료일로부터 1년 이내에 상환되어야 하는 사채는 유동부채로 분류한다.

08 **자산과 부채는 원칙적으로 상계하여 표시하지 않는다.**

09 일정 기간 동안 기업의 경영성과에 대한 정보를 제공하는 재무보고서로 미래현금흐름과 수익창출능력의 예측에도 유용한 정보를 제공하는 재무제표는 손익계산서이다.

10 **재무제표의 작성과 표시에 대한 책임은 경영진**에게 있다.

11 자산과 부채는 **유동성이 큰 항목부터 배열하는 것을 원칙**으로 한다.

12 자본잉여금은 **주식발행초과금과 기타자본잉여금으로 구분하여 표시**한다.

13 유동자산은 1,150,000원(현금및현금성자산 50,000원＋매출채권 700,000원＋상품 400,000원)이다.

14 매출원가는 매출액에 대응하는 원가로서, 매출원가의 산출과정은 재무상태표가 아닌 손익계산서 본문에 표시하거나 주석으로 기재한다.

15 매출총이익은 매출액에서 매출원가를 차감한 금액으로 한다.

16 **수익과 비용은 각각 총액으로 보고하는 것을 원칙**으로 한다.

17 재무상태표는 일정시점의 재무상태를 나타내기 위한 재무보고서이며, **자산과 부채는 유동성이 큰 항목부터 배열하는 것을 원칙**으로 한다.

18 ① 자본변동표에 대한 설명이다.

　② **수익과 비용은 각각 총액으로 보고하는 것을 원칙**으로 한다. 다만, 기준서에서 수익과 비용을 상계하도록 요구하는 경우에는 상계하여 표시하고, 허용하는 경우에는 상계하여 표시할 수 있다.

　③ 현금흐름표에 대한 설명이다.

19 ① 자본변동표에 대한 설명이다.

　③ 손익계산서에 대한 설명이다.

　④ 현금흐름표에 대한 설명이다.

20 **기타포괄손익누계액은 재무상태표(자본) 항목이다.**

21 **자산과 부채는 원칙적으로 상계하여 표시하지 않는다.**

🔑 주관식

| 01 | 손익계산서 | 02 | 손익계산서 | |

[풀이 – 주관식]

01~02 손익계산서는 **일정 기간 동안 기업의 경영성과, 미래 현금흐름, 수익창출능력 등의 예측에 유용**한 정보를 제공하는 재무제표이다.

Section 02

자 산

NCS회계 - 3	전표관리 – 전표작성하기/증빙서류 관리하기
	자금관리 – 현금시재/예금/어음수표 관리하기
NCS세무 - 2	전표처리

자산은

① **과거의 거래나 사건의 결과로서**

② **현재 기업에 의해 지배되고(통제)**

③ **미래에 경제적 효익을 창출할 것으로 기대되는 자원**이다.

자산은 원칙적으로 1년 기준에 의하여 유동자산과 비유동자산으로 구분된다.

제1절 유동자산

유동자산은 1년 이내에 현금화되는 유동성이 높은 자산이고, 그 외의 자산은 비유동자산으로 구분된다.

그러나 <u>1년을 초과하더라도 정상적인 영업주기 내(원재료 구입부터 대금회수까지 기간)에 실현될 것으로 예상되는 매출채권 등은 유동자산으로 구분</u>할 수 있다.

유동자산은 다시 당좌자산과 재고자산으로 분류한다.

1. 당좌자산

유동자산 중 회사의 주된 영업활동과 관련하여 보유하고 있는 상품, 제품 등 재고자산을 제외한 나머지를 통틀어 당좌자산이라 한다. 즉, **판매과정을 거치지 않고 재무상태표일(보고기간말)로부터 1년 이내에 현금화되는 모든 자산**을 말한다.

(1) 현금 및 현금성 자산

현금은 기업이 소유하고 있는 자산 중에서 가장 **유동성**이 높고 경영활동에 있어 기본적인 지급 수단으로 사용되며, 현금 및 현금성 자산은 재무상태표에 하나의 통합계정으로 표시되지만, 실무적으로는 현금계정, 보통예금계정, 당좌예금계정, 현금성자산계정 등을 각각 별도계정으로 구분해서 회계처리 하다가 기말시점에 이들 계정의 잔액을 통합해서 **현금 및 현금성자산이라는 계정으로 통합해서 별도항목으로 구분하여 표시하여야** 한다.

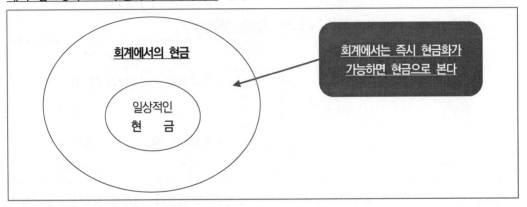

① 현금(통화대용증권)

현금 자체가 유동적이며 자산 중에서 가장 유동성이 높은 자산이다. 현금은 통화와 통화대용증권을 포함한다.

㉠ 통화

한국은행에서 발행한 지폐나 동전인 통화

㉡ 통화대용증권

통화는 아니지만 통화와 같은 효력이 있는 것으로 언제든지 통화와 교환할 수 있는 것으로서 **타인발행당좌수표, 은행발행자기앞수표, 송금수표, 가계수표, 우편환증서, 배당금지급 통지표, 만기가 도래한 공·사채 이자표** 등이 있다.

주의할 점은 우표나 수입인지, 수입증지는 현금처럼 유통될 수 없으므로 비용이나 선급비용으로 분류하고 차용증서(돈을 빌려 주고 받은 증서)는 대여금으로 분류한다.

☞ 자기앞수표 : 발행인이 지급인을 겸하는 수표로서, 발행인·지급인이 모두 은행이며 발행한 은행이 도산하기 전에는 지급이 보장되므로 이를 보증수표라고도 한다.

　우편환증서 : 현금을 송금청구서와 함께 우체국에 납부하면 우체국은 금액을 표시한 환증서를 발행하고, 송금인이 지정하는 우체국에서 지정된 수취인에게 지급하는 것을 말한다.

　송금수표 : 송금수표는 은행에서 발행하는 것으로서 우편환증서와 같다고 보시면 된다.

　수입인지 : 과세대상(인지세)인 계약서를 작성시 소정의 수입인지를 구입하여 첨부(인지세)하여야 한다. 또한 행정기관의 인허가 관련에 따른 수수료 등에 대해서 수입인지를 구입하여야 한다.(중앙정부에서 발행)

　수입증지 : 주민등록등 민원서류, 인허가 서류 제출시 수수료 등 행정처리 수수료이다.(지방자치단체에서 발행)

또한 **선일자수표는 매출채권 또는 미수금으로 분류**한다. 선일자수표란 실제 발행한 날 이후의 일자를 수표상의 발행일자로 하여 수표상의 발행일에 지급할 것을 약속하는 증서이다. 즉, **형식은 수표이지만 실질은 어음성격**을 가지고 있다.

② 요구불예금

회사가 필요한 경우 언제든지 현금으로 인출할 수 있는 예금으로서 보통예금, 당좌예금 등이 있다.

〈수표와 어음의 차이〉

수 표		어 음	
금액	10,000,000원	금액	10,000,000원
발행일	20x1. 5.1	발행일	20x1. 5.1
		지급기일(만기일)	**20x1. 8.1**
발행인	㈜ 백두	발행인	㈜ 백두

수표는 발행일에 은행에 제시하면 수표의 금액을 수령할 수 있으나, 어음의 경우에는 만기일에 제시하여야 어음의 금액을 받을 수 있다.

☞부도 : 어음이나 수표를 가진 사람이 기한이 되어도 어음이나 수표에 적힌 돈을 지급받지 못하는 일.

〈당좌차월〉

수표나 어음의 발행은 은행의 당좌예금잔액의 한도 내에서 발행하여야 하나, 은행과 당좌차월계약(차입계약)을 맺으면 예금잔액을 초과하여 계약 한도액까지 수표나 어음을 발행할 수 있는 방법이다. 이때 당좌예금 잔액을 초과하여 수표나 어음을 발행한 금액을 당좌차월이라고 하는데, 기업의 장부에는 당좌예금계정 대변의 잔액이 된다.

회계기간 중에는 당좌차월을 별도 구분하지 않고 회계처리할 수 있으며, **결산시점에서 대변잔액은 은행으로부터 차입한 것이므로 단기차입금의 계정과목으로 하여 유동부채로 분류**한다.

③ 현금성자산

"큰 거래 비용 없이 현금으로 전환이 용이하고, 이자율의 변동에 따라 가치변동 위험이 중요하지 않은 금융상품으로서 **취득당시 만기가 3개월 이내에 도래하는 것**"을 말한다.

ⓐ 금융시장에서 매각이 쉽고, 큰 거래비용 없이 현금으로 전환되기 쉬워야한다.

ⓑ 금융상품이 이자율 변동에 따라 가격변동이 크지 않아야 한다.

ⓒ **취득당시 만기가 3개월 이내에 도래**하여야 한다.

　　－취득 당시 만기가 3개월 이내 도래하는 채권
　　－취득당시 상환일 까지 기간이 3개월 이내인 상환우선주
　　－3개월 이내의 환매조건을 가진 환매채

■ T계정 이해(당좌예금)

당좌예금

ⓐ전기이월(기초)	1,000,000	ⓒ상품(지급액)	8,000,000
ⓑ상품매출(입금액)	10,000,000	ⓓ차기이월(기말)	3,000,000
계	11,000,000	계	11,000,000

ⓐ 전기이월(기초) : 전년도로부터 이월된 금액으로서 전기재무상태표의 당좌예금 금액과 일치한다.

ⓑ 입금액 : 상품매출(수익)이 발생하여 당좌예금을 증가시킨 금액

    (차) 당좌예금　　　　　　10,000,000　　　　(대) 상 품 매 출 등　　　　10,000,000

ⓒ 지급액 : 상품 등을 구입하기 위하여, 당좌수표를 발행한 금액

    (차) 상 품 등　　　　　　8,000,000　　　　(대) 당좌예금　　　　　　8,000,000

☞ *당좌차월 약정이 되어 있고 당좌예금 잔액 5,000,000원을 초과하여 당좌수표를 발행했다고 가정하면 다음과 같이 회계처리해야 한다.*

    (차) 상 품 등　　　　　　5,000,000　　　　(대) 당좌예금　　　　　　5,000,000
                                               당좌차월　　　　　　3,000,000

ⓓ 차기이월(기말) : 당좌예금 잔액으로 재무상태표 당좌예금계정에 집계되고, 차기의 기초금액이 된다.

 2 - 1 당좌예금과 당좌차월

㈜백두의 다음 거래를 분개하고 총계정원장(당좌예금)에 전기하시오. 또한 당좌차월금액이 있으면 기말 결산분개하시오.

기초 당좌예금 잔액은 100,000원이 있다(전년도에 국민은행과 당좌거래계약 및 당좌차월 계약을 맺었다. 당좌차월 한도액은 1,000,000원이고, **당좌차월계정을 사용하지 말고 당좌예금계정으로만 분개하시오**).

1. 5월 1일 한라상사로부터 상품 500,000원을 매입하고 대금은 당좌수표를 발행하여 지급하다.

2. 8월 1일 현금 100,000원을 국민은행 당좌예금에 예입하다.

3. 10월 1일 설악상사의 외상매입금 300,000원을 당좌수표를 발행하여 지급하다.

4. 12월 31일 당좌차월이자 10,000원이 당좌예금 계좌에서 인출되었다.

해답

1. 분개

1.	(차) 상 품	500,000	(대) 당좌예금	500,000	

☞ 기중에 당좌차월(유동부채)계정을 사용하여 기말에 당좌차월 잔액에 대해서 단기차입금으로 대체시켜도 된다.

    (차) 상   품   500,000   (대) 당좌예금   100,000
                                                   당좌차월   400,000
전산회계/기업회계 3급 시험에서는 당좌차월계정으로 처리한 것을 답으로 한다.

2.	(차) 당좌예금	100,000	(대) 현 금	100,000
3.	(차) 외상매입금	300,000	(대) 당좌예금	300,000
4.	(차) 이자비용	10,000	(대) 당좌예금	10,000

2. 결산 전 총계정원장

당좌예금(기말결산분개전)

1/1 기초	100,000	5/ 1 상품	500,000
8/1 현금	100,000	10/ 1 외상매입금	300,000
		12/31 이자비용	10,000
		12/31 잔액 ←	**△610,000**
계	200,000	계	200,000

당좌차월금액

3. 기말 결산분개

12월 31일	(차) 당좌예금	610,000	(대) 단기차입금	610,000

4. 결산 후 총계정원장

당좌예금(기말결산분개후)

1/ 1 기초잔액	100,000	5/ 1 상품	500,000
8/ 1 현금	100,000	10/ 1 외상매입금	300,000
12/31 단기차입금	**610,000**	12/31 이자비용	10,000
		12/31 기말잔액	**0**
합 계	810,000	합 계	810,000

5. 재무상태표

재 무 상 태 표

㈜백두   20×1년 12월 31일 현재   단위 : 원

자 산	금 액	부채 및 자본	금 액
1. 유동자산		1. 유동부채	
– 당좌예금	0	– 단기차입금	610,000

(2) 현금과부족(過不足) – 임시계정

현금이 들어오고 나갈 때마다 정확하게 기록한다면 장부상 현금잔액과 실제 현금잔액은 항상 일치할 것이다. 그러나 실수나 잘못된 기록의 오기로 장부상 현금과 실제 현금잔액이 일치하지 않는 경우가 있다.

현금과부족계정은 임시계정으로서 외부에 공시하는 재무상태표에 표시되어서는 안된다.

그러므로 현금불일치를 발견하였을 때 현금과부족이라는 임시계정에 회계처리하였다가, 추후 차이내역을 규명하여 해당 계정으로 회계처리한다.

그러나 결산 시까지 그 **원인이 밝혀지지 않는 경우 부족액은 잡손실계정(영업외비용)으로 처리하고, 초과액은 잡이익 계정(영업외수익)**으로 대체 처리하여야 한다.

현금과부족 잔액	결산시 원인 불명
차변	잡손실(영업외비용)
대변	잡이익(영업외수익)

> **예제** 2 - 2 현금과부족

㈜백두의 거래에 대하여 분개하시오.

1. 10월 31일 현금을 실사한 결과 장부보다 10,000원이 부족함을 발견하다.
2. 12월 31일 현금과부족의 원인을 확인할 결과 8,000원은 홍길동 대리의 시내교통비 지급임을 확인했고, 나머지 금액은 내역을 확인할 수 없다.

> **해답**

실제현금을 기준으로 하여 장부를 맞추어야 한다.

1.	(차) 현금과부족	10,000	(대) 현 금	10,000
2.	(차) 여비교통비 잡 손 실	8,000 2,000	(대) 현금과부족	10,000

(3) 단기투자자산

회사가 단기적인 투자 목적으로 **단기금융상품, 단기매매증권, 단기대여금 및 유동자산으로 분류되는 매도가능증권, 만기보유증권 등**을 보유하고 있는 경우 그 자산을 통합하여 단기투자자산으로 공시할 수 있다.

즉, 단기투자자산은 각 항목별 금액 등이 중요한 경우에는 각각 표시하지만 중요하지 않은 경우에는 통합하여 단기투자자산으로 통합하여 공시할 수 있다.

① 단기금융상품

금융기관이 취급하는 정기예금·정기적금 및 기타 정형화된 금융상품 등으로 기업이 단기적자금운영목적으로 보유하거나 **보고기간말로 부터 만기가 1년 이내에 도래**하여야 한다.

회계기간 중 정기예금·정기적금은 각각의 계정을 설정하여 회계처리를 하지만 발생빈도가 거의 없거나 비교적 소액일 경우 단기금융상품이라는 통합계정을 사용하기도 한다. 공시할 경우에도 단기금융상품으로 통합하여 표시한다.

② 단기대여금(VS 단기차입금)

금전소비대차계약에 따른 자금의 대여거래로 회수기한이 1년 내에 도래하는 채권이다.

☞ 소비대차 : 당사자 일방이 금전 기타 대체물의 소유권을 상대방에게 이전할 것을 약정하고, 상대방은 그와 동종 · 동질 · 동량의 물건을 반환할 것을 약정하는 계약

예제 2-3 자금의 대여거래

㈜백두와 거래상대방(㈜설악, ㈜청계)의 거래를 각각 분개하시오.

1. 4월 1일 거래처 ㈜설악에 3개월 후 상환조건(연이자율 10%, 월할계산)으로 차용증서를 받고 1,000,000원을 대여하고 선이자 30,000원을 공제한 잔액을 보통예금에서 이체하였다.

2. 5월 10일 ㈜청계의 자금사정으로 인하여 외상매출대금(500,000원)에 대해서 3개월간 대여하기로 약정 (이자율 연 12%)하고, 외상대금을 대여금으로 전환하다.

해답

1.	㈜백두	(차) 단기대여금	1,000,000원	(대) 보 통 예 금	970,000원
				이 자 수 익	30,000원
	㈜설악	(차) 보 통 예 금	970,000원	(대) 단기차입금	1,000,000원
		이 자 비 용	30,000원		
2.	㈜백두	(차) 단기대여금	500,000원	(대) 외상매출금	500,000원
	㈜청계	(차) 외상매입금	500,000원	(대) 단기차입금	500,000원

③ 단기매매증권

㉮ 유가증권 의의

유가증권이란 재산권 또는 재산적 이익을 받을 자격을 나타내는 증권을 말한다. 회계에서 유가증권은 주식, 사채, 국채, 공채를 말하고 어음과 수표는 제외한다. 그러나 법에서의 유가증권은 어음과 수표도 포함된다.

유가증권은 증권의 종류에 따라 **지분증권(주식)과 채무증권(사채(社債), 국채, 공채)**로 분류한다. 회사가 유가증권에 투자하는 이유는 회사의 여유자금을 투자하여 이익을 얻을 수 있으면서도 자금이 필요할 때는 즉시 매각하여 현금화할 수 있기 때문이다.

㈜ 한라(피투자회사 : 자금조달)   ㈜ 백두(투자회사 : 자금운용)

부채
- 사 채(채권) → 1. 단기매매증권
              → 2. 매도가능증권
              → 3. 만기보유증권

자본
- 자본금(주식)

[채권 – 채무증권]

[주식 – 지분증권]

주식을 소유하는 자를 주주라 하고 사채(채권)를 가지고 있는 자를 채권자라 하며 둘의 차이점은
다음과 같다.

	채 권 자	주 주
투자목적	원금＋이자	시세차익/타회사 통제/ 특별한 영업관계유지
회사의 원금상환의무	있다.	없다.
회사의 이자 및 배당금지급의무	**이익발생과 관계없이 확정이자 지급의무**	**배당은 이익발생에 영향을 받음**
경영권 참여여부(의결권)	없다.	있다.
회사해산시 권리	회사 해산시 채권자는 주주에 우선하여 잔여재산에 대하여 청구권을 갖는다.	주주는 잔여재산(자산－부채)에 대하여만 청구권을 갖는다.

㉯ 유가증권의 분류

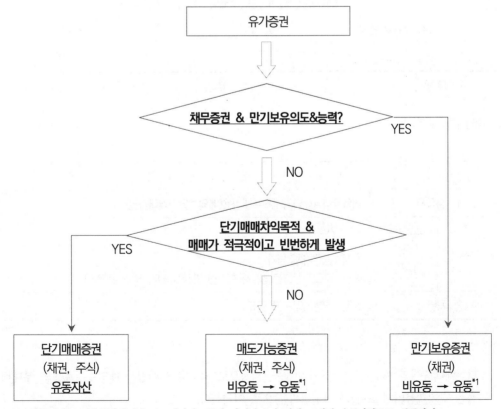

*1. 취득시에는 비유동자산이나 보고기간말로부터 만기가 1년 이내 도래시 유동자산으로 분류한다.

ⓐ **단기매매증권** : **단기간 내의 매매차익을 목적으로 취득한 유가증권**으로서 매수와 매도가 적극적이고 빈번하게 이루어지는 것을 말한다.

ⓑ **매도가능증권** : 단기매매증권 또는 만기보유증권으로 분류되지 아니한 유가증권을 말한다.

ⓒ **만기보유증권** : 만기가 확정된 채무증권으로서 상환금액이 확정되거나 확정이 가능한 채무증권을 만기까지 보유할 적극적인 의도와 능력이 있는 경우를 말한다.

또한 주식 중 다른 회사에 유의적인 영향력을 행사할 수 있는 주식에 대해서 **지분법적용투자주식**으로 분류한다(삼성전자가 삼성전기의 주식을 보유시).

단기매매증권은 유동자산으로 분류하나, 만기보유증권, 매도가능증권은 1년 내에 만기가 도래하거나 매도 등에 의하여 처분할 것이 확실할 때 유동자산으로 분류한다.

㉯ 단기매매증권

유가증권 중 ⓐ **공개된 시장을 통하여 공개적인 매매거래가 이루어지고 있고 & ⓑ단기적 자금(1년 이내 처분목적)운용을 목적으로 소유하는 것을 말한다.**

따라서 단기매매증권은 재무상태표에 유동자산으로 분류한다.

[자산의 취득 및 보유, 처분]

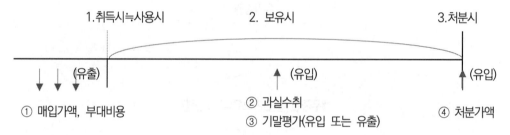

		회 계 처 리
1. 취득시		취득가액＝매입가액＋부대비용**(예외 : 단기매매증권)**
2. 보유시	과실수취	수익 인식
	기말평가	원칙 : 공정가치 평가 예외 : 재고자산(저가법), 유형자산(역사적 원가 또는 재평가)
3. 처분시		원칙 : 처분가액－장부가액

㉠ 취득시 회계처리

단기매매증권의 매입가액을 단기매매증권계정으로 처리하고 **매입시 매입수수료등의 부대비용은 당기비용(수수료비용 – 영업외비용)으로 처리**한다.

ⓛ 보유시 회계처리

ⓐ 과실수취

	이자 또는 배당금 수취시	
채무증권	이자수익으로 처리	
지분증권	현금배당	배당금수익
	주식배당	**회계처리는 하지 않고 수량과 단가를 새로이 계산한다.**

ⓑ 기말평가

유가증권을 보유시에는 유가증권발행회사로부터 배당금(지분증권)이나 이자(채무증권)를 받게 되고, 또한 재무상태표일(결산일) 시점에서 유가증권의 가격등락에 대하여 평가를 하여야 한다.

일반적으로 인정된 회계원칙에 의하여 원칙적으로 자산의 가액은 역사적원가(취득가액)으로 평가하여야 한다. 그러나 유가증권은 시가가 형성되어 있고 그 시가로 처분할 수 있는 것이 일반적이다. 따라서 주주들에게 **목적적합한 정보를 제공하기 위하여 기말에 유가증권을 공정가액으로** 평가하여 한다. **공정가액이란 합리적인 판단력과 거래의사가 있는 독립된 당사자간에 거래될 수 있는 교환가격**을 말한다.

평가액	평가손익
공정가액	영업외손익(단기매매증권평가익, 평가손)

평가이익과 평가손실이 동시에 발생하는 경우에는 이를 상계하지 않고 각각 **총액으로 표시하는 것이 원칙이지만, 그 금액이 중요하지 않은 경우에는 이를 상계하여 순액으로 표시할 수 있다.**

[공정가액법 : 시가법]

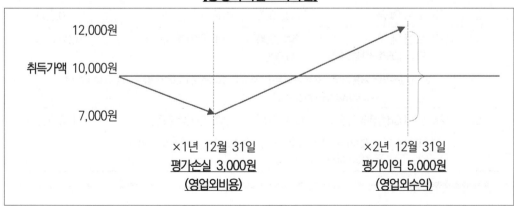

ⓒ 매각시 회계처리

단기매매증권을 처분시에는 **처분가액(각종 처분 시 수수료 차감후 가액)**에서 장부가액을 차감한 금액은 단기매매증권처분손익(영업외손익)으로 회계처리한다.

 2-4 단기매매증권

(주)백두의 거래에 대하여 분개하시오.

1. 20×1년 10월 31일 단기간 시세차익목적으로 ㈜한라의 주식 100주를 주당 10,000원에 매입하고 당좌수표를 발행하여 주고, 증권회사에 매입수수료 10,000원을 현금지급하다.
2. 20×1년 12월 31일 ㈜한라의 주식이 공정가액은 주당 12,000원이다.
3. 20×2년 3월 25일 ㈜한라 주식 보유에 대한 현금배당금 30,000원이 회사 보통예금계좌로 입금되다.
4. 20×2년 5월 31일 ㈜한라의 주식 50주를 주당 11,000원에 처분하고 증권회사 수수료 등 10,000원을 차감한 금액이 보통예금계좌에 입금되다.
5. 20×2년 12월 31일 ㈜한라의 주식의 공정가액은 주당 9,000원이다.

해답

1. 분개

1.	(차) 단기매매증권	1,000,000	(대) 당 좌 예 금	1,000,000
	수수료비용(영업외비용)	10,000	현 금	10,000
2.	(차) 단기매매증권	200,000	(대) 단기매매증권평가이익	200,000[*1]
	*1.평가손익＝공정가액－장부가액＝100주×(12,000원－10,000원)＝200,000원(평가이익)			
3.	(차) 보 통 예 금	30,000	(대) 배당금수익	30,000
4.	(차) 보 통 예 금	540,000	(대) 단기매매증권	600,000
	단기매매증권처분손실	60,000[*2]		
	*2. 처분손익＝처분가액－장부가액＝(50주×11,000원－10,000원)－50주×12,000원 ＝△60,000원(처분손실)			
5.	(차) 단기매매증권평가손실	150,000[*3]	(대) 단기매매증권	150,000
	*3.평가손익＝공정가액－장부가액＝50주×9,000원－50주×12,000원 ＝△150,000원(평가손실)			

[단기매매증권]

1. 취득				취득원가 = 매입가액	
2. 보유	기말평가			공정가액	단기매매증권평가손익(영업외손익)
	과실	이자(채권)		이자수익	
		배당금 (주식)	현금	배당금수익	
			주식	회계처리를 하지 않고 수량과 단가를 재계산	
3. 처분				처분손익 = 처분가액 – 장부가액	

 분개연습

1. 서울상사의 외상판매대금 중 5,300,000원은 약속어음(만기 10개월)으로 받고, 700,000원은 국민은행 보통예금계좌로 받았다.

2. ㈜어반바이크에 상품을 매출하고 받은 전자어음(5,300,000원)을 수취하였는데, 금일 전자어음의 만기가 도래하여 신한은행 당좌예금계좌로 전액 입금되었다.

3. 단기매매차익을 목적으로 상장회사인 (주)샘물의 주식 100주를 주당 17,000원(액면가액 10,000원)에 구입하고 매입수수료 20,000원을 포함하여 당사의 국민은행 보통예금계좌에서 인출하여 지급하였다.
   (단, 매입수수료는 영업외비용으로 처리할 것)

4. 회사는 단기매매를 목적으로 매입하여 보유하고 있던 (주)영진의 주식 전부를 주당 9,000원에 매각하고, 거래수수료 100,000원을 차감한 잔액을 우리은행 보통예금 계좌로 이체 받았다.

매입일자	매입처(발행처)	매입주식수	주당단가	액면가	매입금액	매매목적
20x1.3.2.	(주)영진	1,000주	6,000원	5,000원	6,000,000원	단기매매차익

5. (주)한공은 20x0년 12월 1일에 1,000,000원에 매입한 단기매매증권을 20x1년 1월 31일 800,000원에 현금 처분하였다. (단, 20x0년 12월 31일 공정가치는 900,000원이다.)

6. 기업은행에 가입한 정기예금(원금 20,000,000원 이자소득 1,000,000원)이 만기가 도래하여, 정기예금과 이자수령액은 국민은행 보통예금계좌에 입금되었다.

7. (주)전진자전거가 (주)보연헬스에게 30,000,000원(연이자율 5%, 대여기한 3개월)을 대여하면서 작성한 금전소비대차 계약서를 작성하고 (주)보연헬스에게 신한은행 보통예금 계좌에서 송금하였다..

 객관식

01. 다음 중 유동자산의 분류기준으로 옳지 않은 것은?

① 보고기간 종료일로부터 1년 초과의 사용제한이 있는 현금및현금성자산

② 단기매매 목적으로 보유하는 자산

③ 보고기간종료일로부터 1년 이내에 현금화 또는 실현될 것으로 예상되는 자산

④ 기업의 정상적인 영업주기 내에 실현될 것으로 예상되거나, 판매목적 또는 소비목적으로 보유하고 있는 자산

02. 다음은 현금및현금성자산에 관한 설명이다. (가), (나)에 들어갈 내용으로 옳은 것은?

> 현금및현금성자산은 통화 및 타인발행수표 등 통화대용증권과 당좌예금, 보통예금 및 큰 거래비용 없이 현금으로 전환이 용이하고 이자율 변동에 따른 가치변동의 위험이 경미한 금융상품으로서 (가) 만기일(또는 상환일)이 (나) 이내인 것을 말한다.

	(가)	(나)		(가)	(나)
①	취득당시	3개월	②	보고기간 종료일	3개월
③	취득당시	6개월	④	보고기간 종료일	6개월

03. 다음 중 현금및현금성자산에 해당하지 않는 것은?

① 통화

② 송금수표 및 우편환 증서

③ 당좌예금

④ 취득당시 만기가 6개월인 금융상품

04. 다음 중 단기매매증권에 대한 설명으로 옳은 것은?

① 단기매매증권은 비유동자산에 해당한다.

② 단기매매증권의 취득 시 발생한 부대비용은 취득원가에 포함한다.

③ 단기매매증권에 대한 미실현보유손익은 당기손익항목으로 처리한다.

④ 만기까지 보유할 적극적인 의도와 능력이 있는 경우에 단기매매증권으로 분류한다.

05. 다음 중 단기매매증권에 관한 설명으로 옳지 않은 것은?

① 단기매매증권은 단기 매매차익 실현을 목적으로 취득하며, 시장성 유무와는 무관하다.

② 단기매매증권의 취득과 관련된 부대비용은 당기비용으로 인식한다.

③ 단기매매증권은 기말에 공정가치로 평가한다.

④ 단기매매증권평가손익은 당기손익으로 인식한다.

06. 단기매매증권에 대한 설명으로 옳지 않은 것은?

① 단기매매증권은 단기간 내의 매매차익을 목적으로 취득한 시장성이 있는 유가증권이다.

② 단기매매증권의 평가손익은 기타포괄손익누계액으로 처리한다.

③ 단기매매증권을 취득하는 경우 취득원가는 공정가치로 측정한다.

④ 단기매매증권 취득 시 발생하는 거래수수료는 당기의 비용으로 처리한다.

07. 다음은 (주)한공의 단기매매증권 처분관련 자료이다. 20x1년 8월 11일 인식해야할 단기매매증권처분손익은 얼마인가?

> • 20x1년 6월 1일 (주)공인의 주식 1,000주를 1주당 500원에 취득하고, 매입수수료 10,000원 포함하여 510,000원을 지급하다.
> • 20x1년 8월 11일 위 주식 중 500주를 1주당 600원에 처분하고, 수수료 5,000원을 차감한 295,000원을 보통예금으로 수령하다.

① 단기매매증권처분이익 35,000원　　② 단기매매증권처분이익 40,000원

③ 단기매매증권처분이익 45,000원　　④ 단기매매증권처분이익 50,000원

08. 다음은 (주)한공의 단기매매증권(A주식) 관련 자료이다. 이에 대한 설명으로 옳은 것은?

> • 20x0년 11월 22일 : A주식 100주를 1주당 300원에 취득하고 취득수수료 2,000원을 지출하였다.
> • 20x0년 12월 31일 : A주식의 시가는 1주당 350원이다.
> • 20x1년 3월 7일 : A주식 전부를 1주당 370원에 처분하였다.

① 20x0년 11월 22일 A주식의 취득원가는 32,000원이다.

② 20x0년 12월 31일 재무상태표에 기록될 단기매매증권은 37,000원이다.

③ 20x0년 12월 31일 손익계산서에 기록될 단기매매증권 평가이익은 3,000원이다.

④ 20x1년 3월 7일 A주식 처분으로 인식할 단기매매증권 처분이익은 2,000원이다.

🔑 주관식

01. 다음은 (주)한공에서 보관 중인 결산시점의 자산내역이다. 재무상태표의 현금 및현금성자산으로 반영되는 금액은 얼마인가?

- 지폐와 주화 400,000원
- 거래처발행 당좌수표 200,000원
- 양도성예금증서(20x0.1.1. 취득. 20x2.2.20. 만기) 300,000원
- 거래처에서 수취한 약속어음(만기 2개월) 500,000원
- 환매조건이 있는 채권(만기 2개월) 200,000원

02. 다음은 (주)한공이 매입한 단기매매증권에 관한 사항이다. 단기매매증권의 취득원가는 얼마인가?

- (주)한성의 주식 100주(1주당 액면금액 10,000원, 1주당 매입금액 27,000원)
- 매입수수료 : 50,000원

03. 다음은 (주)한공이 20x1년에 취득하여 보유중인 단기매매증권에 대한 자료이다. 20x1년 손익계산서에 계상될 단기매매증권평가손익은 얼마인가?

- A사 주식 200주   취득원가 6,000원   공정가치 6,500원
- B사 주식 300주   취득원가 7,500원   공정가치 5,000원

04. (주)한공은 20x1년 11월 14일 단기투자목적으로 (주)부산의 주식 100주를 주당 20,000원에 취득하였고, 이때 발생된 주식거래수수료는 40,000원이다. 20x1년 말 (주)부산의 공정가치가 주당 17,000원일 때 주식평가손익을 구하시오.

05. (주)한공은 20x1년 11월 15일 단기간 내의 매매차익을 얻기 위한 목적으로 상장기업인 (주)한국의 주식 10주를 주당 20,000원에 취득하였다. 20x1년 12월 10일에 (주)한국의 주식 전부를 주당 21,000원에 매각하면서 수수료 5,000원을 지급한 경우 처분손익을 계산하시오.

🔑 분개연습

[1] (차) 받을어음(서울상사)   5,300,000   (대) 외상매출금(서울상사)   6,000,000
        보통예금(국민은행)   700,000

[2] (차) 당좌예금(신한은행)   5,300,000   (대) 받을어음((주)어반바이크)   5,300,000

[3] (차) 단기매매증권   1,700,000   (대) 보통예금(국민은행)   1,720,000
        수수료비용(영·비)   20,000

☞ 단기매매증권의 취득부대비용은 당기손익(영업외비용)으로 처리한다.
   또한 수수료비용나 수수료비용은 같은 계정과목입니다.

[4] (차) 보통예금(우리은행)   8,900,000   (대) 단기매매증권   6,000,000
                                          단기매매증권처분이익   2,900,000

☞ 거래수수료는 처분가액에서 차감한다.
   처분손익 = 처분가액 – 장부가액 = 8,900,000 – 6,000,000 = 2,900,000

[5] (차) 현금   800,000   (대) 단기매매증권   900,000
        단기매매증권처분손   100,000

☞ 20x1년 1월 31일 단기매매증권처분손실
   처분금액 – 장부금액 = 800,000원 – 900,000원(20x0년말 공정가액) = (–) 100,000원

[6] (차) 보통예금(국민은행)   21,000,000   (대) 정기예금(기업은행)   20,000,000
                                          이자수익   1,000,000

[7] (차) 단기대여금((주)보연헬스)   30,000,000   (대) 보통예금(신한은행)   30,000,000

⚡ 객관식

1	2	3	4	5	6	7	8						
①	①	④	③	①	②	③	④						

[풀이 – 객관식]

01 보고기간 종료일로부터 **1년 초과의 사용제한이 있는 현금및현금성자산은 비유동자산으로 분류**된다.

02 현금및현금성자산은 통화 및 타인발행수표 등 통화대용증권과 당좌예금, 보통예금 및 큰거래비용 없이 현금으로 전환이 용이하고 이자율 변동에 따른 가치변동의 위험이 경미한 금융상품으로서 **취득 당시 만기일(또는 상환일)이 3개월 이내인** 것을 말한다.

03 현금및현금성자산의 범위는 다음과 같다.
   ① 통화 : 지폐, 주화
   ② 통화대용증권 : 타인발행수표, 송금수표 및 우편환증서 등
   ③ 요구불예금 : 보통예금, 당좌예금
   ④ 현금전환이 용이하고, 가치변동 위험이 중요하지 않으며, **취득당시 만기가 3개월 이내인 금융상품**

04 ① 단기매매증권은 유동자산에 해당한다.
   ② 단기매매증권의 취득 시 발생한 **부대비용은 영업외비용(수수료비용)**으로 처리한다.
   ④ **만기까지 보유할 적극적인 의도와 능력**이 있는 경우에 만기보유증권으로 분류한다.

05 단기매매증권은 **시장성이 있고, 단기 매매차익 실현**을 목적으로 취득해야 한다.

06 **단기매매증권의 평가손익은 영업외손익**으로 처리한다.

07 6월 1일 1,000주 취득금액 : 1,000주×500원=500,000원(매입수수료는 당기비용 처리함)
   처분손익(500주 처분)=처분가액(300,000 – 5,000) – 장부가액(250,000)=45,000원(이익)

08 ① 취득원가 : 30,000원 (100주×300원, 취득수수료는 비용처리)
   ② 20x0년 말 단기매매증권 장부금액은 35,000원 (100주×350원)
   ③ 20x0년 단기매매증권평가이익=(350원 – 300원)×100주=5,000원
   ④ 20x1년 단기매매증권처분이익=(370원 – 350원)×100주=2,000원

🗝 **주관식**

01	800,000원	02	2,700,000원	03	단기매매증권평가손실 650,000원
04	단기매매증권평가손실 300,000원	05	단기매매증권처분이익 5,000원		

[풀이 – 주관식]

01 현금 및 현금성자산 : 지폐와 주화(400,000) + 거래처발행 당좌수표(200,000)

　　　　　　　　　　　　　　 + 환매조건부 채권(200,000)

　　 취득당시 만기가 3개월 이내인 금융상품등은 현금성자산에 해당한다.

02 단기매매증권의 취득원가 : 100주 × 27,000원 = 2,700,000원

　　 단기매매증권의 취득부대비용은 단기매매증권의 취득원가에 포함하지 아니하고, 당기비용으로 처리한다.

03. A사 주식 : 200주 × (6,500원 – 6,000원) = 100,000원

　　 B사 주식 : 300주 × (5,000원 – 7,500원) = (–)750,000원

　　 단기매매증권평가손익 = 100,000원 + (–)750,000원 = (–)650,000원(평가손실)

04. 단기투자목적의 주식은 단기매매증권으로 분류하고, 주식거래수수료는 당기비용한다.

　　 단기매매증권평가손실 = 기말평가액 – 취득원가

　　　　　　　　　　　　 = (17,000원 × 100주) – (20,000원 × 100주) = △300,000원(평가손실)

05. 단기매매증권처분손익 = 처분가액(처분수수료를 제외) – 장부가액

　　　　　　　　　　　　 = (10주 × 21,000원 – 5,000원) – (10주 × 20,000원)

　　　　　　　　　　　　 = 5,000원(처분이익)

(4) 채권·채무회계

채권이란 기업이 영업활동을 수행하는 과정에서 재화나 용역을 외상으로 판매하고 그 대가로 나중에 현금 등을 받을 권리 또는 다른 회사나 타인에게 자금을 대여하고 그 대가로 차용증서나 어음을 수취하는 경우 등을 통칭하여 채권이라 부른다.

반대로 채무는 다른 회사나 타인에게 재화 또는 용역 또는 현금을 지급해야 할 의무를 말한다. 이를 요약하면 다음과 같다.

채권자		거　　래	채무자	
매출채권	외상매출금	일반적인 상거래 발생한 채권·채무	매입채무	외상매입금
	받을어음			지급어음
미 수 금		일반적인 상거래 이외에서 발생한 채권·채무	미지급금	
대 여 금		자금거래에서 발생한 채권·채무	차 입 금	
선 급 금		재화나 용역의 완료 전에 지급하는 계약금	선 수 금	
미수수익		발생주의에 따라 당기의 수익/비용 인식	미지급비용	
선급비용		발생주의에 따라 차기의 수익/비용을 이연	선수수익	

① 외상매출금(VS 외상매입금) : **상거래 채권 및 채무**

상품매매업에 있어서 가장 빈번하게 발생하는 거래는 상품의 매출/매입거래이다. 그리고 대부분의 상품매매거래는 신용으로 거래되는 것이 대부분이다. 이때 사용하는 회계계정과목이 외상매출금과 외상매입금이다. 즉, 회사 영업의 주목적인 일반 상거래(상품이나 제품판매)에서 발생한 채권을 외상매출금, 채무를 외상매입금이라고 한다.

■ **T계정 이해**

외상매출금

ⓐ전기이월(기초)	1,000,000	ⓒ회수액	8,000,000
ⓑ외상매출액	10,000,000	ⓓ차기이월(기말)	3,000,000
계	11,000,000	계	11,000,000

ⓐ 전기이월(기초) : 전년도로부터 이월된 금액으로서 전기재무상태표의 외상매출금과 일치한다.

ⓑ 외상매출액 : 상품 등을 판매하여 외상매출금 금액을 증가된 금액

　(차) 외상매출금　　　　10,000,000　　　(대) 상 품 매 출　　　10,000,000

ⓒ 회수액 : 외상매출금에 대해서 현금 등으로 회수한 금액

　(차) 현금/받을어음　　　8,000,000　　　(대) 외상매출금　　　8,000,000

ⓓ 차기이월(기말) : 외상매출금을 미회수한 금액으로 재무상태표 외상매출금계정에 집계되고, 차기의 기초금액이 된다.

② 받을어음(VS 지급어음) : 상거래 채권 및 채무

상품이나 제품의 외상대금을 결제할 때 현금이나 수표에 의한 지급과 **어음에 의한 지급방법**이 있다. 즉, 어음이란 상품을 구입한 구매자가 일정기일에 대금을 판매자에게 지급하겠다고 약속하는 증서이다.

받을어음이란 회사가 상품을 판매하고 어음수령 한 경우에 어음상의 채권을 말한다.

지급어음이란 회사가 상품을 구입하고 어음을 발행한 경우에 어음상의 채무를 말한다.

㉠ 어음의 양도

어음의 소지인은 만기일 전에 **어음상의 권리를 자유로이 타인에게 양도**할 수 있다. 어음을 양도할 때 어음 뒷면에 필요사항을 기입하고 서명날인하는 것을 배서라고 한다.

㉡ 어음의 추심위임배서

은행이 어음 소지인의 의뢰를 받아 어음을 지급인에게 제시하여 지급하게 하는 것을 어음추심이라 한다. 어음을 추심의뢰 할 때에도 어음에 배서를 하여야 하는데 이것을 추심위임배서라 하고, 은행은 일정액의 추심수수료를 지급받게 되는데, **추심수수료는 영업상의 거래에 해당하므로 수수료비용(판매비와 관리비)**로 처리한다.

㉢ 어음의 할인

기업의 자금이 부족한 경우에는 소지하고 있는 어음을 만기일 전에 금융기관에 선이자(할인료)와 수수료를 공제하고 대금을 받을 수 있는데 이를 어음의 할인이라고 한다.

어음을 할인한 경우(매각거래일 경우) 할인료와 수수료는 매출채권처분손실이라는 영업외비용으로 처리한다.

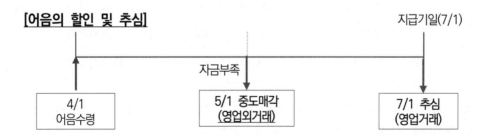

[어음의 할인 및 추심]

| 4/1 어음수령 | 5/1 중도매각 (영업외거래) | 7/1 추심 (영업거래) |
지급기일(7/1)
자금부족

〈어음의 매각 및 추심〉

	중도매각(매각거래)	추심(만기)
	할인료	**추심수수료**
성격	영업외거래(영업외비용)	영업거래(판관비)
회계 처리	(차) 현 금 XX 　**매출채권처분손실(영 · 비)** XX 　　(대) 받을어음 XX	(차) 현 금 XX 　**수수료비용(판)** XX 　　(대) 받을어음 XX

예제 2-5 어음거래(약속어음)

㈜백두와 거래상대방(㈜한라, ㈜설악, ㈜계룡)의 거래에 대하여 분개하시오.

1. 3월 15일 ㈜한라에게 제품 100,000원을 외상으로 판매하고 대금은 약속어음(만기일 : 9월 15일)으로 지급받다. ㈜한라는 상품에 해당한다.
2. 4월 15일 ㈜설악에게 상품 200,000원을 구입하면서 상품판매로 받은 어음(발행인 ㈜한라) 100,000원을 배서양도하고, 잔액은 당좌수표를 발행하여 지급하다. ㈜설악은 상기업에 해당한다.
3. 4월 30일 상품판매로 받은 어음(발행인 ㈜계룡)이 만기가 되어 추심수수료 1,000원을 제외한 999,000원이 당좌예금계좌로 입금되다.
4. 5월 1일 단기 자금부족으로 인하여 ㈜신라로부터 받은 어음을 국민은행에 할인하고 할인료 10,000원을 제외한 90,000원이 보통예금통장에 입금되다. 매각거래로 회계처리하세요.

해답

1.	㈜백두	(차) 받 을 어 음	100,000원	(대) 제품매출	100,000원
	㈜한라	(차) 상 품	100,000원	(대) 지급어음	100,000원
2.	㈜백두	(차) 상 품	200,000원	(대) 받을어음(㈜한라) 　　당좌예금	100,000원 100,000원
	㈜설악	(차) 받을어음(㈜한라) 　　현 금	100,000원 100,000원	(대) 상품매출	200,000원
	☞ 당좌수표를 발행한 자는 당좌예금계정을 당좌수표를 수령한 자는 언제든지 현금화가 가능하기 때문에 현금으로 회계처리한다.				
3.	㈜백두	(차) 당 좌 예 금 　　**수수료비용** 　　(판관비)	999,000원 **1,000원**	(대) 받을어음	1,000,000원
	㈜계룡	(차) 지 급 어 음	1,000,000원	(대) 당좌예금	1,000,000원
4.		(차) 보 통 예 금 　　**매출채권처분손실** 　　(영업외비용)	90,000원 **10,000원**	(대) 받을어음	100,000원

③ 미수금(VS 미지급금) - 상거래이외 채권

상품의 매매 등 일반적 상거래에서 발생한 채권, 채무에 대해서는 매출채권과 매입채무라는 계정을 사용하지만 **그 이외의 거래에서 발생하는 채권, 채무**는 미수금이나 미지급금 계정을 사용한다.

즉, 미수금, 미지급금이란 토지, 건물, 비품 등을 구입하거나 처분하는 과정에서 발생하는 채권, 채무에 사용된다. 비록 **토지 등을 구입하거나 처분 시에 어음을 지급하거나 수취하더라도 지급어음이나 받을어음계정을 사용해서는 안되고 미수금, 미지급금 계정을 사용하여야 한다.**

 2-6 상거래이외 채권

㈜백두와 거래상대방(㈜현대자동차, 하이모리) 거래에 대하여 각각 분개하시오.

1. 3월 10일 ㈜현대자동차로부터 차량을 10,000,000원에 구입하고, 8,000,000원은 당좌수표를 발행하여 주고, 잔액은 다음 달 말일까지 주기로 한다.

2. 3월 20일 하이모리(영업목적으로 구입)에게 회사의 영업목적으로 사용하던 토지(장부가액 3,500,000원) 중 일부를 5,000,000원에 처분하고 1,000,000원은 자기앞수표로 받고, 잔액은 다음 달 말일에 받기로 한다.

해답

1.	㈜백두	(차) 차량운반구	10,000,000원	(대) 당 좌 예 금	8,000,000원
				미 지 급 금	2,000,000원
	㈜현대 자동차	(차) 현　　금 외상매출금	8,000,000원 2,000,000원	(대) 제 품 매 출	10,000,000원
		☞ **㈜현대자동차는 제조기업이므로 제품매출과 상거래채권인 외상매출금을 사용한다.**			
2.	㈜백두	(차) 현　　금 미 수 금	1,000,000원 4,000,000원	(대) 토　　지 유형자산처분익	3,500,000원 1,500,000원
		☞처분손익 = 처분가액(5,000,000) − 장부가액(3,500,000) = 1,500,000(이익)			
	하이모리	(차) 토　　지	5,000,000원	(대) 현　　금 미 지 급 금	1,000,000원 4,000,000원

(5) 대손회계

기업이 보유한 모든 채권을 100% 회수 한다는 것은 거의 불가능하다. 채무자의 부도, 파산, 사망 등으로 어느 일정 정도 회수 불가능한 위험을 가지고 있다. 만약 채무자의 파산, 부도 등의 사유로 회수가 불가능하게 된 경우를 **"대손"**이라고 한다.

㈜백두의 20x1년 5월 1일 현재 외상매출금(전년도 발생)이 1건 있고 회수가 불가능해졌다고 가정하자.

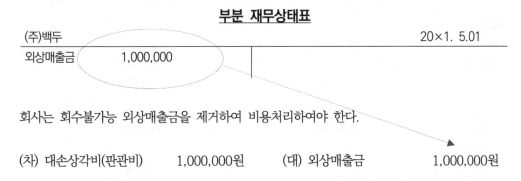

부분 재무상태표

㈜백두		20×1. 5.01
외상매출금	1,000,000	

회사는 회수불가능 외상매출금을 제거하여 비용처리하여야 한다.

(차) 대손상각비(판관비)   1,000,000원   (대) 외상매출금   1,000,000원

이러한 회계처리 방법을 **직접상각법**이라고 한다.

그러나 기업회계기준에서 대손에 관한 회계처리는 **충당금설정법(보충법)**으로 회계처리하도록 규정하고 있다. **충당금설정법은 재무상태표일(보고기간말) 매출채권잔액으로부터 회수불가능채권을 추정하여 이 추정금액을 대손금충당금으로 설정하고 동시에 이를 비용(대손상각비)으로 회계처리하는 방법**이다.

즉, 회사는 20x0년 12월 31일 외상매출금에 대해서 대손예상액을 추정하여 비용처리하여야 한다. 만약 회사가 300,000원을 대손추정했다고 가정하자.

(차) 대손상각비(판)   300,000원   (대) 대손충당금   300,000원

그러면 외부에 공시되는 재무제표에는 다음과 같이 표시된다.

부분 재무상태표

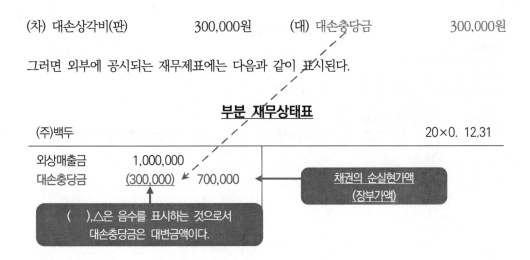

㈜백두			20×0. 12.31
외상매출금	1,000,000		
대손충당금	(300,000)	700,000	

채권의 순실현가액
(장부가액)

( ),△은 음수를 표시하는 것으로서 대손충당금은 대변금액이다.

그리고 20x1년 5월 1일 대손처리시에는 먼저 인식한 비용인 대손충당금을 우선 상계시키고, 대손충당금이 부족시에는 차액을 비용처리하면 된다.

(차) 대손충당금　　　　　300,000원　　　(대) 외상매출금　　　　　1,000,000원
　　　대손상각비(판관비)　700,000원

[직접상각법 VS 충당금설정법]

	직접상각법		충당금 설정법	
	20x0년	20x1년	20x0년	20x1년
재무상태표				
– 외상매출금	1,000,000	0	1,000,000	0
대손충당금	0		(300,000)	
	1,000,000		**700,000**	
손익계산서				
1. 매 출 액	1,000,000		**1,000,000**	
9.대손상각비(판)	0	1,000,000	**300,000**	700,000

충당금설정법이 직접상각법과 비교할 때 다음과 같은 장점을 가지고 있다.

1. 기말 현재 매출채권에 대하여 대손상각비를 비용으로 인식하기 때문에 ***수익·비용대응원칙에 충실***하다.
2. **매출채권을 회수가능액으로 표현**하기 때문에 더 유용한 정보를 제공한다.

그리고 모든 채권에 대해서 보고기간말 마다 회수가능성을 판단하여 대손충당금을 설정해야 한다.

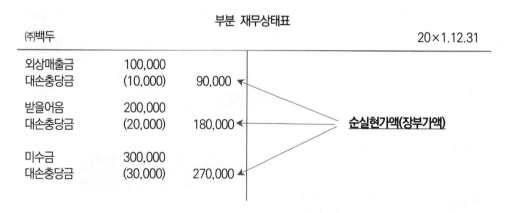

부분 재무상태표

㈜백두　　　　　　　　　　　　　　　　　　　　20×1.12.31

외상매출금　　100,000
대손충당금　　(10,000)　90,000
받을어음　　　200,000
대손충당금　　(20,000)　180,000　　　→ **순실현가액(장부가액)**
미수금　　　　300,000
대손충당금　　(30,000)　270,000

- **대손추산액(대손충당금)** : 기말 채권 잔액 중 회수가 불가능할 것으로 예상하는 금액 결국 기말 대손충당금계정으로 재무상태표에 매출채권을 차감 표시된다.
- **대손상각비** : 대손충당금의 설정으로 인한 당기 비용 설정액

---

① 대손확정시 회계처리

㉠ 대손충당금 계정잔액이 충분한 경우

   (차) 대손충당금　　　　　×××　　　(대) 외상매출금(받을어음)　　×××

㉡ 대손충당금 계정잔액이 부족한 경우

   (차) **대손충당금　　×××(우선상계)**　(대) 외상매출금(받을어음)　　×××
      대손상각비　　　　　×××

② 대손처리한 채권의 회수 시 회계처리

대손처리한 채권이 나중에 회수된 경우가 있다. 이 경우에 당기에 대손처리 한 경우와 전기 이전에 대손처리한 매출채권을 현금으로 회수한 경우 모두 동일하게 회계처리하면 된다.

왜냐하면 기말에 대손추산액을 계산 시 보충법으로 대손상각비를 계상하기 때문에 자연스럽게 대손상각비를 감소시키는 효과를 가져오기 때문이다.

 - 대손분개취소

   (차) 매출채권　　　　　×××　　　(대) 대손충당금　　　　×××

 - 채권회수분개

   (차) 현　　　금　　　　×××　　　(대) 매출채권　　　　×××

상기 두 분개는 하나의 분개로 나타낼 수 있는데,

   (차) 현　　　금　　　　×××　　　(대) 대손충당금　　　×××

③ 기말대손충당금의 설정(기말수정분개)

기업회계기준에서는 보충법을 원칙으로 하고 있다. 보충법이란 기말 매출채권잔액에 대손추정율을 추정하여 대손추산액을 구하고 여기에 기 설정된 대손충당금잔액을 뺀 나머지 금액을 추가로 비용처리(대손상각비)하는 것을 말한다.

$$\text{기말 설정 대손상각비} = \underbrace{\text{기말매출채권잔액} \times \text{대손추정율}}_{\text{(대손추산액)}} - \text{설정 전 대손충당금잔액}$$

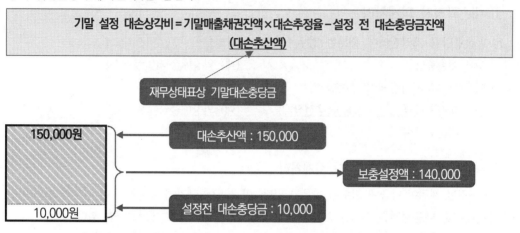

	결산수정분개
기말대손추산액 > 설정전 대손충당금잔액	(차) 대손상각비(판관비) ××× 　　　　(대) 대손충당금 ×××
기말대손추산액 < 설정전 대손충당금잔액	(차) 대손충당금 ××× 　　　　(대) **대손충당금환입(판관비)** ×××

■ T계정 이해

대손충당금

ⓑ대손	7,000	ⓐ전기이월(기초)	10,000
		ⓒ회수(현금)	1,000
ⓓ차기이월(기말)	9,000	ⓔ설정액	5,000
계	16,000	계	16,000

ⓐ 전기이월(기초) : 전년도로부터 이월된 금액으로서 전기재무상태표의 대손충당금과 일치한다.

ⓑ 대손 : 매출채권의 회수 불가능

　(차) 대손충당금　　　　7,000　　　(대) 외상매출금　　　　7,000

ⓒ 회수 : 대손처리한 금액의 회수

　(차) 현금　　　　1,000　　　(대) 대손충당금　　　　1,000

ⓓ 차기이월(기말) : 대손추산액으로 일반적으로 기말매출채권잔액에 대손추정율을 곱하여 계산한다. 이러한 대손충당금 기말 금액은 차기의 기초금액이 된다.

ⓔ 설정액 : 보충법에 의하여 추가로 설정된 대손상긱비를 말한다.

| (차) 대손상각비(판) | 5,000 | (대) 대손충당금 | 5,000 |

④ 대손상각비 구분

채권구분		성격	비용구분	계정과목	
				설정	환입
매출 채권	외상매출금	영업거래	판관비	대손상각비(판)	대손충당금환입(판)
	받을어음				
기타 채권	대여금	영업외거래	영업외비용	기타의대손상각비	대손충당금환입 (영 · 수)
	미수금				

예제 2-7 대손회계

다음은 ㈜백두의 거래내역이다. 다음의 거래를 분개하고 기말 부분재무상태표와 대손충당금 T계정을 작성하시오. 20×1년 기초 외상매출금에 대한 대손충당금은 100,000원이다.

1. 3월 15일 외상매출금 중 150,000원이 대손 확정되었다.

2. 3월 31일 전기에 대손처리 한 외상매출금중 80,000원이 현금 회수되었다.

3. 4월 30일 외상매출금 중 40,000원이 대손 확정되었다.

4. 12월 31일 기말 외상매출금잔액이 20,000,000원인데 대손추정율을 2%로 추산하였다.

해답

1.	(차) 대손충당금[*1] 대손상각비(판)	100,000원 50,000원	(대) 외상매출금	150,000원
	[*1]. 대손충당금을 우선상계하고 부족한 경우에는 대손상각비로 처리한다.			
2.	(차) 현 금	80,000원	(대) 대손충당금	80,000원
3.	(차) 대손충당금	40,000원	(대) 외상매출금	40,000원
4.	(차) 대손상각비(판)	360,000원[*1]	(대) 대손충당금	360,000원
	[*1]. 기말 설정 대손상각비 = 기말외상매출금잔액 × 대손추정율 - 설정전 대손충당금 = 20,000,000 × 2% - 40,000 = 360,000			

부분 재무상태표

㈜백두   20X1.12.31

외상매출금	20,000,000	
대손충당금	(400,000)	19,600,000

대손충당금

1.외상매출금	100,000	기 초 잔 액(1/1)	100,000
3.외상매출금	40,000	2.현 금	80,000
기 말 잔 액(12/31)	400,000	4.대손상각비	360,000
계	540,000	계	540,000

대손추산액

당기 대손상각비 = 대손추산액 – 설정전 대손충당금

예제   **2 - 8 대손회계2**

다음은 ㈜백두의 기말 수정전시산표를 조회한 결과이다. 기말채권잔액 잔액에 대하여 1%의 대손상각비를 계상하다.

합계잔액시산표

제×기 : 20×1년 12월 31일 현재

차 변		계정과목	대 변	
잔 액	합 계		합 계	잔 액
10,000,000	20,000,000	외 상 매 출 금	10,000,000	
	200,000	대 손 충 당 금	250,000	50,000
20,000,000	35,000,000	받 을 어 음	15,000,000	
	120,000	대 손 충 당 금	450,000	330,000
200,000	1,200,000	미 수 금	1,000,000	
		대 손 충 당 금		

해답

1. 당기 대손상각비 계산

계정과목	기말잔액(A)	대손추산액 (B=A×1%)	설정전 대손충당금(C)	당기대손상각비 (B-C)
외상매출금	10,000,000	100,000	50,000	50,000
받을어음	20,000,000	200,000	330,000	△130,000
미 수 금	200,000	2,000	0	2,000

2. 기말결산수정분개

외상매출금	(차) 대손상각비(판)	50,000원	(대) 대손충당금(외상)	50,000원
받을어음	(차) 대손충당금(받을)	130,000원	(대) **대손충당금환입(판)**	130,000원
미수금	(차) 기타의대손상각비(영)	2,000원	(대) 대손충당금(미수)	2,000원

(6) 기타의 당좌자산

① 미수수익(VS 미지급비용)

발생주의에 따라 인식한 수익의 당기 기간경과분에 대한 수익으로서 아직 현금으로 미수취한 경우에 당기에 수익을 가산하는 동시에 **미수수익(당좌자산)**으로 계상하여야 한다(**인위적인 회계기간이 있기 때문에 발생주의에 따라 비록 현금을 수취하지 않았다 하더라도 당기의 수익으로 인식해야 한다**).

예를 들어 20×1년 10월 1일 만기 1년으로 연 이자율 6%의 조건으로 1,000,000원의 정기예금에 가입하였다고 가정하면, 만기(20×2년 10월 1일)에 정기예금 가입금액 1,000,000원과 이자금액 60,000원을 수취하게 된다.

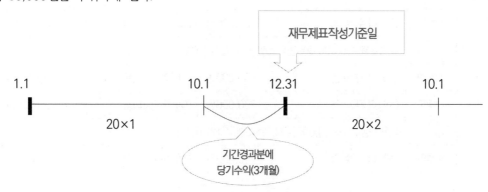

따라서 12월 31일에 기간경과 분(10월 1일부터 12월 31일까지)에 대하여 수익을 인식하여야 한다. 왜냐하면 발생주의 원칙에 따라 올해 발생된 수익을 인식하여야 하기 때문이다.

20×1년 12월 31일 결산수정분개는 다음과 같다.
(차) 미 수 수 익   15,000원   (대) 이 자 수 익   15,000원
경과 분 이자수익은 60,000원×3개월/12개월=15,000원

또한 채무자인 은행도 마찬가지로 발생주의 원칙에 따라 발생된 비용을 인식하여야 한다.
(차) 이 자 비 용   15,000원   (대) 미지급비용   15,000원

 예제 2-9 손익의 발생

㈜백두와 거래상대방(㈜청계, ㈜설악)의 거래내역을 각각 분개하시오.
1. ×1년 12월 31일 거래처인 ㈜청계에 단기대여한 금액에 대하여 당기분 경과이자를 인식하다(대여금액 10,000,000원, 대여일 7월 1일 연이자율 10% 월할계산할 것).
2. ×1년 12월 31일 ㈜설악의 장기차입금에 대하여 당기분 경과이자를 인식하다(차입금액 20,000,000원, 차입일 10월 1일 연이자율 5% 월할계산할 것).
3. ×2년 7월 1일 거래처인 ㈜청계로부터 대여금과 이자를 현금수령하다.
4. ×2년 10월 1일 ㈜설악에게 1년치 이자를 현금지급하다.

해답

1.	㈜백두	(차) 미 수 수 익 500,000원	(대) 이 자 수 익 500,000원
		수익발생 : 10,000,000원×10%×6개월/12개월	
	㈜청계	(차) 이 자 비 용 500,000원	(대) 미지급비용 500,000원
2.	㈜백두	(차) 이 자 비 용 250,000원	(대) 미지급비용 250,000원
		비용발생 : 20,000,000원×5%×3개월/12개월	
	㈜설악	(차) 미 수 수 익 250,000원	(대) 이 자 수 익 250,000원

3.	㈜백두	(차) 현 금	11,000,000원	(대) 단기대여금	10,000,000원
				미 수 수 익	500,000원
				이 자 수 익	500,000원[*1]
		*1. 당기수익발생 : 10,000,000원×10%×6개월/12개월			
	㈜청계	(차) 단기차입금	10,000,000원	(대) 현 금	11,000,000원
		미지급비용	500,000원		
		이 자 비 용	500,000원		
4.	㈜백두	(차) 미지급비용	250,000원	(대) 현 금	1,000,000원
		이 자 비 용[*1]	750,000원		
		*1. 당기비용발생 : 20,000,000원×5%×9개월/12개월			
	㈜설악	(차) 현 금	1,000,000원	(대) 미 수 수 익	250,000원
				이 자 수 익	750,000원

② 선급비용(VS 선수수익)

발생주의에 따라 당기에 선 지급한 비용 중 차기비용으로서 차기 이후로 이연할 금액을 말한다. **즉, 당기에 지출한 비용 중 내년도 비용은 결산일 기준으로 자산에 해당**된다.

예를 들어 20×1년 10월 1일 창고 화재보험료를 1년분 보험료 1,200,000원을 미리 지급한 경우 지급시 회계처리는 다음과 같다.

(차) 보 험 료   1,200,000원   (대) 현 금   1,200,000원

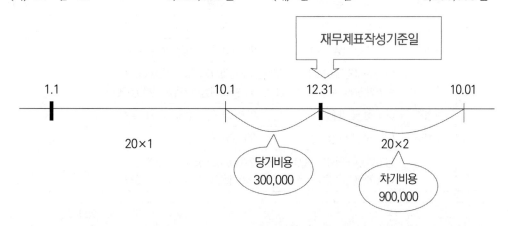

결산일(12월 31일) 시점에서 보면 내년도 보험료 900,000원은 유동자산에 해당한다. 따라서 12월 31일에 기간미경과분에 대한 비용을 자산으로 수정분개 하여야 한다.

20×1년 12월 31일 결산수정분개는 다음과 같다.

(차) 선 급 비 용   900,000원   (대) 보 험 료   900,000원

또한 보험회사의 입장에서 보면,

10월 1일 수령한 현금을 전액 수익(보험료)으로 인식했다면

(차) 현　　　금　　　　　1,200,000원　　　(대) 수익(보험료)　　　　　1,200,000원

12월 31일 올해의 수익(보험료)만 인식하는 결산분개를 행해야 한다.

(차) 수익(보험료)　　　　　900,000원　　　(대) 선 수 수 익　　　　　900,000원

 예제　2 - 10　손익의 이연

㈜백두와 거래상대방((주)청계)의 거래내역을 각각 분개하시오.

1. 10월 1일 건물 중 일부를 (주)청계에 임대(임대기간 1년)하면서 1년분 임대료 1,200,000원을 현금으로 받고 임대료로 회계처리하다. ㈜청계는 비용으로 회계처리하다.

2. 11월 1일 창고건물에 대해서 화재보험에 가입하면서 1년치 보험료 600,000원을 현금지급하면서 비용 처리하다.

3. 12월 31일 임대료와 보험료에 대하여 발생기준에 따라 결산수정분개를 하다.

해답

1.	㈜백두	(차) 현　　　금　 1,200,000원 (대) 임대료(영 · 수) 1,200,000원
	㈜청계	(차) 임 차 료(판) 1,200,000원 (대) 현　　　금 1,200,000원
2.	㈜백두	(차) 보 험 료(판) 600,000원 (대) 현　　　금 600,000원
3.	㈜백두	(차) 임대료(영 · 수) 900,000원 (대) 선 수 수 익 900,000원
		당기수익(임대료) : 1,200,000원×3개월/12개월＝300,000원 수익이연(선 수 수 익) : 1,200,000원×9개월/12개월＝900,000원
	㈜청계	(차) 선 급 비 용 900,000원 (대) 임 차 료(판) 900,000원
3.	㈜백두	(차) 선 급 비 용 500,000원 (대) 보 험 료(판) 500,000원
		당기비용(보험료) : 600,000원×2개월/12개월＝100,000원 비용이연(선급비용) : 600,000원×0개월/12개월＝500,000원

㈜백두		당 기	차　　기(손익의 이연)	
임대료 (수익)	1,200,000 (x1.10.1~x2.9.30)	300,000(임대료) (x1.10.1~x1.12.31)	900,000(선수수익) (x2. 1.1~x2.9.30)	수익의 이연
보험료 (비용)	600,000 (x1.11.1~x2.10.31)	100,000(보험료) (x1.11.1~x1.12.31)	500,000(선급비용) (x2. 1.1~x2.10.31)	비용의 이연

〈손익의 이연과 발생 : 손익의 결산정리〉

손익의	선급비용	발생주의에 따라 올해 지급한 비용 중 차기 비용	비용의 이연
이 연	선수수익	발생주의에 따라 올해 수취한 수익 중 차기 수익	수익의 이연
손익의	미수수익	발생주의에 따라 올해 수익 중 받지 못한 수익	수익의 발생
발 생	미지급비용	발생주의에 따라 올해 비용 중 지급하지 않은 비용	비용의 발생

③ 선급금(vs 선수금)

일반적 상거래에 속하는 재고자산의 구입 등을 위하여 선 지급한 계약금을 말한다. 장차 재고자산 등이 납품되면 재고자산으로 대체 정리될 잠정적인 재화나 용역에 대한 청구권을 내용으로 하는 채권계정이다.

예제 2 - 11 선급금(선수금)

(주)백두와 거래상대방(㈜청계)의 거래내역을 각각 분개하시오.

1. 1월 31일 거래처인 ㈜청계에서 원재료 10,000,000원을 구입하기로 계약하고 대금의 10%를 계약금으로 현금지급하다.

2. 2월 10일 ㈜청계로부터 원재료를 인도받고 나머지 잔금을 보통예금통장에서 이체하다. ㈜청계는 제품매출에 해당한다.

해답

1.	㈜백두	(차) 선 급 금	1,000,000원	(대) 현 금	1,000,000원
	㈜청계	(차) 현 금	1,000,000원	(대) 선 수 금	1,000,000원
2.	㈜백두	(차) 원 재 료	10,000,000원	(대) 선 급 금 보통예금	1,000,000원 9,000,000원
	㈜청계	(차) 선 수 금 보통예금	1,000,000원 9,000,000원	(대) 제 품 매 출	10,000,000원

④ 선납세금

손익계산서상의 법인세비용이란 기업의 당해 연도에 부담하여야 할 법인세와 지방소득세(법인분)를 말하는데, 선납세금은 중간예납한 법인세와 기중에 원천징수된 법인세 등이 처리되는 계정으로서 기말에 법인세비용으로 대체된다.

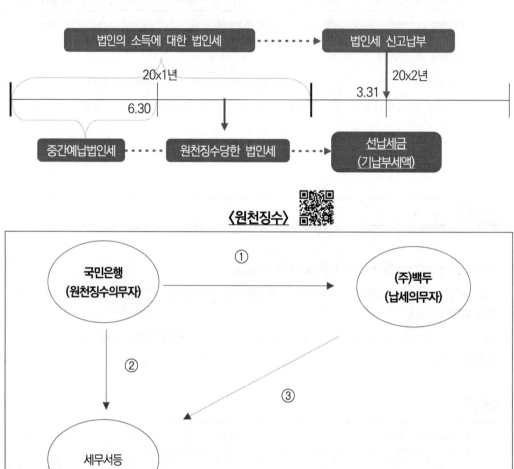

<원천징수>

① 국민은행이 (주)백두에게 은행이자 2,000,000원을 지급시 법인세를 차감한 1,860,000원을 지급하다.
② 국민은행은 ㈜백두로 부터 예수한 법인세를 관할세무서에 납부하다.
③ 국민은행이 예수한 법인세는 실질적으로 (주)백두가 납부한 것이다.

2 - 12 법인세 및 선납세금

다음은 ㈜백두의 거래내역이다. 다음의 거래를 분개하시오.

1. 3월 15일 정기예금의 이자 1,000,000원에 대하여 원천징수 세액을 제외한 860,000원이 보통예금구좌로 입금된다.

2. 8월 31일 법인세 중간예납분 1,000,000원을 강남세무서에 현금납부하다.

3. 12월 31일 기말 결산 시 법인세를 추산한 바 2,500,000원이다.

해답

1.	(차) 보 통 예 금	860,000원	(대) 이 자 수 익	1,000,000원
	선 납 세 금	140,000원		
2.	(차) 선 납 세 금	1,000,000원	(대) 현 금	1,000,000원
3.	(차) 법 인 세 등	2,500,000원	(대) 선 납 세 금[*1]	1,140,000원
			미지급세금	1,360,000원
*1. 기말 합계잔액시산표상의 선납세금 잔액 : 140,000 + 1,000,000 = 1,140,000원				

⑤ 부가세대급금(VS 부가세예수금)

부가가치세 과세대상 재화 등을 구입 시 거래징수 당한 부가가치세 매입세액을 말하는 것으로서 추후 부가가치세 신고 시 매입세액으로 공제된다.

⑥ 소모품

소모성 비품 구입에 관한 비용으로서 사무용품, 소모공구 구입비 등 **회사가 중요성에 따라 자산을 처리하는 것**을 말한다.

소모품비는 비용이고 소모품은 자산에 해당한다.

중요성

특정회계정보가 정보이용자의 **의사결정에 영향을 미치는 정도**를 말한다.

특정정보가 생략되거나 잘못 표시될 경우 정보이용자의 판단이나 의사결정에 영향을 미칠 수 있다면 그 정보는 중요한 것이다. 이러한 정보는 **금액의 대소로 판단하지 않고 정보이용자의 의사결정에 영향을 미치면 중요한 정보가 되는 것**이다. 예를 들어 어느 기업의 소모품비와 같은 소액의 비용을 자산으로 처리하지 않고 발생즉시 비용으로 처리하는 것은 정보이용자 관점에서 별로 중요하지 않기 때문에 당기 비용화하는 것이다.

예제 2 - 13 소모품/소모품비

㈜백두의 거래내역을 분개하시오.

1. 7월 15일 사무용 소모품을 1,000,000원을 구입하고 대금은 외상으로 하였다(자산으로 처리하시오).
2. 12월 31일 소모품 중 기말 현재 미사용액은 200,000원이다. 결산수정분개를 하시오.

해답

| 1. | (차) 소 모 품 | 1,000,000원 | (대) 미 지 급 금 | 1,000,000원 |
| 2. | (차) 소모품비(판) | 800,000원 | (대) 소 모 품 | 800,000원 |

〈합계잔액시산표〉

차 변		계 정 과 목	대 변	
잔 액	합 계		합 계	잔 액
200,000	1,000,000	당 좌 자 산 소 모 품 판 매 비 와 관 리 비	800,000	
800,000	800,000	소 모 품 비		

☞ 구입시 비용(소모품비)으로 처리했다고 가정하면,

| 7/15 | (차) 소모품비(판) | 1,000,000원 | (대) 미지급금 | 1,000,000원 |
| 12/31 | (차) 소 모 품 | 200,000원 | (대) 소모품비(판) | 200,000원 |

[최종결과]

구입		당기 비용	자 산
사무용소모품	1,000,000	800,000(소모품비)	200,000(소모품)

(7) 가지급금과 가수금

① 가지급금

회사에서 미리 지급한 금액 중 계정과목이나 금액이 미 확정시 그 내역을 파악할 때까지 일시적으로 처리해두는 계정이다. 회사에서 출장 전에 여비를 미리 개략적으로 계산하여 선지급 하고, 출장 후 정산하는 경우가 있다. 이렇게 출장비를 선 지급한 금액이 어떤 용도에 사용될지, 금액이 얼마나 될지 명확하게 모르기 때문에 일시적인 자산계정인 가지급금계정에 기록한다.

☞ 전도금 : 본사가 지점의 운영을 위해 본사에서 일정한 금액을 미리 보내는 것을 말하는데, 가지급금처럼 회계처리 하면 된다.

② 가수금

회사에 입금된 금액 중 계정과목이나 금액이 미 확정시 그 내역을 파악할 때까지 일시적으로 처리해 두는 계정이다. 추후 입금된 내역이 확정시 해당 본 계정으로 회계처리하여야 한다.

재무상태표 작성기준 중 이러한 임시계정은 외부에 공시되는 재무상태표에 표시되어서는 안된다.

 예제 2 - 14 가지급금/가수금

㈜백두의 거래내역을 분개하시오.

1. 3월 15일 사원 홍길동의 대전에 출장을 보내면서 출장비 명목으로 100,000원을 현금 지급하다.
2. 3월 31일 사원 홍길동이 출장 후 출장비를 정산한바 숙박비 40,000원, 교통비 50,000원을 사용하고 나머지 10,000원은 현금으로 반환하다.
3. 4월 15일 당사의 보통예금 계좌에 300,000원이 입금되었는데, 내역을 확인할 수 없다.
4. 4월 30일 300,000원의 내역을 확인한바 (주)한라의 외상매출금 100,000원과 상품매출계약금 200,000원으로 확인되다.

[해답]

1.	(차) 가 지 급 금	100,000원	(대) 현 금	100,000원
2.	(차) 여비교통비(판) 현 금	90,000원 10,000원	(대) 가 지 급 금	100,000원
3.	(차) 보 통 예 금	300,000원	(대) 가 수 금	300,000원
4.	(차) 가 수 금	300,000원	(대) 외상매출금 선 수 금	100,000원 200,000원

연습
문제

 분개연습

1. (주)컴나라에서 받아 보관 중인 약속어음(10,000,000원)을 (주)동양의 상품 외상대금을 상환하기 위하여 배서양도 하였다.

2. (주)홀릭식품에 대한 상품 판매 외상대금 2,000,000원을 전자어음으로 수취하였다.

3. (주)카카오에서 상품 판매 대금으로 받아 보관중인 받을어음(1,000,000원)의 만기일이 도래하여 어음대금 전액이 국민은행 보통예금 통장에 입금되었다.

4. ㈜유진의 외상매출금 10,000,000원 중 조기회수에 따른 할인금액을 차감한 잔액 9,800,000원이 신한은행 보통예금계좌로 입금되었다.

5. (주)경남화장품에서 받은 약속어음(5,500,000원)을 우리은행에서 할인하고, 할인료 80,000원과 수수료 47,000원을 차감한 잔액은 보통예금(우리은행)계좌로 입금하였다. 매각거래로 간주한다.

6. 매출 거래처의 파산으로 외상매출금 500,000원이 회수불능하게 되다. (단, 파산일 전에 설정된 대손충당금 잔액은 300,000원이다)

7. 3월 대여한 단기대여금 9,000,000원이 (주)산청샘물의 파산으로 인해 회수불능으로 확인되었다.단기대여금에 대한 충당금은 없다.

8. 대성기계에서 상품을 구매하기로 계약하고, 농협 보통예금계좌에서 5,000,000원을 이체하여 지급하다.

88

9. 출장 전에 사원 오상식에게 400,000원을 가불(가지급금으로 회계처리)하고, 출장을 마친 후 여비정산 내역(숙박비 330,000원 교통비 120,000원)을 보고 받고 부족액(50,000원)은 현금으로 추가지급하였다.

10. 출장 전 가지급금(400,000)을 처리하였고, 출장을 마친 직원의 출장비정산 내역(숙박비 300,000원, 거래처 저녁식사대금 50,000원)을 보고받고 차액은 현금(50,000원)으로 받았다.

11. 1월 20일 대손처리 하였던 ㈜신원슈즈의 외상매출금이 신한은행 보통예금 통장으로 1,000,000원이 입금되었다.

12. 본사 영업부 차량에 대하여 자동차 손해보험에 가입하고,. 4월 1일 보험료를 납입한 후 비용(1,200,000원)으로 처리하였다. 결산일 현재 보험료 미경과분을 계상하시오. (단, 보험료는 월할계산임)

13. (주)한공가구는 소모품 구입 시 전액 소모품(2,500,000)으로 자산처리하고 있다. 20x1년도말 소모품 미사용분은 1,500,000원이다.

14. 신한은행에서 수입 인지를 현금(10,000원)으로 구입 하고, 금전소비대차 계약서에 인지를 붙였다.

15. 신한은행의 정기예금을 만기 해지하고 정기예금의 원금(50,000,000원)과 이자(1,000,000원)를 수령에 대한 원천징수세액(법인세 140,000원 지방소득세 14,000원)을 차감한 금액(50,846,000원)이 기업은행 보통예금 계좌에 입금되다.

16. 단기대여금에 대한 당기분 이자수익 300,000원을 계상하다.

객관식

01. 다음 외상 거래 중 매출채권 계정에 계상할 수 없는 항목은?
① 자동차회사가 판매용 트럭을 외상으로 판매한 경우
② 컴퓨터회사가 판매용 컴퓨터를 외상으로 판매한 경우
③ 가구제조회사가 공장용 건물을 외상으로 매각한 경우
④ 회계법인이 회계감사용역을 외상으로 제공한 경우

02. 다음 중 약속어음에 대한 설명으로 옳지 않은 것은? (도소매업의 경우를 가정한다.)
① 상품판매로 어음을 받은 경우에는 매출채권으로 기록한다.
② 토지나 비품을 처분하고 어음을 받은 경우에는 미수금으로 기록한다.
③ 약속어음의 발행인은 어음상의 채무자가 되며 어음의 수취인은 어음상의 채권자가 된다.
④ 자금을 대여하고 어음을 수령하는 경우에 어음상의 채권은 매출채권으로 기록한다.

03. 다음 (주)한공의 외상매출금 계정에 대한 설명으로 옳지 않은 것은?

외상매출금

(주)한공

| 6/ 1 전월이월 | 300,000원 | 6/18 매 출 | 200,000원 |
| 6/25 매 출 | 5,000,000원 | 6/30 현 금 | 3,500,000원 |

① 5월 말 외상매출금 미회수액은 300,000원이다.
② 6월 18일 상품 200,000원을 외상으로 매출하다.
③ 6월 25일 상품 5,000,000원을 외상으로 매출하다.
④ 6월 말 외상매출금 미회수액은 1,600,000원이다.

04. 다음은 계정과목에 대한 설명이다. (가)와 (나)의 계정과목으로 옳은 것은?

(가) 상품 등을 매입하기 전에 대금의 일부를 미리 지급하였을 때 설정한다.
(나) 현금을 실제로 지출하였으나 거래가 완료되지 않았거나 용도가 불분명하여 처리할 계정과목이나 금액이 확정되지 않았을 경우 설정한다.

	(가)	(나)		(가)	(나)
①	선급금	가지급금	②	선급금	미지급금
③	선수금	가지급금	④	선수금	미지급금

05. 다음은 (주)한공의 받을어음에 대한 대손충당금 계정이다. 결산일 현재 1,000,000원의 받을어음에 대하여 3%의 대손을 예상할 때 (가)와 (나)에 들어갈 금액으로 옳은 것은?

대손충당금			
4/5 받을어음	8,000	1/1 전기이월	20,000
12/31 차기이월	(가)	12/31 대손상각비	(나)

	(가)	(나)		(가)	(나)
①	22,000원	10,000원	②	30,000원	18,000원
③	38,000원	26,000원	④	50,000원	38,000원

06. 다음 중 옳은 설명을 한 학생은 누구인가?

- 치홍 : 선급비용은 유동부채에 속하는 계정과목이다.
- 수정 : 미지급비용은 유동자산에 속하는 계정과목이다.
- 지원 : 미수수익은 유동자산에 속하는 계정과목이다.
- 준표 : 선수수익은 유동자산에 속하는 계정과목이다.

① 지원　　　　　　　　　　　　② 치홍, 수정
③ 수정, 지원　　　　　　　　　　④ 치홍, 수정, 준표

07. (주)한공은 20x1년 3월 1일 1년분 화재보험료 72,000원을 지급하고 선급보험료로 회계처리하였다. 만약 (주)한공이 20x1년 기말에 화재보험료 관련 결산수정분개를 누락하였다면, 20x1년 재무제표에 미치는 영향으로 옳은 것은?

① 당기순이익 과대 계상, 자산 과대 계상　　② 당기순이익 과대 계상, 자산 과소 계상
③ 당기순이익 과소 계상, 부채 과대 계상　　④ 당기순이익 과소 계상, 부채 과소 계상

08. (주)한공은 20x1년 5월 1일에 보험료 360,000원(보험기간 : 20x1. 5. 1.~20x2. 4. 30.)을 비용으로 회계처리하였다. 결산 시 선급보험료 계상을 누락한 경우 재무제표에 미치는 영향으로 옳은 것은?

가. 자산 과소 계상	나. 자산 과대 계상
다. 비용 과소 계상	라. 비용 과대 계상

① 가, 나　　　　② 나, 라　　　　③ 가, 라　　　　④ 다, 라

09. 다음 대화에서 질문에 대한 답변을 올바르게 한 사람으로 짝지어진 것은?

> • 선생님 : 임차료 미지급분에 대한 결산정리사항을 누락할 경우 재무제표에 어떤 영향을 미칠까요?
> • 영주 : 자산이 과소 계상됩니다.
> • 보라 : 자산이 과대 계상됩니다.
> • 범수 : 부채가 과소 계상됩니다.
> • 민혁 : 비용이 과소 계상됩니다.

① 범수, 민혁   ② 민혁, 영주

③ 민혁, 보라   ④ 범수, 보라

10. 다음은 (주)한공의 결산수정 회계처리이다. 손익계산서에 미치는 영향으로 옳은 것은?(단, 도소매업을 가정한다.)

(차) 선급비용	80,000원	(대) 이자비용	80,000원

① 영업이익 80,000원 증가

② 영업이익 80,000원 감소

③ 법인세비용차감전순이익 80,000원 증가

④ 법인세비용차감전순이익 80,000원 감소

11. 다음과 같은 결산 회계처리 누락이 20x1년도 손익계산서에 미치는 영향으로 옳은 것은?

> (주)한공은 20x1년 11월 1일에 가입한 1년 만기 정기예금 20,000,000원(연이율 3%, 월할계산)에 대한 이자 경과분(미수분)을 계상하지 않았다.

① 당기순이익 100,000원 과소계상

② 당기순이익 100,000원 과대계상

③ 당기순이익 600,000원 과소계상

④ 당기순이익 600,000원 과대계상

12. 다음 (주)한공의 20x1년 12월 31일 결산 시 회계 처리로 옳은 것은?

<table>
<tr><th colspan="3">(수정전) 잔액시산표</th></tr>
<tr><td>(주)한공</td><td style="text-align:center">20x1년 12월 31일</td><td style="text-align:right">(단위 : 원)</td></tr>
<tr><th>차변</th><th>계정과목</th><th>대변</th></tr>
<tr><td>300,000</td><td>소모품</td><td></td></tr>
<tr><td></td><td>이하 생략</td><td></td></tr>
</table>

• 회계 기간 말 소모품 미사용액은 120,000원이다.

① (차변) 소모품   120,000원   (대변) 소모품비 120,000원
② (차변) 소모품   180,000원   (대변) 소모품비 180,000원
③ (차변) 소모품비 120,000원   (대변) 소모품   120,000원
④ (차변) 소모품비 180,000원   (대변) 소모품   180,000원

13. 다음 자료에 의한 20x1년 기말 결산분개로 옳은 것은?

• 20x1년 1월 1일 사무실에서 사용할 복사용지 100,000원을 현금으로 구입하고, 소모품비로 전액 비용처리하였다.
• 20x1년 12월 31일까지 소모품 사용액은 70,000원이다.

① (차) 소모품   30,000원   (대) 소모품비   30,000원
② (차) 소모품   70,000원   (대) 소모품비   70,000원
③ (차) 소모품비 30,000원   (대) 소모품   30,000원
④ (차) 소모품비 70,000원   (대) 소모품   70,000원

🔑 주관식

01. 다음 거래에서 매출채권은 얼마인가?

> • 상품 1,000개를 개당 5,000원에 판매하고, 2,000,000원은 약속어음으로 받고, 잔액은 2개월 후에 받기로 하다. 운반비 50,000원은 현금으로 지급하다.

02. 다음 거래에서 매출채권으로 계상되는 금액은 얼마인가?

> (주)한공은 상품 1,000개를 개당 5,000원에 판매하였다. 판매대금으로 현금 500,000원과 전자어음 2,000,000원을 수령하고 나머지 잔액은 2개월 후에 받기로 하였다.

03. 다음 자료를 토대로 (주)한공의 20x1년 12월 31일의 매출채권 금액을 계산하면 얼마인가?(현금매출액 외에는 모두 외상매출액으로 가정한다.)

> | | |
> |---|---:|
> | • 20x1년 기초 매출채권 | 500,000원 |
> | • 20x1년 중 매출채권회수액 | 800,000원 |
> | • 20x1년 중 현금매출액 | 400,000원 |
> | • 20x1년도 매출원가 | 1,000,000원 |
> | • 20x1년도 매출총이익 | 300,000원 |

04. 다음 자료에 의한 외상매출금 회수액은 얼마인가?

> | | |
> |---|---:|
> | • 외상매출금 전기이월액 | 1,000,000원 |
> | • 기중 대손처리액 | 100,000원 |
> | • 기중 매출액 (전액 외상) | 3,000,000원 |
> | • 외상매출금 차기이월액 | 1,600,000원 |

05. 20x1년 손익계산서에 계상될 대손상각비는 얼마인가?

> | | |
> |---|---:|
> | • 20x0년 12월 31일 매출채권 잔액 | 200,000원 |
> | • 20x0년 12월 31일 대손충당금 잔액 | 2,000원 |
> | • 20x1년 7월 3일 매출채권 중 회수불능 확정 | 5,000원 |
> | • 20x1년 12월 31일 매출채권 잔액 | 220,000원 |
> | • 20x1년 12월 31일 매출채권 잔액의 1% 대손 예상 | |

06. (주)한공은 연령분석법을 적용하여 매출채권에 대한 대손예상액을 산출하고 있다. 매출채권 연령별 금액이 다음과 같을 때, 결산 후 재무상태표에 표시될 대손충당금은 얼마인가? (결산 전 대손충당금 잔액은 120,000원이다.)

매출채권 연령	금액	추정대손율
3개월 이내	600,000원	5%
3개월~6개월	300,000원	10%
6개월 초과	200,000원	40%
계	1,100,000원	–

07. 다음은 기말 매출채권에 대한 대손 추성을 위한 연령분석 현황이다. 수정분개전의 대손충당금 잔액이 50,000원인 경우, 손익계산서상 계상될 대손상각비는얼마인가?

구분	채권잔액	대손추정율
30일 이내	450,000원	1%
31일~60일 이내	170,000원	10%
61일~90일 이내	100,000원	30%
90일 초과	50,000원	50%
합계	770,000원	

08. 다음은 (주)한공의 20x1년 결산조정 전 매출채권 관련 총계정원장의 일부와 결산정리사항을 나타낸 것이다.

자료 1. 매출채권 관련 총계정원장

매출채권

⋮		⋮	
		12/31 차기이월	5,000,000원

대손충당금

⋮		1/1 전기이월	100,000원
		5/1 현금	200,000원

자료 2. 결산정리사항
• 기말 매출채권 중 10%의 회수가능성이 불확실하다.

손익계산서상의 대손상각비는 얼마인가?(단, 결산조정 전 계상된 대손상각비는 없다)

09. 다음은 (주)한공의 외상매출금 대손 관련 자료이다. 이를 토대로 기초 대손충당금 잔액을 계산하면 얼마인가?

- 당기중 거래처 (주)공인의 파산으로 외상매출금 20,000원이 회수불능하여 대손처리하다.
- 당기말 수정전시산표의 대손충당금 잔액은 40,000원이다.
- 당기말 외상매출금의 현재 잔액 8,000,000원에 대하여 1%의 대손을 예상하다.

10. 다음은 (주)한공의 총계정원장의 일부와 대손 관련 자료이다. 당기 손익계산서에 계상되는 대손상각비는 얼마인가?

외상매출금					
1/1	전기이월	100,000	12/22	대손충당금	6,000
12/21	매출	500,000	12/22	대손상각비	×××

대손충당금					
12/22	외상매출금	6,000	1/1	전기이월	6,000
12/31	대손상각비	×××			

- 당기에 회수한 외상매출금액은 없다.
- 12월 22일 거래처의 파산으로 외상매출금 10,000원이 회수 불가능한 것으로 판명되었다.
- 12월 31일 매출채권 잔액에 대하여 1%의 대손충당금을 설정하기로 한다.

🔑 분개연습

[1] (차) 외상매입금((주)동양) 10,000,000 (대) 받을어음((주)컴나라) 10,000,000

[2] (차) 받을어음((주)홀릭식품) 2,000,000 (대) 외상매출금((주)홀릭식품) 2,000,000

[3] (차) 보통예금(국민은행) 1,000,000 (대) 받을어음((주)카카오) 1,000,000

[4] (차) 보통예금(신한은행) 9,800,000 (대) 외상매출금((주)유진) 10,000,000
　　　 매출할인(상품) 200,000

[5] (차) 보통예금(우리은행) 5,373,000 (대) 받을어음((주)경남화장품) 5,500,000
　　　 매출채권처분손실 127,000

[6] (차) 대손충당금(외상) 300,000 (대) 외상매출금 500,000
　　　 대손상각비(판) 200,000
　　☞ 대손충당금을 먼저 상계하고 나머지는 비용으로 처리한다.

[7] (차) 기타의대손상각비(영·비) 9,000,000 (대) 단기대여금((주)산청샘물) 9,000,000

[8] (차) 선급금 (대성기계) 5,000,000 (대) 보통예금(농협) 5,000,000

[9] (차) 여비교통비(판) 450,000 (대) 가지급금(오상식) 400,000
　　　　　　　　　　　　　　　　　　 현　금 50,000

[10] (차) 여비교통비(판) 350,000 (대) 가지급금(오상식) 400,000
　　　 현금 50,000

[11] (차) 보통예금(신한은행) 1,000,000 (대) 대손충당금(외상) 1,000,000

[12] (차) 선급비용 300,000 (대) 보험료(판) 300,000
　　☞ 선급비용＝1,200,000원×3(1.1～3.31)/12＝300,000원

[13] (차) 소모품비(판) 1,000,000 (대) 소모품 1,000,000

[14] (차) 세금과공과(판)   10,000   (대) 현 금   10,000

    ☞ 인지세 : 국내에서 재산에 관한 권리 등의 창설, 이전 또는 변경에 관한 계약서 기타 이를 증명하는 문서를 작성하는 자는 당해 문서를 작성할 때 작성한 문서에 정부가 발행하는 인지를 붙여서 자진납부하는 세금

[15] (차) 보통예금(기업은행)   50,846,000   (대) 정기예금(신한은행)   50,000,000
      선납세금   154,000   이자수익   1,000,000

[16] (차) 미수수익   300,000   (대) 이자수익   300,000

❶🗝 객관식

1	2	3	4	5	6	7	8	9	10	11	12	13		
③	④	②	①	②	①	①	③	①	③	①	④	①		

[풀이 – 객관식]

01 가구제조회사가 공장용 건물을 외상으로 매각하는 경우 **일반적인 상거래가 아니므로 미수금계정으로 계상**한다.

02 자금을 대여하는 과정에서 어음을 수령하는 경우에 어음상의 채권은 매출채권이 아니라 단기대여금으로 기록하여야 한다.

03 6월 18일 (차) 매 출   200,000원   (대) 외상매출금   200,000원
  → **반품 등으로 인해 매출과 외상매출금이 모두 감소하는 경우**이다.

05 기말대손충당금(대손추산액) = 1,000,000원 × 3% = 30,000원(가)

대손충당금

대손	8,000	기초	20,000
기말(가)	*30,000*	*대손상각비(나)*	*18,000*
계	38,000	계	38,000

06 선급비용과 미수수익은 유동자산으로, 선수수익과 미지급비용은 유동부채로 분류된다.

07 선급보험료 중 60,000원을 보험료로 대체하는 수정분개를 하지 않았기 때문에 **보험료(비용)가 과소계상되어 당기순이익이 과대계상**되고, 선급보험료(자산)가 과대계상된다.

08 • [보험료 선급분 정리 분개]
  (차) 선급비용(자산 증가)   120,000원   (대) 보험료 (비용 감소)   120,000원
  • 위 결산 정리 분개 누락 시 : 자산 과소 계상, 비용 과대 계상

09 누락된 결산정리사항 분개 :
  (차) 임차료   ×××   (대) 미지급비용   ×××
  재무제표에 비용의 발생 및 부채의 증가 내용이 반영되지 않았으므로, 비용이 과소계상되고 부채가 과소계상된다.

10 <u>이자비용(영업외비용) 80,000원이 감소하였으므로 영업이익과는 무관</u>하고 법인세비용차감전순이익
   이 80,000원 증가한다.

11 결산분개 : (차) 미수수익(자산)   100,000원   (대) 이자수익(수익)   100,000원
   ☞ 경과분 이자수익 = 20,000,000원×3%×2개월/12개월 = 100,000원
   따라서, <u>수익 100,000원이 과소계상되어 당기순이익 100,000원이 과소계상</u>된다.

12 소모품 구입 시점에 자산으로 처리할 소모품의 기중 사용액은 300,000원 - 120,000원
   = 180,000원이다. (차) 소모품비 180,000원 (대) 소모품 180,000원으로 처리한다.

13 소모품 기말 미사용액 = 소모품비(100,000) - 사용액(70,000) = 30,000원
   (차) 소모품   30,000원   (대) 소모품비   30,000원

주관식

01	5,000,000원	02	4,500,000원	03	600,000원
04	2,300,000원	05	5,200원	06	140,000원
07	26,500원	08	200,000원	09	60,000원
10	9,900원				

[풀이 - 주관식]

01. 받을어음(2,000,000원)과 외상매출금(3,000,000원)의 합계인 매출채권은 5,000,000원이다.
   (차) 받을어음   2,000,000원   (대) 상품매출   5,000,000원
      외상매출금   3,000,000원   현 금   50,000원
      운반비   50,000원

02. (차) 현 금   500,000원   (대) 상품매출   5,000,000원
     받 을 어 음   2,000,000원
     외상 매출금   2,500,000원
   매출채권 금액 = 받을어음(2,000,000원) + 외상매출금(2,500,000원) = 4,500,000원

03. 매출액 = 매출원가(1,000,000원) + 매출총이익(300,000원) = 1,300,000원

외상매출액 = 당기매출액(1,300,000원) - 현금매출액(400,000원) = 900,000원

매출채권			
기초잔액	500,000	회수액	800,000
외상매출액	**900,000**	*기말잔액*	**600,000**
계	1,400,000	계	1,400,000

04.

외상매출금			
전기이월	1,000,000	대손	100,000
매출액	3,000,000	**당기회수액**	**2,300,000**
		차기이월	1,600,000
	4,000,000		4,000,000

05.

대손충당금			
대손	5,000	기초	2,000
기말	2,200	*대손상각비(?)*	*5,200*
계	7,200	계	7,200

06. 대손예상액 = 600,000원 × 0.05 + 300,000원 × 0.1 + 200,000원 × 0.4 = 140,000원

07. 기말 대손추정액 = **연령별 채권잔액에 각 대손율을 곱한 대손추정액의 합계**

= 4,500원 + 17,000원 + 30,000원 + 25,000원 = 76,500원

대손충당금			
		기초	50,000
기말	76,500	*대손상각비(설정?)*	*26,500*
계	76,500	계	76,500

08.

대손충당금			
대손		기초	100,000
		회수	200,000
기말(5,000,000×10%)	500,000	*대손상각비(설정?)*	*200,000*
계	500,000	계	500,000

09.

대손충당금			
대손	20,000	*기초*	*60,000*
기말		*설정*	
계		계	

설정전잔액(40,000) = 기초(?) - 대손(20,000)

10. 12월 22일 (차) 대손충당금　　　　　6,000원　　(대) 외상매출금　　　　　　　　　　10,000원

　　　　　　　　　대손상각비　　　　　4,000원

외상매출금

기초잔액	100,000	대손충당금	6,000
		대손상각비	4,000
외상매출액	500,000	기말잔액	590,000
계	600,000	계	600,000

기말대손충당금 = 기말잔액(590,000) × 1% = 5,900원

대손충당금

대손	6,000	기초	6,000
기말	5,900	**대손상각비(설정?)**	**5,900**
계	11,900	계	11,900

당기 손익계산서상 대손상각비 = 대손(4,000) + 설정(5,900) = 9,900원

2. 재고자산

기업이 영업활동과정에서 판매 또는 제품의 생산을 위해서 보유하고 있는 자산이다. 재고자산으로 분류되기 위해서는 영업활동과정에서 판매를 목적으로 소유하고 있어야 한다. 예를 들어 TV제조회사가 있는데 TV를 회의실에 사용하고 있다면 비품으로 분류되나 판매를 위하여 제품창고에 있다면 재고자산으로 분류한다.

또한 재고자산은 판매목적으로 보유하고 있는 자산이므로 정상적인 영업주기내에 판매될 것으로 예상되므로 유동자산으로 분류한다.

(1) 재고자산의 분류

① 상　품 : 정상적인 영업활동과정에서 판매를 목적으로 구입한 상품
② 제　품 : 판매목적으로 제조한 생산품
③ 반제품 : 자가제조한 중간제품과 부분품으로 **판매가 가능한 것**
④ 재공품 : 제품의 제조를 위하여 제조과정에 있는 것
⑤ 원(부)재료 : 제품을 제조하고 가공할 목적으로 구입한 원료, 재료, 부재료 등
⑥ 저장품 : 소모품, 수선용 부분품 및 기타 저장품 등
⑦ 미착(상)품 : 운송중에 있어서 아직 도착하지 않은 원재료(상품)를 말한다.

(2) 재고자산의 취득원가 결정

자산의 취득원가에는 그 자산을 취득하여 사용하기 까지 투입되는 모든 비용을 포함한다. 따라서 재고자산의 취득원가에는 재고자산을 취득하여 사용하기까지 소요된 모든 지출액(매입부대비용)을 포함한다.

> **취득원가 = 매입가액 + 매입부대비용 – 매입환출 – 매입에누리 – 매입할인 등**

① 매입부대비용

재고자산을 매입할 때 매입가액이외에 추가적으로 발생하는 비용을 말한다.

매입운임, 매입수수료, 매입 시 보험료, 하역비 그리고 만약 해외로부터 수입 시 수입관세 및 통관수수료 등 이렇게 매입부대비용을 매입시점에 비용으로 처리하지 않고 재고자산의 취득원가에 가산하는 것은 수익비용대응원칙에 따른 것이다.

☞수입관세 : 상품 등을 수입시 자국의 산업보호 등을 위하여 국가에서 부과하는 세금
　통관수수료 : 상품 등을 수입시 수입신고를 하여야 하는바 이에 따른 수수료를 말한다.

② 매입환출과 매입에누리

구매한 재고자산에 하자(불량, 수량부족 등)가 발생하여 매입한 재고자산을 판매처에 반품하는 것을 매입환출이라 하고 상기 사유로 인하여 가격을 할인해 주는 경우를 매입에누리라 한다.

③ 매입할인

구매자가 외상매입금을 조기에 지급한 경우 판매자가 가격을 할인해 주는 것을 말한다.

■ 매출환입, 매출에누리, 매출할인

매출환입이란 판매한 재고자산에 하자가 발생하여 매입자로부터 반품을 받은 것을 말하고 매출에누리란 이러한 하자에 대하여 매입자에게 가격을 할인하여 주는 것을 말한다.

매출할인은 외상으로 판매한 매출채권을 매입자가 조기에 대금을 지불하는 경우 외상대금의 일부를 할인해 주는 것을 말한다.

외상거래에 있어서 매출할인의 조건을 보면 다음과 같다.

(2/10, n/30)의 조건으로 계약을 체결했다면 거래일로부터 10일 이내에 대금을 회수하는 경우 대금의 2%를 할인해주고 30일 이내에 대금회수를 완료해야 한다는 조건이다.

구 분		판매자		구매자	
		총매출액	100	총매입액	100
하 자 발 생	반 품 시	(-)매출환입	(5)	(-)매입환출	(5)
	가 격 에 누 리	(-)매출에누리	(10)	(-)매입에누리	(10)
조 기 결 제 에 따 른 할 인		(-)매출할인	(10)	(-)매입할인	(10)
운임(운반비)		운반비	판관비	(+)부대비용(운임)	5
		순매출액	75	순매입액	80

손익계산서상
매출액

재고자산
취득가액

예제 2 - 15 재고자산

㈜백두와 거래상대방(㈜청계)의 거래내역을 각각 분개하시오. 부가가치세는 고려하지마세요.

1. 3월 15일 ㈜청계(제조업)에서 원재료 100,000원(개당 10,000원)을 외상매입하고 운반비 2,000원은 배달업체에 자기앞수표로 지급하다. ㈜청계는 제품매출에 해당한다.

2. 3월 20일 ㈜청계에서 구입한 원재료 중 1개가 불량품이 발생하여 반품하다.

3. 3월 25일 ㈜청계의 외상매입금에 대하여 조기결제하여 1%의 할인을 받고 잔액은 보통예금으로 계좌이체하다.

해답

1.	㈜백두	(차) 원 재 료	102,000원	(대) 외상매입금 현　　　금	100,000원 2,000원
	㈜청계	(차) 외상매출금	100,000원	(대) 제 품 매 출	100,000원
2.	㈜백두	(차) 외상매입금	10,000원	(대) 매 입 환 출	10,000원
		☞ **(차) 원 재 료**	**△ 10,000원**	**(대) 외상매입금**	**△ 10,000원도 가능**
	㈜청계	(차) 매 출 환 입	10,000원	(대) 외상매출금	10,000원
		☞ **(차) 외상매출금**	**△ 10,000원**	**(대) 제품매출**	**△ 10,000원도 가능**
3.	㈜백두	(차) 외상매입금	90,000원	(대) 매 입 할 인 보 통 예 금	900원[*1] 89,100원
	㈜청계	(차) 보 통 예 금 매 출 할 인	89,100원 900원	(대) 외상매출금	90,000원
	*1. 매입(매출)할인 : 90,000원×1%				

(3) 기말재고자산의 귀속여부(기말재고자산의 범위)

재무상태표의 기말재고자산에 포함될 항목에는 회사의 창고에 보관하고 있는 재고자산과 비록 창고에 없더라도 회사의 기말재고자산으로 포함될 항목(미착품, 위탁품, 시용품 등)이 있다.

따라서 회사의 재고자산이 판매되었다면 수익을 인식하여야 한다.

① 미착상품(운송중인 상품)

미착상품이란 상품을 주문하였으나 운송 중에 있어 아직 도착하지 않는 상품을 말한다. 이 경우 **원재료라면 미착품이란 계정을 사용**한다.

만약 운송도중에 화재로 인하여 배가 침몰하였을 경우에 누구에게 법적책임이 있을까? 따라서 구매자와 판매자는 협상을 통하여 두 가지 조건(선적지인도조건과 도착지인도조건)으로 계약한다.

㉠ 선적지인도조건

선적시점(또는 기적시점)에 소유권이 구매자에게 이전되는 조건이다. 따라서 미착상품은 **매입자의 재고자산**에 포함하여야 한다.

㉡ 도착지인도조건

구매자가 상품을 인수하는 시점에 소유권이 구매자에게 이전되는 조건이다. 따라서 미착상품은 **판매자의 재고자산**에 포함하여야 하고 구매자의 재고자산에 포함되지 않는다. 이 경우 구매자가 대금을 지급한 경우 계약금에 해당되므로 도착시점까지 선급금계정으로 회계처리하여야 한다.

② 위탁품(적송품)

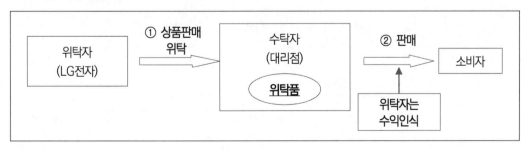

회사(위탁자)의 상품을 타인(수탁자)에게 위탁해서 판매할 때 수탁자에 보관되어 있는 상품을 말한다. 이 경우 위탁상품에 대한 소유권은 위탁자의 재고자산에 포함하여야 하고 **수탁자가 고객에게 판매한 시점에서 위탁자는 수익을 인식**하고 재고자산에서 제외시켜야 한다.

③ 시송품(시용품)

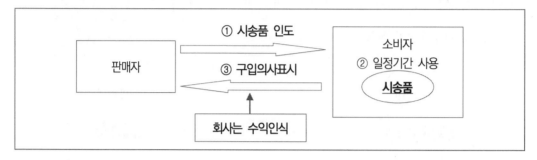

소비자가 일정한 기간 동안 사용해보고 구매를 결정하는 상품을 시송품이라 한다. 따라서 소비자가 매입의사를 표시하기 전까지 판매회사의 소유이므로 재고자산에 포함하고 **소비자가 매입의사를 표시한 날에 회사는 수익을 인식하고** 재고자산에서 제외시켜야 한다.

④ **반품률이 높은 재고자산**

반품률이 높은 재고를 판매한 경우에는 과거의 경험 등에 의해 반품률의 합리적 추정가능성여부에 따라 재고자산 포함여부를 결정한다.

ㄱ **합리적 추정이 가능**한 경우 : 재고자산을 판매한 것으로 보아 판매회사의 재고자산에서 제외한다.

ㄴ **합리적 추정이 불가능**한 경우 : **구매자가 인수를 수락하거나 반품기간이 종료되는 시점**까지 판매회사의 재고자산에 포함한다.

⑤ **할부판매**

할부판매란 고객에게 재화 등을 인도 후 대금을 나중에 수령하는 방식을 말하는 것으로 대금회수여부와 무관하게 **재화를 인도하는 시점에 판매한 것**으로 보아 재고자산에서 제외한다.

(4) 재고자산의 금액 결정

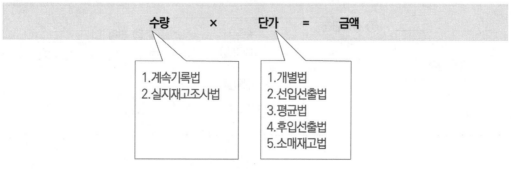

1) 재고수량의 결정방법

① 계속기록법

상품의 매입 또는 판매가 있을 때마다 내역(수량, 단가)을 기록함으로써 당기의 매출수량과 기말 재고 수량을 결정하는 방법이다.

> **기초재고수량 + 당기매입수량 − 당기매출수량 = 기말재고수량**

즉, 계속기록법을 사용하면 기말재고수량은 장부상의 재고이고 창고 상에 몇 개의 재고가 남아 있는지 알 수 없다.

② 실지재고조사법

기말 창고에 실제 남아있는 상품의 수량을 카운트해서 당기 매출수량을 파악하는 방법이다.

> **기초재고수량 + 당기매입수량 − 기말재고수량 = 당기매출수량**

즉, 실지재고조사법을 사용하면 당기매출수량이 모두 판매된 것인지 정확하지가 않다. 만일 도난이나 파손으로 발생한 수량이 있다면 이러한 수량이 매출수량에 포함되는 단점이 있다.

③ 상호방법 비교

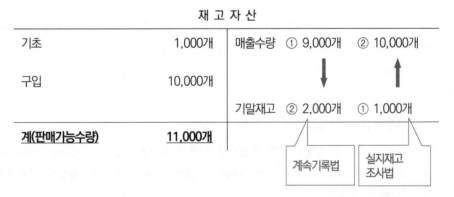

재 고 자 산

기초	1,000개	매출수량	① 9,000개	② 10,000개
구입	10,000개			
		기말재고	② 2,000개	① 1,000개
계(판매가능수량)	**11,000개**		계속기록법	실지재고조사법

계속기록법을 적용하면 매출수량이 정확하게 계산되고, 실지재고조사법을 적용하면 기말재고자산 수량이 정확하게 계산된다.

재고감모란 재고가 분실, 도난, 마모 등으로 인해 없어진 것을 재고감모라 하며 그 수량을 재고감모수량이라 한다.

> **재고감모수량 = 계속기록법하의 기말재고수량 − 실지재고조사법하의 기말재고수량**

따라서 **계속기록법과 재고조사법을 병행하여 사용하는 것이 일반적이며, 이 경우 매출수량과 감모수량을 정확하게 파악할 수 있다.**

④ 재고자산 감모손실(수량부족분)

재고자산의 감모손실은 **정상감모와 비정상감모**로 구분한다.

정상적인 감모란 재고자산을 보관하는 중에 발생하는 증발, 훼손 등으로 불가피하게 발생하는 것이고, 비정상적인 감모란 사고, 도난 등에 의해 발생한 것으로 부주의가 없었다면 회피할 수 있는 것을 말한다.

정상적인 감모는 원가성이 있는 감모로 보아 매출원가에 가산하고, 비정상적인 감모손실은 원가성이 없다고 판단하여 영업외비용(재고자산감모손실)으로 처리한다.

2) 원가흐름의 가정(기말재고단가의 결정)

기말재고금액은 재고수량에 재고의 단위당 원가로 결정된다.

따라서 기말재고수량에 적용할 단가를 어느 단가로 사용할지 문제가 된다.

이론적으로 재고자산에 꼬리표(가격표)를 붙여 일일이 확인하는 방법(개별법)이 가장 정확한 방법이지만 재고자산의 종류가 다양하고 구입과 판매가 빈번한 재고자산의 특성상 개별법으로 적용하기에는 시간과 비용이 많이 든다.

그래서 재고자산의 실제물량흐름과 관계없이 일정한 가정을 통하여 매출원가와 기말재고로 배분하는데, 개별법, 선입선출법, 후입선출법, 평균법, 소매재고법이 인정된다.

① 개별법

재고자산이 판매되는 시점마다 판매된 재고자산의 단가를 정확히 파악하여 기록하는 방법으로 **가장 정확한 원가배분방법**이다. 이 배분방법은 재고자산이 고가이거나 거래가 빈번하지 않는 경우(보석, 골동품 등) 적용되어 왔으나, 기술의 발달로 바코드에 의한 재고자산의 관리가 가능하게 되어 대기업 등에서 적용하고 있다.

② 선입선출법(FIFO－first in, first out)

실제물량흐름과 관계없이 먼저 구입한 재고자산이 먼저 판매된 것으로 가정하는 방법이다. 대부분의 기업은 먼저 구입한 재고자산을 먼저 판매하는 것이 일반적이며, **재고자산의 진부화가 빠른 기업은 선입선출법을 적용**한다.

③ 후입선출법(LIFO－Last in, first out)

실제물량흐름과 관계없이 나중에 구입한 재고자산이 먼저 판매된 것으로 가정하는 방법이다. 대부분의 기업에서의 **실제물량흐름과 거의 불일치되고 일부 특수업종**에서 볼 수 있다. 고물상, 석탄 야적장 등을 예로 들 수 있다.

④ 평균법

실제물량흐름과 관계없이 재고자산의 원가를 평균하여 그 평균단가를 기준으로 배분하는 방법이다. 평균법에는 재고자산의 출고시마다 **단가를 계속 기록하는 방법(계속기록법)**인 **이동평균법(평균단가가 입고시마다 변경)**과 기말에 재고단가를 일괄하여 계산하고 기록(실지재고조사법)하는 방법인 **총평균법(하나의 평균단가)**이 있다.

⑤ 소매재고법(매출가격환원법)

대형할인점의 경우 다양한 종류의 재고자산을 구매하고 판매량도 대량이다. 이런 경우에 재고자산의 취득단가를 각각 계산하는 것이 매우 어렵다. 따라서 기말재고의 매출가격에 원가율을 곱해서 기말재고를 추정하는 방법이 소매재고법이다. 일반적으로 **유통업에서만 인정하는 방법**이다.

■ 상품T계정 이해

상 품

ⓐ전기이월(기초)	1,000,000	ⓒ매출원가	8,000,000
ⓑ순매입액 매입액	10,000,000		
매입운임	30,000		
매입환출	(10,000)		
매입에누리등	(20,000)	ⓓ차기이월(기말)	3,000,000
계	11,000,000	계	11,000,000

판매가능상품 = 판매가능재고

상품매출원가＝기초상품재고액＋당기상품매입액－기말상품재고액

ⓐ 전기이월(기초) : 전년도로부터 이월된 금액으로서 전기재무상태표의 상품금액이다.
ⓑ 순매입액 등 : **상품 총매입액중 매입환출, 매입에누리, 매입할인을 차감한 금액을 말한다.**
 (차) 상   품   10,000,000   (대) 현 금 등   10,000,000
ⓒ 매출원가 : 상품을 판매하고 상품의 원가를 비용인식한 금액을 말한다.
 (차) 상품매출원가   8,000,000   (대) 상   품   8,000,000
ⓓ 차기이월(기말) : 창고에 남아 있는 상품금액으로 재무상태표 상품계정에 집계되고, 차기의 기초상품금액이 된다.

⑥ 각방법의 비교

1번째 구입원가가 10원, 2번째 구입원가가 20원, 3번째 구입원가가 30원이고 2개가 개당 50원에 판매되었다고 가정하고, 각 방법에 의하여 매출원가, 매출이익, 기말재고가액, 법인세를 비교하면 다음과 같다.

물가가 상승하는 경우		선입선출법		평균법		후입선출법
구입순서 **1.10원** **2.20원** **3.30원**	매출액(2개)	100원(50×2개)		100원		100원
	매출원가(2개)	30원(10+20)	<	40원(20×2개)	<	50원(30+20)
	매출이익 **(당기순이익)** **(법인세)**	70원	>	60원	>	50원
	기말재고	30원	>	20원	>	10원

자산 ∝ 이익
(대차평균의 원리)

〈크기 비교 : 물가상승시〉

언제나 중앙

	선입선출법	평균법(이동, 총)	후입선출법
기말재고, 이익, 법인세	>	>	>
매출원가	<	<	<

☞ 물가하락시 반대로 생각하시면 됩니다.

〈선입선출법과 후입선출법 비교〉

	선입선출법	후입선출법
특징	• **물량흐름과 원가흐름이 대체적으로 일치** • 기말재고자산을 현행원가로 표시 • **수익과 비용 대응이 부적절**	• **물량흐름과 원가흐름이 불일치** • 기말재고자산이 과소평가 • **수익과 비용의 적절한 대응**

2-16 원가흐름의 가정

㈜백두의 매입과 매출에 관한 자료이다. 선입선출법, (총)평균법, 후입선출법에 의한 매출원가와 기말재고금액을 계산하시오.

일자	구분	입고		출고		재고수량
		수량	단가	수량	단가	
1.01	기초재고	30	100			30
1.11	상품매입	70	150			100
1.25	상품판매			80	300	20

해답

판매가능재고 = 30개 × 100원 + 70개 × 150원 = 13,500원

구 분	매출액 (A)	판매가능재고		매출이익 (A − B)
		매출원가(B)	기말재고	
선입선출법		10,500원[*2]	3,000원	13,500원
평 균 법(총)	24,000원[*1]	10,800원[*3]	2,700원	13,200원
후입선출법		11,500원[*4]	2,000원	12,500원

*1. 80개×300원
*2. 30개×100원＋50개×150원
*3. 80개×[(30×100＋70×150)/100개]
*4. 70개×150원＋10개×100원

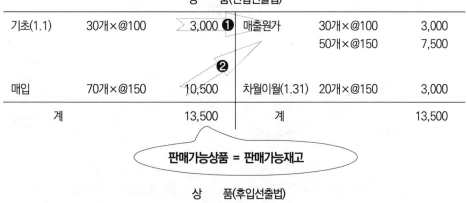

상 품(선입선출법)

기초(1.1)	30개×@100	3,000 ❶	매출원가	30개×@100	3,000
				50개×@150	7,500
		❷			
매입	70개×@150	10,500	차월이월(1.31)	20개×@150	3,000
계		13,500	계		13,500

판매가능상품 = 판매가능재고

상 품(후입선출법)

기초(1.1)	30개×@100	3,000 ❷	매출원가	70개×@150	10,500
				10개×@100	1,000
		❶			
매입	70개×@150	10,500	차월이월(1.31)	20개×@100	2,000
계		13,500	계		13,500

상 품(총평균법)					
기초(1.1)	30개×@100	3,000	매출원가	80개×@135	10,800
		평균단가			
매입	70개×@150	10,500	차월이월(1.31)	20개×@135	2,700
계	*100개 @135*	13,500	계		13,500

(5) 재고자산의 기말평가(저가법)

재고자산은 기업이 낮은 가액으로 구입 또는 제조하여 이를 취득원가보다 높은 가격으로 판매함으로써 기업의 이익을 얻고자 하는 자산이고, 기업 대부분의 이익활동은 재고자산으로부터 시작된다. 그러나 재고자산은 품질저하, 진부화, 유행경과 등으로 취득원가보다 하락할 수 있다.

기업회계기준에서는 기말재고자산을 공정가액으로 평가하도록 되어 있는데, 저가법에 의하여 평가를 하여야 한다.

저가법이란 취득원가와 공정가액을 비교하여 낮은 가액으로 평가하는 방법이다.

즉, 기말에 공정가액이 취득원가보다 높은 경우에는 **취득원가로 평가하고,** 공정가액이 취득원가보다 낮은 경우에는 **공정가액으로 평가한다.**

따라서 재고자산 가격이 하락하면 즉시 손실을 인식하지만 재고자산 가격이 당초 취득원가보다 높아진 경우에는 평가하지 아니고 이를 판매 시에 이익으로 기록한다.

[저가법]

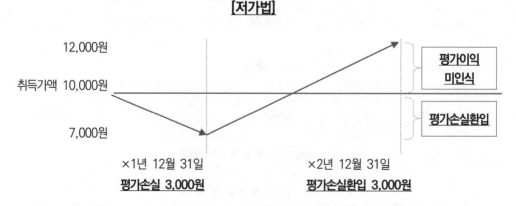

① 적용방법

재고자산을 평가하는 방법에는 **종목별, 조별, 총계기준**이 있다.

종목별기준은 재고자산의 개별항목별로 평가하는 것으로 기업회계기준에서 인정하는 재고자산 평가 원칙이다.

예외적으로 <u>재고자산들이 서로 유사하거나 관련 있는 경우에는 조별기준으로도 적용할 수 있으나 총계기준은 인정되지 않는다.</u>

② 재고자산의 공정가액

㉠ **원재료 : 현행대체원가**(원재료의 현행원가 : 매입시 소요되는 금액)

　다만, 원재료의 경우 완성될 제품의 원가이상으로 판매될 것으로 예상되는 경우에는 그 생산에 투입하기 위해 보유하는 원재료에 대해서는 저가법을 적용하지 않는다.

㉡ **상품, 제품, 재공품 등 : 순실현가능가치(추정판매가액 – 추정판매비)**

③ 재고자산평가 회계처리

가격하락시 : (차) 재고자산평가손실　　×××　　　(대) 재고자산평가충당금*1　　　×××
　　　　　　　　　(매출원가가산)

가격회복시 : (차) 재고자산평가충당금 ×××　　　(대) 재고자산평가충당금환입*2　　×××
　　　　　　　　　　　　　　　　　　　　　　　(매출원가차감)

*1. 재고자산의 차감적 평가계정
*2. 당초 평가손실 인식액까지만 환입

부분 재무상태표

(주)백두　　　　　　　　　　　　　　　　　　　　　　　　　　20×1. 12.31.

재 고 자 산	1,000,000	
재고자산평가충당금	(300,000)	700,000

④ 재고자산감모손실과 평가손실간의 관계

사례 : 감모수량 : 20개(정상감모 : 15개, 비정상감모 : 5개)

	수량	단가
장부상	100개	1,000원
실 제	80개	800원

■ <u>선 감모손실 인식 후 평가손실 인식</u>

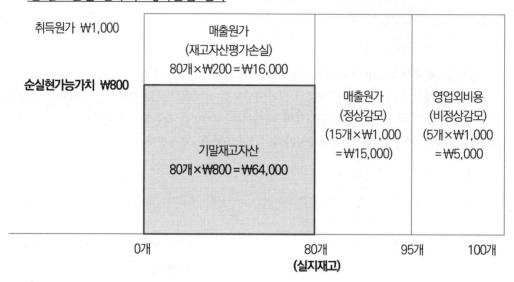

〈비정상감모분회계처리〉

(차) 재고자산감모손실(영업외비용)   5,000원   (대) 재고자산(타계정대체)   5,000원

 예제   **2 - 17 재고자산**

다음 자료에서 매출원가 그리고 매출총이익은 얼마인가?

• 당기총매입액	500,000원	• 당기매출액	800,000원
• 기초상품재고액	200,000원	• 매입에누리	30,000원
• 매입환출	40,000원	• 감모손실(비정상)	20,000원
• 매입운임	20,000원	• 기말상품재고액	50,000원

해답

상 품

기초상품	200,000	매출원가	580,000
총매입액	500,000	감모손실(비정상)	20,000
매입에누리와환출	(70,000)		
매입운임	20,000	기말상품	50,000
계	650,000	계	650,000

손익계산서

Ⅰ. 매 출 액	800,000
Ⅱ. 매 출 원 가	580,000
Ⅲ. 총매출이익(Ⅰ-Ⅱ)	220,000

분식회계

자산이나 이익을 실제보다 과대하게 하여 재무제표상의 수치를 고의로 왜곡시켜 주주와 채권자들에게 허위 정보를 제공하여 그들에게 손해를 끼치는 것이다.

1. 재고자산의 과대계상
2. 매출액 및 매출채권의 과대계상
3. 대손충당금의 과소계상 등이 주로 이용되고 있다.

특히 재고자산은 이동성이 용이하여, 재고자산의 과대계상을 통하여 분식회계에 자주 이용된다.

재고자산

기초재고	매출원가 ⇩	과소계상 ➡ 이익과대
당기매입	기말재고 ⇧	과대계상
계	계	

연습
문제

Financial Accounting Technician

회계정보처리 자격시험 1급

분개연습

1. 지난 11월 13일 현아유통에 외상으로 판매한 상품 중 일부(2개, 200,000원) 파손으로 인해 반품되어, 대금은 외상매출금과 상계처리 하기로 하였다.(부가가치세는 고려하지 않는다.)

2. (주)전자마트에서 상품(9,000,000원)을 매입하고 현대카드로 결제하였다.

3. ㈜헬스로부터 판매용 런닝머신을 구입하고 합계금액(2,000,000) 중 50%는 현금으로 지급하고, 나머지 50%는 외상으로 하였다.

4. 초록우산어린이재단에 당사 상품인 어린이마스크 2,000매(원가 2,000,000원)를 기부하였다.

5. ㈜마스크로부터 상품을 4,000,000원에 매입하고 지난 6월 15일에 지급한 계약금(1,000,000원)을 제외한 잔액은 모두 월말에 지급하기로 하였다

6. 재고자산 명세서에 의한 기말재고액은 다음과 같다. 합계잔액시산표를 조회해 보니 판매가능재고는 90,500,000원이다. 기말 결산분개를 하시오.

계정과목	자산명	수량	단가	금액
상품	홍삼음료	200	60,000원	12,000,000원
	버섯음료	300	50,000원	15,000,000원
	복분자즙	300	45,000원	13,500,000원
합계				40,500,000원

객관식

01. 다음 중 재고자산의 취득원가에 포함하는 항목이 아닌 것은?
　① 매입운임　　　　　　　　　　　② 매입수수료
　③ 매입할인　　　　　　　　　　　④ 매입 시 발생하는 수입 관세

02. 다음 중 재고자산에 관한 설명으로 옳지 않은 것은?
　① 재고자산평가를 위한 수량결정방법으로 계속기록법, 실지재고조사법이 있다.
　② 재고자산의 매입원가는 매입금액에 매입운임, 하역료 및 보험료 등 취득과정에서 정상적으로 발생한 부대원가를 가산한다.
　③ 재고자산의 가치하락으로 인해 발생하는 평가손실은 매출원가에 가산한다.
　④ 재고자산의 비정상적인 원인으로 인해 발생하는 재고자산감모손실은 매출원가에 가산한다.

03. 다음 중 재고자산에 포함되지 않는 것은? (단, 중소기업에 해당하지 않는다)
　① 선적지인도조건으로 매입하였으나 결산일 현재 운송중인 미착상품
　② 매입의사표시를 받지 못한 시송품
　③ 상품을 판매하였으나 대금을 분할하여 회수하기로 하여 대금이 모두 회수되지 않은 할부 판매상품
　④ 위탁자가 수탁자에게 판매를 위탁하였으나 제3자에게 판매되지 않은 상품

04. 다음 중 (주)한공의 기말 재고자산에 포함될 수 없는 것은?
　① 도착지 인도기준으로 매입하여 기말 현재 운송중인 상품
　② 도착지 인도기준으로 매출하여 기말 현재 운송중인 상품
　③ 수탁자에게 판매를 위탁하기 위하여 보낸 상품으로 기말 현재 수탁자가 보관중인 상품
　④ 금융기관으로부터 자금을 차입하고 그 담보로 제공된 상품

05. 다음 중 재고자산관련 설명으로 옳지 않은 것은?
　① 차입금 담보로 제공된 재고자산의 경우 기말 재고자산에 포함한다.
　② 선적지인도조건 상품 판매시 선적이 완료된 재고는 판매자의 재고자산에 포함한다.
　③ 적송품은 수탁자가 제3자에게 판매하기 전까지 위탁자의 재고자산에 포함한다.
　④ 시송품은 매입자가 매입의사표시를 하기 전까지는 판매자의 재고자산에 포함한다.

06. 다음 중 재고자산 취득원가에 대한 설명으로 옳지 않은 것은?

① 매입과 관련된 에누리 및 할인은 취득원가에서 차감한다.

② 재고자산의 취득원가는 취득금액에 매입운임, 하역료 및 보험료 등 부대원가를 차감한 금액이다.

③ 성격이 상이한 재고자산을 일괄하여 구입한 경우 총취득원가를 각 재고자산의 공정가치 비율에 따라 배분한다.

④ 재고자산의 구입 및 제조활동이 1년 이상의 장기간이 소요되는 경우, 취득과정에서 발생한 금융원가는 재고자산의 원가로 회계처리 할 수 있다.

07. 다음 중 재고자산에 관한 설명으로 옳지 않은 것은?

① 재고자산에는 정상적인 영업과정에서 판매를 위하여 보유하거나 생산과정에 있는 자산 및 생산 또는 서비스 제공과정에 투입될 원재료나 소모품의 형태로 존재하는 자산을 말한다.

② 재고자산의 시가가 취득원가보다 하락하여 발생한 평가손실은 재고자산의 차감계정으로 표시하고 매출원가에 가산한다.

③ 비정상적인 재고자산감모손실은 영업외비용으로 처리한다.

④ 기말재고자산의 시가가 취득원가보다 상승한 경우 공정가치법에 의해 재고자산평가이익을 계상한다.

08. 다음 자료에 의하여 감모된 재고자산에 대한 회계처리로 옳은 것은? 단, 감모된 재고자산은 모두 정상적인 감모에 해당한다.

> • 상품 장부재고수량 : 120개 (단위당 원가 : 100원, 단위당 시가 : 200원)
> • 상품 실제재고수량 : 100개

① (차) 매 출 원 가	2,000원	(대) 상 품	2,000원
② (차) 매 출 원 가	4,000원	(대) 상 품	4,000원
③ (차) 재고자산감모손실(영업외비용)	2,000원	(대) 상 품	2,000원
④ (차) 재고자산감모손실(영업외비용)	4,000원	(대) 상 품	4,000원

09. (주)한공은 장부상의 기말상품이 100개였으나 실제로 재고조사를 한 결과 90개가 남아 있었다. 기말상품의 단가는 200원이고, 감모손실은 비정상적으로 발생한 것이다. 재고자산감모손실 금액과 분류로 옳은 것은?

① 2,000원 – 영업외비용

② 20,000원 – 영업외비용

③ 2,000원 – 매출원가

④ 20,000원 – 매출원가

주관식

01. 다음은 (주)한공의 20x1년 중 상품매입과 관련된 자료이다. (주)한공의 20x1년 기말재고자산은 얼마인가?

항목	금액 (취득원가 기준)	비고
기말 재고자산 실사액	150,000원	창고보유분
미착상품	90,000원	선적지인도조건으로 매입한 상품으로 기말 현재 운송 중
시송품	90,000원	고객이 매입의사를 표시한 재고액 30,000원 포함

02. 물가가 계속 상승하고 재고자산의 수량이 일정하게 유지된다는 가정 하에서 매출원가를 가장 작게하는 재고자산 평가방법을 적으시오.

03. 다음 자료로 상품매출원가를 계산하면 얼마인가?

- 매입운임   2,000원
- 매입에누리   1,000원
- 기초상품재고액   5,000원
- 매출액   200,000원
- 매입할인   1,200원
- 기말상품재고액   3,000원
- 매입액   100,000원
- 매출에누리   2,000원
- 매출운임   20,000원

04. 다음 자료를 이용하여 A상품의 4월의 매출원가를 계산하면 얼마인가?(단, 선입선출법을 적용한다.)

상품재고장

A상품   (단위 : 개, 원)

날짜		적요	매입			매출		
			수량	매입단가	금액	수량	매출단가	금액
4	1	전 월 이 월	200	100	20,000			
4	9	매　　입	400	200	80,000			
4	16	매　　출				500	400	200,000
4	17	매 입 환 출	10					
4	25	매　　입	200	300	60,000			

05. 다음은 (주)한공의 재고수불부이다. 재고자산 평가를 선입선출법에 의할 경우 1월의 매출원가는 얼마인가?

일 자	구분	수량	단가
1월 2일	기초재고	10개	개당 100원
1월 9일	매 입	30개	개당 120원
1월 16일	매 출	20개	
1월 30일	매 입	10개	개당 130원

06. 다음 자료에 의해 (주)한공의 20x1년 매출원가를 계산하면 얼마인가?
(재고단가결정방법은 총평균법에 의한다.)

- 20x1. 1. 1. : 기초상품 재고액 80,000원(100개×800원)
- 20x1년 중 상품 매입액 360,000원(400개×900원)
- 20x1년 중 상품 매출액 375,000원(375개×1,000원)
- 20x1. 12. 31. : 실제 기말상품 재고수량 120개
  (수량차이 중 3개는 정상적 감모이며, 2개는 비정상적 감모이다.)

07. 다음 자료를 이용하여 매출원가를 계산하면 얼마인가?

상 품			
1/ 1 전 기 이 월	100,000원	7/19 외상매입금	50,000원
4/25 지 급 어 음	200,000원		
7/18 외상매입금	400,000원		

[기말정리사항]
- 장부 수량 : 40개(개당 원가 1,000원)   • 순실현가능가치 : 개당 500원
- 단, 재고자산감모손실은 없다

08. 다음은 (주)한공의 재고자산 관련 자료이다. 상품 B와 상품 C는 유사한 용도를 갖는 상품군으로 재고자산 평가시 통합하여 적용한다. (주)한공의 20x1년 손익 계산서에 반영할 재고자산평가손실은 얼마인가?

품목	수량	단가	개당 예상판매가격	개당 예상판매비용
상품 A	400개	900원	1,000원	120원
상품 B	300개	1,000원	1,100원	150원
상품 C	300개	1,200원	1,400원	150원

09. 다음 (주)한공의 재고자산 관련 자료를 이용하여 매출원가를 계산하면 얼마인가?

• 기초재고금액	10,000,000원
• 당기매입액	50,000,000원
• 재고자산감모손실(비정상감모)	1,000,000원
• 기말재고금액(순실현가능가치)	3,000,000원

10. (주)한공의 5월 매입과 매출 자료가 다음과 같을 때, 선입선출법에 따른 5월말 재고자산 금액은?

• 5월 1일(기초) : 150,000원(300개)	• 5월 15일(매출) : 200개
• 5월 28일(매입) : 54,000원(100개)	• 5월 30일(매출) : 50개

11. 다음은 (주)한공의 재고자산 관련 자료이다. 기말에 인식할 재고자산평가손실은 얼마인가?

- 재고자산평가손실 인식 전 기말상품재고액 100,000원
- 기초 재고자산평가충당금 잔액 8,000원
- 기말재고자산의 순실현가능가치 72,000원

12. 다음 자료를 토대로 계산한 기말상품 재고액은 얼마인가?(단, 원가흐름의 가정은 선입선출법을 적용한다.)

- 기초 상품 재고액 : 30,000원(100개×300원)
- 당기 상품 매입액 : 320,000원(1,000개×320원)
  - 이와 별도로 상품 매입과정에서 운반비가 총 28,000원 발생하였고, 매입할인 15,000원이 발생하였다.
- 당기 상품 판매량 : 980개
  - 기말상품의 실제 수량은 115개이며, 수량 부족 중 2개는 정상적인 것으로 판단된다.

13. 다음 자료를 이용하여 A상품의 2월 말 상품재고액을 계산하면 얼마인가? (재고자산 평가는 총평균법에 의한다.)

A 상 품 재 고 장

(단위 : 개, 원)

날짜		적요	인 수 란			인 도 란		
			수량	단가	금액	수량	단가	금액
2	1	전월이월	300	100	30,000			
	10	매 입	500	200	100,000			
	12	매 출				200		
	20	매 입	200	400	80,000			
	25	매 출				200		

🔑 분개연습

[1]	(차)	외상매출금(현아유통)	-200,000	(대)	상품매출		-200,000
[2]	(차)	상품	9,000,000	(대)	외상매입금(현대카드)		9,000,000
[3]	(차)	상품	2,000,000	(대)	현금		1,000,000
					외상매입금((주)헬스)		1,000,000
[4]	(차)	기부금	2,000,000	(대)	상품(타계정대체)		2,000,000
[5]	(차)	상품	4,000,000	(대)	선급금((주)마스크)		1,000,000
					외상매입금((주)마스크)		3,000,000
[6]	(차)	상품매출원가	50,000,000	(대)	상품		50,000,000

☞ 매출원가 = 판매가능재고(90,500,000) - 기말상품(40,500,000) = 50,000,000원

🔑 객관식

1	2	3	4	5	6	7	8	9					
③	④	③	①	②	②	④	①	①					

[풀이 – 객관식]

01 매입할인은 **재고자산의 취득원가에서 차감하는 항목**이다.

02 재고자산의 **비정상적 원인으로 발생한 재고자산감모손실은 영업외비용**으로 분류한다.

03 고객에게 인도하고 대금의 회수는 분할하여 회수하기로 한 경우 대금이 모두 회수되지 않았다 하더라도 상품의 판매시점에 판매자의 재고자산에서 제외한다.

04 도착지 인도기준으로 매입하여 기말현재 아직 운송중인 상품은 기말재고자산에 포함하지 아니한다.

05 선적지인도조건인 경우에는 상품이 선적된 시점에 소유권이 매입자에게 이전되기 때문에 미착상품은 매입자의 재고자산에 포함된다.

06 재고자산의 취득원가는 취득금액에 매입운임, 하역료 및 보험료 등 부대원가를 가산한 금액이다.

07 재고자산의 시가가 취득원가보다 하락한 경우에는 저가법을 사용하여 재고자산의 장부 금액을 결정하지만, **시가가 취득원가보다 상승하더라도 재고자산평가이익을 계상하지는 않는다.**

08 감모손실 = 감모수량(장부수량 − 실제수량) × 단위당 원가 = 20개 × 100원 = 2,000원
정상적인 감모손실은 매출원가에 가산한다.

09 재고자산감모손실 = 장부상 재고자산 − 실제 재고자산 = 100개 × 200원 − 90개 × 200원 = 2,000원
정상적으로 발생한 감모손실은 매출원가에 가산하고, **비정상적으로 발생한 감모손실은 영업외비용**으로 분류한다.

🔑 **주관식**

01	300,000원	02	선입선출법	03	101,800원
04	80,000원	05	2,200원	06	332,640원
07	630,000원	08	8,000원	09	56,000,000원
10	79,000원	11	20,000원	12	38,295원
13	126,000원				

[풀이 − 주관식]

01 기말재고자산 = 150,000원 + 90,000원 + 60,000원 = 300,000원
기말 재고자산 실사액은 아니나 기말재고자산에 포함해야 할 금액
- 선적지인도조건으로 매입한 상품으로 기말 현재 운송 중인 미착상품 90,000원
- 고객이 매입의사를 표시하지 않은 시송품 재고액 60,000원(90,000원 − 30,000원)

02 물가가 계속 상승하고 재고자산의 수량이 일정하게 유지된다는 가정 하에서 매출원가의 크기는 다음과 같다. 선입선출법 < 이동평균법 ≦ 총평균법 < 후입선출법

03 당기매입액 = 매입액(100,000) + 매입운임(2,000) − 매입에누리 및 할인(2,200) = 99,800원

상	품		
기초상품	5,000	*매출원가*	*101,800*
순매입액	99,800	기말상품	3,000
계	104,800	계	104,800

04

상 품(FIFO)

기초	200개	@100	20,000	매출원가	200개 300개	@100 @200	*80,000*
순매입액	390개 200개	@200 @300	138,000	기말	290개		78,000
계(판매가능재고)			158,000	계			158,000

05

상 품(FIFO)

기초	10개	@100	1,000	매출원가	10개 10개	@100 @120	*2,200*
순매입액	30개 10개	@120 @130	4,900	기말	30개		3,700
계(판매가능재고)			5,900	계			5,900

06 매출원가는 판매수량(375개)과 정상적인 감모손실(3개)을 포함한다. 또한 비정상적인 감모손실(2개)은 매출원가가 아닌 영업외비용으로 분류한다.

상 품(총평균법)

기초	100개	@800	80,000	매출원가	*375개* *3개*	*@880* *@880*	*330,000* *2,640*
				재고자산감모	2개	@880	1,760
순매입액	400개	@900	360,000	기말	120개	@880	105,600
계	500개	@880	440,000	계			440,000

07 기말상품 = 40개 × @500 = 20,000원

상 품

기초상품	100,000	*매출원가(?)*	*630,000*
총매입액	600,000		
(매입에누리 등)	(50,000)	기말상품	20,000
계	650,000	계	650,000

* 재고자산평가손실 = 상품의 기말수량 × (단위당 원가 - 단위당 순실현가능가치)
   = 40개 × (1,000원 - 500원) = 20,000원 ⟹ 재고자산평가손실도 매출원가임.

08

품목	수량 (E)	단가 (D)	예상판매가격 (A)	예상판매비용 (B)	순실현가치 (C=A-B)	평가손익 (C-D)×E
상품 A	400개	900	1,000	120	880	△8,000
상품 B	300개	1,000	1,100	150	950	△15,000
상품 C	300개	1,200	1,400	150	1,250	+15,000

상품 B와 상품 C의 경우 통합적용시 재고자산평가손실이 발생하지 않음.

125

09

상 품

기초상품	10,000,000	*매출원가(?)*	*56,000,000*
		비정상감모	1,000,000
총매입액	50,000,000	기말상품	3,000,000
계	60,000,000	계	60,000,000

10 기말재고수량 : 300개(5.1) - 200개(5.15) + 100개(5.28) - 50개(5.30) = 150개

재고자산(선입선출법) = 54,000원(5.28, 100개) + 25,000원[*](5.1, 50개) = 79,000원

* 50개 × 150,000원/300개 = 25,000원

11 재고자산평가손실 = 기말상품재고액(100,000) - 순실현가능가치(72,000)

- 재고자산평가충당금 잔액(8,000) = 20,000원

재고자산평가충당금

		기초	8,000
기말	28,000	*평가손실(설정?)*	*20,000*
계	28,000	계	28,000

12 당기 순매입액 = 320,000원 + 28,000원(운반비) - 15,000원(할인) = 333,000원

상 품(선입선출법)

기초상품	100개		30,000	매출원가	980개	
				매출원가(정상감모)	2개	
순매입액	1,000개		333,000	*비정상감모*	*3개*	
				기말상품	*115개*	*38,295*
계			363,000	계		363,000

기말상품 단가(선입선출법) = 333,000원 ÷ 1,000개 = 333원/개

13

상 품(총평균법)

기초	300개	@100	30,000	매출원가	400개	@210	84,000
순매입액	500개	@200	100,000				
	200개	@400	80,000	*기말*	*600개*	*@210*	*126,000*
계	1,000개	@210	210,000	계			210,000

제2절 비유동자산

1년 이내에 현금화되는 자산을 유동자산이라 하는데, 유동자산 외의 자산을 비유동자산으로 구분한다. 비유동자산은 다시 투자자산, 유형자산, 무형자산, 기타비유동자산으로 구분한다.

1. 투자자산

기업은 영업활동을 통해서 창출된 수익 중 여유자금에 대하여 더 높은 수익을 얻기 위해서 예금이나 유가증권, 부동산에 투자한다. 이러한 자산을 투자자산이라 한다.

즉, 기업이 정상적인 영업활동과는 관계없이 투자를 목적(시세차익)으로 보유하는 자산을 투자자산이라 한다.

(1) 분류

① 장기금융상품 : 정기예적금등 재무상태표일(결산일)로부터 만기가 1년 이내에 도래하지 않는 것을 말한다. 정기예적금 중 **비유동자산에 해당하는 계정과목은 장기성예금을 선택**하면 된다.
② 유가증권(매도가능증권, 만기보유증권) : 보고기간말로부터 만기가 1년 이후에 도래하는 것은 투자자산으로 분류한다.
③ **투자부동산 : 투자목적 또는 비영업용으로 소유하는 토지나 건물**을 말한다.
④ 장기대여금 : 대여금 중 만기가 1년 이내에 도래하지 않는 것

〈자산의 구분 : 부동산 취득시〉

취득목적	구 분
판매목적	재고자산(상품)
영업목적	유형자산(토지, 건물)
투자목적	투자자산(투자부동산)

(2) 유가증권의 회계처리

① 취득원가

매입가액에 취득부대비용을 합한 금액으로 한다. 다만 **단기매매증권의 경우에는 매입가액을 취득가액**으로 한다.

② 보유시 과실(수익)에 대한 회계처리

	이자 또는 배당금 수취시	
㉠ 채무증권	이자수익으로 처리	
㉡ 지분증권	현금배당	배당금수익
	주식배당	**회계처리는 하지 않고 수량과 단가를 새로이 계산한다.**

③ 유가증권의 기말평가

	평가액	평가손익
㉠ 단기매매증권	공정가액	영업외손익
㉡ 매도가능증권	공정가액	자본(기타포괄손익누계액)
	원가법	–
㉢ 만기보유증권	평가하지 않음 (장부가액 : 상각후원가[*1])	–

*1. **만기보유증권은 상각후원가법으로 평가한다.** 상각후 원가법이란 취득원가와 액면가액이 다른 경우 그 차액을 상환 기간동안 취득원가에 가감하여 만기일의 장부금액을 액면가액에 일치시키는 방법이다. 이때 액면가액과의 차액은 유효이자율법을 적용하여 상환기간에 걸쳐 배분한다.(부채의 사채편 참고)

④ 유가증권의 처분

유가증권(매도가능증권) 처분시 처분가액과 처분당시 장부가액(매도가능증권의 장부가액과 기타 포괄손익누계액을 가감하면 매도가능증권의 취득가액이 된다)을 비교하여 이를 당기손익에 반영한다. 또한 **처분시 발생하는 증권거래 수수료나 증권거래세 등의 부대비용은 처분가액에서 차감하여 회계처리**한다.

⑤ 유가증권의 재분류(보유목적변경)

유가증권의 보유의도와 보유능력에 변화가 있어 재분류가 필요한 경우에는 다음과 같이 처리한다.

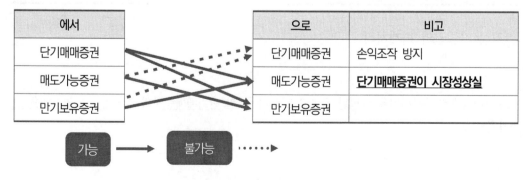

에서		으로	비고
단기매매증권		단기매매증권	손익조작 방지
매도가능증권		매도가능증권	**단기매매증권이 시장성상실**
만기보유증권		만기보유증권	

가능 → 불가능 ······▶

128

예제 2 - 18 매도가능증권과 단기매매증권

㈜백두의 다음 거래를 단기매매증권, 매도가능증권인 경우 각각 분개하고, 매도가능증권일 경우 부분재무상태표를 작성하시오.

1. 20×1년 10월 1일 ㈜한라의 주식 100주를 주당 8,000원과 매입수수료 10,000원을 현금지급하다(㈜한라의 주식은 시장성이 있고, 장기적인 투자수익을 목적으로 취득하다).
2. 20×1년 12월 31일 ㈜한라의 주식의 공정가액은 주당 9,000원이다.
3. 20×2년 3월 31일 ㈜한라로부터 주당 100원의 배당금을 현금수취하다.
4. 20×2년 7월 31일 ㈜한라의 주식 50주를 주당 7,000원에 처분하고 증권거래세 등 수수료 10,000원을 차감한 금액이 당사 보통예금 계좌에 입금되다.

해답

	매도가능증권	단기매매증권
1.	(차) 매도가능증권 810,000 (대) 현　금 810,000	(차) 단기매매증권 800,000 수수료비용(영) 10,000 (대) 현　금 810,000
2.	(차) 매도가능증권 90,000 (대) 매도가능증권평가익[*1] 90,000 (자본 - 기타포괄손익누계액)	(차) 단기매매증권 100,000 (대) 단기매매증권평가익[*2] 100,000 (영업외수익)
	*1. 평가손익 = 100주×9,000원(공정가액) − 100주×8,100원(장부가액) *2. 평가손익 = 100주×9,000원(공정가액) − 100주×8,000원(장부가액)	
3.	(차) 현　금 10,000 (대) 배당금수익 10,000	좌동
4.	(차) 보통예금 340,000 　매도가능증권평가익[*1] 45,000 　매도가능증권처분손[*2] 65,000 　(영업외비용) (대) 매도가능증권 450,000	(차) 보통예금 340,000 　단기매매증권처분손[*3] 110,000 　(영업외비용) (대) 단기매매증권 450,000
	*1. 90,000원(매도가능증권평가익)/100주×50주 *2. 처분손익 = 처분가액 − 취득가액 = 340,000 − 50주×8,100원 = △65,000원 *3. 처분손익 = 처분가액 − 장부가액 = 340,000 − 50주×9,000원 = △110,000원	

부분재무상태표

㈜백두   20×1년 12월 31일 현재   단위 : 원

자 산	금 액	부채 및 자본	금 액
Ⅱ. 비유동자산 1. 투자자산 　－매도가능증권	900,000	자본 Ⅳ. 기타포괄손익누계액 　－매도가능증권평가익	90,000

☞ 매도가능증권의 취득가액(100주)＝900,000(장부가액)－90,000(평가익)＝810,000원

부분재무상태표

㈜백두   20×2년 7월 31일 현재   단위 : 원

자 산	금 액	부채 및 자본	금 액
Ⅱ. 비유동자산 1. 투자자산 　－매도가능증권	450,000	자본 Ⅳ. 기타포괄손익누계액 　－매도가능증권평가익	45,000

☞ 매도가능증권의 취득가액(50주)＝450,000(장부가액)－45,000(평가익)＝405,000원

〈단기매매증권과 매도가능증권〉

	단기매매증권	매도가능증권
의　　의	단기간 시세차익목적	언제 매도할지 모름
취득가액	**매입가액**	**매입가액 + 취득부대비용**
기말평가	공정가액 **미실현보유손익 : 실현됐다고 가정 (영업외손익 － 단기매매증권평가손익)**	공정가액(공정가액이 없는 경우 원가법) **미실현보유손익 (자본 － 기타포괄손익누계액)**
처분손익	**처분가액 － 장부가액**	**처분가액 － 취득가액**

매도가능증권의 취득가액＝장부가액－평가이익＋평가손실

2. 유형자산

유형자산이란 재화나 용역의 생산이나 제공 또는 판매·관리 활동에 사용할 목적으로 보유하는 물리적 실체가 있는 자산이다.

즉, **① 물리적 실체가 있어야 한다.**

② 1년을 초과 하여 사용할 것으로 예상되는 자산이다.

③ 기업의 영업활동 목적에 사용하여야 할 자산이다.

위의 세 가지 조건을 충족하면 유형자산으로 분류한다.

(1) 종류

① 토지

영업활동에 사용하고 있는 대지, 임야, 전·답을 말한다.

또한 토지는 가치가 하락하지 않으므로 **감가상각대상자산이 아니다.**

투자목적으로 보유하고 있는 토지는 투자부동산(투자자산)으로 분류하고, 부동산매매업자가 매매목적으로 보유한 토지는 재고자산으로 분류한다.

② 건물

사옥이나 공장, 창고 등 회사의 영업목적으로 보유하고 있는 자산을 말한다. 투자목적으로 보유하고 있는 건물은 투자부동산으로 분류하고, 부동산매매업자가 매매목적으로 보유한 건물, 상가 등은 재고자산으로 분류한다.

③ 구축물

건물이외 구조물을 말하며, 교량, 갱도, 정원설비 등이 포함된다.

④ 기계장치

제조업의 경우 가장 기본적인 자산으로서 제품을 생산하기 위한 각종 기계설비 등을 말한다.

⑤ 차량운반구

영업활동을 위해 사용하는 승용차, 트럭, 버스 등을 말한다.

⑥ 건설중인 자산

유형자산을 건설하기 위하여 발생된 원가를 집계하는 임시계정으로서 유형자산이 완성되어 영업에 사용될 때 건설중인 자산의 금액을 해당 유형자산 계정과목으로 대체한다.

건설중인자산은 미완성상태의 자산으로서 **아직 사용하지 않으므로 감가상각대상자산이 아니다.**

⑦ 비품

사무용 비품으로 책상, 의자, 복사기, 컴퓨터 등을 말한다.

(2) 유형자산의 인식기준

유형자산의 정의를 충족하고, 그 자산으로부터 발생하는 **미래 경제적 효익이 기업에 유입될 가능성이 매우 높고 취득원가를 신뢰성있게 측정할 수 있을 때** 인식한다.

(3) 유형자산의 취득원가

유형자산을 취득하여 회사가 영업목적으로 사용하기 전까지 소요되는 모든 부대비용을 포함한다. 당연히 매입 시 할인받은 경우(매입할인)는 차감한다.

취득원가＝매입가액＋취득부대비용－매입할인 등

구입대금에 유형자산이 **본래의 기능을 수행하기까지 발생한 모든 부대비용을 포함**한다. 부대비용에는 설치장소 준비를 위한 지출, 운송비, 설치비, 설계와 관련하여 전문가에게 지급하는 수수료, 시운전비, 취득세 등 유형자산의 취득과 직접 관련되는 제세공과금 등이 포함된다.

☞시운전비 : 자동차나 기계 따위를 새로 만들어서 사용하기 전에 시험 삼아 운전할 때 드는 비용

자산의 취득 및 보유에 따른 세금

1. 취득세 : 부동산 및 차량 등 과세물건의 취득에 대하여 그 취득자에게 과세하는 지방세

2. 등록면허세 : 재산권 등의 설정 사항 등을 공부에 등록하는 자에게 과세하는 지방세

3. 재산세 : 매년 부동산등을 소유한 자에게 매년 부과하는 지방세

4. 자동차세 : 차량의 보유에 대해서 매년 부과하는 지방세

지방세	부과시점	회계처리
취득세/등록면허세	취득시점에 한번	자산(토지, 건물, 차량운반구)
재산세	매년	비용(세금과공과)
자동차세	매년	비용(세금과공과)

(4) 유형자산 취득 이후의 지출

기업이 유형자산을 취득하여 사용하는 기간 중에 해당 유형자산과 관련하여 각종 수선·유지를 위한 지출이 발생한다. 이 경우 기업회계기준에서는 자본적지출과 수익적지출로 분류하여 회계처리 한다.

	자본적지출	수익적지출
정 의	① **미래의 경제적 효익을 증가시키거나** ② **내용연수를 연장시키는 지출**	**자본적지출 이외**
회계처리	해당 자산가액	**수선비등 비용처리**
예	(중앙)냉난방장치설치, 건축물의 증축, 엘리베이터의 설치, 자동차 엔진교체 등	부속품의 교체, 건물의 도색, 건물의 유리교체, 자동차 타이어·배터리 교체, 에어컨 수리 등

예제 2-19 유형자산

㈜백두의 다음 거래를 분개하시오. 다음의 자산은 영업목적으로 취득하였다.

1. 10월 1일 공장용 건물을 1,000,000원에 취득하고 다음달에 지급하기로 하다. 매입 시 공인중개사 수수료 10,000원과 취득세 20,000원을 현금지급하다.

2. 10월 3일 기계장치를 2,000,000원 구입하고 대금은 만기가 3개월인 어음을 발행하여 주고, 시운전비 10,000원은 현금으로 지급하다.

3. 10월 31일 공장 제품창고를 건설하기로 하고 공사비 3,000,000원을 현금 지급하다.

4. 11월 1일 공장용 건물의 외벽에 도색공사비와 파손된 유리를 교체하기 위하여 4,000,000원의 현금을 지급하다.

5. 11월 5일 본사 사옥의 건물의 에스컬레이터와 냉난방시설을 위한 공사비 5,000,000원을 현금지급하다 (자본적지출로 처리하세요).

6. 11월 15일 공장 제품창고(3번 문제)의 공사비 6,000,000원을 현금 지출하고 공사를 완료하고, 취득세 200,000원을 현금지급하다.

해답

1.	(차) 건 물	1,030,000	(대) 미지급금	1,000,000
			현 금	30,000

2.	(차) 기 계 장 치	2,010,000	(대) 미 지 급 금	2,000,000
			현 금	10,000
3.	(차) 건설중인자산	3,000,000	(대) 현 금	3,000,000
4.	(차) 수 선 비	4,000,000	(대) 현 금	4,000,000
5.	(차) 건 물	5,000,000	(대) 현 금	5,000,000
6.	(차) 건설중인자산	6,000,000	(대) 현 금	6,000,000
	(차) 건 물	9,200,000	(대) 건설중인자산	9,000,000
			현 금	200,000

(5) 유형자산의 감가상각

감가란 자산의 가치감소를 뜻하는 것이며, 유형자산의 감가상각이란 해당 유형자산의 **취득원가를 효익을 제공받은 기간(내용연수)동안 체계적·합리적으로 비용 배분**하는 것을 의미한다.

① 감가상각의 3요소

ⓐ **취득원가**

유형자산의 취득원가는 매입가액과 그 부대비용을 말한다.

ⓑ **잔존가액**

유형자산의 경제적 효익이 끝나는 기간에 자산을 폐기하거나 처분할 때 획득될 것으로 추정되는 금액을 말한다. 여기에서 **(취득원가 - 잔존가치)를 감가상각대상금액**이라고 한다. 그리고 **잔존가치가 유의적(의미가 있다)인 경우 매보고기간말에 재검토한다.**

ⓒ **추정내용연수**

유형자산이 영업활동에 사용될 것으로 기대되는 기간을 의미한다.

여기서 내용연수란 유형자산의 물리적 사용연수를 의미하는 것이 아니라, 기업이 수익획득과정에서 사용될 것으로 기대되는 기간으로 **경제적 내용연수**를 의미한다.

② 감가상각방법

ⓐ **정액법**

시간의 경과에 따라 감가상각대상금액(취득가액 - 잔존가치)을 경제적 내용연수 동안 매년 균등하게 비용으로 인식하는 방법이다.

> **감가상각비 = (취득가액 - 잔존가치)/내용연수**

정액법은 계산이 단순하고 사용하기 간편해서 실무에서 가장 많이 사용하는 방법이다.

ⓛ 정률법

일반적으로 유형자산의 취득 초기에는 수선유지비가 적게 발생하고 사용기간이 경과할수록 수선유지비가 많이 발생한다.

즉, 취득초기에는 자산의 효율성이 높아 수선비가 적게 발생되며, 취득 후반기에는 자산의 효율성이 떨어지고 수선비가 많이 발생한다.

따라서, 정률법은 취득 초기에 감가상각비를 많이 계상하고 후기에는 감가상각비를 적게 계상함으로써 수익 · 비용대응원칙에 부합된 방법이다.

> **감가상각비 = 장부가액(취득가액 – 기초감가상각누계액) × 상각율**

$$\text{상각율} = 1 - \sqrt[n]{\frac{\text{잔존가치}}{\text{취득가액}}} \quad (n : \text{내용년수})$$

ⓒ 연수합계법

정률법과 마찬가지로 상각비가 체감하는 방법이며 아래와 같이 감가상각비를 계산한다.

> **감가상각비 = (취득가액 – 잔존가치) × 잔여내용연수/내용연수의 합계**

내용연수가 4년인 자산의 내용연수 합계는 4+3+2+1 = 10년이 된다.

내용연수의 합계 = $\frac{n(n+1)}{2}$ 로 계산된다. 즉 4년일 경우 4×5/2 = 10년이 된다.

또한 잔여내용연수란 전체 내용연수에서 경과된 내용연수를 차감한 것으로서 내용연수가 4년인 경우 2차 연도의 잔여내용연수는 3년이 된다.

ⓔ 생산량비례법

생산량비례법은 생산 또는 채굴량에 비례하여 가치가 소멸하는 유형자산에 적용하는 방법이다.

> **감가상각비 = (취득가액 – 잔존가치) × 당기생산량/총생산가능량(추정생산량)**

ⓜ 각 방법 하의 감가상각비 계산

취득가액을 1,000,000원 잔존가치를 100,000원으로 추정하고 추정 내용연수를 3년이라 가정하면 다음과 같이 감가상각비가 계산된다.

〈정액법〉

연간감가상각비 = (1,000,000 - 100,000)/3년

연도	감가상각비	감가상각누계액 (A)	기말장부가액 (취득가액 - A)
취득시(연초)			1,000,000
1차년도	300,000	300,000	700,000
2차년도	300,000	600,000	400,000
3차년도	300,000	900,000	100,000

〈정률법〉

$$상각율 = 1 - \sqrt[n]{\frac{잔존가치}{취득가액}} = 53.6\%$$

연도	감가상각비 계산근거 [장부가액(B)×상각율]	감가상각비	감가상각누계액 (A)	기말장부가액(B) (취득가액 - A)
취득시(연초)				1,000,000
1차년도	1,000,000×0.536	536,000	536,000	464,000
2차년도	464,000×0.536	248,704	784,704	215,296
3차년도	215,296×0.536	115,296[*1]	900,000	100,000

*1. 단수차이 조정

〈연수합계법〉

내용년수의 합계 = 3 + 2 + 1 = 6년

연도	감가상각비 계산근거	감가상각비	감가상각누계액 (A)	기말장부가액 (취득가액 - A)
취득시(연초)				1,000,000
1차년도	(1,000,000 - 100,000)×3/6년	450,000	450,000	550,000
2차년도	(1,000,000 - 100,000)×2/6년	300,000	750,000	250,000
3차년도	(1,000,000 - 100,000)×1/6년	150,000	900,000	100,000

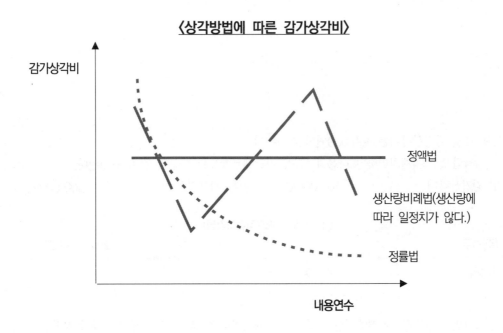

〈상각방법에 따른 감가상각비〉

〈정액법 VS 연수합계법 VS 정률법〉

	정액법	연수합계법	정률법
이론적 근거	감가상각대상액법		장부가액법
계산식	(취득가액 – 잔존가치) ÷내용연수	(취득가액 – 잔존가치) ×잔여내용연수/내용연수 합계	(취득가액 – 감가상각 누계액)×상각율
초기 감가상각비	정률법>내용연수합계법>정액법		
초기 장부가액 (취득가액 – 감가상각누계액)	정액법>내용연수합계법>정률법		

(6) 유형자산의 회계처리와 재무상태표 표시

감가상각에 대해서 회계처리방법에는 직접상각법(해당 자산을 직접 차감하는 방법)과 간접상각법이 있는데, **기업회계기준에서는 간접상각법을 인정**하고 있다.

㈜백두의 20x1년 1월 1일 취득한 기계장치(취득가액 1,000,000원 ; 추정내용연수 3년 ; 잔존가치 100,000원 : 정액법)가 있다고 가정하자.

부분 재무상태표(취득시)

(주)백두		20×1. 1. 1
기계장치	1,000,000	

12월 31일 감가상각비는 300,000원이 계산된다.

직접상각법으로 회계처리하면 다음과 같고, 기말재무제표는 다음과 같이 표시된다.

(차) 감가상각비   300,000원   (대) 기계장치   300,000원

부분 재무상태표(직접상각법)

(주)백두		20×1. 12.31
기계장치	700,000	

간접상각법은 감가상각누계액이란 계정으로 회계처리하고, 감가상각누계액은 해당 자산을 차감하는 계정이다.

(차) 감가상각비   300,000원   (대) **감가상각누계액(기계차감)**   300,000원

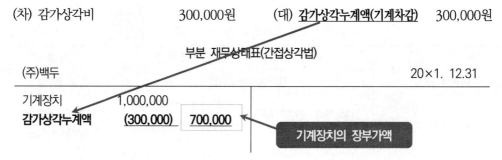

부분 재무상태표(간접상각법)

(주)백두			20×1. 12.31
기계장치	1,000,000		
감가상각누계액	**(300,000)**	**700,000**	기계장치의 장부가액

이러한 간접상각법은

재무상태표상에서 **유형자산의 취득원가, 감가상각누계액, 장부가액을 모두 파악할 수 있는 장점**이 있다. 또한 기중에 유형자산을 취득시에 감가상각은 **월할상각**하게 되어 있다.

(7) 유형자산의 처분

유형자산을 처분시 처분가액과 장부가액을 비교해서 처분가액이 장부금액보다 많은 경우에는 유형자산처분이익(영업외수익)으로 반대로 처분가액이 장부금액보다 적은 경우에는 유형자산처분손실(영업외비용)로 회계처리한다. 이 경우 **해당 자산의 취득가액과 감가상각누계액을 전액 제거**하는 회계처리를 하여야 한다.

부분재무상태표

- 기계장치	1,000,000	
감가상각누계액	(300,000)	700,000

위의 기계장치를 800,000원에 처분하였다면 다음과 같이 회계처리 한다.

(차) 감가상각누계액   300,000원   (대) 기 계 장 치   1,000,000원
    현   금   800,000원   유형자산처분이익   100,000원

여기서 기계장치의 장부가액(취득가액 - 감가상각누계액) 700,000원을 800,000원에 처분하였으므로 유형자산처분이익 100,000원이 계산된다.

〈유형자산 처분손익〉

처분가액〉장부가액(취득가액 – 감가상각누계액)	유형자산처분이익
처분가액〈장부가액	유형자산처분손실

예제 2 - 20 감가상각 및 유형자산처분

㈜백두의 다음 거래를 분개하시오.

1. 20×1년 10월 1일 기계장치A를 1,000,000원에 취득하고 다음 달에 지급하기로 하다. 설치비 100,000원은 현금지급하다

2. 20×1년 12월 31일 기계장치A의 내용년수 5년, 잔존가치 100,000원으로 추정하고 정액법으로 감가상각하다.

3. 20×2년 6월 30일 기계장치A를 1,000,000원에 현금처분하다.

4. 20×2년 12월 31일 년초에 취득한 차량B(취득가액 2,000,000원)에 대해서 감가상각비를 계상하다(내용년수 5년, 잔존가치 0원, 정률법, 상각율 40%라 가정한다.).

5. 20×3년 12월 31일 차량B에 대해서 감가상각비를 계상하다.

해답

1.	(차) 기 계 장 치	1,100,000	(대) 미 지 급 금	1,000,000
			현 금	100,000
2.	(차) 감가상각비	50,000[*1]	(대) 감가상각누계액(기계)	50,000
	*1. (1,100,000 – 100,000)/5년×3개월(10.1~12.31)/12개월			
	☞ 감가상각은 월할상각해야 한다.			
3.	(차) 감가상각비	100,000[*1]	(대) 감가상각누계액(기계)	100,000
	*1. (1,100,000 – 100,000)/5년×6개월(1.1~6.30)/12개월			
	(차) 감가상각누계액(기계)	150,000	(대) 기 계 장 치	1,100,000
	현 금	1,000,000	유형자산처분이익	50,000[*1]
	*1. 처분손익 = 처분가액 (1,000,000) – 장부가액(1,100,000 – 150,000) = +50,000(이익)			
4.	(차) 감가상각비	800,000[*1]	(대) 감가상각누계액(차량)	800,000
	*1. 1차년도 감가상각비 = 2,000,000×40% = 800,000원			
5.	(차) 감가상각비	480,000[*1]	(대) 감가상각누계액(차량)	480,000
	*1. 2차년도 감가상각비 = **(2,000,000 – 800,000)**×40% = 480,000원			
	장부가액(취득가액 – 기초감가상각누계액)			

(8) 특수한 경우의 취득가액

① 국공채 등을 불가피하게 매입하는 경우

채권의 매입가액과 현재가치와의 차액은 유형자산의 취득가액으로 한다.

예를 들어 차량을 구입시 의무적으로 매입하는 채권이 있는데, 채권(단기간 시체차익 목적이라 가정)을 액면가액 1,000,000원(현재가치 800,000원으로 가정)에 구입시 매입가액과 현재가치와의 차액 200,000원은 차량의 취득가액을 구성한다.

회계처리는 다음과 같다.

(차) 단기매매증권	800,000원	(대) 현 금	1,000,000원
차량운반구	200,000원		

② 일괄취득

여러 종류의 유형자산을 동시에 구입하고 대금을 일괄 지급한 경우를 말한다. 이 경우 자산의 취득원가는 **개별자산들의 상대적 공정가치에 비례하여 안분한 금액**으로 한다.

예를 들어 토지와 건물을 일괄 취득한 경우 토지와 건물의 상대적 공정가치에 비례하여 매입가액을 안분하여 취득원가로 계산한다. 그러나 토지만 사용할 목적으로 토지와 건물을 일괄하여 취득후 철거한 경우 토지만을 사용할 목적으로 취득하였기 때문에 일괄 취득가액과 철거비용은 토지의 취득원가로 회계처리하여야 한다.

〈철거비용〉

	타인 소유 건물취득 후 철거	자가건물 철거시
목적	토지 사용목적	건물 가치 상실
회계처리	**토지의 취득원가**	**영업외비용(유형자산처분손실)**
폐자재매각수입	토지 또는 유형자산처분손실에서 차감한다.	

예제 2-21 철거비용

㈜백두의 다음 거래를 분개하시오. 다음의 자산은 영업목적으로 취득하였다.

1. 10월 1일 토지와 건물(취득가액 100,000원)을 현금 취득하여, 건물을 철거하고 철거비용 10,000원을 현금지급하다.

2. 10월 3일 새로운 건물을 신축하기 위하여 사용 중이던 건물(취득가액 200,000원 감가상각누계액 150,000원)을 철거하고 철거비용 10,000원을 현금지급하다.

해답

1.	(차) 토　　　지	110,000	(대) 현　　　금	110,000
2.	(차) 감가상각누계액	150,000	(대) 건　　　물	200,000
	유형자산처분손실	60,000	현　　　금	10,000

☞처분손익＝처분가액(0)－[장부가액(200,000－150,000)＋철거비용(10,000)]＝△60,000원(손실)

③ 자가건설

기업이 영업활동에 사용하기 위하여 유형자산을 자체적으로 제작·건설하는 경우가 있다. 이때 취득원가는 유형자산의 제작에 투입된 재료비·노무비·경비 등의 지출액을 건설중인자산으로 처리하였다가 완성시 해당 유형자산의 본계정으로 대체한다.

④ 무상취득

유형자산을 주주나 국가 등으로부터 무상으로 취득한 경우에는 **취득한 자산의 공정가치를 취득원가로 하고 이를 자산수증익(영업외수익)으로 처리**한다.

⑤ 현물출자

현물출자란 기업이 유형자산을 취득하면서 그 대가로 회사의 주식을 발행하여 지급하는 경우를 말한다. **유형자산의 취득원가는 취득한 자산의 공정가치로 한다. 다만 유형자산의 공정가치를 신뢰성있게 측정할 수 없다면 발행하는 주식의 공정가치를 취득원가로 한다.**

⑥ 교환취득

㉠ 동종자산간 교환(장부가액법)

교환으로 받은 자산의 취득원가는 교환시 제공한 자산의 장부가액으로 한다. 따라서 **교환손익(유형자산처분손익)이 발생하지 않는다.**

㉡ 이종자산간 교환(공정가액법)

다른 종류의 자산과 교환하여 새로운 유형자산을 취득하는 경우 유형자산의 취득원가는 교환을 위하여 제공한 자산의 공정가치로 하고, 이때 **교환손익(장부가액과 공정가치의 차액)은 유형자산처분손익으로 인식한다.**

<교환취득>

	동종자산	이종자산
회계처리	장부가액법	공정가액법
취득원가	제공한 자산의 장부가액	제공한 자산의 공정가액[*1]
교환손익	**인식하지 않음**	**인식(유형자산처분손익)**

*1. 불확실시 교환으로 취득한 자산의 공정가치로 할 수 있다. 자산의 교환에 현금수수시 현금수수액을 반영하여 취득원가를 결정한다.
이종자산 간의 교환시 신자산의 가액＝제공한 자산의 공정가액 ＋현금지급액 －현금수취액

예제 2 - 22 교환취득

㈜백두의 다음 거래를 분개하시오. 다음의 자산은 영업목적으로 취득하였다.

1. 10월 1일 사용 중이던 기계A(취득가액 100,000원, 감가상각누계액 40,000원)를 토지와 교환하였다. 교환시 기계의 공정가치는 110,000원이다.

2. 10월 3일 사용 중이던 기계B(취득가액 200,000원, 감가상각누계액 40,000원)와 같은 종류의 C기계와 교환하였다. 교환시 기계B의 공정가치는 110,000원이다.

해답

1. (이종자산) (1+2)	(차) 감가상각누계액 토　지	40,000 110,000	(대) 기계장치(A) 유형자산처분이익	100,000 50,000		

☞처분손익 = 처분가액(110,000) − 장부가액(100,000 − 40,000) = 50,000원(이익)

〈1.공정가치(110,000원)로 처분〉

(차) 감가상각누계액 현　　금	40,000 110,000	(대) 기계장치(A) 유형자산처분이익	100,000 50,000

〈2.유형자산 취득〉

(차) 토　　지	110,000	(대) 현　　금	110,000

2. (동종자산)	(차) 감가상각누계액 기계장치(C)	40,000 160,000	(대) 기계장치(B)	200,000

⑦ 장기연불구입

자산의 매매에 있어서 당사자간의 개별약관에 의하여 그 대금을 2회 이상 분할하여 월부·연부 등에 따라 결제하는 조건으로 성립되는 거래형태를 말하는데, **미래현금 유출액의 현재가치를** 취득원가로 한다.

⑧ 정부보조금(국고보조금)

자산 취득 시 국가로부터 보조금(상환의무가 없는 경우)을 수령한 경우 **자산의 취득가액에서 차감하여 표시한다.**

⑨ 차입원가(금융비용 자본화)

차입원가란 유형자산 등의 건설에 필요한 자금의 원천이 외부로부터의 차입금으로 이루어질 때, 차입과 관련하여 발생하는 이자 등을 말합니다

차입원가는 기간비용(이자비용)으로 처리함을 원칙으로 한다. 다만 유형자산 등의 취득을 위한 자금에 차입금이 포함된다면 이러한 차입금에 대한 차입원가(이자비용등)는 취득에 소요되는 원가로 회계처리할 수 있다.

3. 무형자산

무형자산이란 재화의 생산이나 용역의 제공, 타인에 대한 임대 또는 관리에 사용할 목적으로 기업이 보유하고 있으며, 물리적 형체가 없지만 식별가능하고 기업이 통제하고 있으며 미래 경제적 효익이 있는 비화폐성자산을 말한다.

즉, ① **물리적 실체가 없지만 식별가능하고,**

② **기업이 통제하고 있으며**

③ **미래 경제적 효익이 있는 자산**을 말한다.

위의 세 가지 조건을 충족하면 무형자산으로 분류한다.

☞ 화폐성 항목 : 미래에 확정되었거나 결정가능할 수 있는 **화폐단위의 수량으로 받을 권리 또는 지급할 의무가 있는 자산과 부채**를 말한다.(예 : 예금, 매출채권, 매입채무, 대여금, 차입금 등)

☞ 비화폐성 항목 : 화폐성 이외의 자산과 부채를 말한다.(예 : 선급금, 재고자산, 유무형자산, 선수금 등)

(1) 종류

① 영업권

영업권이란 기업의 우수한 종업원, 고도의 경영능력, 영업상 또는 제조상의 비법, 양호한 노사관계, 우수한 인재나 자원의 확보 등으로 미래에 그 기업에 경제적 이익으로 공헌하리라고 기대되는 초과 수익력이 있는 경우 그 미래의 초과수익력을 말한다.

영업권이 자산으로 인식되기 위해서는 외부구입영업권이어야 하고, 내부창설 영업권의 자산계상은 인정하지 않는다. 왜냐하면 내부창설영업권은 그 자산의 취득원가를 신뢰성 있게 측정할 수 없고, 자산의 식별이 불가능하기 때문이다.

따라서 다른 기업을 취득·인수·합병할 경우에 취득한 순자산의 공정가액을 초과하는 경우 그 차액을 외부구입영업권이라 하는데 기업회계기준에서는 외부구입영업권만 인정한다.

② 내부적으로 창출된 무형자산(개발비)

개발비란 신제품, 신기술 등의 개발과 관련하여 발생한 비용(소프트웨어의 자체 개발과 관련된 비용을 포함)으로 개별적으로 식별가능하고 미래의 경제적 효익을 기대할 수 있는 것을 말한다. 개발비는 연구개발활동에 투입된 지출 중에서 무형자산의 인식요건에 부합하면 자산으로 계상한다는 의미이며, 법률상의 권리는 아니다. 또한 개발비와 유사한 지출로서 연구비가 있는데, 연구비란 새로운 과학적 지식을 얻고자하는 활동, 제품 등에 대한 여러 가지 대체안을 탐색하는 활동에 지출하는 비용을 말한다.

이러한 연구비는 미래 경제적 효익이 불투명하기 때문에 발생 즉시 판매비와 관리비로 당기 비용 처리한다.

기업의 내부개발프로젝트를 연구·개발단계, 생산단계로 구분하여 회계처리를 보면 다음과 같다.

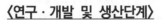

<연구·개발 및 생산단계>

연구단계	개발단계	생산단계	
발생시점 비용(연구비) 처리 (판매비와 관리비)	무형자산 인식조건을 충족시 개발비로 무형자산 계상	**무형자산상각비**	
	요건을 미충족시 경상연구개발비의 과목으로 발생시점에 비용처리 (판매비와 관리비)	**제조관련**	제조경비
		제조와미관련	판관비

③ 산업재산권

일정기간 독점적·배타적으로 이용할 수 있는 권리로서 특허권·실용신안권·상표권 등을 말한다.

☞ 특허권 : 새로 발명한 것(창작물)을 일정기간 독점적으로 소유 또는 이용할 수 있는 권리

실용신안권 : 산업상 이용할 수 있는 물품 등에 대한 고안으로서 법에 따라 출원하여 부여받은 권리

상표권 : 타 상품과 식별하기 사용하는 기호등을 상표라 하는데 이를 독점적으로 사용할 수 있는 권리

④ 라이선스

특허권자가 자신의 권리를 사용하고자 하는 특허사용자와 계약하여 권리실시를 허용하는 계약을 말한다.

⑤ 소프트웨어

컴퓨터 프로그램과 그와 관련된 문서들을 총칭하며, 자산인식요건을 충족하는 소프트웨어를 구입하여 사용하는 경우의 구입대가를 말한다.

그러나 컴퓨터를 구입시 부수되는 OS는 별도의 소프트웨어라는 무형자산으로 인식하는 것이 아니라, 컴퓨터의 취득부대비용으로 인식하여 유형자산으로 회계처리한다.

⑥ 기타 : 프랜차이즈, 저작권, 임차권리금 등이 있다.

☞ 프랜차이즈 : 제조업자 등이 자기의 상호등을 사용케하여 독립적인 소매점을 가맹점을 하여 하는 영업활동을 하게 하는 것

임차권리금 : 임차인이 상가를 다른 세입자에게 매도함으로써 포기해야 하는 시설비와 영업권을 말한다.

(2) 무형자산의 취득원가

매입가액에 취득 부대비용을 가산하여 무형자산의 취득원가로 하고, 일반적으로 유형자산의 취득원가와 동일하나, 내부적으로 창출된 무형자산의 취득원가는 그 자산의 창출, 제조, 사용 준비에 직접 관련된 지출과 **합리적이고 일관성있게 배부된 간접 지출을 모두 포함**한다.

(3) 무형자산의 상각

① 상각대상금액

무형자산의 잔존가치는 원칙적으로 "0"로 한다. 그러므로 취득원가가 무형자산의 상각대상금액이 된다.

② 내용연수

무형자산의 내용연수(상각기간)는 독점적·배타적인 권리를 부여하고 있는 관계법령이나 계약에 정해진 경우를 제외하고는 20년을 초과할 수 없다. 또한, 상각시점은 무형자산이 **사용가능한 시점부터 상각**하도록 하고 있다.

③ 상각방법

유형자산과 마찬가지로 정액법, 정률법, 생산량비례법 등 기업회계기준이 정하는 방법 중에서 기업이 합리적인 방법을 선택하여 상각한다.

그러나 **합리적인 상각방법을 정할 수 없는 경우에는 정액법을 사용하도록 하고 있다.**

④ 무형자산상각비

> **무형자산상각비 = [취득가액 − 0(잔존가치는 원칙적으로 "0")]/내용연수**
> **= 미상각잔액(장부가액)/잔여내용연수**

(4) 재무제표 표시

유형자산은 감가상각이라고 표현하는데, 무형자산은 상각이라고 표현하며 유형자산과 달리 상각누계액 계정을 별도로 설정하지 않고 직접 차감하는 방법(직접상각법)을 사용할 수 있다.

일반적으로 유형자산은 간접상각법을 무형자산은 직접상각법을 사용한다.

(차) 무형자산상각비 ××× (대) 무 형 자 산 ×××
  (제조원가/판관비)   (또는 상각누계액)

〈부분재무상태표 – 직접상각법〉

−개발비	1,000,000	**장부가액 (미상각잔액)**

예제 2 - 23 무형자산

㈜백두의 다음 거래를 분개하시오.

1. 20×1년 10월 1일 고려대학에 의뢰한 신제품개발에 따른 용역비 10,000,000원을 보통예금에서 이체하여 지급하다. 본 용역은 자산요건을 충족한다.
2. 20×1년 12월 31일 현재 특허권 미상각잔액이 4,500,000원이 있다. 특허권은 2년간 상각하였고, 회사는 특허권 상각에 대해서 사용가능시점부터 5년간 직접 상각한다.

해답

1.	(차) 개 발 비	10,000,000원	(대) 보 통 예 금	10,000,000원
2.	(차) 무형자산상각비	1,500,000원[*1]	(대) 특 허 권	1,500,000원
	*1. 당기 상각비 = 미상각잔액/잔여내용연수 = 4,500,000/3년 = 1,500,000원			

〈유형자산 VS 무형자산〉

	유형자산	무형자산
취득가액	매입가액+부대비용	좌동(간접지출도 포함가능)
잔존가액	처분시 예상되는 순현금유입액	**원칙적으로 "0"**
내용년수	경제적 내용연수	좌동 **원칙 : 20년 초과 불가**
상각방법	정액법, 정률법, 내용연수합계법, 생산량비례법등	좌동 **다만 합리적인 상각방법이 없는 경우 "정액법"**
재무제표 표시	간접상각법	**직접상각법, 간접상각법 가능**

연습문제

Financial Accounting Technician
회계정보처리 자격시험 1급

 분개연습

1. 차량취득과 관련된 취득세 1,937,850원을 인천광역시 남동구청에 현금 납부하다.

2. 공사견적서에 따라 건물 확장공사 및 외부도색을 실시하였으며 대금은 현금으로 지급하였다. 건물 확장공사는 7,000,000원은 자산의 실질가치를 증가시키는 지출이며, 건물 외벽도색 1,500,000원은 원상회복을 위한 지출이다.

3. 전시장 에어컨이 고장나서 ㈜현대서비스로 부터 수리하고 거래명세서(금액 80,000원)를 발급받았으며, 대금은 월말에 월합계세금계산서를 발급받고 지급하기로 하였다.

4. 업무에 사용 중인 ERP패키지를 최신버전으로 업그레이드하고 대금(3,500,000원)은 다음 달 10일에 지급하기로 하였다.(ERP패키지 업그레이드로 인해 해당 자산은 내용연수가 연장되고, 가치가 증가되었다.)

5. 상품 운반용 화물차를 수리(차량엔진교체 3,500,000원, 오일 교환 100,000원)하고 현대서비스(주)로부터 거래명세서를 발급받았으며, 대금은 월말에 지급하기로 하였다. 차량엔진교체는 자본적지출로 처리하고 오일교환은 수익적지출('차량유지비'계정)로 처리하시오.

6. 사용중이던 영업용승용차를 처분하고 매매대금(14,500,000원)은 전액 국민은행 보통예금으로 입금받았다. 부가가치세는 고려하지 마세요.
   [매각직전의 자산내역]

계정과목	자산명	기초가액	감가상각누계액
차량운반구	승용차	18,000,000원	3,000,000원

7. 회사의 로고와 심볼마크를 개발하여 상표등록하고 대금(1,500,000원) 중 5월 20일 지급한 계약금 (1,200,000원, 선급금)을 차감한 잔액은 국민은행 보통예금 계좌에서 서울특허로 이체하여 지급하였다. 무형자산으로 처리하시오.

8. (주)기아자동차에서 구입한 승용차의 당월분 할부금이 1,650,000원이 우리은행 보통예금 계좌에서 자동이체 되어 지급된 거래내역이다.

9. 매장에서 사용 중인 승용차를 17,000,000원 외상매각하였다. 매각 직전의 장부상 내역은 다음과 같다.

계정과목	자산명	취득원가	감가상각누계액
차량운반구	승용차(64보2461)	30,000,000원	18,000,000원

10. 직원 휴게실에 사용할 공기청정기를 구입하고 삼성카드로 1,000,000원을 결제하였다.

11. 당기에 매입한 매도가능증권의 기말 내역은 다음과 같다. 결산정리분개를 하시오.

회사명	장부금액	기말평가금액
(주)다음에너지	88,000,000원	90,000,000원
시티시코리아(주)	52,000,000원	60,000,000원

12. 당사의 신제품 개발에 따른 특허출원 및 등록 비용에 대하여 코아특허에게 대금 4,000,000원은 말일에 보통예금 통장에서 이체하여 지급하기로 하였다.

13. 특허권을 8,000,000원에 현금 매각하다. 매각 직전 특허권의 장부금액은 7,000,000원이다.

149

14. 노후된 전동지게차를 오성기계로부터 수리한 내역이다. 하고 수취한 거래명세서이다. 대금 중 400,000 원은 신한은행 보통예금에서 이체하여 지급하였으며, 잔액은 다음달 말일에 지급하기로 하였다.

1	오토미션 교체	3,800,000	자본적 지출
2	브레이크 수리	200,000	수익적 지출

 객관식

01. 다음 중 투자자산에 해당하지 않는 것은?

① 투자를 목적으로 토지 1,000㎡를 7,000,000원에 취득하였다.

② 장기간 보유할 목적으로 (주)한성의 주식 100주를 주당 5,000원에 취득하였다.

③ 단기투자차익을 목적으로 (주)경기의 주식 1,000주를 주당 4,000원에 취득하였다.

④ 만기까지 보유할 목적으로 (주)삼성의 사채(만기 3년) 10,000,000원을 발행 시에 취득하였다.

02. 다음 중 유가증권에 대한 설명으로 옳지 않은 것은?

① 유가증권은 재산권을 나타내는 증권으로 지분증권과 채무증권이 포함된다.

② 단기매매증권과 매도가능증권은 공정가치로 평가하는 것을 원칙으로 한다.

③ 단기매매증권과 매도가능증권의 평가손익은 손익계산서상의 당기손익으로 처리한다.

④ 단기매매증권과 매도가능증권의 처분손익은 손익계산서상의 당기손익으로 처리한다.

03. 제조업을 영위하는 (주)한공의 매도가능증권의 회계처리와 관련된 설명으로 옳지 않은 것은?

① 취득 시 발생한 부대비용은 취득원가에 포함한다.

② 장기간에 걸쳐 보유할 목적으로 취득한 유가증권이다.

③ 매도가능증권평가손실은 영업외비용 항목으로 분류한다.

④ 매도가능증권처분이익은 영업외수익 항목으로 분류한다.

04. 매도가능증권에 대한 평가이익이 재무제표에 미치는 영향으로 옳은 것은?

가. 자본의 증가	나. 영업이익의 증가
다. 영업외수익의 증가	라. 기타포괄손익누계액의 증가

① 가, 나   ② 나, 다   ③ 가, 라   ④ 나, 라

05. 다음 중 결산분개의 결과에 해당하지 <u>않는</u> 것은?

- (주)한공은 20x1년말 현재 기중 취득한 단기매매증권과 매도가능증권을 보유하고 있다.
- 단기매매증권에서는 평가손실 500,000원이 발생하였다.
- 매도가능증권에서는 평가이익 300,000원이 발생하였다.

① 자산이 200,000원 감소한다.
② 영업이익은 500,000원 감소한다.
③ 기타포괄손익누계액은 300,000원 증가한다.
④ 법인세비용차감전순이익은 500,000원 감소한다.

06. 유형자산에 관한 설명으로 옳지 않은 것은?
① 유형자산의 취득원가는 구입대금에 매입부대비용을 가산한 금액이다.
② 건설회사가 분양목적으로 아파트를 건설하기 위해 보유하고 있는 토지는 유형자산이다.
③ 토지와 건설중인 자산은 감가상각 대상이 아니다.
④ 본사 건물의 감가상각비는 판매비와 관리비로 계상한다.

07. 다음 자료를 이용하여 (주)한공이 취득한 차량운반구와 토지의 취득원가를 계산하면 얼마인가?

• 차량운반구 : 매입가액	20,000,000원	매입할인	800,000원
취 득 세	1,000,000원	매입운송비	100,000원
• 토 지 : 매입가액	40,000,000원	부동산중개수수료	800,000원
취 득 세	500,000원	재 산 세	200,000원

	차량운반구	토지		차량운반구	토지
①	20,300,000원	41,500,000원	②	21,300,000원	41,500,000원
③	20,300,000원	41,300,000원	④	21,300,000원	41,300,000원

08. 다음 중 감가상각대상자산에 해당하는 것은?
① 창고에 보관 중인 상품
② 공장에서 사용 중인 기계장치
③ 도착지인도조건으로 배송 중에 있는 판매용 가구
④ 건설중인자산

09. 다음 중 감가상각 대상자산에 해당하지 않는 것은?

① 사무실에서 사용하는 복사기

② 본사 사옥으로 사용 중인 건물

③ 관리부 업무용으로 사용 중인 차량

④ 투자목적으로 취득하여 보유 중인 건물

10. 다음은 (주)한공의 본사 건물에 대한 연도별 거래내역이다. 차변에 나타나는 계정 과목으로 옳은 것은?

지출연도	20y0년	20x0년	20x1년
지출내역	본사건물을 신축하기위해 공사계약금 2억을 현금으로 지급하다.	본사건물이 완공되어 공사 잔금 3억을 현금으로 지급하다.	본사건물 수선유지를 위해 외벽을 페인트로 도색하고 3천만원을 현금으로 지급하다.

	20yo년	20x0년	20x1년
①	계약금	투자부동산	수선비
②	건설중인자산	건물	건물
③	건설중인자산	건물	수선비
④	건설중인자산	투자부동산	건물

11. 다음중 유형자산 감가상각에 대한 설명으로 옳지 않은 것은?

① 정률법 감가상각비는 유형자산의 기초장부금액에 감가상각률을 곱하여 계산한다.

② 생산량비례법은 감가상각비가 생산량에 비례하여 계상되므로 총생산가능량을 알 수 있어야 적용할 수 있다.

③ 감가상각비 계상으로 당기순이익은 감소하지만 현금의 지출은 발생하지 않는다.

④ 감가상각은 기말 현재의 유형자산을 공정가치로 평가하는 절차이다.

12. 다음 중 유형자산인 토지에 대한 수익적지출을 자본적지출로 잘못 회계처리한 경우 발생하는 효과로 옳은 것은?

① 순이익의 과소계상

② 부채의 과대계상

③ 자산의 과소계상

④ 비용의 과소계상

13. 유형자산에 대한 수익적 지출을 자본적 지출로 잘못 처리했을 경우 당기와 차기의 순이익에 미치는 영향으로 올바른 것은?

	당기의 순이익	차기의 순이익		당기의 순이익	차기의 순이익
①	과대계상	과소계상	②	과대계상	과대계상
③	과소계상	과소계상	④	과소계상	과대계상

14. 다음은 (주)한공의 재무상태표의 일부이다. 차량운반구와 관련된 설명으로 옳지 <u>않은</u> 것은? (단, 차량운반구는 20x0년 7월 1일에 취득하였으며 그 이후에 취득하거나 처분한 자산은 없다.)

재무상태표

제5(당)기 20x1년 12월 31일 현재
제4(전)기 20x0년 12월 31일 현재

(주)한공 (단위 : 원)

과목	당기	전기
·······		
유형자산		
차량운반구	3,000,000	3,000,000
감가상각누계액	(900,000)	(300,000)
·······		

① 차량운반구의 취득원가는 3,000,000원이다.
② 전기 차량운반구의 감가상각비는 300,000원이다.
③ 당기 차량운반구의 감가상각비는 600,000원이다.
④ 당기말 차량운반구의 장부금액은 2,400,000원이다.

15. 2020년에 10,000,000원에 매입한 토지를 20x1년에 16,000,000원에 처분하고 현금을 수령하였다. 이 거래가 재무상태표에 미치는 영향으로 옳은 것은?

① 자산의 증가와 자본의 증가
② 자산의 증가와 부채의 증가
③ 자산의 감소와 부채의 감소
④ 부채의 감소와 자본의 감소

16. 다음 중 감가상각과 관련된 설명으로 옳지 <u>않은</u> 것은?

① 수익비용 대응의 원칙에 따라 내용연수 동안 합리적이고 체계적인 방법으로 감가상각 대상금액을 비용으로 인식하는 것이다.
② 감가상각대상금액이란 내용연수 동안 비용으로 인식할 총금액을 말한다.
③ 내용연수 동안 비용으로 인식되는 총금액은 감가상각방법에 따라 상이하다.
④ 내용연수 초기에는 정액법에 의한 감가상각비보다 정률법에 의한 감가상각비가 더 크다.

17. 다음은 (주)한공의 재무상태표 일부와 기계장치의 처분거래 내역이다. 자료를 통해 추정할 수 있는 내용
으로 옳지 않은 것은?

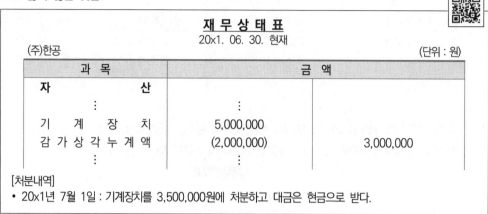

재 무 상 태 표

20x1. 06. 30. 현재

(주)한공   (단위 : 원)

과 목	금 액	
자 산		
⋮	⋮	
기 계 장 치	5,000,000	
감 가 상 각 누 계 액	(2,000,000)	3,000,000
⋮	⋮	

[처분내역]
- 20x1년 7월 1일 : 기계장치를 3,500,000원에 처분하고 대금은 현금으로 받다.

① 기계장치의 취득원가는 5,000,000원이다.

② 기계장치 처분으로 유동자산이 증가한다.

③ 기계장치 처분 시, 장부금액은 3,000,000원이다.

④ 기계장치 처분 시, 유형자산처분손실 1,500,000원이 발생한다.

18. 다음은 (주)한공이 기말 현재 보유하고 있는 특허권 계정에 대한 자료이다. 이에 대한 설명으로 옳지
않은 것은?

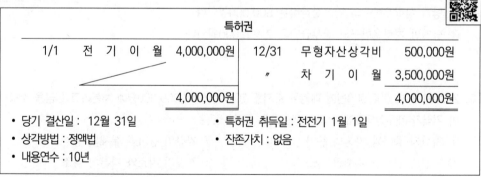

특허권

1/1 전 기 이 월	4,000,000원	12/31 무형자산상각비	500,000원
		〃 차 기 이 월	3,500,000원
	4,000,000원		4,000,000원

- 당기 결산일 : 12월 31일
- 상각방법 : 정액법
- 내용연수 : 10년
- 특허권 취득일 : 전전기 1월 1일
- 잔존가치 : 없음

① 특허권의 취득원가는 4,000,000원이다.

② 특허권의 연간 상각비는 500,000원이다.

③ 결산 정리 후 특허권의 장부금액은 3,500,000원이다.

④ 결산일의 특허권 상각분개는 (차) 무형자산상각비 500,000원 (대) 특허권 500,000원이다.

19. 다음 중 무형자산에 관한 설명으로 옳지 않은 것은?

　① 무형자산으로 인식되기 위해서는 식별가능성, 자원에 대한 통제,
　　미래 경제적효익의 존재라는 조건을 모두 충족해야 한다.

　② 신제품을 개발하기 위한 프로젝트의 연구단계에서 발생한 지출은 발생한 기간의 비용으로 처리한다.

　③ 무형자산의 상각방법은 정액법만 인정된다.

　④ 무형자산의 잔존가치는 없는 것을 원칙으로 한다.

20. 무형자산 상각에 대한 설명으로 옳지 <u>않은</u> 것은?

　① 무형자산의 잔존가치는 없는 것을 원칙으로 한다.

　② 무형자산의 소비 행태를 반영한 정액법, 정률법 등 다양한 상각방법을 사용할 수 있다.

　③ 무형자산의 합리적인 상각방법을 정할 수 없는 경우에는 정률법을 사용한다.

　④ 법령이나 계약에 정해진 경우를 제외하고는 상각기간은 20년을 초과할 수 없다.

 주관식

01. 다음은 (주)한공의 유형자산 취득 후 지출 내용이다. 자본적 지출로 처리해야 할 금액의 합계액은 얼마인가?

---

* 건물의 냉난방설비 설치 2,000,000원 (건물 가치 증가)
* 기계장치에 불량률 감소 장치 설치 1,000,000원 (불량률 감소)
* 본사 건물의 도색 4,000,000원 (2년마다 실시)
* 운행 중인 화물차 엔진교체 3,000,000원 (내용연수 연장)

---

02. 다음 자료에 의한 기계장치의 20x1년 말 순장부금액은?

---

* 20x0년 7월 1일 기계장치를 4,000,000원에 구입하였다.
* 정액법으로 감가상각을 하고 있다. (내용연수 5년, 잔존가치 0원, 월할 상각)

---

03. 다음은 (주)한공의 수정 전 잔액시산표 일부와 누락된 결산정리사항이다. 누락된 결산정리사항을 반영하고 당기말 건물의 장부금액을 구하시오.

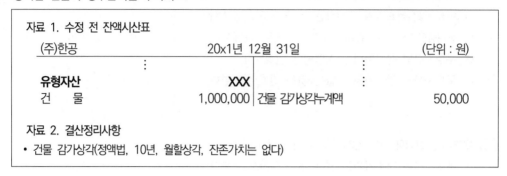

자료 1. 수정 전 잔액시산표

(주)한공	20x1년 12월 31일		(단위 : 원)
유형자산	XXX		
건　물	1,000,000	건물 감가상각누계액	50,000

자료 2. 결산정리사항
• 건물 감가상각(정액법, 10년, 월할상각, 잔존가치는 없다)

04. (주)한공의 20x1년 12월 31일 재무상태표에 계상될 감가상각누계액은?

- 20x0년 1월 1일에 차량운반구를 500,000원에 취득하였다.
- 내용연수는 5년으로 추정된다.
- 상각방법은 정률법, 상각률은 0.4를 적용한다.

05. (주)한공은 20x1년 초에 총 1,000개의 제품생산이 기대되는 기계장치를 500,000원에 구입하였다. 20x1년 100개의 제품을 생산한 경우 생산량비례법에 의한 감가상각비는 얼마인가? 단, 기계장치의 잔존가치는 없다.

06. 다음은 (주)한공의 유형자산에 관한 자료이다. 20x1년 12월 31일의 감가상각누계액은 얼마인가?

가. 20x0년 7월 1일에 상품 보관 창고 1동을 10,000,000원에 취득하고, 중개수수료 200,000원과 함께 현금으로 지급하였다.
나. 20x0년 7월 1일에 취득세 500,000원과 등기료 300,000원을 현금으로 지급하였다.
다. 내용연수 10년, 잔존가치는 0원, 감가상각방법은 정액법이며 월할상각한다.
라. 20x0년도 감가상각비는 적정하게 계상되었다.

07. 다음은 (주)한공의 기계장치에 대한 자료이다. 20x1년 손익계산서에 계상할 기계장치에 대한 감가상각비는 얼마인가?

- 20x0년 1월 1일에 기계장치를 2,000,000원에 취득하였다.
  (내용연수 4년, 정액법, 월할상각, 잔존가치는 없다고 가정한다.)
- 20x1년 7월 1일에 기계장치를 처분하였다.

08. (주)한공이 다음과 같은 유형자산(건물)을 매각한 경우 유형자산처분손익은 얼마인가?

- 취득일자 : 20x0년 1월 1일
- 취득금액 : 4,000,000원
- 내용연수 : 5년
- 상각방법 : 정액법(월할상각)
- 매각일자 : 20x1년 6월 30일
- 처분금액 : 1,500,000원
- 잔존가치 : 0원

09. 특허권에 대한 2차년도 무형자산상각비는 얼마인가?

- 특허권 취득일 : 20x0년 1월 1일
- 상각방법 : 정액법(내용연수 5년, 월할상각)
- 잔존가치 : 없음
- 특허권 취득금액 : 1,000,000원
- 취득 제비용 : 100,000원

10. (주)한공의 유형자산 관련 지출항목이 다음과 같은 경우, 토지와 건물의 취득 원가의 합계액을 구하시오.

• 토지 구입대금	5,000,000원
• 토지 취득세 등	310,000원
• 토지 구입관련 중개수수료	500,000원
• 건물 설계와 관련하여 전문가에게 지급하는 수수료	150,000원
• 건물 신축공사비	7,000,000원
• 건물 재산세	300,000원

11. 다음 자료를 토대로 취득원가에서 감가상각누계액을 차감한 기계장치의 20x1년 말 순장부금액을 계산하면 얼마인가?

- 20x0년 7월 1일 기계장치를 5,000,000원에 구입하였다.
- 정액법으로 감가상각을 하고 있다.(내용연수 5년, 잔존가치 없음, 월할 상각)

12. 다음 (주)한공의 거래 중 자본적 지출로 처리할 금액은 총 얼마인가?

(10월) 지출 내역서		결 재	대리 한국	과장 공인	부장 회계

날짜	내 역	금 액(원)	비 고
10/11	화물트럭 엔진오일 교환	150,000	
10/15	건물 증축비	2,000,000	
10/19	사무실 형광등 교체비	200,000	
10/25	건물의 엘리베이터 설치비	3,000,000	
합 계		5,350,000	

13. 다음은 (주)한공이 보유하고 있는 매도가능증권의 자료이다. 매도가능증권의 취득원가는 얼마인가?

- 상장되어 있는 (주)서울의 주식 100주를 주당 6,000원(액면 5,000원)에 취득하였다.
- 취득수수료로 지급한 금액은 7,000원이다.

14. 다음은 ㈜한공이 보유하고 있는 매도가능증권(주식)에 대한 내용이다. 20x1년 12월 2일 주식매각거래로 인해 20x1년 매도가능증권의 처분손익을 계산하시오.

- 20x0년 9월 4일   : 100주를 주당 1,300원에 취득
- 20x0년 12월 31일   : 주당 공정가치 1,400원
- 20x1년 12월 2일   : 100주를 주당 1,100원에 매각하고 현금 수령

15. 다음은 (주)한공의 토지 취득 관련 자료이다. 토지의 취득원가는 얼마인가?

- 본사사옥을 신축할 목적으로, 건물이 있는 토지를 15,000,000원에 구입하였다.
- 구입당시 토지와 건물의 공정가치는 각각 14,850,000원과 1,650,000원이었다.
- 건물은 취득과 동시에 철거하였다(철거비용 700,000원).

16. 다음은 (주)한공의 영업부장과 총무부장의 대화내용이다. (가)의 계정과목을 적으시오.

영업부장 : 대구지사를 설립하기 위해 2년 약정으로 사무실 임대차계약을 체결하고 보증금 1억원을 지불
하였습니다. 보증금의 회계상 계정과목은 무엇인가요?
총무부장 : (가)로 처리하면 됩니다.

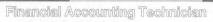

🔑 분개연습

[1] (차) 차량운반구   1,937,850   (대) 현 금   1,937,850

[2] (차) 건 물   7,000,000   (대) 현 금   8,500,000
      수선비(판)   1,500,000

[3] (차) 수선비(판)   80,000   (대) 미지급금((주)현대서비스)   80,000

[4] (차) 소프트웨어   3,500,000   (대) 미지급금   3,500,000
   ☞ 외부구입 소프트웨어는 무형자산인 소프트웨어로 처리한다.

[5] (차) 차량운반구   3,500,000   (대) 미지급금   3,600,000
      차량유지비(판)   100,000   (현대서비스(주))

[6] (차) 보통예금(국민은행)   14,500,000   (대) 차량운반구   18,000,000
      감가상각누계액(차량)   3,000,000
      유형자산처분손실   500,000
   ☞ 처분손익 = 처분가액 − 장부가액 = 14,500,000 − [18,000,000 − 3,000,000] = 500,000(처분손실)

[7] (차) 상표권   1,500,000   (대) 선급금(서울특허)   1,200,000
                                  보통예금(국민은행)   300.000

[8] (차) 미지급금   1,650,000   (대) 보통예금(우리은행)   1,650,000
      ((주)기아자동차)
   ☞ 차량구입시 할부금은 상거래이외 채무인 미지급금으로 처리한다.

[9] (차) 미수금   17,000,000   (대) 차량운반구   30,000,000
      감가상각누계액(차량)   18,000,000   유형자산처분이익   5,000,000
   ☞ 처분손익 = 처분가액(17,000,000) − 장부가액(30,000,000 − 18,000,000) = 5,000,000(처분이익)

[10] (차) 비품   1,000,000   (대) 미지급금(삼성카드)   1,000,000

[11] (차) 매도가능증권(투자)　　　　10,000,000　　(대) 매도가능증권평가익　　　　10,000,000

회사명	장부금액(A)	기말평가금액(B)	평가손익(B - A)
(주)다음에너지	88,000,000원	90,000,000원	2,000,000원
시티시코리아(주)	52,000,000원	60,000,000원	8,000,000원
계			10,000,000원

[12] (차) 특허권　　　　　　　　　4,000,000　　(대) 미지급금(코아특허)　　　　4,000,000

[13] (차) 현금　　　　　　　　　　8,000,000　　(대) 특허권　　　　　　　　　7,000,000
　　　　　　　　　　　　　　　　　　　　　　무형자산처분이익　　　　　1,000,000

　　☞ 처분손익 = 처분가액(8,000,000) - 장부가액(7,000,000) = +1,000,000원(이익)

[14] (차) 차량운반구　　　　　　　3,800,000　　(대) 보통예금(신한은행)　　　　 400,000
　　　 차량유지비(판)　　　　　　 200,000　　　　미지급금(오성기계)　　　 3,600,000

◉━ 객관식

1	2	3	4	5	6	7	8	9	10	11	12	13	14	15
③	③	③	③	②	②	③	②	④	③	④	④	①	④	①

16	17	18	19	20
③	④	①	③	③

[풀이 - 객관식]

01　단기투자차익을 목적으로 주식을 취득하면 당좌자산인 단기매매증권으로 분류한다.

02　단기매매증권의 평가손익은 손익계산서상의 당기손익으로 처리하고, **매도가능증권의 평가손익은 자본 중 기타포괄손익누계액**으로 처리한다.

03　매도가능증권평가손익은 기타포괄손익누계액(자본) 항목으로 분류한다.

04　매도가능증권평가손익은 자본의 구성 항목 중 기타포괄손익누계액으로 분류되는 계정으로 매도가능증권평가이익이 발생하면 자본과 기타포괄손익누계액이 증가한다.
　　(차) 매도가능증권　　　　　　　× × ×　　(대) 매도가능증권평가익　　　　× × ×

05 (차) 단기매매증권평가손실   500,000원   (대) 단기매매증권   500,000원

    (차) 매도가능증권   300,000원   (대) 매도가능증권평가이익   300,000원

                                                            (기타포괄손익누계액)

단기매매증권평가손실은 영업외비용이고 **매도가능증권평가이익은 자본항목**이므로, 결산 분개가 영업이익에 미치는 영향은 없다.

06 건설회사가 분양목적으로 아파트를 건설하기 위해 보유하고 있는 토지는 재고자산이다.

07 차량운반구 = 20,000,000원 - 800,000원 + 1,000,000원 + 100,000원 = 20,300,000원

토지 = 40,000,000원 + 800,000원 + 500,000원 = 41,300,000원

재산세는 세금과공과(비용)이다.

08 **재고자산과 건설중인자산은 감가상각대상자산이 아니며**, 도착지인도조건으로 배송 중에 있는 판매용 가구는 재고자산에 해당한다.

09 감가상각자산은 영업활동에 사용하는 유형 또는 무형자산을 말한다. 따라서 **투자목적으로 취득하여 보유 중인 건물은 감가상각 대상자산이 아니다.**

10
지출연도	20yo년	20x0년	20x1년
내역	공사계약금	건물완공	수익적지출
계정과목	건설중인자산	건물	수선비

11 감가상각은 자산의 평가과정이 아니라 취득원가를 역사적 원가주의에 따라 **사용기간 동안 수익에 대응시켜 비용화하는 취득원가의 분배과정**이다.

12 유형자산인 토지에 대한 수익적지출을 자본적지출로 잘못 회계처리한 경우 순이익의 과대계상, 자산의 과대계상, 비용의 과소계상이 발생하며, 부채와는 무관하다

13 수익적 지출 : (차) 수선비   ×××   (대) 현 금   ×××

자본적 지출 : (차) 유형자산   ×××   (대) 현 금   ×××

당기 : 자산의 과대계상, 이익의 과대계상

차기 : 감가상각비의 과대계상, 이익의 과소계상

14 당기말 차량운반구의 장부금액(3,000,000 - 900,000)은 2,100,000원이다.

15 (차) 현 금   16,000,000   (대) 토 지   10,000,000

                                     유형자산처분익   6,000,000

토지의 처분으로 현금이 유입되어 자산이 증가하고 자본(토지처분이익)이 증가한다.

16 **내용연수에 걸쳐 비용으로 인식되는 총금액은 감가상각방법과 상관없이 동일**하다.

17 [기계장치 처분 분개]

(차) 현 금   3,500,000원   (대) 기 계 장 치   5,000,000원

    감가상각누계액   2,000,000원   유형자산처분이익   500,000원

18 **무형자산상각비 = 장부가액/잔여내용연수** = 4,000,000/8년 = 500,000원/년

　　20x1년도는 특허권을 상각하는 3차년도이고, 상각방법은 정액법으로서 매년 500,000원씩 균등하게 상각하고 있다. 따라서 총 1,500,000원의 상각액을 기말 장부금액에 가산하면 특허권의 취득원가는 5,000,000원이 된다.

19~20 무형자산은 내용연수 동안 합리적으로 배분하기 위해 다양한 방법(정액법, 정률법, 연수 합계법 등)을 사용할 수 있다. 다만, **합리적인 상각방법을 정할 수 없는 경우에는 정액법**을 사용한다.

🔑 주관식

01	6,000,000원	02	2,800,000원	03	850,000원
04	320,000원	05	50,000원	06	1,650,000원
07	250,000원	08	유형자산처분손실 1,300,000원	09	220,000원
10	12,960,000원	11	3,500,000원	12	5,000,000원
13	607,000원	14	처분손실 20,000원	15	15,700,000원
16	임차보증금				

[풀이 – 주관식]

01 자본적지출액 = 냉난방설비(2,000,000) + 불량률감소장치(1,000,000) + 엔진교체(3,000,000)
　　　　　 = 6,000,000원

　　건물의 도색은 수익적 지출에 해당한다.

02 감가상각누계액 : (4,000,000원 − 0원)/5년 × 18개월/12개월 = 1,200,000원 월할 상각

　　순장부금액 = 취득금액 − 감가상각누계액 = 4,000,000원 − 1,200,000원 = 2,800,000원

03 20x1년 감가상각비 = 1,000,000원 × 1년/10년 = 100,000원

　　20x1년 감가상각누계액 = 기초 감가상각누계액(50,000) + 20x1년 감가상각비(100,000)
　　　　　　　　　　 = 150,000원

　　당기말 건물의 장부금액 = 1,000,000원 − 150,000원 = 850,000원

04

연도	감가상각비 (B×상각율)	감가상각비	감가상각 누계액(A)	기말장부금액 (B = 취득가액 − A)
20x0년도	500,000×0.4	200,000	200,000	300,000
20x1년도	300,000×0.4	120,000	*320,000*	180,000

05 20x1년 감가상각비 = $(500{,}000원 - 0) \times \dfrac{100개}{1{,}000개} = 50{,}000원$

06 취득원가 : 취득금액 10,000,000원 + 취득제비용 1,000,000원 = 11,000,000원

20x0년 7월 1일~20x1년 12월 31일까지의 감가상각누계액 :

11,000,000원/10년 × (18개월/12개월) = 1,650,000원

07 20x1년 7월 1일에 처분하였으므로 6개월(20x1년 1월 1일부터 6월 30일까지)만 상각한다.

2,000,000원 × 1년/4년 × 6개월/12개월 = 250,000원

08 • 20x0년 감가상각비 : $\dfrac{4{,}000{,}000원 - 0원}{5년} = 800{,}000원$

• 20x1년 감가상각비 : $\dfrac{4{,}000{,}000원 - 0원}{5년} \times \dfrac{6개월}{12개월} = 400{,}000원$

• 처분손익 = 처분금액(1,500,000) - 처분일 현재 장부금액(4,000,000 - 800,000 - 400,000)

$\qquad\qquad$ = (-)1,300,000원(손실)

09 무형자산상각비 = 취득원가(1,100,000) ÷ 내용연수(5년) = 220,000원/년

10 건물 재산세는 취득원가에 해당되지 아니함

토지 취득원가 = 구입대금(5,000,000) + 취득세(310,000) + 중개수수료(500,000) = 5,810,000원

건물 취득원가 = 설계수수료(150,000) + 신축공사비(7,000,000) = 7,150,000원

∴ 토지(5,810,000) + 건물(7,150,000) = 12,960,000원

11 감가상각비(정액법) = [취득가액(5,000,000) - 잔존가치(0)] ÷ 5년 = 1,000,000원/년

감가상각누계액(x0.7.1~x1.12.31) = 1,000,000원 × 1.5년 = 1,500,000원

순장부금액 = 취득가액(5,000,000) - 감가상각누계액(1,500,000) = 3,500,000원

12 건물증축비, 엘리베이터 설치비는 자본적 지출에 해당하며, 화물트럭 엔진오일 교환, 사무실 형광등

교체비는 수익적 지출에 해당한다.

13 매도가능증권의 취득원가는 취득금액과 취득수수료의 합계이다.

매도가능증권의 취득원가 = 100주 × 6,000원 + 7,000원 = 607,000원

14 매도가능증권처분손익 = 처분가액 - 취득가액

$\qquad\qquad\qquad\qquad$ = (1,100원 × 100주) - (1,300원 × 100주) = (-)20,000원(처분손실)

16 토지의 취득원가 = 구입대금(15,000,000) + 철거비용(700,000) = 15,700,000원

Section 03

부 채

NCS회계 - 3 전표관리 – 전표작성하기/증빙서류 관리하기

자금관리 – 현금시재/법인카드 관리하기

NCS세무 - 2 전표처리

부채는

① 과거 거래나 사건의 결과로서

② 현재 기업이 부담하고

③ 그 이행에 대하여 회사의 경제적 가치의 유출이 예상되는 의무이다.

부채는 원칙적으로 1년 기준에 의하여 유동부채와 비유동부채로 구분된다.

제1절 유동부채

재무상태표일로 부터 만기가 1년 이내에 도래하는 부채를 유동부채라 하고, 그 이외는 비유동부채라 한다.

1. 종 류

(1) 매입채무 – 외상매입금과 지급어음(VS 매출채권 – 외상매출금과 받을어음)

회사의 영업활동과 관련(상거래)하여 발생한 채무를 말한다.

(2) 미지급금(VS 미수금)

상거래 이외의 거래에서 발생한 채무로서 1년 이내에 지급할 것

(3) 단기차입금(VS 단기대여금)

금융기관으로부터 1년 이내에 상환할 차입금(금융기관으로 부터 당좌차월액 포함)

(4) 미지급비용(VS 미수수익)

발생주의에 따라 당기에 발생된 비용으로서 지급되지 아니한 것

(5) 선수수익(VS 선급비용)

대금은 수령하였으나 수익실현시점이 차기 이후에 속하는 수익

(6) 선수금(VS 선급금)

상거래에서 미리 계약금의 명목으로 선수한 금액

(7) 예수금(VS 선납세금)

일반적인 상거래 이외에서 발생하는 현금 지급액 중 일부를 일시적으로 보관하였다가 바로 제3자(국가 등)에게 지급해야 하는 금액

(8) 부가세예수금(VS 부가세대급금)

부가가치세 과세대상 재화나 용역을 공급하고 공급받는 자로부터 거래징수한 부가가치세액을 말한다.

(9) 미지급세금

국가나 지방자치단체에 납부해야 할 세금

(10) 미지급배당금

주주총회에서 현금 배당 결의시 미지급된 배당액을 말한다.

(11) 유동성장기부채

비유동부채 중 결산일 현재 1년 이내에 상환하여야 할 금액

2. 매입채무(VS 매출채권)

상품이나 원재료를 외상으로 매입(상거래)한 경우 나중에 지급해야 하는 의무를 말한다. 이렇게 상품대금을 구두로 지급약속을 하는 경우에는 외상매입금을 쓰지만, 매입자 측에서 대금지급조건으로 어음을 발행하는 경우 지급어음이라는 계정을 사용한다.

166

회사에서는 관리목적상 외상매입금과 지급어음이라는 계정으로 기중에 회계처리 하지만, 기업회계기준에서는 재무상태표에 공시할 때에는 매입채무로 통합 표시하도록 하고 있다.

3. 미지급금(VS 미수금)

회사의 상거래 이외의 활동에서 발생한 지급 의무로 결산일로부터 1년 이내에 상환해야 하는 부채를 말한다.

즉, 유형자산의 구입을 외상으로 매입하는 과정에서 발생된 단기채무와 비용발생시 외상으로 하는 경우 미지급금으로 분류한다.

또한 **회사가 상거래 이외의 활동에서 어음을 제공하였다 하더라도 지급어음 계정을 사용해서는 안되고 미지급금계정을 사용**해야 한다.

4. 단기차입금(VS 단기대여금)

차용증서에 의하여 금전을 빌리고 상환기한이 1년 이내인 채무를 단기차입금이라 한다. 주로 기업이 금융기관 등에서 자금을 빌리고 1년 이내 갚아야 되는 금액을 말한다. 그리고 기업이 당좌거래를 하고 있다면 당좌차월에 대해서도 기말에 단기차입금으로 계상하여야 한다.

예제 3 - 1 단기차입금

㈜백두의 다음 거래를 분개하시오.

1. 10월 3일 국민은행으로부터 10,000,000원을 현금 차입하였다.(만기 1년 이내)
2. 12월 31일 국민은행으로부터 차입한 금액에 대하여 이자 200,000원을 현금 지급하다.
3. 12월 31일 신한은행의 당좌예금 잔액을 조회하니 (-)3,000,000원이다. ㈜백두는 신한은행과 당좌차월 약정을 체결하고 있다.

해답

1.	(차) 현 금	10,000,000	(대) 단기차입금	10,000,000
2.	(차) 이 자 비 용	200,000	(대) 현 금	200,000
3.	(차) 당 좌 예 금	3,000,000	(대) 단기차입금	3,000,000
	〈기중에 당좌차월 계정사용시〉 (차) 당좌차월	3,000,000	(대) 단기차입금	3,000,000

5. 미지급비용(VS 미수수익)

당기에 속하는 비용으로서 미지급된 것을 말한다. 대표적인 항목에는 미지급급여, 미지급이자, 미지급임차료 등이 있고 이를 총괄하여 미지급비용으로 계상한다. 해당 비용을 차변에 비용의 증가로, 미지급분에 해당하는 비용을 부채의 증가로 표시한다.

6. 선수수익(VS 선급비용)

당기에 수익으로서 이미 대가로 받은 금액 중 차기 이후에 속하는 부분에 대해서는 선수수익으로 부채로 계상하여야 한다.

예를 들어 10월 1일에 회사가 1년치 임대료를 240,000원 현금으로 수령하였다고 가정하자.

내년도 수익 9개월분 임대료인 180,000원은 선수수익으로과 3개월분은 당기 수익인 영업외수익 임대료(60,000원)로 표시되어야 한다.

	수취시점에 전액 수익계상		수취시점에 전액 부채 계상	
10.01	(차) 현　　금　　　240,000	(대) 임 대 료　　　240,000	(차) 현　　금　　　240,000	(대) 선수수익　　　240,000
12.31	(차) 임 대 료　　　180,000	(대) 선수수익　　　180,000	(차) 선수수익　　　60,000	(대) 임 대 료　　　60,000
재무제표	손익계산서 : 임대료(x1.10.1~x1.12.31)　　60,000			
	재무상태표 : 선수수익(x2.1. 1~x2.9.30)　　180,000			

그러나 실무적으로는 임대료 수취시점에 금년도 수익과 내년도 수익을 구분 계산하여 인식하면, 12월 31일에 결산정리분개를 할 필요가 없다.

(차) 현　　금　　　　　　240,0000원　　　(대) 선 수 수 익　　　　　180,000원
　　　　　　　　　　　　　　　　　　　　　　　 임 대 료　　　　　　 60,000원

7. 선수금(VS 선급금)

기업 간의 거래에 있어서 상품 등을 매매할 때 거래의 이행을 명확하게 하기 위하여 계약금을 수수하는 경우가 있는데 상품거래금액에 일부를 미리 받은 경우 선수금으로 처리한다.

선수금은 아직 상품 등을 인도하지 않았으므로 매출로 기록하지 않고 회사의 상품 등을 매입자에게 인도할 의무가 존재하므로 부채로 인식하여야 한다.

8. 예수금

기업이 거래처나 종업원이 제3자(주로 국가 등)에게 납부해야 할 금액을 일시적으로 보관하였 다가 제 3자에게 지급해야 하는 금액을 말한다.

예를 들면, 기업이 종업원에게 급여 지급 시 종업원이 국가에 납부해야 할 소득세, 국민연금, 건 강보험료 등을 차감하여 지급하고 이렇게 예수한(차감한) 금액은 기업이 종업원을 대신하여 해당 기관(세무서 등)에 납부할 때 사용하는 계정이다.

이때 국민연금과 건강보험료는 종업원(50%)과 사업주(50%)가 반반씩 부담한다.

[원천징수]

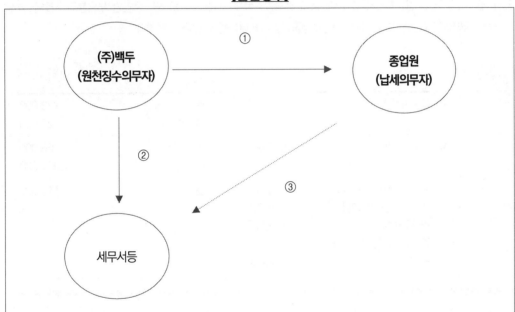

① ㈜백두가 종업원에게 급여 2,000,000원을 지급시 소득세, 지방소득세와 국민연금, 건강보험료, 고용보험료를 차감한 1,800,000원을 지급한다.
② ㈜백두은 다음달 종업원으로부터 예수한 소득세 등을 관할관청에 납부한다.
③ 이러한 예수금(소득세등)은 실질적으로 종업원이 납부한 것이다.

☞소득세 : 개인의 1년간 소득에 부과하는 세금
  지방소득세 : 소득세 납세의무가 있는 개인 등에 대하여 지방자치단체가 부과하는 지방세(일반적으로 소득세의 10%이다.)
  국민연금 : 근로자등 가입자가 나이가 들어 퇴직하거나 질병 등으로 인해 소득이 없을 경우 일정한 소득으로 노후를 보장해
    주는 사회보장제도
  건강보험 : 질병 등으로 인해 발생한 고액의 진료비로 가계에 과도한 부담이 되는 것을 방지하기 위하여, 국민들이 평소에
    보험료를 내고 보험자인 국민건강보험공단이 이를 관리 · 운영하다가 필요시 보험급여를 제공함으로써 국민 상
    호간 위험을 분담하고 필요한 의료서비스를 받을 수 있도록 하는 사회보장제도
  고용보험 : 근로자가 실직할 경우를 대비하기 위하여 실직근로자의 생활안정과 재취업을 대비하기 위한 사회보험

예제   3-2 예수금

㈜백두의 다음 거래를 분개하시오.

1. 10월 25일 종업원 급여 1,000,000원 지급하면서 소득세(지방소득세 포함) 10,000원, 국민연금 9,000원 건강보험료 8,000원을 차감한 973,000원을 현금지급하다.

2. 10월 27일 회계관련 교육을 진행하면서 김세무사에게 강사료 2,000,000원을 지급하면서 소득세 60,000원과 지방소득세 6,000원을 원천징수하고 차액은 보통예금에서 계좌이체하다. 강사료는 교육훈련비로 처리하기로 한다.

3. 11월 10일 세무서와 지방자치단체에 소득세(지방소득세 포함) 76,000원, 종업원 부담분과 사업주 부담분을 국민연금공단에 18,000원, 건강보험공단에 16,000원을 현금 납부하다.

해답

1.	(차) 급 여	1,000,000	(대) 현 금	973,000
			예 수 금	27,000
2.	(차) 교육훈련비(판)	2,000,000	(대) 예 수 금	66,000
			보통예금	1,934,000
3.	(차) 예 수 금(세무서 등)	76,000	(대) 현 금	110,000
	예 수 금(국민연금공단)	9,000		
	세금과공과	9,000		
	예 수 금(건강보험공단)	8,000		
	복리후생비	8,000		

9. 부가세예수금(VS 부가세대급금)

부가가치세 과세대상 재화나 용역을 공급하고 공급받는 자로부터 거래 징수한 부가가치세액을 말하는 것으로, 부가가치세 신고시 부가세 예수금계정금액에서 부가세대급금계정을 차감한 금액이 부가가치세 신고시 납부 또는 환급세액이 된다.

10. 미지급세금

기업도 이익이 발생하면 개인과 마찬가지로 국가에 세금(법인세)을 납부하게 된다. 일반적으로 법인세는 회계기간말로 부터 3개월 이내에 납부하게 되어 있다. 그러므로 유동부채로 회계처리 하여야 한다. 또한 미지급세금대신 보다 명확하게 하기 위해서 미지급법인세라는 계정과목을 사용하기도 한다.

11. 유동성장기부채

일반적으로 장기차입금의 이자율은 단기차입금의 이자율보다 더 높다. 기업회계기준에서는 이러한 차입금을 구분하기 위해서 장기차입금으로 계정 처리한 금액 중 **상환기일이 1년 이내에 도래하는 금액을 단기차입금과 구분표시하기 위해서 유동성장기부채라는 계정으로 재분류하여야 한다.**

12. 미지급배당금

배당결의일 현재 미지급된 현금배당액을 말한다.

13. 가수금(VS 가지급금)

현금 등을 수취하였으나 계정과목이나 금액이 미확정 되었을 경우 임시적으로 처리하는 계정과목이다.

기업회계기준의 재무상태표 작성 기준을 보면 이러한 가계정은 재무상태표에 나타내지 말아야 하므로 그 계정의 내역을 밝혀내어 해당 계정과목으로 재무상태표에 표시하여야 한다.

제2절 | 비유동부채

부채 중 보고기간말로부터 만기가 1년 이후에 도래하는 부채를 비유동부채라 한다.

1. 종류

(1) 장기차입금

(2) 퇴직급여충당부채

종업원이 퇴직할 때 회사가 지급해야 할 충당부채

(3) 사채

사채란 기업이 회사의 의무를 나타내는 유가증권을 발행해주고 일반투자자들로 부터 거액의 자금을 조달하는 방법이다.

(4) 임대보증금

2. 장기차입금

실질적으로 이자를 부담하는 차입금으로서 만기가 재무상태표일 로부터 1년 이후에 도래하는 것을 말한다.

또한 장기차입금 중 만기가 **재무상태표일로 부터 1년 이내에 도래 시 유동성장기부채라는 계정과목으로 하여 유동성 대체**를 하여야 한다.

 예제 ── **3 - 3 장기차입금**

㈜백두의 다음 거래를 분개하시오.

1. 20×1년 10월 1일 국민은행으로 부터 10,000,000원(이자율10%,만기가 2년)을 현금차입하다.

2. 20×1년 12월 31일 당기 분 이자발생액을 월할 계산하여 회계처리하다.

3. 20×2년 10월 1일 국민은행에게 1년분 이자를 현금지급하다.

4. 20×2년 12월 31일 당기 분 이자발생액을 월할 계산하여 회계처리 하고, 만기가 1년 이내인 차입금을 유동성 대체하다.

5. 20×3년 10월 1일 국민은행 차입금 전액과 이자를 현금 상환하다.

해답

1.	(차) 현　　　금	10,000,000	(대) 장기차입금	10,000,000
2.	(차) 이 자 비 용	250,000	(대) 미지급비용	250,000
	☞이자비용(10.1~12.31) = 10,000,000×10%×3개월/12개월			
3.	(차) 미지급비용 　　이 자 비 용	250,000 750,000	(대) 현　　　금	1,000,000
	☞이자비용(1.1~9.30) = 10,000,000×10%×9개월/12개월			

4.	(차) 이 자 비 용	250,000	(대) 미지급비용	250,000
	(차) 장기차입금	10,000,000	(대) 유동성장기부채	10,000,000
5.	(차) 유동성장기부채	10,000,000	(대) 현 금	10,000,000
	(차) 미지급비용 이 자 비 용	250,000 750,000	(대) 현 금	1,000,000

3. 퇴직급여충당부채

퇴직금은 종업원이 입사 시 부터 퇴직 시까지 근로를 제공한 대가로 퇴직할 때 일시에 지급받는 급여를 말한다.

근로자퇴직급여보장법에 의하면 기업은 계속 근로기간 1년에 대하여 30일분 이상의 평균임금을 퇴직금으로 지급하여야 한다.

즉 퇴직금은 평균임금×근속년수의 계산구조를 가진다.

또한 발생주의에 따라 퇴직금을 지급 시 전액 비용으로 처리하면 안되고 근로를 제공한 각 회계연도의 비용으로 처리하여야 한다.

퇴직급여추계액이란 결산일 현재 전 임직원이 퇴사할 경우 지급하여야 할 퇴직금 예상액을 말하는데 회사는 퇴직급여추계액 전액을 부채로 인식하여야 한다.

퇴직급여충당부채

지 급 액	1,000,000	기초잔액	20,000,000
기말잔액	25,000.000	설정액(퇴직급여)	6,000,000
계	26,000,000	계	26,000,000

퇴직급여추계액 → 기말잔액

당기 퇴직급여＝퇴직급여추계액－설정 전 퇴직급여충당부채 잔액
＝퇴직급여추계액－[퇴직급여충당부채기초잔액－당기 퇴직금지급액]

회계처리는 대손충당금설정처럼 보고기간말 마다 퇴직급여추계액을 부채로 인식하여야 하고 부족분은 보충법으로 비용처리하면 된다.

예제 **3-4 퇴직급여충당부채**

㈜백두의 다음 거래를 분개하시오.

20×1년 1월 1일 기초 퇴직급여충당부채 잔액은 20,000,000원(생산직 : 10,000,000원, 관리직 : 10,000,000원)이다.

1. 20×1년 1월 31일 홍길동(생산직)이 퇴사하여 퇴직금 1,000,000원을 현금지급하다.
2. 20×1년 12월 31일 전 임직원이 퇴직한다고 가정할 경우 퇴직급여추계액은 25,000,000원
   (생산직 : 16,000,000원, 관리직 : 9,000,000원)이다.

[해답]

1.	(차) 퇴직급여충당부채	1,000,000	(대) 현 금	1,000,000
2.	(차) 퇴직급여(제)	7,000,000	(대) 퇴직급여충당부채	6,000,000
			퇴직급여충당부채환입(판)	1,000,000

	기말퇴직급여추계액(A)	설정전퇴충잔액(B)	기말 설정퇴직급여(A − B)
생산직	16,000,000	9,000,000*1	7,000,000
관리직	9,000,000	10,000,000	△1,000,000

*1. 설정전퇴충잔액＝기초잔액(10,000,000) − 당기퇴직금지급액(1,000,000)＝9,000,000

퇴직급여충당부채

지 급 액	1,000,000	기초잔액	20,000,000
기말잔액	25,000,000	설 정 액(퇴직급여)	6,000,000
계	26,000,000	계	26,000,000

퇴직급여추계액

[퇴직연금]

종업원 등의 퇴직 등을 퇴직급여의 지급사유로 하고 종업원을 수급자로 하는 연금으로서 법인이 퇴직연금사업자(보험회사 등)에게 납부하는 것을 퇴직연금이라 한다. 퇴직연금은 **운용책임을 누가 지느냐에 따라서 확정기여형과 확정급여형으로 분류**된다.

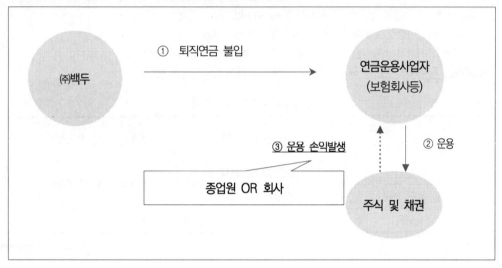

퇴직연금의 회계처리를 요약하면 다음과 같다.

	확정기여형	확정급여형
운용책임	**종업원 등**	**회사**
설정	–	(차) 퇴직급여　　　　××× 　　(대) 퇴직급여충당부채　　×××
납부시	(차) 퇴직급여　　　××× 　　(대) 현　　금　　　×××	(차) **퇴직연금운용자산**　××× 　　**(퇴직급여충당부채 차감)** 　　(대) 현　　금　　　×××
운용수익	회계처리 없음	(차) 퇴직연금운용자산　××× 　　(대) 이자수익(운용수익)　×××

➡참고 충당부채와 우발부채

부채란 과거사건에 의하여 발생하였으며, 경제적 자원이 유출될 것으로 예상되는 현재 의무를 말한다.
즉, 확정부채는 ①지출시기와 ② 지출금액이 확정된 것을 말하나, **충당부채나 우발부채는 ① 또는 ②가
불확실한 부채**를 말한다.

충당부채는 다음의 3가지 요건을 충족 시 충당부채로 인식하고, 미 충족 시 우발부채로 분류한다.

① 과거사건이나 거래의 결과로 인하여 현재 의무(법적의무)가 존재
② 당해 의무를 이행하기 위하여 자원이 유출될 가능성이 매우 높다
③ 그 의무의 이행에 소요되는 금액을 신뢰성 있게 추정할 수 있어야 한다.

충당부채는 재무제표 본문에 표시하고 우발부채는 주석에 표시하여야 한다.

(충당부채와 우발부채 비교)

금액추정 유출가능성	신뢰성 있게 추정가능	신뢰성 있게 추정불가능
매우 높음	충당부채로 인식	우발부채-주석공시
어느 정도 있음	우발부채-주석공시	우발부채-주석공시
거의 없음	공시하지 않음	공시하지 않음

 분개연습

1. (주)광명의 외상대금(2,200,000원) 상환을 위하여 약속어음을 발행하여 지급하다.

2. 국민카드 10월 사용대금(1,300,000원)이 금일에 서울은행 보통예금계좌에서 이체되어 결제되었다.

3. (주)한국의류와 판매계약을 체결하고 계약금 5,000,000원을 국민은행 보통예금으로 입금받았다.

4. ㈜구구자동차의 승용차할부 원금 1,300,000원이 국민은행 보통예금 통장에서 자동이체되었다.

5. (주)아성전기의 외상매입금 4,000,000원 중에서 일부 3,500,000원은 전자어음을 발행하여 지급하고 잔액 500,000원은 현금으로 지급하였다.

6. 관리부 9월분 급여가 우리은행 보통예금계좌에서 이체되어 지급되다.

20x1년 9월분 급여대장

㈜미영상사 관리부[귀속 : 20x1년 9월]　　　　　　　[지급 : 20x1년 9월 12일]　　　　　　　page. 1

기 본 급 여 및 제 수 당			공제 및 차인지급액			
기본급	수당	지급합계	소득세	지방소득세	공제합계	차인지급액
3,000,000	0	3,000,000	56,000	5,600	61,600	2,938,400

7. 10월분 급여지급시 원천징수했던 근로소득세를 납부하였다. 근로소득세액(160,000원)은 서울은행 보통예금계좌에서 이체하여 전자납부하였다.

8. 10월분 급여지급시 원천징수했던 근로소득세분 지방소득세 16,000원을 서울은행 보통예금계좌에서 이체하여 전자납부하였다.

9. 건강보험관리공단에 2월분 건강보험료 460,000원이 신한은행 보통예금계좌에서 자동 이체되다. 근로자와 사업주가 50：50으로 보험료를 부담한다.

10. 국민연금관리공단에 2월분 국민연금 500,000원이 신한은행보통예금계좌에서 자동 이체되다. 근로자와 사업주가 50：50으로 보험료를 부담한다.

11. 영업부 직원에 대한 고용보험료(실업급여분)를 우리은행 보통예금계좌에서 150,000원을 납부하였다. 보험료는 종업원과 회사가 50%씩 부담하고 있으며, 회사부담분은 "복리후생비"로 처리한다.

12. 오리온으로부터 내용을 알 수 없는 금액 15,000,000원이 한국씨티은행 보통예금 계좌로 입금되었음을 확인하였다. 회계팀은 원인을 파악할 수 있을 때까지 임시계정으로 처리하기로 하였다.

13. 9월 5일 국민은행 보통예금계좌에 입금된 5,000,000원의 입금내역에 대하여 원인을 알 수 없어 임시계정(가수금)으로 처리하였다. 9월 7일 확인결과 매출처 (주)금호전자의 외상대금 2,000,000원과 상품매출에 대한 계약금 3,000,000원임을 확인하였다. 임시계정을 상계처리하시오.

14. 영업직원이 퇴사하여 퇴직금 8,000,000원을 국민은행 보통예금 계좌에서 지급하였다. 퇴사일 현재 퇴직급여충당부채 잔액은 5,000,000원이었다.

15. (주)필라의 외상매입대금 1,000,000원을 (주)바디에서 상품매출 대금으로 받아 보관중인 전자어음으로 배서하여 지급하였다.

16. (주)한라식품의 결산시 당기 계상액은 다음과 같다.
    - 관리직 퇴직급여충당부채 당기 설정액 12,000,000원

객관식

01. 다음 중 유동부채에 해당하지 <u>않는</u> 것은?
   ① 매입채무   ② 미지급비용
   ③ 퇴직급여충당부채   ④ 유동성장기부채

02. 다음 중 유동부채에 해당하지 <u>않는</u> 것은?
   ① 당좌예금 잔액을 초과하여 발행한 당좌수표 발행액
   ② 상품을 판매하기 이전에 그 대금의 일부 또는 전부를 미리 수취한 금액
   ③ 상품을 구입하면서 발행한 만기 6개월의 어음
   ④ 보고기간말 현재 전종업원이 일시에 퇴직할 경우 지급하여야할 퇴직금 상당액

03. 다음 중 유동부채 계정과목이 나타나는 거래가 아닌 것은?
   ① 급여 지급 시 근로소득세를 원천징수하다.
   ② 상품을 주문하고 계약금을 현금으로 지급하다.
   ③ 결산일 현재 장기차입금의 상환기일이 3개월 이내로 도래하여 유동성대체하다.
   ④ 거래처로부터 내용 불명의 금액이 보통예금계좌로 입금되다.

04. 다음 중 비유동부채에 해당되는 것을 모두 고른 것은?

가. 유동성장기부채	나. 부가세예수금
다. 퇴직급여충당부채	라. 사채

   ① 가, 나   ② 나, 다   ③ 다, 라   ④ 가, 라

05. 다음 결산정리사항 중 수익의 이연에 해당하는 거래는?
   ① 보험료 선급분을 계상하다.   ② 임대료수익 미수분을 계상하다.
   ③ 이자수익 선수분을 계상하다.   ④ 이자비용 미지급분을 계상하다.

06. 다음 각 거래의 회계처리시 차변에 나타날 계정과목으로 옳은 것은?

> (가) (주)한공은 제품을 2,000,000원에 판매하기로 하고 계약금 200,000원을 현금으로 받았다.
> (나) 직원이 퇴사하여 퇴직금 4,000,000원을 보통예금 계좌에서 지급하였다. 퇴사일 현재 퇴직급여충당부채 잔액은 5,000,000원이었다.
> (다) 거래처에 상품 5,000,000원을 외상으로 판매하였다.

	(가)	(나)	(다)
①	선수금	퇴직급여충당부채	외상매출금
②	현금	퇴직급여충당부채	외상매출금
③	선수금	현금	상품매출
④	현금	현금	상품매출

07. (주)한공의 퇴직급여충당부채 계정에 기입된 5월 18일 거래를 추정한 것으로 옳은 것은?

퇴직급여충당부채			
5/18 현　금	3,000,000	1/1 전기이월	10,000,000

① 당기분 퇴직급여 추산액 3,000,000원을 계상하다.
② 당기에 지급했던 퇴직급여 중 과다지급액 3,000,000원을 현금으로 회수하다.
③ 종업원이 퇴직하여 퇴직급여 3,000,000원을 현금으로 지급하다.
④ 퇴직급여충당부채 추산액의 초과금 3,000,000원을 현금으로 회수하다.

08. (주)한공은 임직원에 대해 확정기여형 퇴직연금제도를 운영하고 있으며 1년분 총급여액의 10%에 해당하는 금액을 회사부담금으로 하여 외부에 적립하고 있다. 회사가 납부해야 할 부담금의 70%는 기말 현재 납부하였고 나머지 30%는 다음 년도 1월에 납부할 예정이다. 당기말 12월 31일 현재 퇴직급여에 대한 결산분개 결과, 재무제표에 미치는 영향으로 옳지 않은 것은?
① 자산의 증가
② 부채의 증가
③ 자본의 감소
④ 비용의 발생

주관식

01. 다음은 (주)한공의 20x1년 말 재무상태표 중 부채 내역이다. 비유동부채를 계산하면 얼마인가?

• 미지급비용	100,000원	• 매입채무	250,000원
• 장기차입금	200,000원	• 사채(만기 : 3년)	300,000원

02. (주)한공은 다음과 같은 조건으로 자금을 차입하였다. 20x1년 12월 31일 비유동부채에 계상된 차입금은 얼마인가?

• 차입일자 : 20x1년 1월 1일		• 차 입 금 : 24,000,000원	
• 차입기간 : 3년		• 상환조건 : 매년말 균등분할상환	

03. (주)한공의 20x1년 손익계산서상의 이자비용은 300,000원이다. (주)한공의 20x0년 말과 20x1년말 재무상태표의 관련계정이 다음과 같을 때 20x1년 현금으로 지급한 이자비용은?

계정과목	20x0년말	20x1년말
미지급이자	50,000	100,000

04. 다음 자료를 토대로 (주)한공이 당기에 현금으로 수령한 임대료를 계산하면 얼마인가?

• 기초와 기말 재무상태표에 계상되어 있는 선수임대료는 각각 33,000원과 26,000원이다.
• 당기 손익계산서에 계상되어 있는 임대료는 60,000원이다.

05. 다음 자료에서 비유동부채의 합계액은 얼마인가?

• 사채	200,000원	• 외상매입금	130,000원
• 퇴직급여충당부채	100,000원	• 유동성장기부채	250,000원

06. 다음 자료를 토대로 20x1년 12월 31일 재무상태표에 표시될 비유동부채 금액을 계산하면 얼마인가?

- 20x1. 3. 1. : 은행으로부터 6,000,000원 차입. 이에 대한 차입금 상환스케줄은 다음과 같다.
  - 20x2. 3. 1. 2,000,000원 상환
  - 20x3. 3. 1. 2,000,000원 상환
  - 20x4. 3. 1. 2,000,000원 상환
- 20x1. 12. 31. : 기말 현재 전 임직원이 퇴직할 경우 지급해야 할 퇴직금 34,000,000원

🔑 분개연습

[1] (차) 외상매입금((주)광명)   2,200,000   (대) 지급어음((주)광명)   2,200,000

[2] (차) 미지급금(국민카드)   1,300,000   (대) 보통예금(서울은행)   1,300,000

[3] (차) 보통예금(국민은행)   5,000,000   (대) 선수금((주)한국의류)   5,000,000

[4] (차) 미지급금((주)구구자동차)   1,300,000   (대) 보통예금(국민은행)   1,300,000
   ☞ **차량구입시 (차) 차량운반구   XXX   (대) 미지급금   XXX**

[5] (차) 외상매입금((주)아성전기)   4,000,000   (대) 지급어음((주)아성전기)   3,500,000
   현 금   500,000

[6] (차) 급여(판)   3,000,000   (대) 예수금   61,600
   보통예금(우리은행)   2,938,400

[7] (차) 예수금   160,000   (대) 보통예금(서울은행)   160,000

[8] (차) 예수금   16,000   (대) 보통예금(서울은행)   16,000

[9] (차) 예수금   230,000   (대) 보통예금(신한은행)   460,000
   복리후생비(판)   230,000

[10] (차) 예수금   250,000   (대) 보통예금(신한은행)   500,000
   세금과공과금(판)   250,000

[11] (차) 예수금   75,000   (대) 보통예금(우리은행)   150,000
   복리후생비(판)   75,000

[12] (차) 보통예금(한국씨티은행)   15,000,000   (대) 가수금   15,000,000

[13] (차) 가수금   5,000,000   (대) 외상매출금((주)금호전자)   2,000,000
   선수금((주)금호전자)   3,000,000

[14] (차) 퇴직급여충당부채   5,000,000   (대) 보통예금(국민은행)   8,000,000
   퇴직급여(판)   3,000,000
   ☞ **퇴직급여충당부채를 우선 상계하고 부족분은 퇴직급여로 비용처리한다.**

| [15] | (차) 외상매입금((주)필라) | 1,000,000 | (대) 받을어음((주)바디) | 1,000,000 |
| [16] | (차) 퇴직급여(판) | 12,000,000 | (대) 퇴직급여충당부채 | 12,000,000 |

🔑 객관식

1	2	3	4	5	6	7	8						
③	④	②	③	②	②	③	①						

[풀이 – 객관식]

01 **퇴직급여충당부채는 비유동부채**에 해당한다.

02 ④ 퇴직급여충당부채에 대한 설명이다. 퇴직급여충당부채는 비유동부채이다.

① 단기차입금, ② 선수금, ③ 매입채무

03 ① (차) 급여 ×× (대) 예수금(유동부채) ××

② (차) 선급금 ×× (대) 현금 ××

③ (차) 장기차입금 ×× (대) 유동성장기부채(유동부채) ××

④ (차) 보통예금 ×× (대) 가수금(유동부채) ××

04 유동성장기부채와 부가세예수금은 유동부채, **퇴직급여충당부채와 사채는 비유동부채**임

05 ① 비용의 이연, ② 수익의 계상, ③ 수익의 이연, ④ 비용의 계상

06 (가) (차) 현금 200,000원 (대) 선수금 200,000원

(나) (차) 퇴직급여충당부채 4,000,000원 (대) 보통예금 4,000,000원

(다) (차) 외상매출금 5,000,000원 (대) 상품매출 5,000,000원

07 5월 18일 거래는 실제 퇴직하는 종업원에게 퇴직급여를 현금으로 지급하는 내용이다.

5월 18일 분개 : (차) 퇴직급여충당부채 3,000,000원 (대) 현 금 3,000,000원

08 확정기여제도를 설정한 경우에는 당해 회계기간에 대하여 기업이 납부하여야 할 부담금 (기여금)을 퇴직급여(비용)로 인식하고, 이미 납부한 기여금을 차감한 후 부채(미지급금)로 인식한다. 이 제도하에서는 외부에 납부하는 부담금을 퇴직연금운용자산 등으로 인식하지 않는다.

(차) 퇴직급여(당기비용) ××× (대) 현 금(70%) ×××
미지급금(30%) ×××

주관식

01	500,000원	02	8,000,000원	03	250,000원
04	53,000원	05	300,000원	06	38,000,000원

[풀이 – 주관식]

01 비유동부채 : 장기차입금 + 사채 = 200,000원 + 300,000원 = 500,000원

　　 미지급비용과 매입채무는 유동부채이다.

02

20x1년 1월 1일 차입금액	24,000,000원	
20x1년 12월 31일 상환금액	(−) 8,000,000원	
20x2년 12월 31일 상환예정금액	(−) 8,000,000원	유동성장기차입금으로 대체
20x1년 12월 31일 비유동부채	8,000,000원	

03

미지급이자

지 급(현금)	250,000	기초잔액	50,000
기말잔액	100,000	이자비용	300,000
계	350,000	계	350,000

04

선수임대료(선수수익)

임대료	60,000	기초잔액	33,000
기말잔액	26,000	현금	53,000
계	86,000	계	86,000

05 비유동부채 = 사채(200,000) + 퇴직급여충당부채(100,000) = 300,000원

06 20x2년 중 상환될 금액(2,000,000원)을 제외한 금액을 비유동부채로 분류한다.

　　 비유동부채 = 장기차입금(4,000,000) + 퇴직급여충당부채(34,000,000) = 38,000,000원

Section 04

자 본

제1절 | 자본의 성격 및 분류

기업은 크게 두 가지 원천으로 자금을 조달하여, 기업의 자산을 구성한다. 부채는 타인자본으로서 채권자 지분이고, 자본은 자기자본으로서 소유주 지분이다.

> **자산 = 부채(채권자지분) + 자본(소유주지분)**
>
> **자산 − 부채 = 자본(순자산)**

자본은 다음과 같이 분류한다.

1. 자본금	기업이 발행한 총발행주식수에 주식 1주당 액면가액을 곱하여 계산하고, **보통주자본금과 우선주자본금은 구분표시한다.**			
2. 자본잉여금	영업활동 이외 자본거래(주주와의 자본거래)에서 발생한 잉여금으로서 **주식발행초과금과 기타자본잉여금으로 구분표시한다.**			
	주식발행초과금	감자차익	자기주식처분익	–
3. 자본조정	자본거래 중 자본금, 자본잉여금에 포함되지 않지만 자본항목에 가산되거나 차감되는 임시적인 항목으로서, **자기주식은 별도항목으로 구분하여 표시한다.**			
	주식할인발행차금	감자차손	자기주식처분손	자기주식
4. 기타포괄손익누계액	손익거래 중 손익계산서에 포함되지 않는 손익으로 **미실현손익**			
5. 이익잉여금	영업활동에 의해 발생한 순이익 중 주주에게 배당하지 않고 회사 내에 유보시킨 부분			
	(1) 기처분이익잉여금	㉠ 법정적립금	㉡ 임의적립금	
	(2) 미처분이익잉여금			

당기순손익(손익계산서)→미처분이익잉여금(재무상태표)→(주주총회)기처분이익잉여금

제2절 자본금

주식회사의 자본금은 상법의 규정에 따라 발행주식총수에 주당액면금액을 곱한 금액으로 법정자본금이라 한다. 상법에서는 무액면주식도 허용된다.

자본금 = 발행주식총수 × 주당액면금액

1. 자본금의 종류

자본금은 **보통주 자본금과 우선주 자본금**으로 나뉘는데 이익배당의 보장여부와 의결권의 존재여부에 따라 구분한다.

보통주란 이익 및 잔여재산분배 등에 있어서 표준이 되는 주식을 말한다.

보통 주식회사가 한 종류의 주식만 발행한 경우에는 그 주식 모두가 보통주가 된다.

보통주는 지분비율에 비례하는 의결권을 행사할 수 있고, 또한 이익배당을 받을 권리가 있다.

우선주는 보통주에 비하여 이익배당 등 특정사항에 대해 보통주보다 우선권이 주어지는 주식으로서 일반적으로 주주총회에서의 의결권은 없다.

2. 주식의 발행(자본금의 증가)

회사 설립 후에 사업 확장 또는 부채의 상환을 위하여 자금이 필요할 때 주식을 추가로 발행하여 자금을 조달하는데, 이것을 신주발행 또는 유상증자라 한다.

이 경우 자본금이 증가하는 동시에 자산도 증가하게 되므로 이를 실질적 증자라고 한다.

주식발행은 주식의 액면가액과 발행가액의 차이에 따라 액면발행, 할인발행, 할증발행으로 나누어진다.

여기서 **발행가액은 주식대금납입액에서 신주발행비 등을 차감한 후의 금액**으로 계산된다.

신주발행비란 주식 발행 시 각종 발행 수수료 및 제세공과금, 인쇄비 등을 말한다.

(1) 액면발행 : 발행가액과 액면가액이 일치하는 것
(2) 할증발행 : 주식발행가액이 액면가액보다 초과하여 주식을 발행하는 것을 말하고 이때 초과
금액은 주식발행초과금(자본잉여금)으로 회계처리한다.
(3) 할인발행 : 주식발행가액이 액면가액보다 미달하게 주식을 발행하는 것을 말하고, 이때 미달
금액은 주식할인발행차금(자본조정)으로 회계처리한다.

예제 4 - 1 주식발행1

㈜백두는 액면가액 10,000원인 주식 1,000주를 신주발행하면서 현금 납입받다. 주당 발행가액이 10,000원, 12,000원, 9,000원일 경우 분개하시오. 각각의 사항은 별개의 거래로 본다.

해답

1. 액면발행 (발행가액 : 10,000원)	(차) 현 금	10,000,000	(대) 자본금	10,000,000
2. 할증발행 (발행가액 : 12,000원)	(차) 현 금	12,000,000	(대) 자본금 주식발행초과금 (자본잉여금)	10,000,000 2,000,000
3. 할인발행 (발행가액 : 9,000원)	(차) 현 금 주식할인발행차금 (자본조정)	9,000,000 1,000,000	(대) 자본금	10,000,000

> 항상 자본금＝발행주식총수×주당액면금액

예제 4-2 현물출자

㈜백두는 액면가액 10,000원인 주식 1,000주를 발행하고 토지(공정가액 25,000,000원)를 취득하다.

해답

| 현물출자 | (차) 토 지 | 25,000,000 | (대) 자본금 | 10,000,000 |
| | | | 주식발행초과금 | 15,000,000 |

☞ 현물출자 : 기업이 주식을 발행하여 교부하고 유형자산을 취득하는 경우를 말한다. 이 경우 유형자산의 취득가액은 취득
자산의 공정가치(시가)로 하며, 불분명시 발행 주식의 공정가치로 한다.

3. 무상증자

무상증자란 자본잉여금이나 이익잉여금 중 배당이 불가능한 법정적립금을 자본에 전입함에 따라 자본금을 증가시키는 것을 말한다. 이러한 무상증자는 자본잉여금 또는 이익잉여금을 자본금계정으로 대체하는 것에 불과하므로 회사의 자본구성만 변경될 뿐 기업의 순자산에는 아무런 변동이 없다. 따라서 투자자인 주주는 아무런 지분율 변동이 없고 소유주식수만 증가한다.(∴ **주주가 무상주 수령시 아무런 회계처리를 하지 않는다.**)

[무상증자와 주식배당]

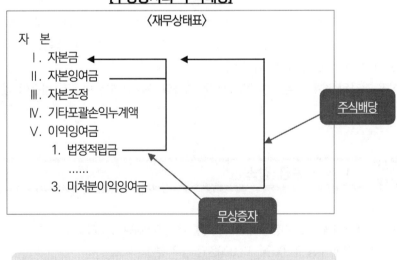

자본총계는 불변

예제 **4 - 3 무상증자**

㈜백두의 다음 거래를 분개하시오.

주식발행초과금을 재원으로 하여 무상증자를 결의하고 신주 100주(액면가액 10,000원/주당)를 발행하여 주주에게 무상교부하다.

해답

무상증자	(차) 주식발행초과금	1,000,000	(대) 자 본 금	1,000,000

4. 자본금의 감소

(1) 유상감자(실질적 감자)

회사의 사업규모 축소 등으로 인하여 자본금이 과잉된 때 이미 발행한 주식을 매입하고, 주식대금을 주주에게 지급함으로써 실질적으로 회사의 자산이 감소하는 것을 말한다.

(2) 무상감자(형식적 감자)

결손금이란 기업의 경영활동결과로 순자산이 감소한 경우 그 금액을 말한다.

회사의 결손금이 누적되어 있고 향후 영업실적이 호전될 기미가 없는 경우 회사의 자본금을 감소시켜 누적된 결손금을 보전(결손을 보충하여 채움이라는 표현인데, 결손금을 없앤다는 것으로 이해하면 됨.)하는 것을 무상감자라 한다.

형식적 감자의 경우 자본금만 감소할 뿐 회사의 순자산에는 아무런 변동이 없다.

 예제 **4 - 4 자본금 감소**

1. ㈜백두는 액면가액 10,000원인 주식 100주를 현금매입하여 소각하다.

   주당 매입가액이 주당 8,000원, 12,000원일 경우 분개하시오.

   각각의 사항은 별개의 거래로 본다.

2. ㈜결손은 누적된 결손금에 대해서 무상감자하기로 하다. 감자주식수는 1,000주(액면가액 10,000원)

[해답]

1. 유상감자

	분개	분개
① 매입가액 8,000원	(차) 자 본 금 1,000,000	(대) 현 금 800,000 감자차익(자본잉여금) 200,000
② 매입가액 12,000원	(차) 자 본 금 1,000,000 감자차손(자본조정) 200,000	(대) 현 금 1,200,000

2. 무상감자

(차) 자본금 10,000,000	(대) 미처리결손금 10,000,000

〈감자〉

		주식수	자본금	순자산(자본)
실질적감자 (유상)	(차) 자본금 XX (대) 현금 등 XX	감소	감소	감소
형식적감자 (무상)	(차) 자본금 XX (대) 결손금 XX	감소	감소	변동없음

제3절 자본잉여금

자본잉여금은 주식의 발행 등 회사의 영업활동 이외의 자본거래(주주와의 자본거래)로 인하여 발생한 잉여금을 말하고, 자본잉여금은 자본금으로의 전입(무상증자)이나 이월결손금의 보전에만 사용할 수 있다.

1. 주식발행초과금

주식발행시 할증발행의 경우 액면가액을 초과하는 금액 말한다.

2. 감자차익

자본금을 감소시킬 경우 자본금의 감소액 보다 주식의 매입가액이 적거나 이월 결손금 보전액이 적으면 발생된다.

3. 자기주식처분익

자기주식이란 자기가 발행한 주식을 회사가 소유하게 되는 경우 그 해당 주식을 말한다. 상법에서는 회사의 명의와 계산으로 ① 거래소에서 시세가 있는 주식의 경우에는 거래소에서 취득하는 방법, ② 주식수에 따라 균등한 조건으로 취득하는 방법으로서 배당가능익의 범위 내에서 자기주식을 취득할 수 있다. 또한 상법에서는 특정목적에 의한 자기주식을 취득할 수 있다.

자기주식을 취득할 경우 그 취득원가를 자본조정항목으로 하여 분류하고, 자본에서 차감하는 형식으로 보고한다.

자기주식을 일시 보유목적으로 취득하고, 매각할 경우 매각이익이 발생하였다면 자기주식처분이익으로 하여 손익계산서에 반영하지 않고 자본잉여금으로 분류한다.

반대로 매각손실이 발생하였다면, **자기주식처분이익계정 잔액을 먼저 상계하고, 남은 금액은 자본조정항목인 자기주식처분손실로 분류**한다.

 4 - 5 자기주식

㈜백두의 다음 거래를 분개하시오.
1. 3월 1일 자기주식 100주(액면가 10,000원)를 주당 12,000원에 현금매입하다.
2. 3월 15일 위의 자기주식 중 10주를 주당 15,000원에 현금처분하다.
2. 3월 31일 위의 자기주식 중 20주를 주당 8,000원에 현금처분하다.

해답

1.	(차) 자기주식(자본조정)	1,200,000	(대) 현　금	1,200,000
2.	(차) 현　금	150,000	(대) 자기주식(자본조정)	120,000
			자기주식처분이익(자본잉여금)	30,000

☞처분손익 = 처분가액(10주×15,000) − 장부가액(10주×12,000) = 30,000원(이익)

3.	(차) 현　금	160,000	(대) 자기주식	240,000
	자기주식처분이익[1]	30,000		
	자기주식처분손실(자본조정)	50,000		

☞처분손익 = 처분가액(20주×8,000) − 장부가액(20주×12,000) = △80,000원(손실)
*1. 자기주식처분이익(30,000)과 처분손실은 먼저 상계하여 회계처리한다.

부분 재무상태표

㈜백두		20X1.03.31
	자본잉여금	
	1. 자기주식처분이익	0
	자본조정	
	1.자기주식	(840,000)
	2.자기주식처분손실	(50,000)

제4절 자본조정

자본조정은 자본거래에 해당하지만 자본금, 자본잉여금 이외의 항목으로서 임시적 성격의 항목이라고 할 수 있다.

1. 주식할인발행차금

신주를 할인발행한 경우 발행가액이 액면가액에 미달한 경우 미달한 금액을 말한다. 주식할인발행차금은 자본에서 차감하여 표시되고, **주식할인발행차금은 주식발행초과금과 우선상계하고** 잔액이 남을 경우 주식발행연도부터 3년 이내의 기간에 매기 균등액을 이익잉여금의 처분을 통하여 상각한다.

2. 감자차손

유상감자를 할 때 소각된 주식의 액면가액보다 주주에게 더 많은 금액을 지급한 경우 초과액을 말한다. 감자차손은 발생시점에 이미 계상되어 있는 **감자차익과 우선 상계하고** 남은 잔액은 감자차손으로 처리한다. 그리고 감자차손은 이익잉여금의 처분과정에서 미처분이익잉여금과 상계한다.

3. 자기주식, 자기주식처분손실

자기주식처분손실의 잔액이 발생하면 이익잉여금의 처분과정에서 미처분이익잉여금과 상계한다.

193

4. 미교부주식배당금

이익잉여금처분계산서의 주식배당액을 말하며, 주주총회 후 주식교부시에 자본금으로 대체된다.

〈자본잉여금과 자본조정〉

	자본잉여금	자본조정
신주발행	주식발행초과금	주식할인발행차금
자본금감소(감자)	감자차익	감자차손
자기주식	자기주식처분이익 –	자기주식처분손실 자기주식

자본잉여금(주식발행초과금)은 발생시점에 이미 계상되어 있는 자본조정(주식할인발행차금)을 우선 상계하고, 남은 잔액은 자본잉여금(주식발행초과금)으로 계상한다. 또한 반대의 경우도 마찬가지로 회계처리한다. 즉 순액을 재무상태표 자본에 표시한다.

 예제 **4-6 주식발행2**

㈜백두의 다음거래를 분개하시오.

1. 3월 1일 유상증자를 실시하고(액면가액 5,000원, 발행가액 8,000원 발행주식수 5,000주) 보통예금계좌로 입금하다. 또한 신주발행비 5,000,000원은 현금지급하다.

2. 7월 1일 유상증자를 실시하고(액면가액 5,000원, 발행가액 3,000원 발행주식수 10,000주) 보통예금계좌로 입금하다. 또한 신주발행비 7,000,000원은 현금지급하다.

해답

1.	(차) 보통예금	40,000,000	(대) 자 본 금	25,000,000
			현 금	5,000,000
			주식발행초과금	10,000,000

☞ 자본금 = 발행주식수(5,000)×액면가액(5,000) = 25,000,000원
발행가액 = 발행주식수(5,000)×발행가액(8,000) − 신주발행비(5,000,000) = 35,000,000원
발행가액(35,000,000) − 자본금(25,000,000) = 10,000,000원(할증발행)

2.	(차) 보통예금	30,000,000	(대) 자 본 금	50,000,000
	주식발행초과금[*1]	10,000,000	현 금	7,000,000
	주식할인발행차금	17,000,000		

☞ 자본금 = 발행주식수(10,000)×액면가액(5,000) = 50,000,000원
발행가액 = 발행주식수(10,000)×발행가액(3,000) − 신주발행비(7,000,000) = 23,000,000원
발행가액(23,000,000) − 자본금(50,000,000) = △27,000,000원(할인발행)
*1. 주식발행초과금과 주식할인발행차금은 먼저 상계하여 회계처리한다.

제5절 기타포괄손익누계액

포괄손익이란 주주와의 자본거래를 제외한 모든 거래나 사건에서 인식한 자본의 변동을 말한다. 기타포괄손익은 순자산의 증감을 가져오는 거래 가운데 미실현손익(잠재적 손익)으로 분류되어 손익계산서에 계상되지 못하는 항목으로 언젠가 이익잉여금으로 흘러갈 요소이다. 여기서 당기발생 **미실현손익**(기타포괄손익)은 포괄손익계산서에 반영되고 그 누계액(기타포괄손익누계액)은 재무상태표에 계상된다.

즉 기타포괄손익누계액이란 손익거래 중 손익계산서에 포함되지 않는 손익의 잔액으로서 **매도가능증권평가손익, 해외사업환산손익, 재평가잉여금** 등이 있다.

기타포괄손익누계액은 미실현손익으로서 <u>기타포괄손익이 실현될 때(매도가능증권의 경우 처분시) 당기순손익(영업외수익, 영업외비용)에 포함</u>되게 된다.

> 포괄손익계산서의 포괄손익 = 손익계산서의 당기순손익 + 기타포괄손익

<자본(순자산) 변동원인>

자본거래 (주주와의 거래)	자본금	
	자본잉여금	주식발행초과금, 감자차익, 자기주식처분이익
	자본조정	주식할인발행차금, 감자차손, 자기주식처분손실, 자기주식 등
손익거래 (포괄손익거래)	기타포괄손익	재평가잉여금, 매도가능증권평가손익 등
	당기손익 (→이익잉여금)	수익 : 매출액, 영업외수익
		비용 : 매출원가, 판관비, 영업외비용, 법인세비용

제6절 이익잉여금

이익잉여금은 회사의 영업활동의 결과로 벌어들인 이익 중 사외에 유출되지 않고 사내에 남아 있는 부분을 원천으로 하는 잉여금을 말한다.

이익잉여금을 증가시키는 것은 이익창출 활동결과인 당기순이익이며 이익잉여금을 감소시키는 것은 이익창출 활동결과인 당기순손실과 주주들에 배당금을 지급하는 경우이다.

이익잉여금은 기처분이익잉여금(법정적립금과 임의적립금) 및 미처분이익잉여금으로 분류한다.

1. 법정적립금

상법이나 그 외의 법률규정에 따라 이익잉여금 중에서 일정금액을 적립하는 것을 말하는 것으로 강제적 성격을 가지고 있어 법적요건을 갖추게 되면, 무조건 적립하여야 한다.

이것은 유보된 이익잉여금 만큼 현금배당을 제한함으로써 기업의 자금 유출을 막아 기업의 재무구조를 탄탄하게 하여 채권자를 보호할 목적이다.

(1) 이익준비금

대표적인 법정적립금으로서 주식회사는 상법의 규정에 따라 **"회사는 자본금의 1/2에 달할 때까지 매기 결산시 금전에 의한 이익배당액의 1/10이상의 금액을 이익준비금으로 적립하여야 한다."** 라고 규정하고 있다.

이러한 이익준비금은 결손금을 보전하거나 자본금으로 전입(무상증자)할 수 있다.

법정준비금

상법에서는 법정준비금을 그 재원에 따라 **이익준비금과 자본준비금으로 구분하는데 자본거래에서 발생한 잉여금(기업회계기준상 자본잉여금을 의미한다.)**을 자본준비금으로 적립하여야 한다. 또한 회사는 적립된 자본준비금 및 이익준비금의 총액이 자본금의 1.5배를 초과하는 경우에는 주주총회의 결의에 따라 준비금을 배당 등의 용도로 사용할 수 있게 하였다.

(2) 기타법정적립금

상법이외 법령에 따라 이익금의 일부를 적립하여야 되는 경우가 있다.
이 적립금 역시 결손보전과 자본금으로의 전입 목적으로만 사용가능하다.

2. 임의적립금

회사의 정관이나 주주총회의 결의에 의해 임의로 적립된 금액으로서 기업이 자발적으로 적립한 적립금으로서 법정적립금과 성격은 다르지만 이 역시 현금배당을 간접적으로 제한함으로써 기업의 재무구조를 개선하거나 미래투자자금을 확보한다는 점은 동일하다. 임의적립금은 기업이 해당 목적을 실현한 후에 다시 주주들에게 현금배당할 수 있다. 이것을 임의적립금의 이입이라 표현한다.
임의적립금의 예를 들면 사업확장적립금, 감채기금적립금 등이 있다.

3. 미처분이익잉여금(미처리결손금)

기업이 벌어들인 이익 중 배당이나 다른 잉여금으로 처분되지 않고 남아 있는 이익잉여금을 말한다. 미처분이익잉여금은 주주총회시 결의에 의해 처분이 이루어지는데 주주총회는 결산일이 지난 뒤(3개월 이내)에 열리기 때문에 이익잉여금 처분전의 잔액이 당기 재무상태표에 표시된다.
결손금이란 수익보다 비용이 많은 경우로서 당기순손실을 의미한다. 이러한 결손금은 기존의 잉여금으로 보전된다.

〈적립과 이입〉

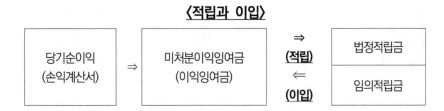

∴미처분이익잉여금을 적립금(법정, 임의)으로 적립하거나, 임의적립금을 다시 미처분이익잉여금으로 이입할 경우 이익잉여금이나 자본총계에 영향이 없다.

제7절 이익잉여금의 처분

1. 이익잉여금 처분계산서

이익잉여금처분계산서는 이익잉여금의 변동내용을 보고하는 양식으로서 정기주주총회에서 이익잉여금 처분에 대하여 주주들로 부터 승인을 받아야 한다.

정기주주총회는 회계연도가 끝난 뒤(3개월 이내) 다음 해 초에 개최되고, 이 때 재무제표가 확정된다. 따라서, 회계연도말 재무상태표에는 처분하기전의 이익잉여금으로 표시된다.

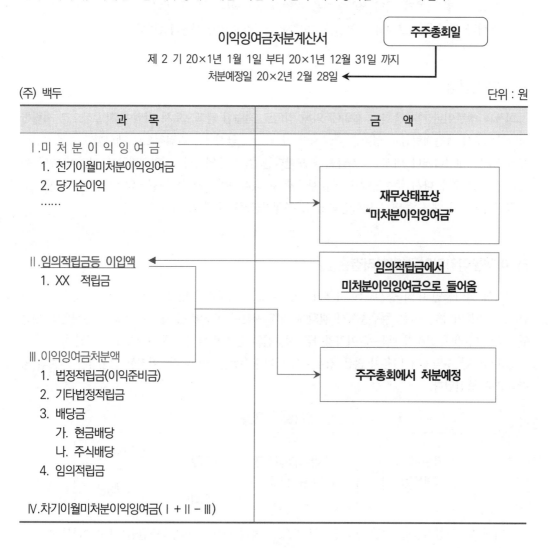

2. 재무상태표와 이익잉여금 처분계산서의 관계

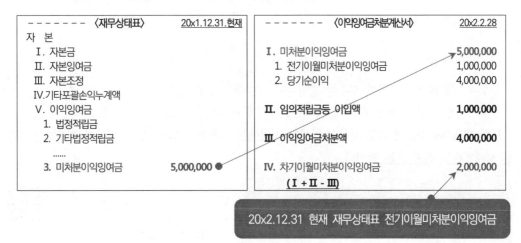

3. 배당금

회사의 이익을 주주에게 배당하는 방법에는 **현금배당과 주식배당 그리고 현물배당**이 있다.
이러한 배당은 주주총회 결의에 의해서 확정된다.
배당에 관한 회계처리는 다음과 같은 시점이 있는데 이것을 먼저 이해하자!

•배당기준일 : 배당을 받을 권리는 주주에게 있다. 즉 주주를 확정하는 날로서 일반적으로 회계
　　　　　　연도 말일(보고기간말)이다.
•배당선언일 : 주주총회일(또는 이사회결의일)로서 배당결의를 공식적으로 한날을 의미한다.
•배당지급일 : 배당기준일에 주주로서 확정된 주주에게 실제로 배당금을 지급하는 날이다.

회계기간이 1월 1일부터 12월 31일까지라고 한다면 배당기준일은 12월 31일이고
주주총회(배당선언일)는 3개월 이내 개최하여야 한다.

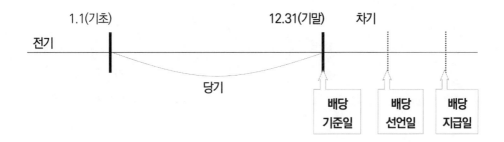

(1) 현금배당

해당 배당금을 주주에게 현금으로 배당하는 것을 말한다. 이 경우 회사의 순자산은 감소하고 자본도 감소하게 된다.

(2) 주식배당

주주의 지분율에 비례하여 신주를 발행하여 배당하는 것을 말한다.
주식배당은 기업 자금의 외부유출을 막고 동시에 이익배당의 효과도 갖는다.
또한 현금배당과는 반대로 회사의 자산과 자본에는 아무런 변화가 없다. 따라서 투자자는 아무런 회계처리를 하지 않는 것이다.

	현금배당	주식배당
배당선언일	(차) 이월이익잉여금　　　××× 　　(미처분이익잉여금) 　(대) 미지급배당금　　××× 　　　(유동부채)	(차) 이월이익잉여금　　　××× 　　(미처분이익잉여금) 　(대) 미교부주식배당금　　××× 　　　(자본조정)
	(투자자) (차) 미수금　　　××× 　(대) 배당금수익　　×××	(투자자) －회계처리없음－
배당지급일	(차) 미지급배당금　　××× 　(대) 현　　금　　×××	(차) 미교부주식배당금　　××× 　(대) 자본금　　　×××
재무상태	**－주식발행회사의 최종분개**	
	(차) 이월이익잉여금(자본)　××× **(대) 현　　금(자산)**　　×××	**(차) 이월이익잉여금(자본)**　××× **(대) 자 본 금(자본)**　　×××
	순자산의 유출	**재무상태에 아무런 변화가 없다.**

예제 4 - 7 이익잉여금의 처분

㈜백두(피투자회사)와 ㈜청계(투자회사)의 다음 거래를 분개하시오. ㈜백두는 ㈜청계가 100% 투자한 회사라 가정한다.

1. 3월 1일 주주총회에서 다음 내용으로 미처분이익잉여금의 처분을 결의하다.

현금배당	1,000,000	주식배당	2,000,000
이익준비금	100,000	사업확장적립금	3,000,000

2. 3월 10일 현금배당금 1,000,000원을 현금 지급하다.
3. 3월 15일 주주총회에서 결의한 주식배당에 대해서 주식을 발행하여 지급하다.

해답

1.	㈜백두	(차) 이월이익잉여금 　　(미처분이익잉여금)	6,100,000	(대) 이익준비금 미지급배당금 미교부주식배당금 사업확장적립금		100,000 1,000,000 2,000,000 3,000,000
	㈜청계	(차) 미 수 금	1,000,000	(대) 배당금수익		1,000,000
		☞ 현금배당만 회계처리하고, 주식배당은 회계처리하지 않는다.				
2.	㈜백두	(차) 미지급배당금	1,000,000	(대) 현　　금		1,000,000
	㈜청계	(차) 현　　금	1,000,000	(대) 미 수 금		1,000,000
3.	㈜백두	(차) 미교부주식배당금	2,000,000	(대) 자 본 금		2,000,000
	㈜청계	☞ 주식배당은 회계처리하지 않고 주식수와 단가를 재계산한다.				

연습문제

Financial Accounting Technician
회계정보처리 자격시험 1급

 분개연습

1. 사업확장으로 인한 자금을 조달하기 위하여 유상증자를 실시하고, 납입금액 5,000,000원 전액은 신한 은행 보통예금계좌로 입금되었다.(액면금액 5,000원, 발행 주식수 1,000주)

2. (주)한공이 자본증자를 위해 액면가액 5,000원의 주식을 6,000원에 10,000주 현금 발행하였다.

3. 다음은 (주)한공의 보통주식 발행에 관한 자료이다.

- 주식발행일 : 20x1년 12월 31일
- 1주당 발행가액 15,000원
- 주식 발행 대금은 주식 발행일 전액 현금으로 납입되다.
- 1주당 액면가액 : 20,000원
- 발행 주식수 100주

 객관식

01. 다음 중 재무상태표상 자본에 해당하는 계정과목이 <u>아닌</u> 것은?
① 주식발행초과금
② 이익준비금
③ 매도가능증권평가이익
④ 단기매매증권평가이익

02. 재무상태표의 자본항목 중 자본조정에 해당하는 것은?
① 자본금
② 감자차익
③ 자기주식
④ 매도가능증권평가손익

03. 다음 중 기타포괄손익누계액에 해당하는 것은?

① 주식발행초과금   ② 자기주식처분이익

③ 주식할인발행차금   ④ 매도가능증권평가이익

04. 다음 중 자본에 대한 설명으로 옳지 않은 것은?

① 자본은 기업의 자산에서 부채를 차감한 후의 잔여지분을 나타낸다.

② 주식을 액면금액 이상으로 발행할 경우 액면금액을 초과하는 금액은 이익잉여금으로 표시한다.

③ 보통주자본금은 액면금액에 발행주식수를 곱한 금액이다.

④ 매도가능증권평가손익은 기타포괄손익누계액으로 표시한다.

05. 다음 중 자본에 대한 설명으로 옳은 것은?

① 주식발행초과금은 자본조정으로 분류한다.   ② 자기주식은 자본잉여금으로 분류한다.

③ 주식배당을 하면 자본총계가 증가한다.   ④ 이익준비금은 이익잉여금으로 분류한다.

06. 다음 중 결산 시 자본에 영향을 주지 <u>않는</u> 거래는?

① 매출채권에 대한 대손충당금을 설정하였다.

② 재고자산의 평가손실을 인식하였다.

③ 외상매입금을 현금으로 지급하였다.

④ 기간경과분 미지급이자를 계상하였다.

07. 주식의 발행에 관한 다음 설명 중 (가)와 (나)에 들어갈 자본의 분류로 옳은 것은?

> - 주주로부터 현금을 수령하고 주식을 발행하는 경우에 주식의 발행금액이 액면금액 보다 크다면 그 차액을 주식발행초과금으로 하여 (가)으로 회계처리한다.
> - 주주로부터 현금을 수령하고 주식을 발행하는 경우에 주식의 발행금액이 액면금액 보다 작다면 그 차액을 주식발행초과금의 범위 내에서 상계처리하고, 미상계된 잔액이 있는 경우에는 (나)의 주식할인발행차금으로 회계처리한다.

	(가)	(나)
①	자본금	자본조정
②	자본조정	자본잉여금
③	자본조정	기타포괄손익누계액
④	자본잉여금	자본조정

08. 다음은 (주)한공의 주식 발행에 대한 내용이다. 이에 대한 설명으로 옳지 않은 것은?

- 발행주식 수 : 보통주 500주 (1주당 액면금액 5,000원)
- 발 행 금 액 : 5,000,000원 (1주당 10,000원)
- 주식발행비 : 20,000원 (현금지급)
- 주식발행비를 차감한 잔액은 당좌예금으로 입금되었다.

① 유동자산이 증가한다.　　　　　② 자본금이 증가한다.
③ 자본잉여금이 증가한다.　　　　④ 영업외비용이 증가한다.

09. 다음은 (주)한공의 보통주식 발행에 관한 자료이다. 보통주식 발행이 자본에 미치는 영향에 대한 설명 중 옳지 않은 것은?

- 주식발행일 : 20x1년 12월 31일　　　・ 1주당 액면가액 : 20,000원
- 1주당 발행가액 15,000원　　　　　　・ 발행 주식수 100주
- 주식 발행 대금은 주식 발행일 전액 현금으로 납입되다.

① 자본금이 2,000,000원 증가한다.
② 주식발행초과금이 500,000원 증가한다.
③ 주식할인발행차금이 500,000원 증가한다.
④ 자본총액은 1,500,000원 증가한다.

10. 다음은 (주)한공의 재무상태표이다. 이에 대한 설명으로 옳지 않은 것은?

재무상태표

㈜한공	20x1. 12. 31. 현재		(단위 : 원)
현금및현금성자산	50,000	매 입 채 무	300,000
매출채권	700,000	사 채	1,000,000
상　품	400,000	장 기 차 입 금	200,000
매도가능증권	100,000	자 본 금	200,000
건　물	500,000	이 익 잉 여 금	×××
	1,750,000		1,750,000

① 이익잉여금은 50,000원이다.　　　② 유동자산은 750,000원이다.
③ 투자자산은 100,000원이다.　　　④ 비유동자산은 600,000원이다.

주관식

01. 다음 자료에 의해 당기순이익을 계산하면?

• 기초자산	5,000,000원	• 기초부채	2,000,000원
• 기말자산	9,000,000원	• 기말부채	3,000,000원
• 당기 추가출자금액	1,000,000원		

02. 다음은 (주)한공의 20x1년 12월 31일 재무상태표의 계정과목에 대한 자료이다.
(가)에 들어갈 금액으로 옳은 것은?

• 현금	180,000원	• 매출채권	267,000원
• 대손충당금	2,000원	• 상품	85,000원
• 건물	400,000원	• 감가상각누계액	10,000원
• 매입채무	80,000원	• 이익잉여금	250,000원
• 자본금	(가)		

03. 20x1년 1월 1일 1,300,000원을 출자하여 설립된 (주)한공의 20x1년 12월 31일 재무상태표의 자산·부채 계정과목이 아래와 같을 때, 20x1년 당기순이익은 얼마 인가?(단, 당기순이익 이외의 자본변동은 없었다)

현　　금 300,000원	외상매입금 300,000원	상 품 600,000원
미지급금 250,000원	외상매출금 600,000원	건 물 800,000원
선 급 금 300,000원	단기차입금 220,000원	

04. 다음의 설명에 해당하는 자본항목은?

- 상법에 규정된 법정적립금으로 분류된다.
- 상법에 따라 자본금의 2분의 1이 될 때까지 매 결산기 이익배당액의 10분의 1 이상을 적립하여야 한다.
- 결손금을 보전하거나 자본금의 전입으로 사용할 수 있다.

연습답안

Financial Accounting Technician

회계정보처리 자격시험 1급

🔑 분개연습

[01] (차) 현금　　　　　　　　5,000,000　　(대) 자본금　　　　　　　　5,000,000

☞발행가액(액면가액) = 1주당 액면가액(5,000) × 1,000주 = 5,000,000원(액면발행)

[02] (차) 현금　　　　　　　　60,000,000　　(대) 자본금　　　　　　　　50,000,000
　　　　　　　　　　　　　　　　　　　　　　주식발행초과금　　　　　10,000,000

☞발행가액 = 1주당 발행가액(6,000) × 10,000주 = 60,000,000원
　액면가액 = 1주당 액면가액(5,000) × 10,000주 = 50,000,000원
　발행가액(60,000,000) − 액면가액(50,000,000) = +10,000,000원(할증발행)

[03] (차) 현금　　　　　　　　1,500,000　　(대) 자본금　　　　　　　　2,000,000
　　　　주식할인발행차금　　500,000

☞발행가액 = 1주당 발행가액(15,000) × 100주 = 1,500,000원
　액면가액 = 1주당 액면가액(20,000) × 100주 = 2,000,000원
　발행가액(1,500,000) − 액면가액(2,000,000) = △500,000원(할인발행)

🔑 객관식

1	2	3	4	5	6	7	8	9	10					
④	③	④	②	④	③	④	④	②	②					

[풀이 – 객관식]

01 <u>단기매매증권 평가손익은 당기손익</u>으로 처리한다.

02 자본조정은 당해 항목의 성격으로 보아 자본거래에 해당하나 <u>최종 납입된 자본으로 볼 수 없거나 자본의 가감 성격으로 자본금이나 자본잉여금으로 분류할 수 없는 항목</u>이다. 예를 들면, 자기주식, 주식할인발행차금, 주식선택권, 출자전환채무, 감자차손 및 자기주식처분손실 등이 포함된다.

03 주식발행초과금, 자기주식처분이익 : 자본잉여금,　주식할인발행차금 : 자본조정

04 주식을 액면금액 이상으로 <u>발행할 경우 액면금액을 초과하는 금액은 자본잉여금으로 표시</u>한다.

05 ① 주식발행초과금은 자본잉여금으로 분류하고, ② 자기주식은 자본조정으로 분류하며, ③ <u>주식배당을 하면 이익잉여금이 감소하고 자본금이 증가하여 자본총계는 변화가 없다.</u>

206

06 ①②④는 손익거래로 자본에 영향을 주나, 외상매입금의 지급은 자산, 부채에는 영향을 주지만, 자본에 영향을 주지 않는다.

07 **주식발행초과금은 자본잉여금**에 해당하고, **주식할인발행차금은 자본조정에 해당**한다.

08 [주식 발행 분개]

(차) 당좌예금(유동자산 증가)   4,980,000원   (대) 자본금(자본금 증가)   2,500,000원

주식발행초과금   2,480,000원

(자본잉여금 증가)

주식발행비용은 주식발행초과금에서 차감하여 회계처리한다.

09 (차) 현 금   1,500,000원   (대) 자 본 금   2,000,000원

주식할인발행차금   500,000원

자본증가액 = 2,000,000원 − 500,000원 = 1,500,000원

10 ① 자본 = 자산(1,750,000) − 부채(300,000 + 1,000,000 + 200,000) = 250,000원

이익잉여금 = 자본(250,000) − 자본금(200,000) = 50,000원

② 유동자산 = 현금등(50,000) + 매출채권(700,000) + 상품(400,000) = 1,150,000원

③ 투자자산 = 매도가능증권(100,000) = 100,000원

④ 비유동자산 = 투자자산(100,000) + 유형자산(500,000) = 600,000원

⊶ 주관식

01	2,000,000원	02	590,000원	03	530,000원
04	이익준비금				

[풀이 – 주관식]

01

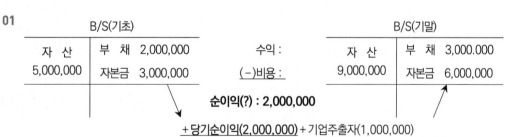

02

재무상태표

㈜한공   20x1년 12월 31일   (단위 : 원)

현금	180,000	매입채무	80,000
매출채권	267,000	*자본금*	*590,000*
대손충당금	(2,000)	이익잉여금	250,000
상품	85,000		
건물	400,000		
감가상각누계액	(10,000)		
	920,000		920,000

03 기말자산 = 현금(300,000원) + 외상매출금(600,000원) + 건물(800,000원) + 상품(600,000원)
      + 선급금(300,000원) = 2,600,000원

기말부채 = 외상매입금(300,000원) + 미지급금(250,000원) + 단기차입금(220,000원)
      = 770,000원

기말자본 = 기말자산(2,600,000원) – 기말부채(770,000원) = 1,830,000원

당기순이익 = 기말자본(1,830,000원) – 기초자본(1,300,000원) = 530,000원

Section 05

수익, 비용, 결산

NCS회계 - 3	전표관리	NCS회계 - 4	결산관리 – 결산분개/장부마감/재무제표 작성하기
NCS세무 - 2	전표처리	NCS세무 - 2	결산관리

제1절 수익 및 비용의 의의

수익과 비용은 기업의 경영활동 과정에서 반드시 발생한다. 따라서 기업은 이러한 수익과 비용이 귀속되는 회계기간을 결정해야 하는데, 앞에서 전술한 바와 같이 원칙적으로 발생주의에 따라 수익과 비용을 인식하는데, 기업회계기준에서는 구체적인 수익과 비용인식기준을 명기하고 있다.

1. 수익의 의의

수익은 기업의 경영활동을 통해 재화의 판매, 용역제공 등의 대가로 발생하는 자산의 증가 또는 부채의 감소에 따라 자본이 증가하는 것을 말한다.

수익은 주된 영업활동으로 창출된 수익과 주된 영업활동 이외의 부수적인 거래나 사건으로 발생한 차익으로 분류한다.

(1) 수익

회사의 주된 영업활동과 관련하여 발생하는 것으로 기업회계기준서는 매출액으로 표현하고 있다. 매출액은 회사의 업종에 따라 차이가 발생한다.

은행업일 경우 매출액은 이자수익이 되고, 제조업일 경우 원재료를 가공하여 제품을 만들어 팔았을 경우 제품의 판매가액, 도소매업일 경우 상품을 구입하여 상품을 판매했을 경우 상품의 판매가액, 부동산임대업일 경우 부동산의 임대에서 발생되는 임대료가 매출액이 된다.

(2) 차익

회사의 주된 영업활동 이외의 부수적인 거래나 사건으로 발생한 순자산의 증가로서 기업회계기준에서는 유형자산처분이익, 단기매매증권처분이익 등이 있는데 이를 총괄하여 영업외수익으로 표현한다.

2. 비용의 의의

비용은 기업이 경영활동을 통해 재화의 판매, 용역제공 등의 대가로 발생하는 자산의 유출이나 부채의 증가에 따라 자본이 감소하는 것을 말한다.

비용은 회사의 주된 영업활동과정에서 발생되는 비용과 영업활동 이외의 부수적인 거래나 사건으로 발생하는 차손으로 분류한다.

(1) 비용

회사의 주된 영업활동과 관련하여 발생하는 것으로 기업회계기준서는 매출원가와 판매비와 관리비가 있다.

(2) 차손

회사의 주된 영업활동 이외의 부수적인 거래나 사건으로 발생한 순자산의 감소로서 기업회계기준에서는 유형자산처분손실, 단기매매증권처분손실 등이 있는데 이를 총괄하여 영업외비용으로 표현한다.

(3) 비용의 분류

① 매출원가 : 상품, 제품 등의 매출액에 대응하는 원가
② 판매비와 관리비 : 회사의 영업활동과정에서 발생하는 판매 및 회사의 유지 · 관리에 관련된 비용
③ 영업외비용 : 영업활동 이외의 부수적인 거래나 사건으로 발생하는 비용
④ 법인세비용 : 기업이 당기에 벌어들인 소득에 대하여 부과되는 세금

제2절 | 수익인식기준

수익은 아래의 요건이 충족되는 시점에 수익으로 인식하는데 이를 실현주의라 한다.

첫번째 요건은 **수익획득과정이 완료 되었거나 실질적으로 거의 완료**되어야 한다.

두번째 요건은 이러한 **수익금액을 신뢰성 있게 측정할 수 있고, 경제적 효익의 유입가능성**이 매우 높아야 한다.

1. 수익의 인식시점(매출의 인식시점)

수익인식시점은 기업마다(업종별) 상이하지만 일반적으로 제조업의 경우에는 원재료를 구입하여 제품을 제조하고, 이를 판매하고 최종적으로 대금을 회수하는 과정을 거친다.

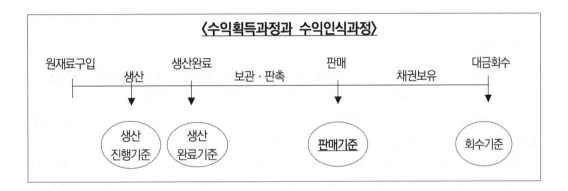

〈수익획득과정과 수익인식과정〉

수익획득과정 중 위의 수익 실현조건을 충족시키는 사건을 판매라 할 수 있다.

즉 **제품, 상품 등을 판매할 경우 수익획득과정이 완료됨과 동시에 구매자로부터 유입되는 기대 현금액과 현금청구권이 발생**한다.

따라서 대부분의 기업은 **판매시점 또는 인도시점에 수익을 인식하는 것이 일반적**이다.

재화의 판매로 인한 수익은 다음 조건이 모두 충족될 때 인식한다.

1. 재화의 소유에 따른 **유의적(중대한)인 위험과 보상이 구매자에게 이전**된다.
2. 판매자는 판매한 재화에 대하여 소유권이 있을 때 **통상적으로 행사하는 정도의 관리나 효과적인 통제를 할 수 없다.**
3. 수익금액을 신뢰성있게 측정할 수 있고, 경제적 효익의 유입 가능성이 매우 높다.
4. 거래와 관련하여 발생했거나 **발생할 원가를 신뢰성있게 측정할 수 있다.**
   만약 이러한 비용을 신뢰성 있게 측정할 수 없다면 수익으로 인식하지 못하고 부채(선수금)로 인식한다.

2. 구체적 사례

(1) 진행기준(생산기준)

수익을 용역제공기간(생산기간)중에 인식하는 것으로서 **작업진행율(보통 원가 투입비율)에 따라 기간별로 수익을 나누어 인식**한다.

진행기준에 따라 수익을 인식하는 경우로는 **용역의 제공 계약, 건설형 공사계약(예약매출)** 등이 있다.

〈건물 공사 100억 수주 : 2년간 공사〉

	작업진행율	수익인식
1차년도	40%	40억
2차년도	60%	60억

(2) 판매기준

수익을 판매시점에 인식하는 것을 말하는데, 판매시점이란 **재화를 인도하는 시점**을 뜻한다.

일반적인 상거래에 있어서 판매시점은 상품을 구매자에게 인도하는 시점이다.

기업회계기준에서 수익은 "상품, 제품을 판매하여 인도하는 시점에 실현되는 것으로 한다."라고 규정되어 있어 판매기준이 원칙적인 수익인식기준이라 할 수 있다.

상품권은 주로 백화점 등에서 발행되는 일종의 유가증권이다. 따라서 상품권의 판매만으로 수익이 실현된 것으로 볼 수 없고, **상품권 판매시 선수금으로 처리하고,** 추후상품권과 재화를 교환시 수익으로 인식한다.

① 재화나 용역간의 교환

성격과 가치가 유사한 재화나 용역간의 교환은 수익을 발생시키는 거래로 보지 않는다. 정유회사 간에 특정지역의 수요를 적시에 충족시키기 위해 재고자산을 교환하는 경우가 있다.

그러나 **성격과 가치가 상이한 재화나 용역간의 교환은 수익으로 인식**하여야 한다.

② 위탁매출

자기(위탁자)의 상품을 대리점과 같은 타인(수탁자)에게 위탁하여 판매하는 것을 말한다. 기업회계기준에서는 위탁판매의 경우 **"수탁자가 적송품을 판매한 날에 수익을 인식"** 하도록 하고 있다.

③ 시용판매

시용판매란 회사가 고객에게 상품을 일정기간동안 사용해 보게 한 후 매입여부를 결정하게 하는 판매방법의 하나로 고객이 매입의사를 표시하는 경우 매출이 확정되는 것을 말한다. 기업회계기준에서는 시용판매의 경우 **매입자가 매입의사표시를 한 날에 수익을 인식**하도록 규정하고 있다.

④ 반품조건부 판매

㉠ **합리적 추정이 가능**한 경우 : 재고자산을 판매한 것으로 보아 수익을 인식한다.

㉡ **합리적 추정이 불가능**한 경우 : **구매자가 인수를 수락하거나 반품기간이 종료되는 시점에 수익을 인식**한다.

⑤ 할부판매 : 대금회수여부와 무관하게 **재화를 인도하는 시점에 수익을 인식한다.**

 5-1 상품권 판매

㈜백두의 다음 거래를 분개하시오.

1. 3월 1일 회사는 제품을 교환할 수 있는 상품권(1장당 100,000원) 10장을 일반인들에게 현금 판매하다.

2. 3월 10일 홍길동은 상품권 1장과 ㈜ 백두의 제품(판매가 130,000원)과 교환하면서 차액은 현금으로 수취하다.

해답

1.	(차) 현 금	1,000,000	(대) 선 수 금	1,000,000
2.	(차) 선수금 현 금	100,000 30,000	(대) 제품매출	130,000

〈수익인식기준요약〉

1. 일반매출		판매기준(= 인도기준)
2. 용역매출, 예약매출		진행기준
3. 재화나 용역의 교환	동종	수익으로 인식하지 않는다.
	이종	판매기준
4. 위탁매출		판매기준(수탁자 판매일)
5. 시용매출		판매기준(매입의사 표시일)
6. 반품조건부판매		반품가능성을 합리적 추정이 가능한 경우 수익인식
7. 할부판매		재화의 인도시점

제3절 | 비용인식기준

비용의 인식이란 비용이 어느 회계기간에 귀속되는가를 결정하는 것이다.

비용도 수익과 마찬가지로 기업의 경영활동 전 과정을 통해서 발생하므로 회사의 순자산이 감소할 때마다 인식해야 한다.

그러나 현실적으로 이 논리를 적용하기에는 어려움이 있어, 비용은 수익이 인식되는 시점에서 비용을 인식하는데 이것을 수익·비용대응의 원칙이라 한다.

즉, 비용은 수익·비용 대응원칙에 따라 수익을 인식한 회계기간에 대응해서 인식한다.

1. 직접대응

비용이 관련 수익과 직접적인 인과관계를 파악할 수 있는 것으로 매출과 관련된 상품의 구입원가와 제품의 제조원가는 상품(제품)이 판매되는 시점에 매출원가로 비용을 인식하므로 대표적인 직접대응의 예이다.

매출과 관련된 **판매수수료, 매출운임** 등도 직접대응의 예이다.

2. 간접대응

① 체계적 합리적 배분

특정한 수익과 직접 관련은 없지만 일정기간 동안 수익창출과정에 사용된 자산으로 수익창출기간 동안 배분하는 것을 말한다.

유형자산에 대한 **감가상각비, 무형자산에 대한 무형자산상각비** 등이 이에 속한다.

② 기간비용

특정한 수익과 직접 관련이 없고 해당 비용이 미래 경제적 효익의 가능성이 불확실한 경우에 발생즉시 비용으로 인식하는 것을 말한다. **광고선전비**가 대표적인 예이다.

제4절 매출액과 매출원가

1. 매출액

기업의 주요 영업활동과 관련하여 재화나 용역을 제공함에 따라 발생하는 대표적인 수익이다. 손익계산서에는 이러한 순매출액이 기재된다.

(순)매출액 = 총매출액 − 매출환입 및 에누리 − 매출할인

2. 매출원가

상품, 제품 등의 매출액에 직접 대응되는 원가로서 일정기간 중에 판매된 상품이나 제품 등에 배분된 매입원가 또는 제조원가를 매출원가라 한다.

판매업의 경우 매출원가는 기초상품재고액과 당기상품매입액의 합계액에서 기말상품재고액을 차감하여 계산한다.

매출원가 = 기초상품재고액 + 당기상품매입액 − 기말상품재고액

제5절 판매비와 관리비

판매비와 관리비란 상품, 제품과 용역의 판매활동 또는 기업의 관리와 유지활동에서 발생하는 비용으로서 매출원가에 속하지 아니하는 모든 영업비용을 말한다.

판매비와 관리비는 당해 비용을 표시하는 적절한 항목으로 구분하여 표시하거나 일괄하여 표시할 수 있다.

1. 급여

판매 및 관리부문에 종사하는 종업원에 대한 정기적인 급료와 임금, 상여금(**상여는 상여금이란 별도 계정을 사용하기도 한다.**)과 관련된 모든 수당을 말한다.

그리고 **일용직(일용근로자)의 경우 잡급이라는 계정**을 사용하기도 한다.

2. 퇴직급여

판매 및 관리업무에 종사하는 종업원의 퇴직급여충당부채전입액을 말하며, 종업원이 퇴직시 지급되는 퇴직금은 먼저 퇴직급여충당부채와 상계하고, 동 충당부채 잔액이 부족시 퇴직급여인 비용으로 회계처리 한다.

3. 복리후생비

판매 및 관리업무에 종사하는 종업원들에 대한 복리비와 후생비로서 법정복리비, 복리시설부담금, 건강보험료(사용자부담분), 기타 사회통념상 타당하다고 인정되는 장례비, 경조비, 위로금 등을 말한다.

4. 여비교통비

판매 및 관리업무에 종사하는 종업원들에게 지급하는 출장비, 시내교통비 등을 말한다.

5. 통신비

판매 및 관리업무에서 발생한 전신료, 전화료, 우편료, 인터넷 사용료 등과 그 유지비로서 통신을 위해 직접 소요된 비용을 말한다.

6. 수도광열비

판매 및 관리업무에서 발생한 수도료, 전기료(전력비란 별도계정을 사용하기도 한다.), 유류비, 가스비 등을 말한다.

7. 세금과공과

기업이 부담하는 국세, 지방세와 국가 또는 지방자치단체가 부과하는 공과금, 벌금, 과태료, 과징금 등을 말한다. 또한 조합 또는 법정단체의 공과금(상공회의소회비, 조합회비) 등도 포함한다.

8. 임차료

부동산이나 동산(차량리스료 포함)을 임차하고 그 소유자에게 지급하는 비용을 말한다.

9. 차량유지비

판매 및 관리에 사용하는 차량에 대한 유지비용으로 유류대, 주차비, 차량수리비 등을 말한다.

10. 운반비

상품판매시 운반에 소요되는 비용을 판매자가 부담시 사용한다.
그러나 상품매입시 운반비를 부담한 경우에는 상품의 취득부대비용으로 처리한다.

11. 소모품비

판매 및 관리업무에 사용하는 소모성 비품 구입에 관한 비용으로 사무용품, 기타 소모자재 등이 있다.

12. 교육훈련비

판매 및 관리업무 임직원의 직무능력 향상을 위한 교육 및 훈련에 대한 비용을 말한다.

13. 도서인쇄비

판매 및 관리업무용 도서구입비 및 인쇄와 관련된 비용을 말한다.

14. 수수료비용

판매 및 관리업무에서 제공받은 용역의 대가를 지불할 때 사용하는 비용을 말한다.

15. 접대비(기업업무추진비)

판매 및 관리업무 시 거래처에 대한 접대비(기업업무추진비)용으로 거래처에 대한 경조금, 선물대, 기밀비 등을 포함한다.

> ☞ 세법개정시 접대비의 명칭이 기업업무추진비로 변경되었습니다. 그러나 세법이 변경됐지만, 회계에서는 별도 언급이 없습니다. Kc-Lep(전산 프로그램)에서는 기업업무추진비로 Smart-A에서는 접대비라는 계정을 사용합니다.

16. 보험료

판매 및 관리업무용 부동산에 대한 화재 및 손해보험 등의 보험료를 말한다.

17. 수선비

판매 및 관리업무용 건물, 비품 등의 수선비를 말한다.

18. 광고선전비

제품의 판매촉진활동과 관련된 비용을 말한다.

19. 감가상각비

유형자산의 취득원가를 기간손익에 반영하기 위하여 내용연수동안 배분한 금액을 말한다.

20. 대손상각비

회수가 불가능한 채권과 대손추산액을 처리하는 비용을 말한다.

21. 건물관리비

건물관리비, 보수비, 청소비, 건물소독비를 지급시 발생하는 비용을 말한다.

22. 연구비

연구활동을 수행하는 과정에서 발생하는 비용을 말한다.

23. 경상개발비

개발활동과 관련하여 경상적으로 발생하는 비용을 말한다.

24. 잡비

이상 열거한 판매비와 관리비에 해당하는 비용 이외에 발생빈도나 금액적 중요성이 없는 비용을 말한다.

제6절 | 영업외손익

회사의 주된 영업활동 이외의 보조적 또는 부수적인 활동에서 발생하는 수익(영업외수익)과 비용 (영업외비용)을 말한다.

1. 이자수익(VS이자비용)

이자수익은 금융업이외의 판매업, 제조업 등을 영위하는 기업이 일시적인 유휴자금을 대여한 경우나 은행에 예·적금을 가입한 경우에 발생한 이자 및 국공채등에서 발생하는 이자 등을 포함하고, 이자비용은 타인자본을 사용하였을 경우에 이에 대한 대가로서 차입금에 대한 이자 및 회사채이자 등을 말한다.

회계기말에 이자수익(이자비용)이 발생한 경우에 발생기간에 따라 정확하게 이자수익(이자비용)을 인식하여야 한다.

2. 배당금수익

주식이나 출자금 등에서 발생하는 이익 또는 잉여금의 분배로 받는 현금배당금액을 말한다.

만약 **주식으로 배당을 받았을 경우 별도의 회계처리는 하지 않고, 수량과 단가를 새로이 계산하고,** 해당 주식의 평가나 처분시에 새로 산출된 수량과 단가를 반영하여 회계처리한다.

3. 임대료

부동산 또는 동산을 타인에게 임대하고 일정기간마다 사용대가로 받는 임대료, 지대, 집세 및 사용료를 말한다. 회사가 부동산임대업을 주업으로 하는 경우에는 임대료수입이 매출액이 되지만, 이외의 업종에서는 영업외수익으로 계상하여야 한다.

반대로 **임차료는 영업관련비용으로서 판매비와 관리비(제조와 관련되어 있을 경우 제조경비)로 회계처리**한다.

4. 단기매매증권평가이익(VS단기매매증권평가손실)

단기매매증권은 결산일 현재 공정가액으로 평가하여야 한다.

공정가액이 장부가액보다 큰 경우에 그 차액을 영업외수익으로 계상하여야 하고, 공정가액이 장부가액보다 적은 경우에는 그 차액을 영업외비용으로 회계처리한다.

5. 단기매매증권처분이익(VS단기매매증권처분손실)

단기매매증권을 처분하는 경우에 장부가액보다 높은 가액으로 처분하는 경우에 그 차액을 영업
외수익으로, 낮은 가액으로 처분한 경우에는 영업외비용으로 회계처리 한다. 여기서 주의할 점은
처분가액은 각종 처분시 수수료를 차감한 금액을 말한다.

6. 외환차익(VS외환차손)

외화로 표시된 자산·부채를 회수·상환시 발생하는 차익/차손을 말한다.
외화자산을 회수시 장부가액보다 원화 회수액이 많은 경우와 외화부채를 상환시 장부가액보다
원화상환액이 적을 경우 그 차액은 영업외수익으로 계상하고, 반대의 경우에는 영업외비용으로 회
계처리 한다.

7. 외화환산이익(VS외화환산손실)

결산일에 외화자산·외화부채를 기말 환율로 평가해야 하는 경우 환율의 변동으로 인하여 발생
하는 환산이익과 환산손실을 말한다.
**외환차손익은 외환 거래 시마다 발생하나, 외화환산손익은 결산일에 외화자산·부채의 평가시에
만 나타난다.**

 예제 5 - 2 외환차손익/외화환산손익

㈜백두의 다음 거래를 분개하시오.
1. 20×1년 10월 1일 미국 ABC은행으로 부터 $10,000(환율 1,100원/$,이자율 10%,만기 6개월)를
   현금차입하다.
2. 20×1년 11월 15일 일본 JPT사에 상품 $5,000(환율 1,150원/$)을 외상매출하다.
3. 20×1년 12월 31일 미국ABC은행으로부터 차입한 $10,000에 대하여 기간 경과분 이자($250)를 계상
   하다. 단기차입금과 외상매출금에 대하여 기말환율(1,200원/$)로 평가하다.
4. 20×2년 1월 31일 일본 JPT사의 외상매출금이 보통예금계좌에 입금되다.(환율 1,100원/$)

해답

1.	(차) 현　　　금	11,000,000	(대) 단기차입금	11,000,000
2.	(차) 외상매출금	5,750,000	(대) 상품매출	5,750,000
3.	(차) 이자비용	300,000	(대) 미지급비용	300,000
	(차) 외화환산손실 　　외상매출금	1,000,000[1] 250,000	(대) 단기차입금 　　외화환산이익[2]	1,000,000 250,000
	*1.환산손익(부채) = 공정가액($10,000×1,200) - 장부가액($10,000×1,100원) = 1,000,000원(손실) *2.환산손익(자산) = 공정가액($5,000×1,200) - 장부가액($5,000×1,150원) = 250,000원(이익)			
4.	(차) 보통예금 　　외환차손	5,500,000 500,000	(대) 외상매출금	6,000,000
	☞ 외환차손익(자산) = 회수가액($5,000×1,100) - 장부가액($5,000×1,200원) = △500,000원(손실)			

8. 유형자산처분이익(VS유형자산처분손실)

유형자산을 장부가액보다 높은 가액으로 처분하는 경우에는 영업외수익, 반대의 경우에는 영업외비용으로 회계처리 한다.

9. 자산수증이익

회사가 주주, 채권자 등 타인으로부터 무상으로 자산을 증여받은 경우에 발생하는 이익을 말한다. 여기서 자산의 취득가액은 해당 자산의 공정가액으로 계상한다.

10. 채무면제이익

회사가 주주, 채권자 등 타인으로 부터 채무를 면제받았을 경우 발생하는 이익을 말한다.

11. 잡이익(VS 잡손실)

금액적으로 중요하지 않거나 그 항목이 구체적으로 밝혀지지 않는 수익과 손실을 말한다.

12. 대손충당금 환입(VS 기타의 대손상각비)

기타의 대손상각비는 매출채권이외의 채권(미수금, 대여금 등)에 대한 대손상각비를 처리하는 계정을 말한다. 대손충당금환입은 대손추산액(기말대손충당금)보다 설정 전 대손충당금 잔액이 많은 경우 사용하는 계정이다.

(차) 대손충당금(미수금, 대여금 등) ×××　　　(대) 대손충당금환입(영업외수익)　×××

13. 재고자산감모손실

재고자산의 수량부족으로 인한 손실 중 **비정상적인 감모분**을 말한다.

14. 기부금

상대방에게 아무런 대가없이 기증하는 금전, 기타의 재산가액을 말한다.

기부금은 업무와 무관하게 지출되지만, 접대비(기업업무추진비)는 업무와 관련하여 지출한다는 점에서 차이가 있다.

15. 재해손실(VS 보험차익)

재해손실이란 천재지변 또는 돌발적인 사건(도난 등)으로 재고자산이나 유형자산이 입은 손실액을 말하는데 회사는 이러한 재해를 대비하여 보험에 가입하기도 한다.

이 경우 **화재시와 보험금 수령을 별개의 사건으로 회계처리한다. 즉 화재시 재해손실로 보험금 수령시 보험차익(보험수익)으로 회계처리한다.(총액주의)**

16. 전기오류수정이익(VS 전기오류수정손실)

오류로 인하여 전기 이전의 손익이 잘못되었을 경우에 전기오류수정이익(전기오류수정손실)이라는 계정과목으로 하여 당기 영업외손익으로 처리하도록 규정하고 있다. 그러나 오류가 전기 재무제표의 신뢰성을 심각하게 손상시킬 수 있는 중대한 오류의 경우에는 오류로 인한 영향을 미처분이익잉여금에 반영하고 전기재무제표를 수정하여야 한다.

제7절 법인세비용

회사는 회계기간에 발생한 이익, 즉 법인의 소득에 대하여 세금을 납부해야 하는데 이에 대한 세금을 법인세라 한다. 법인세비용은 회사의 영업활동의 결과인 회계기간에 벌어들인 소득에 대하여 부과되는 세금이므로 동일한 회계기간에 기간비용으로 인식하여야 한다.

법인세의 회계처리는 결산일 현재 소득에 대하여 법인세 비용을 산출하고, 기 원천징수 또는 중간예납분(선납세금)을 대체하고 차액분만 미지급세금으로 회계처리하고 익년도 3월말까지 관할 세무서에 신고 납부한다.

결산시에는 다음과 같이 회계처리 한다.

(차) 법인세비용   ×××　　(대) 선납세금   ×××

　　　　　　　　　　　　　　　　　　　미지급세금   ×××

다음연도 법인세납부 시에는 다음과 같이 회계 처리한다.

(차) 미지급세금   ×××　　(대) 현　　금   ×××

제8절 결산의 의의 및 절차

결산이란 회계연도 종료 후에 해당연도의 회계처리를 마감하여, 그 결과인 재무제표를 작성하는 일련의 절차를 말한다. 결산의 절차는 다음의 순서로 수행한다.

1. 예비절차	1. 수정전시산표의 작성 2. 결산수정분개 3. 수정후시산표의 작성
2. 본 절차	4. 계정의 마감(**손익계정 ⇨ 집합손익계정 ⇨ 재무상태계정 순**)
3. 결산보고서	5. 재무제표의 작성 (**제조원가명세서 ⇨ 손익계산서 ⇨ 이익잉여금처분계산서 ⇨ 재무상태표순**)

제9절 | 시산표

시산표란 회계거래가 총계정원장상의 각 계정에 정확하게 전기되었는지를 검토하기 위하여 회계연도 중에 사용한 모든 계정의 총액 잔액을 하나의 표에 작성하는 서식을 말한다.

대차평균의 원리에 의하여 분개하고 총계정원장에 정확하게 전기를 하였다면 시산표에도 대차평균의 원리에 따라 대차가 일치되어야 한다.

그런데 시산표의 차변의 합계와 대변의 합계가 일치하지 않았다면 분개에서 부터 시작하여 총계정원장에 전기하는 과정 중 어디에선가 오류가 발생되었음을 의미한다.

이처럼 시산표의 작성목적은 거래를 분개하고 전기하는 과정에서 누락하거나 오류기입을 발견해서 수정하는 것이다.

시산표의 목적	① **분개와 전기의 금액적인 오류 파악** ② 회사의 개략적인 재무상태나 경영성과 파악

합계잔액시산표
제×기 : 20×1년 12월 31일 현재

차 변		계정과목	대 변	
잔 액	합 계		합 계	잔 액
12,000,000	20,000,000	자산계정 – 현 금	8,000,000	
	5,000,000	부채계정 – 외상매입금	10,000,000	**5,000,000**
		자본계정		
		수익계정		
		비용계정		
×××××××		계		×××××××

기말자산 = 기말부채 + 기말자본(= 기초자본 + 당기순손익)

기말자산 = 기말부채 + 기초자본 + 총수익 – 총비용

기말자산 + 총비용 = 기말부채 + 기초자본 + 총수익

제10절 | 결산수정분개

1. 결산수정분개의 의의

회계연도별로 기업의 재무상태와 경영성과를 정확하게 산출하기 위해서는 기말에 2이상의 회계기간에 영향을 미치는 거래에 대하여 각 회계연도별로 정확한 금액을 귀속시키기 위한 수정분개가 필요하다.

이처럼 회계연도 종료시점(결산일)에서 자산, 부채, 자본의 현재금액과 당해 연도에 발생한 수익, 비용금액을 확정하기 위하여 회계연도 종료 후에 반영하는 분개를 기말수정분개 또는 결산수정분개라 한다.

> **회사의 재무상태나 경영성과 ≠ 회사 장부 ⇒ 일치시키는 작업**

결산수정분개의 목적은 다음과 같다.
① 일상의 거래 기록과정에서 적정하게 구분하지 못한 회계기간별 수익과 비용을 발생주의 회계원칙에 따라 적정하게 수정하고
② 결산일 현재 재무상태와 경영성과를 적정하게 표시하기 위해서 자산과 부채를 정확하게 평가한다.

2. 결산수정분개의 유형

유 형		수 정 분 개 내 용	
1. 매출원가의 계산		재고자산실사 → 재고자산의 평가 → 매출원가의 계산 순으로 한다.	
2. 손익의 결산정리 (발생주의)	이연	선급비용	당기에 지출한 비용 중 차기 이후의 비용
		선수수익	당기에 수취한 수익 중 차기 이후의 수익
	발생	미수수익	당기에 발생하였는데 대금을 받지 못한 경우 당기의 수익 발생분
		미지급비용	당기에 발생하였는데 대금을 지급하지 않는 경우 당기의 비용 발생분

유 형		수 정 분 개 내 용
3. 자산·부채의 평가	유가증권의 평가	유가증권의 장부가액을 결산일 공정가액으로 평가
	대손충당금 설정	채권에 대해서 회수가능가액으로 평가하여 보충법에 따라 대손상각비 인식
	재고자산의 평가	감모와 재고자산의 가격하락을 반영
	퇴직급여충당부채 설정	결산일 퇴직급여추계액을 계산하고 당기 퇴직급여 비용 인식
	외화자산·부채의 평가	결산일 현재 외화자산·부채에 대하여 기말 환율로 평가하여 당기 손익을 인식하는 절차
4. 자산원가의 배분		유·무형자산의 취득원가를 합리적인 기간 동안 나누어 비용으로 인식하는 절차
5. 유동성대체		비유동자산(비유동부채)의 만기가 1년 이내에 도래하는 경우 유동자산(유동부채)로 분류 변경하는 것
6. 법인세등 계상		결산일에 당기의 법인세 비용을 정확하게 산출하여 비용으로 계상
7. 기타		소모품(소모품비)의 수정분개 가지급금·가수금, 전도금 등의 미결산항목정리

3. 계정과목별 결산수정분개

(1) 매출원가의 산정

상품매매거래는 기중에 수시로 발생하기 때문에 상품매출액과 구입액에 대하여 관련 증빙(세금계산서 등)으로 확인할 수 있으나 대부분의 중소기업들은 당기 판매분에 대하여 매출원가를 수시로 기록하지 않는다.

이러한 기업들은 기말에 상품재고액을 실사하여 일괄적으로 매출원가를 산출하게 된다.

상 기 업 : 상품매출원가＝기초상품재고액＋당기매입액－기말상품재고액

(2) 손익의 결산정리(손익의 발생, 손익의 이연)

기업회계기준은 발생주의에 의하여 기간손익을 계산하기 때문에 기중에 현금주의로 회계 처리한 사항은 결산일에 발생주의로 수정분개 하여야 하는데 이를 손익의 결산정리라고 한다.

	먼저	적기(적시)	나중
현금유입	선수수익 (부채)	**수 익**	미수수익 (자산)
현금유출	선급비용 (자산)	**비 용**	미지급비용 (부채)
	이연		발생
		현 금 주 의	
	발 생 주 의		

(3) 자산의 평가

① 유가증권의 평가

유가증권 중 주식(상장주식)은 가격변동이 심하기 때문에 취득당시의 가격과 결산일 현재의 시가가 달라지게 된다. 이렇게 달라진 금액은 재무상태표와 손익계산서에 반드시 반영하여야 한다.

단기매매증권은 단기간 시세차익을 목적으로 하기 때문에 변동손익을 손익계산서의 영업외손익에 반영하나, 매도가능증권은 매각시점이 명확하지 않으므로 변동손익을 미실현손익으로 보아 재무상태표의 자본(기타포괄손익누계액)에 반영하고 추후 매각시 처분손익을 해당연도의 영업외손익으로 인식한다.

② 채권의 평가

결산일에 모든 채권에 대하여 회수가능성을 판단하고, 회수불가능하다고 판단하는 채권에 대하여 대손충당금을 설정하여야 한다.

당기대손상각비 = 기말채권의 잔액 × 대손추정율 − 결산전 대손충당금

또한 매출채권(외상매출금, 받을어음)의 대손상각비는 회사의 주된 영업과 관련되어 있으므로 판매비와 관리비인 **"대손상각비"**로 처리하고, 기타의 채권(미수금, 대여금 등)은 회사의 주된 영업과 관련이 없으므로 **영업외비용인 "기타의대손상각비"**로 회계처리한다.

③ 재고자산의 평가

매출원가를 계산하기 위해서는 기말재고액을 계산하여야 하는데, 먼저 기말재고실사를 통해서 재고자산의 감모수량을 파악한 후, 재고자산의 진부화, 부패, 파손 등으로 인하여 재고자산의 가치가 감소한 경우 기말 순실현가능가액으로 평가하여야 한다.

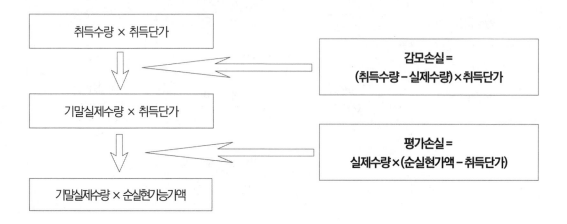

기업회계기준에서는 재고자산감모손실이 정상적으로 발생하는 경우에는 매출원가에 가산하고, **비
정상적으로 발생하는 경우에는 영업외비용으로 회계처리**한다.

④ 퇴직급여충당부채의 설정

기말 현재 전임직원이 퇴사할 경우 지급해야할 퇴직금을 퇴직급여추계액이라 하는데 이는 회
사의 충당부채에 해당한다. 따라서 회사는 부족한 퇴직급여충당부채를 당기 비용으로 인식하여
야 한다.

> **당기 퇴직급여 = 퇴직급여추계액 – 결산전 퇴직급여충당부채**
> **(= 기초퇴직급여충당부채 – 당기퇴직금지급액)**

⑤ 외화자산 · 부채의 평가

기업이 외화자산을 보유하고 있거나 외화부채를 가지고 있다면, 환율은 매일 매일 변동하므로 기
업의 자산과 부채도 환율변동에 따라 변동된다.

기업회계기준에서는 화폐성 외화자산 · 부채를 결산일 현재 환율을 적용하여 환산하고 그에 따른
차손익을 외화환산손익으로 인식하여야 한다.

만약, 외화자산을 보유하고 있다면 환율이 상승하는 경우 기업의 자산이 증가하지만 반대로 외
화부채를 보유하고 있다면 기업의 부채가 증가한다.

여기서 화폐성자산에는 매출채권, 대여금 등이 있고, 화폐성부채에는 매입채무, 차입금 등이
있다.

(4) 자산원가의 배분

유형자산과 무형자산은 회사의 영업활동에 장기적으로 사용하기 위하여 보유하는 자산이다. 이러한 자산은 한 회계기간 이상에 걸쳐 효익을 제공하는 것이다.

즉 수익발생과는 명확한 인과관계를 알 수 없지만 일정기간(내용연수) 동안 수익 창출활동에 기여할 것으로 판단되면 그 해당기간에 걸쳐 합리적이고 체계적인 방법으로 배분하여야 한다.

따라서 감가상각비와 무형자산상각비는 수익·비용 대응의 원칙에 따라 당기에 비용을 인식하는 것을 말한다.

예제 5-3 수정후 당기순이익

㈜백두는 결산시 당기순이익이 1,000,000원으로 계상되었으나, 다음과 같이 누락된 결산정리 사항이 발견되었다. 이를 수정한 후 정확한 당기순이익을 계산하시오.

- 보험료 선급분 계상 누락 : 50,000원
- 건물 임차료 미지급분 계상 누락 : 70,000원
- 이자 미수분의 계상 누락 : 60,000원
- 차량운반구 감가상각비 과소계상액 : 80,000원

해답

1. 수정전 당기순이익	1,000,000					
① 보험료 선급분	50,000	(차) 선 급 비 용	xx	(대) 보 험 료	xx
② 이자 미수분	60,000	(차) 미 수 수 익	xx	(대) 이 자 수 익	xx
③ 임차료미지급분	-70,000	(차) 임 차 료	xx	(대) 미지급비용	xx
④ 감가상각비 과소계상액	-80,000	(차) 감 가 상 각 비	xx	(대) 감가상각누계액	xx
2. 수정후 당기순이익	960,000					

제11절 장부마감

회계장부는 회계연도별로 구분하여 작성한다.

회계연도가 종료되면 당해 회계연도 중에 작성된 회계장부는 모든 거래를 기록한 후 별도로 보관하여야 한다. 이때 회계장부의 작성을 완료하기 위해서는 당해 연도에 기록된 총계정원장상의 모든 계정과목에 대해 차변금액과 대변금액을 일치시켜 장부를 마감한다.

손익계산서의 손익계정(수익과 비용)은 최종적으로 재무상태표의 이익잉여금계정에 그 결과를 대체하고 소멸하는 임시계정이므로 회계연도가 끝나면 잔액을 "0"으로 만든다. 반면에 재무상태표계정(자산, 부채, 자본)은 회계연도가 끝나더라도 계정잔액이 소멸하지 않고, 다음 회계기간에 이월되는 영구적 계정이다.

손익계정 → 집합손익계정 → 재무상태표계정

제12절 재무제표작성

손익계산서를 작성하여 당기순이익을 확정시킨 후, 당기순이익을 이익잉여금처분계산서에 반영하면 처분전 미처분이익잉여금 금액을 구한다. 처분전 미처분이익잉여금이 재무상태표의 이익잉여금에 최종적으로 반영하면 재무제표가 확정된다.

〈법인기업의 재무제표확정순서〉

손익계산서 → 이익잉여금처분계산서 → 재무상태표

제13절 회계정보조회

회계상 거래에 대해서 분개를 하고, 이러한 분개를 전기하고, 최종적으로 재무제표를 작성한다. 회사는 이러한 각종 회계정보를 활용하여 경영정보를 분석한다.

회계의 순환과정	산출되는 경영정보
1. 거래	
2. 분개	분개장
3. 전기	일계표(월계표), 현금출납장, 총계정원장, 거래처원장
4. 시산표	합계잔액시산표
5. 재무제표	손익계산서, 재무상태표

1. 일계표 및 월계표

하루동안에 발생한 거래들은 전표에 기록되고, 이러한 전표를 합한 것을 일계표라하고, 일계표는 하루의 거래 결과가 요약된 표이다. 월계표는 전표를 월단위로 합한 것을 말한다.

[일계표 및 월계표]

차변			계정과목	대변		
계	❸대체	❶현금		❷현금	❸대체	계
1,000,000		1,000,000	보통예금			
–	–	–	상품매출	5,000,000	9,000,000	14,000,000

❶ 현금은 출금전표의 합계액을 의미한다.
  보통예금의 현금거래란 다음의 거래를 의미한다.
  (차) 보통예금　　　　　1,000,000원 (대) 현　　금　　　　1,000,000원
❷ 현금은 입금전표의 합계액이고, ❸ 대체는 대체거래의 합계액을 의미한다.
  상품매출의 현금거래는
  (차) 현　　금　　　　5,000,000원 (대) 상품매출　　　　5,000,000원
  상품매출의 대체거래는
  (차) 외상매출금 받을어음 등　9,000,000원 (대) 상품매출　　　　9,000,000원
  을 의미한다.

예제 5-5 일계표(월계표)

(주)백두의 3월 월계표를 조회한 결과이다.

차 변			계정과목	대 변		
계	대체	현금		현금	대체	계
268,000,000	268,000,000		1.유 동 자 산	50,000,000	5,000,000	55,000,000
268,000,000	268,000,000		<당 좌 자 산>	50,000,000	5,000,000	55,000,000
113,000,000	113,000,000		외 상 매 출 금	50,000,000		50,000,000
155,000,000	155,000,000		받 을 어 음		5,000,000	5,000,000
20,000,000		20,000,000	2.비 유 동 자 산			
20,000,000		20,000,000	<투 자 자 산>			
20,000,000		20,000,000	장 기 대 여 금			
			3.유 동 부 채		15,000,000	15,000,000
			미 지 급 금		15,000,000	15,000,000
			4.매 출		263,000,000	263,000,000
			상 품 매 출		263,000,000	263,000,000
174,550,000	15,000,000	159,550,000	5.판 매 비 및 일 반 관 리 비			
20,000,000		20,000,000	급 여			
50,000,000		50,000,000	퇴 직 급 여			
15,000,000		15,000,000	복 리 후 생 비			
5,550,000		5,550,000	접 대 비			
15,000,000	15,000,000		수 도 광 열 비			
10,000,000		10,000,000	임 차 료			
14,000,000		14,000,000	차 량 유 지 비			
20,000,000		20,000,000	소 모 품 비			
25,000,000		25,000,000	수 수 료 비 용			
462,550,000	283,000,000	179,550,000	금월소계	50,000,000	283,000,000	333,000,000
93,734,000		93,734,000	금월잔고/전월잔고	223,284,000		223,284,000
556,284,000	283,000,000	273,284,000	합계	273,284,000	283,000,000	556,284,000

1. 3월 판매비와 관리비중 가장 많은 금액이 발생한 계정과목은 무엇인가?
2. 3월 판매비와 관리비의 현금 지출액은 얼마인가?
3. 3월 수도광열비의 대체거래액은 얼마인가?

해답

1. 퇴직급여   2. 159,550,000원   3. 15,000,000원

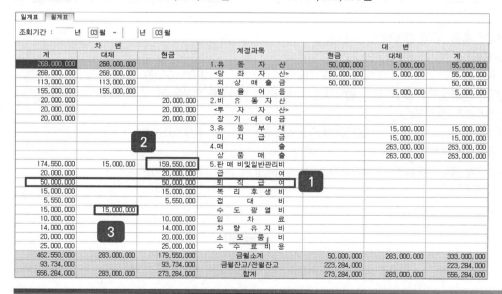

2. 현금출납장

현금의 입금과 출금 그리고 잔액을 기록하는 보조장부로서 일자별로 조회할 수 있다.

 5-6 현금출납장

(주)백두의 1월 20일 현금출납장을 조회한 결과이다.

일자	코드	적 요	코드	거 래 처	입 금	출 금	잔 액
		[전 일 이 월]			33,847,000		33,847,000
01-20	2	물품매각 관련 현금입금			39,000,000		
01-20	1	전화료밀 전신료 납부				480,000	
01-20	2	직원식대밀차대 지급				450,000	
01-20	1	상하수도요금 납부				200,000	
01-20	1	소모자재대 지급				250,000	71,467,000
		[월 계]			39,000,000	1,380,000	
		[누 계]			78,000,000	6,533,000	

1. 1월 20일 현금 잔액은 얼마인가?
2. 1월 20일 출금 금액은 얼마인가?
3. 1월 20일 현금 증가액은 얼마인가?

해답

1. 71,467,000원   2. 1,380,000원

3. 37,620,000원[입금계(39,000,000) - 출금계(1,380,000)] 또는 [당일잔액(71,467,000) - 전일잔액(33,847,000)]

3. 총계정원장

모든 거래는 분개된 후 해당 계정에 전기된다. 이러한 계정들이 모여 있는 장부를 총계정원장이라 하고 간략하게 원장이라고도 한다.

 예제   5 - 7 총계정원장

(주)백두의 총계정원장(20x1.1.1~20x1.12.31)중 외상매출금을 조회한 결과이다.

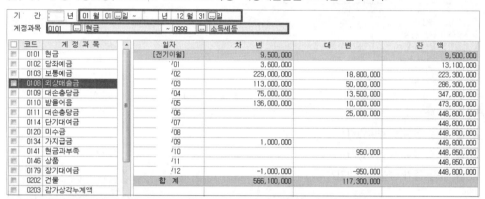

1. 상반기(1~6월)중 외상매출금의 잔액이 가장 큰 달은 언제이고 금액은 얼마인가?
2. 3월달 외상매출금의 회수금액은 얼마인가?
3. 상반기(1~6월)중 외상매출이 가장 많이 발생한 달은 언제이고 금액은 얼마인가?

[해답]

1. 5월, 473,800,000원
2. 50,000,000원(3월 대변금액)
3. 2월, 229,000,000원(2월 차변금액)

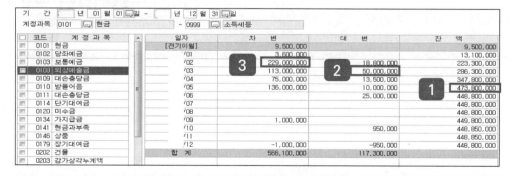

4. 계정별원장

특정계정(현금계정 제외)에 대하여 일자별로 상세하게 기재되어 있는 것을 계정별원장이라고
한다.

 5 - 8 계정별원장

(주)백두의 3월 외상매출금의 계정별원장을 조회한 결과이다.

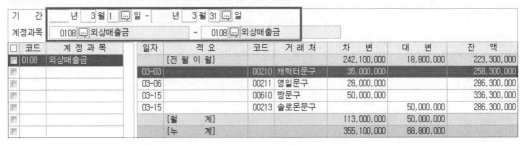

1. 3월 외상매출금액은 얼마인가?
2. 3월 외상매출금 중 회수한 금액은 얼마인가?
3. 3월 외상매출금 잔액은 얼마인가?

해답

1. 113,000,000원(차변 월계)   2. 50,000,000원(대변 월계)   3. 286,300,000원

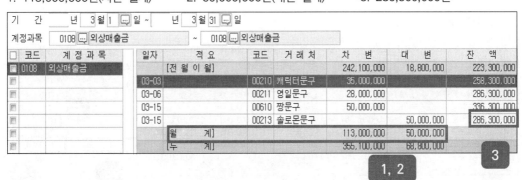

5. 거래처원장

채권, 채무에 대하여 특정거래처의 거래내용과 잔액을 관리하는 보조원장이다.

 예제 **5 - 9 거래처원장**

(주)백두의 3월 외상매출금의 거래처원장(모든 거래처)을 조회한 결과이다.

코드	거래처	등록번호	대표자명	전월이월	차 변	대 변	잔 액
00205	오피스문구	236-43-17937	김상진	4,000,000			4,000,000
00209	하늘상사	120-25-34675	임하늘	4,000,000			4,000,000
00210	캐릭터문구	130-02-31754	송재일	25,000,000	35,000,000		60,000,000
00211	영일문구	203-23-30209	이명동	5,300,000	28,000,000		33,300,000
00213	솔로몬문구	120-23-33158	임녀수	185,000,000		50,000,000	135,000,000
00610	짱문구	605-10-25862	허지수		50,000,000		50,000,000

(기 간: 년 3월 1일 ~ 년 3월 31일 계정과목 0108 외상매출금 / 거래처분류 ~ 거래처 00102 (주)수원캐릭터 ~ 00669 국민카드 / 잔액 0)

1. 3월말 현재 외상매출금 잔액이 가장 많은 거래처와 금액은 얼마인가?
2. 3월 솔로몬문구로부터 회수한 외상매출금 금액은 얼마인가?
3. 3월말 현재 캐릭터문구의 외상매출금 잔액은 얼마인가?

[해답]

1. 솔로몬문구, 135,000,000원(잔액 비교)
2. 50,000,000원(솔로몬문구 대변)
3. 60,000,000원

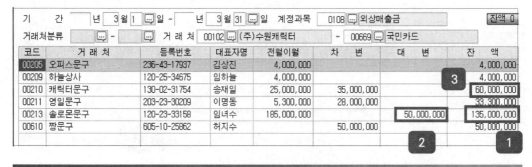

6. 합계잔액시산표

합계잔액시산표는 각 계정별로 차변과 대변의 합계와 잔액을 표시한다. 자산, 부채, 자본, 수익, 비용 순으로 조회된다.

 예제 5 - 10 합계잔액시산표

(주)백두의 3월달 합계잔액시산표를 조회한 결과이다.

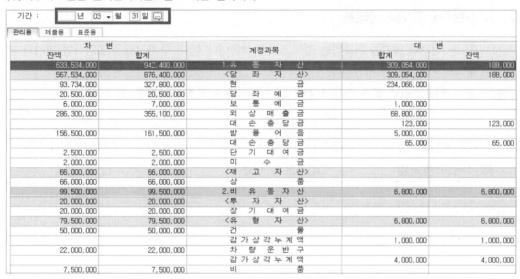

1. 3월말 현재 외상매출금은 얼마인가?
2. 3월말 현재 받을어음의 장부가액은 얼마인가?
3. 1~3월 회수한 외상매출금은 얼마인가?

[해답]

1. 286,300,000원(외상매출금 잔액)
2. 156,435,000원[받을어음 잔액(156,500,000) – 대손충당금잔액(65,000)]
3. 68,800,000원(외상매출금 대변 합계)

7. 손익계산서 및 재무상태표

재무제표는 전기와 당기를 비교하는 형식으로 작성하여야 한다. 당기 3월을 조회하면 전기와 비교하는 형식의 재무제표가 생성된다.

만약 조회 월을 3월로 하면 다음과 같은 비교하는 형식의 재무제표가 생성된다.

	당 기	전 기
손익계산서(일정기간)	2025.1.1.~2025.3.31(3개월간)	2024.1.1.~2024.12.31(1년간)
재무상태표(일정시점)	2025.3.31 현재	2024.12.31. 현재

예제 5 - 11 손익계산서

(주)백두의 3월말 손익계산서를 조회한 결과이다.

관리용	제출용	표준용				
과 목	제 5(당)기 1월1일 ~ 3월31일		제 4(전)기 1월1일 ~ 12월31일			
	금액			금액		
I .매출액		741,600,000			105,600,000	
상품매출	741,600,000		105,600,000			
II .매출원가		66,000,000			49,300,000	
상품매출원가		66,000,000			49,300,000	
기초상품재고액	9,000,000		3,300,000			
당기상품매입액	57,000,000		55,000,000			
기말상품재고액			9,000,000			
III .매출총이익		675,600,000			56,300,000	
IV .판매비와관리비		229,066,000			23,430,000	
급여	52,500,000		13,600,000			
퇴직급여	50,000,000					
복리후생비	18,600,000		3,500,000			
여비교통비	350,000		800,000			
접대비	11,725,000		860,000			
통신비	480,000		720,000			
수도광열비	15,200,000		735,000			
세금과공과	1,500,000					
감가상각비			1,045,000			
임차료	10,000,000					
수선비	558,000					
보험료	800,000					
차량유지비	16,500,000		1,900,000			
소모품비	21,103,000					
수수료비용	29,750,000					
대손상각비			270,000			
V .영업이익		446,534,000			32,870,000	
VI .영업외수익					1,450,000	
이자수익			500,000			
유형자산처분이익			950,000			
VII .영업외비용					615,000	
이자비용			115,000			
기부금			500,000			
VIII .**법인**세차감전이익		446,534,000			33,705,000	
IX .**법인**세등					6,000,000	
법인세비용			6,000,000			
X .당기순이익		446,534,000			27,705,000	

1. 3월말까지 매출액은 전년대비 얼마나 증가하였나?

2. 3월말까지 판매비와 관리비중 가장 많이 발생한 계정과목은 무엇이고, 금액은 얼마인가?

3. 3월말까지 영업이익은 전년대비 얼마나 증가하였나?

해답

1. 636,000,000원[당기1~3월 매출액(741,600,000) - 전기매출액(105,600,000)]

2. 급여, 52,500,000원

3. 413,664,000원[당기1~3월 영업이익(446,534,000) - 전기영업이익(32,870,000)]

관리용	제출용	표준용					

과 목	제 5(당)기 1월1일 ~ 3월31일 금액		제 4(전)기 1월1일 ~ 12월31일 금액	
Ⅰ.매출액		741,600,000		105,600,000
상품매출	741,600,000		105,600,000	
Ⅱ.매출원가		66,000,000		49,300,000
상품매출원가		66,000,000		49,300,000
기초상품재고액	9,000,000		3,300,000	
당기상품매입액	57,000,000		55,000,000	
기말상품재고액			9,000,000	
Ⅲ.매출총이익		675,600,000		56,300,000
Ⅳ.판매비와관리비		229,066,000		23,430,000
급여	52,500,000		13,600,000	
퇴직급여	50,000,000			
복리후생비	18,600,000		3,500,000	
여비교통비	350,000		800,000	
접대비	11,725,000		860,000	
통신비	480,000		720,000	
수도광열비	15,200,000		735,000	
세금과공과	1,500,000			
감가상각비			1,045,000	
임차료	10,000,000			
수선비	558,000			
보험료	800,000			
차량유지비	16,500,000		1,900,000	
소모품비	21,103,000			
수수료비용	29,750,000			
대손상각비			270,000	
Ⅴ.영업이익		446,534,000		32,870,000
Ⅵ.영업외수익				1,450,000
이자수익			500,000	
유형자산처분이익			950,000	
Ⅶ.영업외비용				615,000
이자비용			115,000	
기부금			500,000	
Ⅷ.법인세차감전이익		446,534,000		33,705,000
Ⅸ.법인세등				6,000,000
법인세비용			6,000,000	
Ⅹ.당기순이익		446,534,000		27,705,000

예제 | 5 - 12 재무상태표

(주)백두의 3월말 재무상태표를 조회한 결과이다.

기간 : [　] 년 03 ▼ 월

관리용 | 제출용 | 표준용

과 목	제 4(당)기 년1월1일 ~ 년3월31일		제 3(전)기 : 년1월1일 ~ 년12월31일	
	금액		금액	
자산				
Ⅰ.유동자산		633,346,000		68,812,000
① 당좌자산		567,346,000		59,812,000
현금		93,734,000		13,000,000
당좌예금		20,500,000		20,500,000
보통예금		6,000,000		6,000,000
외상매출금	286,300,000		9,500,000	
대손충당금	123,000	286,177,000	123,000	9,377,000
받을어음	156,500,000		6,500,000	
대손충당금	65,000	156,435,000	65,000	6,435,000
단기대여금		2,500,000		2,500,000
미수금		2,000,000		2,000,000
② 재고자산		66,000,000		9,000,000
상품		66,000,000		9,000,000
Ⅱ.비유동자산		92,700,000		72,700,000
① 투자자산		20,000,000		
장기대여금		20,000,000		
② 유형자산		72,700,000		72,700,000
건물	50,000,000		50,000,000	
감가상각누계액	1,000,000	49,000,000	1,000,000	49,000,000
차량운반구	22,000,000		22,000,000	
감가상각누계액	4,000,000	18,000,000	4,000,000	18,000,000
비품	7,500,000		7,500,000	
감가상각누계액	1,800,000	5,700,000	1,800,000	5,700,000
③ 무형자산				
④ 기타비유동자산				
자산총계		726,046,000		141,512,000
부채				
Ⅰ.유동부채		113,000,000		41,000,000
외상매입금		69,600,000		12,600,000
지급어음		9,800,000		9,800,000
미지급금		18,600,000		3,600,000
단기차입금		15,000,000		15,000,000

1. 3월말 현재 받을어음의 장부가액은 얼마인가?

2. 3월말 현재 건물의 장부가액은 얼마인가?

3. 3월말 현재 외상매입금은 전년말대비 얼마나 증가하였나?

해답

1. 156,435,000원[장부가액은 대손충당금을 차감한 금액]

2. 49,000,000원[장부가액은 감가상각누계액을 차감한 금액]

3. 57,000,000원[3월말 현재(69,600,000) – 전기말(12,600,000)]

기간 : ☐ 년 03 ▼ 월

관리용 | 제출용 | 표준용

과 목	제 4(당)기 년1월1일 ~ 년3월31일 금액		제 3(전)기 : 년1월1일 ~ 년12월31일 금액	
자산				
Ⅰ.유동자산		633,346,000		68,812,000
① 당좌자산		567,346,000		59,812,000
현금		93,734,000		13,000,000
당좌예금		20,500,000		20,500,000
보통예금		6,000,000		6,000,000
외상매출금	286,300,000		9,500,000	
대손충당금	123,000	286,177,000	123,000	9,377,000
받을어음	156,500,000		6,500,000	
대손충당금	65,000	[1] 156,435,000	65,000	6,435,000
단기대여금		2,500,000		2,500,000
미수금		2,000,000		2,000,000
② 재고자산		66,000,000		9,000,000
상품		66,000,000		9,000,000
Ⅱ.비유동자산		92,700,000		72,700,000
① 투자자산		20,000,000		
장기대여금		20,000,000		
② 유형자산		72,700,000		72,700,000
건물	50,000,000		50,000,000	
감가상각누계액	1,000,000	[2] 49,000,000	1,000,000	49,000,000
차량운반구	22,000,000		22,000,000	
감가상각누계액	4,000,000	18,000,000	4,000,000	18,000,000
비품	7,500,000		7,500,000	
감가상각누계액	1,800,000	5,700,000	1,800,000	5,700,000
③ 무형자산				
④ 기타비유동자산				
자산총계		726,046,000		141,512,000
부채				
Ⅰ.유동부채		113,000,000		41,000,000
외상매입금		69,600,000		12,600,000
지급어음		9,800,000		9,800,000
미지급금		18,600,000		3,600,000
단기차입금	[3]	15,000,000		15,000,000

 분개연습

1. 영업부에서 배송용 화물차를 수리하고 현금 25,000원을 지급 후 영수증을 수취하다.

2. 영업부 배송용 화물차의 자동차보험을 가입하고 1년치 보험료 1,200,000원을 국민은행 보통예금계좌에서 이체하여 지급하였다. 비용으로 회계처리하시오.

3. 창립기념일 행사시 매출거래처에 증정할 화장품을 구매하면서 법인카드(비씨카드)로 결제(300,000원)하고 신용카드매출전표를 수령하다.

4. 거래처에 견본품을 발송하면서 퀵서비스비용을 현금(4,500원)으로 지급하고 영수증을 수취하다.

5. 거래처 영업담당자에게 신상품 설명을 하고 난 후 식대 128,000원을 현금으로 지급하고, 영수증을 수취하다.

6. 법인균등분 주민세(주민세 50,000원, 지방교육세 5,000원)를 강남구청에 우리은행 보통예금계좌에서 이체하여 납부하였다.

7. 산재보험료 120,000원을 현금으로 납부하다. (산재보험료는 "복리후생비"로 처리한다)

8. 종로문구에서 문구류를 구입하고 현금 80,000원을 지급하고 영수증을 수취하다.(사무용품비로 처리할 것)

9. 영업부 차량을 주차하기 위해 독산주차장과 장기계약을 맺고 1개월분 주차비 500,000원을 현금으로 지급하였다.

10. 전문업체에 상품 포장을 의뢰하고 대금 25,000원은 현금으로 지급하였다.(단, '포장비'로 처리할 것.)

11. (주)한공은 20x1년 4월 1일 1년분 보험료 1,200,000원을 현금지급하고 다음과 같이 회계처리 하였다.

| (차) 보험료 | 1,200,000원 | (대) 현금 | 1,200,000원 |

20x1년 12월 31일에 회계처리하시오. (단, 월할 계산한다고 가정한다.)

12. 단기차입금에 대한 이자(기간 경과분) 미지급액 360,000원을 계상하였다.

13. (주)한공은 20x1년 9월 1일 정기예금 2,000,000원을 적립하였다. 20x1년 12월 31일에 행할 결산정리 분개를 하시오 (미수이자는 월할 계산할 것) (만기 20x2년 8월 31일, 연 이자율 12%, 이자는 만기시 원금과 함께 수령)

14. (주)진달래는 소모품 구입시 전액 소모품비로 비용처리하고 결산시 미사용분을 자산으로 계상해 오고 있다. 20x1년도말 결산을 위해 재고파악을 한 결과 미사용분 소모품은 1,500,000원으로 확인되었다.

15. 단기매매증권의 기말 내역은 다음과 같다. 결산정리분개를 하시오.

회사명	주식수	장부(단위당)	기말평가(단위당)
A회사	1,000주	@₩1,200	@₩1,000
B회사	1,500주	@₩1,200	@₩1,100
계	2,500주		

16. ㈜한공은 20x1년 10월 1일 장기투자를 목적으로 ㈜더존의 주식 100주를 주당 1,000원에 취득하였다. ㈜더존의 주식은 한국거래소에 상장되어 있으며, 20x1년 12월 31일 결산일의 공정가치는 주당 1,300원이다. 기말 평가를 하시오.

17. 장기차입금 내역은 다음과 같다. 결산정리분개를 하시오.

항 목	금 액(원)	차입시기	비 고
장기차입금(서울은행)	30,000,000	2018.6.30	20x2년 6월 30일 일시상환예정
장기차입금(경기은행)	50,000,000	2019.6.30	20x3년 6월 30일 일시상환예정
계	80,000,000		

18. 12월 31일 현재 영업부직원에 대한 퇴직금추계액은 15,000,000원이다. 회사는 퇴직금추계액 전액에 대하여 퇴직급여충당부채를 설정하기로 하였으며, 전기까지 설정된 퇴직급여충당부채잔액은 없다.

19. (주)가연유통의 결산시 당기계상액은 다음과 같다.
    • 건물분 감가상각비 10,000,000원
    • 관리직 퇴직급여충당부채 추가설정액 2,000,000원

20. 결산전 합계잔액시산표 임시계정의 원인을 파악하여 다음과 같이 정리하였다.

현금과부족	원인을 확인할 수 없어 150,000원을 잡손실로 정리
가지급금	오상식사원의 출장취소로 전액 현금(200,000원) 회수

21. 다음은 (주)한공의 결산일의 외상매출금 관련자료이다. 결산일에 회계처리하시오.

    • 계정잔액 : 외상매출금 3,000,000원   • 결산분개 전 대손충당금 계정잔액 7,000원
    • 외상매출금에 대하여 1% 대손을 예상

객관식

01. 다음 중 수익이 실현된 것으로 볼 수 없는 것은?
① 상품을 외상으로 판매한 경우
② 건물의 임대차계약을 체결한 경우
③ 제품을 장기할부조건으로 판매한 경우
④ 대여금에 대한 기간이 경과하여 이자가 발생된 경우

02. 다음은 직원이 제출한 출장완료 보고서의 일부이다. 해당 보고서상 여비사용내역을 회계처리할 때 나타나는 계정과목이 아닌 것은?

출장완료 보고서

1. 출장목적 : 대구지사와 매출거래처 방문
2. 출장기간 : 20x1년 7월 6일부터 20x1년 7월 8일까지
3. 여비사용내역

(단위 : 원)

구 분	운 임	숙박비	직원 회식대	매출거래처 선물대	계
금 액	100,000	150,000	300,000	50,000	600,000

⋮

① 여비교통비　　　　　　　② 기부금
③ 복리후생비　　　　　　　④ 접대비(기업업무추진비)

03. 다음 중 도매업을 영위하는 기업의 손익계산서상 영업이익에 영향을 미치지 않는 거래는?
① 본사 건물에 대한 감가상각비를 비용으로 계상하였다.
② 단기대여금에 대한 대손충당금을 설정하였다.
③ 직원들의 단합을 위하여 회식비를 지급하였다.
④ 명절선물을 구입하여 거래처에 증정하였다.

04. 다음 대화에서 (가)와 (나)에 들어갈 계정과목으로 옳은 것은?

> A : 과장님, 마케팅 목적으로 다이어리 100개를 900,000원에 구매하고 광고선전비로 처리하였습니다.
> 그런데, 이 중 50개는 직원 업무용으로 사용하게 되었습니다.
> B : 김계장, 그러면 450,000원에 대해 차변에 (가), 대변에 (나) (으)로 수정전표를 작성하세요.

	(가)	(나)		(가)	(나)
①	소모품비	광고선전비	②	소모품비	미지급금
③	접대비 (기업업무추진비)	광고선전비	④	기부금	광고선전비

05. 다음은 상품도매업을 영위하는 (주)한공상사의 비용 계정과목과 관련된 설명이다. (가)와 (나)에 해당하는 계정과목으로 옳은 것은?

> • 매출채권의 대손에 대비하여 대손충당금을 설정할 때 반영하는 비용 계정과목은 (가)이다.
> • 단기대여금의 대손에 대비하여 대손충당금을 설정할 때 반영하는 비용 계정과목은 (나)이다.

	(가)	(나)		(가)	(나)
①	대손상각비	대손상각비	②	대손상각비	기타의대손상각비
③	기타의대손상각비	대손상각비	④	기타의대손상각비	기타의대손상각비

06. 다음 중 손익계산서에 반영되어야 할 내용으로 옳은 것은?

① 매도가능증권의 평가손익
② 유형자산에 대한 감가상각비
③ 특허권을 취득하기 위해 지급한 금액
④ 취득 제비용을 포함한 건물의 취득원가

07. 손익의 결산정리사항에 대한 회계처리 시 관련 계정의 증감 변화가 바르게 연결된 것은?

① 보험료 미경과분 계상 – 미지급비용 증가
② 이자수익 미수분 계상 – 미수수익 증가
③ 임대료 미수분 계상 – 선수수익 증가
④ 이자비용 미지급액 계상 – 선급비용 증가

08. 결산에 반영되지 않은 다음의 오류사항 중 당기순이익에 영향을 미치는 것은?

① 당기 발생한 주식할인발행차금을 주식발행초과금과 상계하지 않았다.
② 기말 보유하고 있는 매도가능증권의 공정가치 상승에 대한 평가이익을 계상하지 않았다.
③ 기말 재고자산의 시가하락에 대한 평가손실을 계상하지 않았다.
④ 당기 발생한 재해손실을 판매비와관리비로 계상하였다.

09. (주)한공은 결산일에 대여금에 대한 이자 미수액 20,000원과 사무실 임차료 미지급액 30,000원의 처리를 누락하였다. 재무제표에 미치는 영향으로 옳은 것은?

가. 20,000원 자산의 과소 계상	나. 30,000원 부채의 과대 계상
다. 20,000원 수익의 과소 계상	라. 30,000원 비용의 과대 계상

① 가, 나   ② 가, 다   ③ 나, 라   ④ 다, 라

10. 다음 중 회계순환과정에 대한 설명으로 옳지 않은 것은?

① 회계등식에서 '자산＝부채＋자본'이다.
② 분개 및 전기의 정확성을 검증하기 위하여 시산표를 작성한다.
③ 수익과 비용계정 잔액은 회계기말에 집합손익계정에 대체시킨다.
④ 재무상태표에 보고되는 계정은 장부가 마감되는 잔액이 없어지는 계정으로 임시계정이라 한다.

11. 다음은 (주)한공의 수정 전 잔액시산표 일부와 누락된 결산정리사항이다. 누락된 결산정리사항을 반영한 결과에 대한 설명으로 옳은 것은?

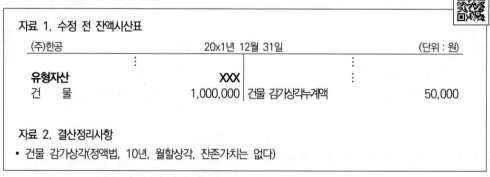

① 당기 건물의 감가상각비는 50,000원이다.
② 당기말 건물의 장부금액(취득원가 - 감가상각누계액)은 950,000원이다.
③ 건물의 감가상각비는 영업외비용으로 처리한다.
④ 당기말 건물 감가상각누계액은 150,000원이다.

12. 다음 중 아래 항목과 관련한 결산분개가 누락될 경우 손익계산서에 미치는 영향으로 옳은 것은?
(단, 임대수익은 월할계산할 것.)

> • 10월 1일 임대계약을 맺고 현금으로 받은 1년분 임대료 3,600,000원을 전액 임대수익으로 인식하였다.

① 당기순이익 900,000원 과소 계상
② 당기순이익 900,000원 과대 계상
③ 당기순이익 2,700,000원 과소 계상
④ 당기순이익 2,700,000원 과대 계상

13. 다음은 (주)한공의 수정 전 잔액시산표와 결산조정사항을 반영한 재무상태표의 일부이다. (가), (나)의 금액으로 옳은 것은?

수정 전 잔액시산표

(주)한공 · 20x1년 12월 31일 · (단위 : 원)

차변	계정과목	대변
800,000	외상매출금	
	대손충당금	3,000
200,000	받 을 어 음	
	대손충당금	2,000
⋮	⋮	⋮

• 매출채권 잔액에 대하여 2%의 대손충당금을 설정하다.

재무상태표

(주)한공 · 20x1년 12월 31일 · (단위 : 원)

과목	제4(당)기	
⋮	⋮	
매 출 채 권	(가)	
(-)대손충당금	((나))	XXX
⋮	⋮	

	(가)	(나)		(가)	(나)
①	1,000,000원	5,000원	②	1,000,000원	20,000원
③	1,000,000원	15,000원	④	1,020,000원	20,000원

주관식

01. (주)한공은 장부상의 기말상품이 100개였으나 실제로 재고조사를 한 결과 90개가 남아 있었다. 기말상품의 단가는 200원이고, 감모손실은 정상적으로 발생한 것이다. 재고자산감모손실 금액은 얼마인가?

02. (주)한공은 20x1년 10월 1일에 1년분 임대료 1,200,000원을 현금으로 수령하고 전액 임대료로 계상하였다. 기말정리분개 후 선수임대료는 얼마인가?(단, 기간은 월할 계산한다.)

03. 다음은 (주)한공의 매출채권 관련 자료이다. [기말정리사항]을 반영한 후의 20x1년 손익계산서상의 대손상각비는 얼마인가?(단, 기중에 계상된 대손상각비는 없다.)

수정 전 잔액시산표

(주)한공   20x1. 12. 31. 현재   (단위 : 원)

차변	계정과목	대변
⋮	⋮	⋮
1,000,000	매 출 채 권	
⋮	대 손 충 당 금	8,000
⋮	⋮	⋮

[기말정리사항]
- 매출채권 잔액에 대하여 2%의 대손충당금을 설정하다.

04. 다음은 도매업을 영위하고 있는 (주)한공의 4월 상품 관련 자료이다. 4월의 매출원가는 얼마인가? (선입선출법을 적용한다.)

• 월초 상품재고 1,000개 (단위당 100원)	• 4월 5일 매입 2,000개 (단위당 120원)
• 4월 25일 매출 2,500개	• 감모 손실 100개 (모두 정상 감모이다.)

05. 도매업을 영위하는 (주)한공의 영업이익을 계산하면 얼마인가?

• 매출액	5,700,000원	• 매출원가	3,500,000원
• 광고선전비	300,000원	• 세금과공과	100,000원
• 기부금	200,000원	• 잡손실	50,000원
• 배당금수익	500,000원	• 임차료	500,000원

06. 다음 자료에 의한 영업이익은 얼마인가?

매출액	4,000,000원	매출원가	1,000,000원
감가상각비	920,000원	종업원급여	580,000원
이자수익	50,000원	배당금수익	80,000원
기부금	80,000원	재해손실	50,000원

07. 다음은 (주)한공의 20x1년 12월 31일 수정전 잔액시산표의 일부와 결산정리사항을 나타낸 것이다.

자료1. 잔액시산표(수정전)

(주)한공 　　　　　　　　　　　20x1년 12월 31일 　　　　　　　　　　　(단위 : 원)

차 변	계 정 과 목	대 변
⋮		
9,000,000	선급임차료	
4,500,000	임차료	
⋮		

자료2. 결산정리사항

(주)한공은 20x1년 8월 1일에 1년치(20x1.8.1.~20x2.7.31.) 임차료 300,000원을 지급하고 선급임차료로 처리하였다. 나머지 선급임차료와 임차료는 적절하게 처리하였다.

상기 결산정리사항을 반영한 후의 선급임차료의 금액은 얼마인가?

08. 다음은 (주)한공의 20x1년도 손익계산서 자료이다. 매출원가는 얼마인가?

매 출 액	150,000원	판매비와관리비	40,000원
영업외수익	10,000원	영업외비용	20,000원
법인세비용	20,000원	당기순이익	30,000원

09. 다음 자료에 의한 결산조정 후 당기순이익은 얼마인가?

• 결산조정 전 당기순이익	10,000,000원
• 결산조정사항	
(1) 보험료 선급분	1,000,000원
(2) 이자 미지급분	2,000,000원

10. (주)한공의 20x1년 당기순이익은 4,000,000원이었으나 다음의 회계처리 오류가 발견되었다. 오류사항을 반영한 후 당기순이익은 얼마인가?

가. 임차료 미지급분 300,000원 계상 누락
나. 단기매매증권평가손실 200,000원 계상 누락
다. 건물에 대한 감가상각비 400,000원 이중 계상

11. (주)한공의 손익계산서 일부와 추가자료이다. 추가자료를 이용하여 계산한 (가)의 금액을 계산하시오.

자료 1

손익계산서

(주)한공　　　　　20x1년 1월1일부터 20x1년 12월 31일까지　　　　　(단위 : 원)

과　　　　　　　목	제 5 기	
매　　　출　　　액		7,000,000
매　　출　　원　　가		5,000,000
기 초 상 품 재 고 액	1,000,000	
당 기 상 품 매 입 액	6,000,000	
기 말 상 품 재 고 액	2,000,000	
매　　출　　총　　이　　익		×××
판 매 비 와 관 리 비		×××
급　　　　　　　여	500,000	
⋮		
영　　업　　이　　익		(가)

자료 2 추가자료

- 복리후생비　　　　　　50,000원
- 이자비용　　　　　　　20,000원
- 수도광열비　　　　　　15,000원
- 광고선전비　　　　　　40,000원
- 접대비(기업업무추진비)　10,000원
- 기부금　　　　　　　　5,000원

12. 다음 결산정리사항을 반영한 후 (주)한공의 20x1년 손익계산서상 법인세차감전 순이익은 얼마인가?(단, 결산정리사항을 반영하기 전, 20x1년 법인세차감전 순이익은 3,000,000원이며 미수이자와 임대료는 월할계산함.)

- 정기예금 2,000,000원에 대한 미수이자
  (20x1.9.30.예치, 만기 1년 연이자율 5%, 만기이자지급)
- 수령시 전액을 선수수익으로 계상한 1년치 임대료 300,000원
  (임대기간 : 20x1.12.1.~20x2.11.30.)

13. 도매업을 영위하는 (주)한공의 영업이익을 계산하면 얼마인가?

• 매출액	6,000,000원	• 매출원가	3,500,000원
• 광고선전비	300,000원	• 세금과공과	200,000원
• 기부금	200,000원	• 이자비용	50,000원
• 이자수익	500,000원	• 임차료	400,000원

14. (주)한공의 20x1년 결산 정리사항 반영전 당기순이익은 200,000원이다. 다음 결산정리사항을 반영한 후 당기순이익은 얼마인가?

- 당기발생분 이자수익 10,000원에 대한 미수수익을 인식하지 아니함.
- 12월 급여 미지급분 30,000원을 인식하지 아니함.
- 기말 현재 미지급 이자비용 20,000원을 계상하지 아니함.

연습답안

Financial Accounting Technician
회계정보처리 자격시험 1급

🔑 분개연습

[1] (차) 차량유지비(판)　　　25,000　　(대) 현 금　　　　　　　25,000

[2] (차) 보험료(판)　　　1,200,000　　(대) 보통예금(국민은행)　1,200,000

[3] (차) 접대비(기업업무추진비)(판)　300,000　　(대) 미지급금(비씨카드)　300,000

[4] (차) 운반비(판)　　　　4,500　　(대) 현 금　　　　　　　4,500

[5] (차) 접대비(기업업무추진비)(판)　128,000　　(대) 현 금　　　　　128,000

[6] (차) 세금과공과금(판)　　55,000　　(대) 보통예금(우리은행)　55,000
　　☞ 법인균등분 주민세 : 주민세는 지방자치단체의 구성원인 주민(개인,법인)을 대상으로 과세되는 지방세로서 소득의 크기에 관계없이 균등하게 과세된다. 법인 균등분은 매년 8월 1일 현재 지방자치단체에 주소를 둔 법인에게 과세한다.

[7] (차) 복리후생비(판)　　120,000　　(대) 현 금　　　　　　120,000

[8] (차) 사무용품비(판)　　80,000　　(대) 현 금　　　　　　　80,000

[9] (차) 차량유지비(판)　　500,000　　(대) 현 금　　　　　　500,000

[10] (차) 포장비(판)　　　25,000　　(대) 현 금　　　　　　　25,000

[11] (차) 선급비용　　　　300,000　　(대) 보험료(판)　　　　300,000
　　☞ 당기귀속분 : 9개월(20x1년 4월~12월) → 1,200,000원×9/12＝900,000원(보험료)
　　　차기이월분 : 3개월(20x2년 1월~3월) → 1,200,000원×3/12＝300,000원(선급비용)

[12] (차) 이자비용　　　　360,000　　(대) 미지급비용　　　　360,000

[13] (차) 미수수익　　　　80,000　　(대) 이자수익　　　　　80,000
　　☞ 미수수익＝2,000,000×12%×4개월/12개월

[14] (차) 소모품   1,500,000   (대) 소모품비(판)   1,500,000

[15] (차) 단기매매증권평가손실   350,000   (대) 단기매매증권   350,000

     ☞ A회사 : 장부 1,200,000원(1,000주×1,200원) − 기말1,000,000원(1,000주×1,000원)=평가손실 200,000원
         B회사 : 장부 1,800,000원(1,500주×1,200원) − 기말1,650,000원(1,500주×1,000원=평가손실 150,000원

[16] (차) 매도가능증권(투자)   30,000   (대) 매도가능증권평가이익   30,000

     ☞ **매도가능증권평가이익(손실)**
       =기말공정가치−취득원가=(100주×1,300원)−(100주×1,000원)=30,000원

[17] (차) 장기차입금(서울은행)   30,000,000   (대) 유동성장기부채(서울은행)   30,000,000

     ☞ 20x2년(차기) 6월 30일에 상환되어야 하는 차입금만 유동성대체 대상이다.

[18] (차) 퇴직급여(판)   15,000,000   (대) 퇴직급여충당부채   15,000,000

[19] (차) 감가상각비(판)   10,000,000   (대) 감가상각누계액(건물)   10,000,000
       퇴직급여(판)   2,000,000   퇴직급여충당부채   2,000,000

[20] (차) 잡손실   150,000   (대) 현금과부족   150,000
       현 금   200,000   가지급금(오상식)   200,000

[21] (차) 대손상각비(판)   23,000   (대) 대손충당금(외상)   23,000

     ☞ 대손충당금 추가설정액 = 기말대손충당금(외상매출금잔액 1%) − 결산분개전 대손충당금
       =3,000,000원 ×1%−7,000원=23,000원

🔑 **객관식**

1	2	3	4	5	6	7	8	9	10	11	12	13		
②	②	②	①	②	②	②	③	②	④	④	④	②		

[풀이 – 객관식]

01 건물의 임대차계약을 체결한 것은 회계상 거래가 아니므로 수익이 실현된 것으로 볼 수 없다.

02 운임, 숙박비 : 여비교통비, 직원 회식대 : 복리후생비, 매출거래처 선물대 : 접대비(기업업무추진비)

03 **영업이익은 매출총이익에서 판매비와관리비를 차감하여 계산**한다. 감가상각비, 복리후생비, 접대비(기업업무추진비)는 모두 판매비와관리비로서 영업이익에 영향을 미치나 단기대여금에 대한 기타의 대손상각비는 영업외비용으로서 영업이익에 영향을 미치지 않는다.

04 직원 업무용 해당 분은 소모품비로 계상하여야 한다.

마케팅용품 구입 시 회계처리

(차) 광고선전비 900,000원 (대) 현금 등 900,000원

직원사용분에 대한 수정 분개

(차) 소모품비 450,000원 (대) 광고선전비 450,000원

05 • 매출채권의 대손에 대비하여 대손충당금을 설정할 때 반영하는 비용 계정과목은 '대손상각비'이다.

• **단기대여금**의 대손에 대비하여 대손충당금을 설정할 때 반영하는 비용 계정과목은 '**기타의대손상각비**'이다.

06 ①(자본), ③(무형자산), ④(유형자산)는 재무상태표에 반영할 내용이다.

07 ① 보험료 미경과분 계상 – 선급비용 증가

③ 임대료 미수분 계상 – 미수수익 증가

④ 이자비용 미지급액 계상 – 미지급비용 증가

08 **재고자산평가손실을 계상하면 매출원가 금액이 증가하며 당기순이익이 감소**한다.

09 누락된 결산정리 사항

이자 미수분 :

(차) 미수수익 20,000원(자산의 과소 계상) (대) 이자수익 20,000원(수익의 과소 계상)

임차료 미지급분 :

(차) 임차료 30,000원(비용의 과소 계상) (대) 미지급비용 30,000원(부채의 과소 계상)

10 **재무상태표에 보고되는 계정**은 다음 기로 잔액이 이월되는 계정으로 **영구계정**이라 하고, **손익계산서 보고되는 계정**은 장부가 마감되면서 사라지는 계정으로 **임시계정**이라 한다.

11 ① 20x1년 감가상각비 = 1,000,000원 × 1년/10년 = 100,000원

② 20x1년 감가상각누계액 = 기초 감가상각누계액(50,000) + 20x1년 감가상각비(100,000)

당기말 건물의 장부금액 = 1,000,000원 – 150,000원 = 850,000원

③ 건물의 감가상각비는 판매비와관리비로 처리한다.

12 〈10월 1일 회계처리〉

(차) 현 금 3,600,000원 (대) 임대료 3,600,000원

〈누락된 회계처리〉 선수수익 = 3,600,000 × 9개월/12개월 = 2,700,000원

(차) 임대료(수익) 2,700,000원 (대) 선수수익(부채) 2,700,000원

→ 당기순이익이 2,700,000원 과대계상된다.

13 매출채권 : 외상매출금 + 받을어음 = 800,000원 + 200,000원 = 1,000,000원

대손충당금 : 대손 설정액 = 매출채권 잔액(1,000,000원) × 대손율(2%) = 20,000원

🔑 주관식

01	2,000원	02	900,000원	03	12,000원
04	292,000원	05	1,300,000원	06	1,500,000원
07	8,875,000원	08	50,000원	09	9,000,000원
10	3,900,000원	11	1,385,000원	12	3,050,000원
13	1,600,000원	14	160,000원		

[풀이 – 주관식]

01 재고자산감모손실 = 감모수량×단가 = 10개×200원 = 2,000원

정상적으로 발생한 감모손실은 매출원가에 가산하고, **비정상적으로 발생한 감모손실은 영업외비용**으로 분류한다.

02 선수수익(임대료) = 1,200,000원×9월/12월 = 900,000원

03 대손충당금 = 매출채권(1,000,000원)×대손율(2%) = 20,000원

대손충당금

		기초	8,000
기말	20,000	*대손상각비(설정?)*	*12,000*
계	20,000	계	20,000

04 **정상적으로 발생한 감모손실은 매출원가에 가산**한다.

매출원가 = 판매원가+정상 감모 손실

= [1,000개(월초)×100원+1,500개(4.5)×120원]+(100개×120원) = 292,000원

05

손익계산서	
1.(순)매출액	5,700,000
2.매출원가	3,500,000
3.매출이익(1-2)	2,200,000
4.판관비	900,000
5.영업이익(3-4)	*1,300,000*

광고선전비, 세금과공과금, 임차료

06

손익계산서	
1.(순)매출액	4,000,000
2.매출원가	1,000,000
3.매출이익(1-2)	3,000,000
4.판관비	1,500,000
5.영업이익(3-4)	*1,500,000*

급여, 감가상각비

07 결산정리 분개

(차) 임차료　　　　　　　　　　125,000원　　(대) 선급임차료[*1](유동자산)　　　125,000원

*1. 300,000원×5/12 = 125,000원

결산정리분개 후 선급임차료 금액 : 9,000,000원 - 125,000원 = 8,875,000원

08

손익계산서	
1.(순)매출액	150,000
2.매출원가	*50,000*
3.매출이익(1-2)	100,000
4.판관비	40,000
5.영업이익(3-4)	60,000
6.영업외수익	10,000
7.영업외비용	20,000
8.법인세비용	20,000
9.당기순이익(5+6-7-8)	30,000

09

1.결산조정전 당기순이익	10,000,000	
① 보험료 선급분	1,000,000	(차)선급비용 xx (대) 보 험 료 xx
② 이자미지급분	-2,000,000	(차)이자비용 xx (대) 미지급비용 xx
2.결산조정후 당기순이익	*9,000,000*	

10

1.수정전 당기순이익	4,000,000	
① 임차료	(-)300,000	(차)임차료 xx (대) 미지급비용 xx
② 평가손실	(-)200,000	(차)평가손실 xx (대) 단매증권 xx
③ 감가상각비 취소	+400,000	(차)감·누 xx (대) 감가상각비 xx
2.수정후 당기순이익	*3,900,000*	

11

손익계산서		
1.(순)매출액	7,000,000	
2.매출원가	5,000,000	
3.매출이익(1-2)	2,000,000	
4.판관비	615,000	급여. 복리후생비, 광고선전비, 접대비(기업업무 추진비), 수도광열비
5.영업이익(3-4)	*1,385,000*	

12

1. 수정전 순이익	3,000,000	
① 미수이자	+25,000	(차) 미수수익 25,000 (대) 이자수익 25,000
② 선수수익	+25,000	(차) 선수수익 25,000 (대) 임 대 료 25,000
2. 수정후 순이익	*3,050,000*	

☞정기예금이자수익(미수이자)=2,000,000원×5%×3개월/12개월=25,000원

임대료수익=300,000원×1개월/12개월=25,000원

13 매출총이익 = 매출액(6,000,000) - 매출원가(3,500,000) = 2,500,000원

판관비 = 광고선전비(300,000)+세금과공과(200,000) + 임차료(400,000) = 900,000원

영업이익 = 매출총이익(2,500,000) - 판매비와관리비(900,000) = 1,600,000원

14 수정 후 당기순이익 : 200,000원+미수수익(10,000) - 급여미지급비용(30,000) - 이자미지급비용(20,000) = 160,000원

Section 06

재무회계 개념체계외

제1절 재무회계 개념체계

재무회계 개념체계란 재무보고의 목적과 기초개념을 체계화함으로써 일관성 있는 기업회계기준을 제정케 하고, 재무제표의 성격 등에 관한 기본적 토대를 제공한다.

개념체계와 일반기업회계기준이 상충될 경우에는 일반기업회계기준이 개념체계보다 우선한다.

1. 기본구조

재무보고의 목적	정보이용자들의 의사결정에 유용한 정보 제공
↓	
회계정보의 질적특성	의사결정에 유용한 정보가 되기 위하여 회계정보가 갖추어야 할 특성
↓	
재 무 제 표	기업실체의 외부정보이용자에게 기업실체에 관한 재무적 정보를 전달하는 핵심적 보고수단
↓	
재무제표 기본 요소의 인식 및 측정	회계상의 거래나 사건을 화폐액으로 측정하여 재무제표에 공식적으로 보고하는 과정

2. 회계정보의 질적 특성

회계정보의 질적특성이란 회계정보가 유용한 정보가 되기 위해 갖추어야 할 주요 속성을 말하는데 이해가능성, 목적적합성, 신뢰성 및 비교가능성이 있다.

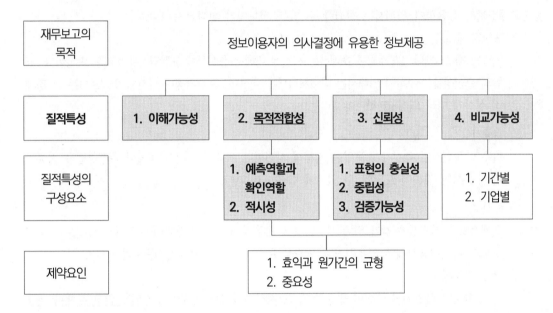

(1) 이해가능성

회계정보는 궁극적으로 회계정보이용자에게 유용한 정보가 되어야 하고, 동시에 이러한 정보는 이용자에게 이해가능한 형태로 제공되어야 한다.

(2) 주요질적특성

회계정보의 질적 특성 중 **가장 중요한 질적특성은 목적적합성과 신뢰성이다.**

① 목적적합성

목적적합한 정보란 이용자가 과거, 현재 또는 미래의 사건을 평가하거나 과거의 평가를 확인 또는 수정하도록 도와주어 경제적 의사결정에 영향을 미치는 정보를 말한다.

㉠ 예측역할(예측가치)과 확인역할(피드백가치)

예측역할이란 **정보이용자가 기업의 미래 재무상태, 경영성과, 현금흐름 등을 예측하는 경우에 그 정보가 활용될 수 있는지 여부**를 말하고, 확인역할이란 **회계정보를 이용하여 예측했던 기대치(재무상태나 경영성과 등)를 확인하거나 수정함으로써** 의사결정에 영향을 미칠 수 있는지의 여부를 말한다.

ⓒ 적시성

정보가 지체되면 그 정보는 목적적합성을 상실할 수 있다. 따라서 경영자는 적시성 있는 보고와 신뢰성 있는 정보 제공의 장점에 대한 상대적 균형을 고려할 필요가 있다.

② 신뢰성

회계정보가 유용하기 위해서는 신뢰할 수 있는 정보여야 한다는 속성이다.

㉠ 표현의 충실성

기업의 재무상태나 경영성과를 초래하는 사건에 대해서 충실하게 표현되어야 한다는 속성이다. 표현의 충실성을 확보하기 위해서는 회계처리되는 대상이 되는 거래나 사건의 형식보다는 그 경제적 실질에 따라 회계처리하여야 한다.

㉡ 검증가능성

다수의 독립적인 측정자가 동일한 경제적 사건이나 거래에 대하여 동일한 측정방법을 적용한다면 유사한 결론에 도달할 수 있어야 함을 의미한다.

㉢ 중립성

회계정보가 신뢰성을 갖기 위해서는 한쪽에 치우침 없이 중립적이어야 한다는 속성으로 회계정보가 특정이용자에게 치우치거나 편견을 내포해서는 안된다는 것을 의미한다.

☞ **보수주의**

불확실한 상황에서 추정이 필요한 경우, **자산이나 수익이 과대평가되지 않고 부채나 비용이 과소평가되지 않도록** 상당한 정도의 주의를 기울이는 것을 말한다.
이러한 보수주의는 논리적 일관성이 결여되어 있다.

③ 질적특성간의 균형

목적적합성과 신뢰성간의 상충관계를 고려하여, 이러한 질적특성간에 적절한 균형을 이루는 것을 목표로 하여야 한다.

〈목적적합성과 신뢰성이 상충관계 예시〉

	목적적합성 高	신뢰성 高
자산측정	공정가치	역사적원가(원가법)
손익인식	발생주의	현금주의
수익인식	진행기준	완성기준
재무보고	중간보고서(반기,분기)	연차보고서

(3) 비교가능성

기업의 재무상태, 경영성과 등의 과거 추세분석과 기업 간의 상대적 평가를 위하여 회계정보는 **기간별 비교가능성(일관성)과 기업간 비교가능성(통일성)**을 가지고 있어야 한다는 속성이다.

기간별 비교가능성은 기업의 재무제표를 다른 기간의 재무제표와 비교할 수 있는 속성을 말하는 것이고, 기업별 비교가능성은 동종산업의 다른 기업과 유사한 정보와 비교할 수 있는 속성을 말한다.

(4) 회계정보의 제약요인

① 효익과 원가간의 균형

회계정보가 정보제공에 소요되는 비용이 효익을 초과한다면 그러한 정보제공은 정당화될 수 없다.

② 중요성

특정회계정보가 정보이용자의 의사결정에 영향을 미치는 정도를 말한다.

특정정보가 생략되거나 잘못 표시될 경우 정보이용자의 판단이나 의사결정에 영향을 미칠 수 있다면 그 정보는 중요한 것이다. 이러한 정보는 **금액의 대소로 판단하지 않고** 정보이용자의 의사결정에 영향을 미치면 중요한 정보가 되는 것이다. 예를 들어 어느 기업의 소모품비와 같은 소액의 비용을 자산으로 처리하지 않고 발생즉시 비용으로 처리하는 것은 정보이용자 관점에서 별로 중요하지 않기 때문에 당기 비용화 하는 것이다.

3. 재무제표의 기본가정

재무제표의 기본가정이란 재무제표를 작성하는데 있어서 기본 전제를 말한다.

(1) 기업실체의 가정

"기업은 주주나 경영자와는 별개로 존재하는 하나의 독립된 실체이다"라는 가정이다.

(2) 계속기업의 가능성

재무제표를 작성시 계속기업으로서의 존속가능성을 평가하여야 한다. **역사적 원가주의의 근간이 된다.**

(3) 기간별보고의 가정

인위적인 단위(회계기간)로 분할하여 각 기간별로 재무제표를 작성하는 것을 말한다.

제2절 　内部통제제도

기업은 **경영목적의 달성과 신뢰성 있는 재무보고 등을 위해 내부통제를 설계**하고 및 내부통제제도를 도입한다.

1. 내부통제제도란

회사 내부의 지배기구 및 경영진에 의해 계획, 실행, 유지되는 절차로서 다음의 합리적 확신을 제공할 목적으로 실행된다.
　① **재무보고의 신뢰성**
　② **경영의 효과성 및 효율성**
　③ **관련법규의 준수에 관련된 기업의 목적 달성**

2. 내부통제제도제도의 구성요소

　① **통제환경**

회사의 내부통제시스템의 기초를 이루는 경영진의 경영철학과 경영방식, 기업문화 및 윤리의식, 종업원의 자질 등을 광범위하게 포괄하는 개념이다.

효율적인 통제환경을 조성하기 위해서는 조직의 모든 구성원이 내부통제제도의 중요성을 인식하고 제반 정책 및 절차를 준수하겠다는 실천의지가 중요하다.

　② **위험평가**

회사에 미칠 사업위험의 식별, 동 사업위험의 발생가능성에 대한 평가, 동 사업위험에 대처하기 위한 행동의 결정을 말한다. 내부통제제도가 효과적으로 작동하기 위해서는 회사의 목표달성에 부정적인 영향을 미칠 수 있는 위험을 사전에 인식하고 대처하는 것이 중요하다.

　③ **통제활동**

경영진의 지시가 이행되도록 하는 정책과 절차에 따라 일상 업무를 수행하고 있는지, 실제 성과를 예측치 및 전기 성과와 비교하여 분석하는 것을 말한다.

　④ **정보 및 의사소통**

정보시스템이 계속적으로 적절히 운영되게 함으로써 내부통제의 효과적인 작동을 지원하고, 전 구성원의 의사소통은 내부통제제도의 원활한 작동을 위해서 필수적이다.

⑤ 모니터링

통제가 의도대로 직속적이고 효과적으로 운영되는지, 상황에 따라 적합하게 수정되는지 여부를 평가·검증하는 프로세스이다.

3. 내부통제제도에 대한 경영진 책임

경영진은 이사회가 승인한 사업전략 등을 집행하면서 회사의 최종목표를 효율적으로 달성하기 위해 **내부통제제도를 구축·운영할 책임**이 있다.

4. 내부통제제도의 한계

내부통제제도는 기업 재무보고목적 달성에 대해 합리적 확신만을 제공할 뿐이지 절대적인 확신을 제공하지 않는다. 내부통제제도가 사업의 성공을 보증하지도 않고, 무능한 경영자를 유능한 경영자로 변화시킬 수도 없다.

① 의사결정에 있어 인적 판단이 잘못될 수 있는 가능성 및 인적 오류

② 2명 이상이 공모

③ 경영진이 내부통제를 무시

제3절 내부회계관리제도

우리나라에서 내부통제에 관해 상법상 구체적인 명문규정은 없으나 **재무제표의 신뢰성 확보를 목적**으로 하여 『주식회사의 외부감사에 관한 법률』에 내부회계관리제도를 도입하고 있다. 여기에 자산의 보호 및 부정방지 프로그램이 포함된다.

1. 내부회계관리제도의 설계 및 운영

① 통제환경

조직단위별로 통제에 관한 역할과 책임을 적절히 부여한다.

② 위험평가

위험을 식별하고 지속적으로 평가하는 공식적인 회사내 체계의 구축이 필요하다.

③ 통제활동

통제목적에 따라 유형 및 세부 운영수준을 달리하여 통제활동을 설계하여야 한다.

④ 정보 및 의사소통

임직원 및 외부이해관계자와의 의사소통 경로를 마련하여야 한다.

⑤ 모니터링

정기적이고 독립적인 상시 모니터링체제 구축을 하여야 한다.

2. 내부회계 관리제도의 평가

내부회계관리자가 매 반기마다 이사회 및 감사(위원회)에게 내부회계관리제도의 운영실태를 보고하고 감사(위원회)는 매 사업연도마다 내부회계관리제도의 운영실태를 평가하여 이사회에 보고하여야 한다.

3. 내부회계 관리제도의 평가절차

① 전사적 수준에서의 내부회계관리제도 파악
② 유의한 계정과목 및 주석정보의 파악
③ 경영자 주장의 식별
④ 유의한 업무프로세스 파악 및 평가 대상 사업단위의 결정
⑤ 내부회계관리제도 설계 및 운영의 효과성 평가

 객관식

01. 다음에서 설명하고 있는 회계정보의 질적특성은 무엇인가?

> 정보이용자가 기업실체의 과거, 현재 또는 미래 사건의 결과에 대한 예측을 하는 데 도움이 되거
> 나 또는 그 사건의 결과에 대한 정보이용자의 당초 기대치(예측치)를 확인 또는 수정할 수 있게
> 함으로써 의사결정에 차이를 가져올 수 있는 정보를 말한다.

① 효익과 비용의 균형   ② 신뢰성

③ 비교가능성   ④ 목적적합성

02. 다음은 회계정보의 질적 특성에 대한 설명이다. 이 중 옳은 것만 고른 것은?

> 가. 매출채권에 대손충당금을 설정하는 것은 목적적합성을 고려한 것이다.
> 나. 재무제표 정보가 정보이용자의 의사결정에 차이를 가져올 수 있다면 그 정보는 목적적합한 정
> 　　보이다.
> 다. 회계정보를 미래 재무정보 예측에 활용하려면 신뢰성을 더욱 강조해야 한다.
> 라. 목적적합성이 높은 정보는 신뢰성도 항상 높다.

① 가, 나   ② 나, 다   ③ 다, 라   ④ 나, 라

03. 회계의 주요 질적 특성 중에서 목적적합성의 하부개념이 아닌 것은?

① 적시성   ② 예측가치   ③ 검증가능성   ④ 피드백가치

04. 다음에서 설명하고 있는 회계정보의 질적특성은 무엇인가?

> 회계정보는 그 정보가 나타내고자 하는 대상을 충실히 표현해야 하고, 객관적으로 검증 가능하여야 하
> 며, 중립적이여야 한다.

① 목적적합성   ② 신뢰성   ③ 비교가능성   ④ 효익과 비용의 균형

05. 다음 중 내부통제제도의 목적에 해당하지 않는 것은?

① 관련 법규 및 정책을 준수할 수 있다.

② 재무정보의 신뢰성을 확보할 수 있다.

③ 기업의 경영성과 목표를 달성할 수 있다.

④ 기업 운영의 효율성과 효과성을 확보할 수 있다.

06. 다음 중 내부통제제도의 구성요소가 아닌 것은?

① 통제환경   ② 외부감사   ③ 통제활동   ④ 모니터링

07. 다음 중 내부통제제도의 효과에 대한 설명으로 옳지 않은 것은?

① 내부통제제도를 통해서 모든 위험을 통제할 수 있다.

② 내부통제제도는 직원의 위법행위를 신속히 발견할 수 있게 한다.

③ 내부통제제도는 경영진의 업무성과를 측정하는데 기여할 수 있다.

④ 내부통제제도는 회사가 적절한 대응조치를 취할 수 있게 한다.

08. 재무제표에 대한 신뢰성과 내부통제제도에 대한 설명으로 옳지 않은 것은?

① 재무제표에 대한 신뢰성은 표현의 충실성과 검증가능성, 중립성으로 구성된다.

② 효과적인 내부통제제도는 재무제표의 신뢰성을 제고한다.

③ 내부통제제도는 기업 내 모든 구성원들과 외부 회계감사인에 의해 공동으로 운영된다.

④ 경영진은 재무제표의 신뢰성을 확보하기 위하여 재무정보 뿐만 아니라 법규준수활동정보와 외부
환경정보와 같은 비재무정보도 적절하게 수집·유지·관리하여야 한다.

09. 내부통제제도에 대한 다음 설명 중 옳지 않은 것은?

① 내부통제제도는 모든 위험을 완벽하게 통제할 수 없다.

② 내부통제제도의 구성요소는 통제환경, 위험평가, 통제활동, 정보 및 의사소통, 모니터링의 다섯
가지이다.

③ 내부통제제도는 경영진 등 조직 내 일부 구성원들에 의해서만 운영된다.

④ 회사의 대표이사는 효과적인 내부통제제도의 설계 및 운영에 대한 최종 책임을 진다.

10. 다음 중 내부통제제도에 대한 설명으로 옳지 않은 것은?

① 내부통제제도의 구성요소는 통제환경, 위험평가, 통제활동, 정보 및 의사소통, 모니터링으로 나누어 볼 수 있다.

② 잘 설계된 내부통제제도라면 제도를 운영하는 과정에서 발생하는 집행위험을 포함한 모든 위험을 피할 수 있어야 한다.

③ 모니터링이란 내부통제의 효과성을 지속적으로 평가하는 과정을 의미한다.

④ 통제활동이란 업무의 분장, 문서화, 승인 결재체계, 감독체계, 자산의 보호체계 등을 포함한다.

11. 다음 중 내부통제를 위한 장치로 옳지 않은 것은?

① 재고자산의 도난을 방지하기 위해 창고에 CCTV를 설치한다.

② 자료의 분실과 위변조 방지를 위해 문서에 사전 일련번호를 부여한다.

③ 현금횡령을 방지하기 위해 현금보관자에게 장부기록을 함께 담당하도록 한다.

④ 거래의 성격과 중요도를 고려하여 승인권자의 대한 권한과 지위를 설정한다.

12. 다음 중 정보시스템으로부터 산출되는 정보가 효과적으로 내부회계관리제도를 지원하기 위해서 필요한 요건으로 옳은 것은?

① 정보가 관련 의사결정목적에 부합하여야 한다.

② 정보는 적시에 사용가능하지 않아도 무방하다.

③ 정보는 반드시 공식적이어야 한다.

④ 정보는 일부 임원에게만 접근 가능하여야 한다.

13. 내부회계관리제도에 대한 설명으로 옳지 <u>않은</u> 것은?

① 내부회계관리제도는 재무정보의 신뢰성 확보를 목적으로 한다.

② 내부회계관리제도의 설계 및 운영책임은 대표이사와 외부 회계감사인에게 있다.

③ 내부회계관리제도는 통제환경, 위험평가, 통제활동, 정보 및 의사소통, 모니터링으로 구성된다.

④ 내부회계관리제도는 자산의 보호 및 부정방지 프로그램이 포함된다.

주관식

01. 다음은 무엇에 대한 설명인가?

> 가. 기업실체의 존속기간을 일정한 기간단위로 분할하여 각 기간별로 재무제표를 작성하는 것을 말한다.
> 나. 기업실체의 이해관계자는 지속적으로 의사결정을 해야 하므로 적시성 있는 정보가 필요하게 되며, 이러한 정보수요를 충족시키기 위하여 도입된 가정이다.

02. 다음에서 설명하는 재무제표의 기본가정은 무엇인가?

> 기업을 소유주와 독립적으로 존재하는 회계단위로 간주하고, 이 단위의 관점에서 그 경제활동에 대한 재무정보를 측정, 보고한다고 가정한다.

03. 다음이 설명하고 있는 회계정보의 질적특성을 적으시오.

> 회계정보는 정보이용자가 기업실체의 과거, 현재 또는 미래 사건의 결과에 대한 예측을 하는 데 도움이 되거나 또는 그 사건의 결과에 대한 정보이용자의 당초 기대치(예측치)를 확인 또는 수정할 수 있게 함으로써 의사결정에 차이를 가져올 수 있어야 한다.

04. 내부통제제도 전체의 기초를 이루는 개념으로서 조직체계·구조, 내부통제를 유인 하는 상벌 체계, 인력운용 정책, 교육정책, 경영자의 철학, 윤리, 리더십 등을 포함 하는 것은 내부통제제도 구성요소 중 무엇에 해당하는가?

연습답안

Financial Accounting Technician
회계정보처리 자격시험 1급

🔑 객관식

1	2	3	4	5	6	7	8	9	10	11	12	13		
④	①	③	②	③	②	①	③	③	②	③	①	②		

01 회계정보의 질적특성 중 목적적합성(예측가치, 피드백가치)에 대한 설명이다.

02 **미래 재무정보를 예측하는데 활용**되고, **이용자의 의사결정에 차이**를 가져오는 회계정보의 질적 특성은 목적적합성이고, **목적적합성과 신뢰성은 서로 상충**될 수 있다.

03 **회계정보의 신뢰성**은 다음의 요소로 구성된다. 첫째, 회계정보는 그 정보가 나타내고자 하는 대상을 **충실히 표현**하고 있어야 한다. 둘째, 객관적으로 **검증가능**하여야 한다. 셋째, **중립적**이여야 한다.

04 **목적적합성의 하부개념은 예측가치, 피드백 가치, 적시성**이며, **신뢰성의 하부개념은 검증 가능성, 중립성, 표현의 충실성**이다.

05 내부통제제도가 **기업의 경영성과 목표를 달성하게 하는 것은 아니다.**

06 내부통제제도의 **구성요소는 통제환경, 위험평가, 통제활동, 정보 및 의사소통, 모니터링**이다.

07 내부통제제도의 설계가 잘되었어도 운영하는 과정에서 발생하는 **모든 위험은 피할 수 없다.**

08 내부회계관리제도의 설계 및 운영에 대한 최종책임은 대표이사에게 있으므로 **외부 회계감사인과는 무관하다.**

09 **내부통제제도는 조직 내 모든 구성원들에 의해 운영**된다.

10 내부통제제도의 한계 : 아무리 잘 설계된 내부통제제도라고 할지라도 제도를 운영하는 과정에서 발생하는 집행위험은 피할 수 없다. 즉, 최상의 자질과 경험을 지닌 사람도 부주의, 피로, 판단착오 등에 노출될 수 있으며, 내부통제제도도 이러한 사람들에 의해 운영되므로 내부통제제도가 모든 위험을 완벽하게 통제할 수는 없다.

11 회사의 거래는 **승인기능, 자산의 보관기능, 회계기록의 유지기능** 등 최소한 세 가지 기능을 동일인이 **중복하여 담당하지 않도록 업무분장**을 해야 한다.

12 정보시스템으로부터 산출되는 정보가 효과적으로 내부회계관리제도를 지원하기 위해서는 정보가 관련 의사결정목적에 부합하여야 하고, 적시에 사용가능하여야 한다. 그러나 정보가 반드시 공식적일 필요는 없고 일부 임원에게만 접근가능하여야 하는 것은 아니다.

13 내부통제제도의 책임은 경영진에게 있고, 외부 회계감사인에게 있는 것은 아니다.

◑━ 주관식

01	기간별보고의 가정	02	기업실체의 가정	03	목적적합성
04	통제환경				

[풀이 – 주관식]

02 목적적합성 있는 정보는 정보이용자가 기업실체의 과거, 현재 또는 미래 사건의 결과에 대한 예측을 하는 데 도움이 되거나 또는 그 사건의 결과에 대한 정보이용자의 당초 기대치(예측치)를 확인 또는 수정할 수 있게 함으로써 의사결정에 차이를 가져올 수 있는 정보를 말한다.

보론 - 비영리회계

NCS회계 - 4 비영리회계 - 대상판단/비영리회계 처리하기/비영리회계보고서 작성하기

AT시험에서는 출제가 되지 않으나 비영리회계를 이해하는데 참고하시기 바랍니다.

Ⅰ. 의의

비영리회계는 영리를 목적으로 하지 않는 소비경제주체인 비영리기관, 즉 중앙정부, 지방자치단체, 종교단체, 학교, 사회복지법인(고아원 등), 병원 등에서 이용되는 회계를 말한다.

Ⅱ. 비영리법인

비영리법인이란 학술,종교, 자선, 기예, 사교, 기타 영리 아닌 사업을 목적으로 하는 사단 또는 재단으로서 주무관청의 허가를 얻어 설립한 법인을 말한다.(민법 제32조) 영리법인과 비영리법인의 구분기준은 영리활동성의 유무라기보다는 사업활동결과 얻은 이윤이나 잔여재산을 그 귀속자에게 분배하느냐의 여부이다. 즉 영리법인은 해산시 잔여 재산을 정관에 지정된 자에게 귀속하는 것이나, 비영리법인은 그 법인의 목적에 유사한 목적을 위하여 재산이 처분되거나 국고에 귀속된다. 비영리법인에는 사립학교법에 의한 학교법인, 의료법인, 사회복지법인 등이 있다. 비영리법인도 부대사업을 할 수 있는 바 비영리법인의 본질에 반하지 아니하는 범위 내에서 수익사업이 가능하다.

Ⅲ. 비영리법인의 특징

1. 이윤추구를 목적으로 하지 아니한다.
2. 사적으로 소유할 수 있는 지분이 없다.
3. 자본이나 잉여금처분의 개념이 없다.
4. 자본조달과 실체의 유지는 사회적 요구에 의하여 이루어진다.
5. 공익법인이 출연받은 재산은 고유목적사업에 사용하는 것을 조건으로 증여세를 과세하지 않는다.
6. 사업목적별 기금회계(일반회계와 특별회계의 분리)로 분리 운영한다.
7. 비영리법인의 수익사업은 영리법인과 동등한 법인세법의 적용(납세의무)을 받으나, 과세소득의 범위에는 차이가 있다.

Ⅳ. 우리나라 비영리법인의 회계체계

우리나라는 비영리법인이 일반적으로 적용하는 회계처리준칙 등이 갖추어져 있지 않고, 다만 비영리법인의 종류별에 의하여 회계규칙 등이 적용되고 있다. 또한 일반적으로 기업회계기준을 준용하고 있다.

또한 비영리법인의 회계, 특히 비수익사업회계는 고유목적사업의 달성도를 측정하기 위한 정보를 제공하는 것을 목적으로 한다. 또한 비영리법인 회계는 비영리법인의 의결기관 승인, 감독 기관에의 보고, 납세의무 이행 등의 업무와 관련되는 점도 중시된다.

비영리법인	근거법률	회계기준 규칙
학교법인(사립)	사립학교법	사학기관 재무회계규칙
학교법인(공립)	초중등교육법	국립 유치원 및 초중등학교 회계 규칙
사회복지기관	사회복지사업법	사회복지법인 및 사회복지시설 재무회계규칙
의료기관		의료기관 회계기준 준칙

V. 비영리법인의 재무제표

1. 재무상태표

비영리법인의 자산, 부채 및 순자산에 대한 정보를 제공한다.

2. 운영성과표

비영리법인에서 손익계산서를 운영성과표로 불린다. 운영성과표의 목적은 순자산의 변화를 초래하는 거래와 사건의 영향 및 상호 관계, 각종 활동을 말한다.

사업수익	고유목적 사업수익	기부금, 등록금수익, 회비수익 등
	수익사업수익	수익사업을 영위함에 따라 유입되는 수입
사업비용	고유목적사업비용	사업수행비용, 일반관리비 등
	수익사업비용	수익사업의 수행을 위하여 발생하는 비용

3. 현금흐름표

비영리법인의 일정기간에 걸쳐 현금의 유입과 유출에 대한 정보를 표시하는 보고서로서 사업활동, 투자활동 및 재무활동현금으로 구분하여 표시한다.

VI. 수익사업과 비수익사업의 구분경리

비영리법인이 수익사업을 영위하는 때에는 자산, 부채 및 손익을 당해 수익사업에 속하는 것과 비수익사업에 속하는 것을 각각 별개의 회계로 구분하여 경리하여야 한다.

1. 수익사업 구분경리의 원칙과 방법

① 자산, 부채 및 수익, 비용의 구분 경리하여야 한다.
② 수익사업과 비수익사업간의 내부거래가 발생시 제 3자간의 거래와 같이 인식하여 한다.

2. 손익의 계산

① 수익사업과 비수익사업에서 각각 발생한 개별손익은 수익사업에 속하는 것과 비수익 사업에 속하는 것을 각각 독립된 계정과목에 의하여 구분 경리하여야 한다.
② 공통수익과 공통비용은 매출액 등으로 안분계산하여 구분한다.

Part I

Chapter II

부가가치세

부가가치세

Section

01

부가가치세 기본개념

NCS세무 - 3   부가가치세 신고 - 세금계산서 발급/부속서류/신고하기

제1절   조세의 기본개념

1. 조세의 의의

조세란 국가/지방자치단체(과세주체)가 경비충당을 위한 재정수입을 목적으로 법률에 규정된 과세요건을 충족한 모든 자에게 직접적 반대급부없이 부과하는 금전을 말한다.

2. 조세의 분류

구 분		내 용
1. 조세부과주체	국세	국가가 국민에게 부과하는 조세 예) 법인세, 소득세, 부가가치세 등
	지방세	지방자치단체가 국민에게 부과하는 조세 예) 취득세, 재산세, 자동차세 등
2. 사용용도지정	목적세	조세의 용도가 특별히 지정되어 있는 조세 예) 농어촌특별세, 교육세 등 ☞**농어촌특별세** : 농·어업의 경쟁력 강화와 농어촌의 산업기반시설의 확충에 필요한 재원에 충당하기 위하여 과세하는 세금 **교육세** : 교육을 수행하는데 필요한 경비를 조달할 목적으로 징수하는 조세
	보통세	조세의 용도가 특별히 지정되어 있지 않는 조세 예) 대부분의 조세

구 분		내 용
3. 담세자와 납세의무자가 동일한지 여부	직접세	조세를 부담하는 자(담세자)와 납부하는 자(납세자)가 동일한 조세 예) 법인세, 소득세, 상속세, 증여세 등 ☞ 상속세 : 사망을 원인으로 그 재산이 가족 등에게 무상으로 이전되는 경우 상속재산에 부과하는 세금 증여세 : 재산을 무상으로 받은 경우에 당해 증여받은 재산에 대하여 부과되는 세금
	간접세	조세를 부담하는 자와 조세를 납부하는 자가 동일하지 아니한 조세 예) 부가가치세, 개별소비세, 주세 등 ☞ 개별소비세 : 특정물품(주로 사치품)이나 특정장소(골프장 등)의 입장 및 특정장소에서의 영업행위에 대하여 부과하는 세금 주세 : 주류에 붙이는 세금
4. 납세의무자의 인적사항 고려여부	인세	납세의무자의 담세능력(인적사항)을 고려하여 부과하는 조세 예) 법인세, 소득세, 상속세, 증여세 등
	물세	납세의무자의 담세능력을 고려하지 않고 수익 또는 재산 그 자체에 대하여 부과하는 조세 예) 부가가치세, 재산세, 자동차세

3. 조세의 이해

(1) 납세의무자

세법에 의하여 조세를 납부할 의무가 있는 자를 말한다.

(2) 납세자

납세의무자와 세법에 따라 국세를 징수하여 납부할 의무를 지는 자(원천징수의무자)를 말한다.

(3) 과세대상(세원)

국민에게 부과·징수하는 세금의 대상되는 소득·재산 등을 말한다.

소득세는 개인의 소득이, 법인세는 법인의 소득이, 부가가치세는 재화 또는 용역의 공급이 과세대상이 된다.

(4) 과세기간

과세표준을 계산하기 위한 시간적 단위를 말한다.

(5) 과세표준

세액산출의 기초가 되는 과세대상의 수량 또는 금액이 된다.

(6) 세율

세금으로 부과·징수하기 위하여 세법에서 규정하고 있는 율을 말하며, 과세표준에 세율을 곱하여 산출된 금액을 산출세액이라고 한다.

제2절　부가가치세의 의의

1. 부가가치란?

부가가치란 재화 또는 용역이 생산되거나 유통되는 각각의 거래단계에서 새로이 창출된 가치의 증가분을 말한다. 이러한 부가가치를 과세대상으로 하는 조세를 부가가치세라 한다.

즉 기업의 매출액에서 매입액을 차감하면, 그 기업의 부가가치가 된다.

그러한 부가가치에 세율을 곱하면 부가가치세가 된다.

부가가치 = 매출액 – 매입액

맥주회사 제품의 생산과 유통흐름을 보면 다음과 같다.

			부가가치	총부가가치 (소비)
		부가가치	매입액	
	부가가치	매입액		
부가가치	매입액			
맥주회사 (생산자)	주류상 (도매업자)	호프집 (소매업자)	소비자	

2. 부가가치세

부가가치를 과세대상으로 하는 조세를 부가가치세라 한다.

부가가치세 세율은 10%로 규정하고 있으며, 또한 예외적으로 0%도 있다.

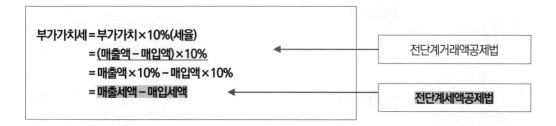

즉 부가가치세는 매출세액에서 매입세액을 차감하여 계산한다.

우리나라는 전단계세액공제법을 채택하고 있으며, 매입세액은 매입시 교부받은 세금계산서 등에 의하여 확인되는 매입세액만을 공제하여 준다.

3. 부가가치의 흐름(전단계세액공제법)

불일치 → 간접세

| | 사업자(납세의무자) | | ≠ | 소비자 |
	맥주회사	주류상	호프집	(담세자)
부가가치	10,000	**5,000**	3,000	**18,000(소비)**
공급가액	10,000	**15,000**	18,000	
매출세액(A)	1,000*	**1,500***	1,800*	
매입세액(B)	0	**1,000**	1,500	
납부세액(A − B)	1,000	**500**	300	**1,800(부담)**

납부   납부   납부

(사업장 관할세무서장)

* 공급자가 공급받는 자로부터 거래징수하고 세금계산서를 교부

[주류상의 회계처리]

① 맥주 구입시	(차)	상　　품	10,000	(대)	현　　금	11,000
		부가세대급금	1,000			
		(매입세액)				
② 맥주 판매시	(차)	현　　금	16,500	(대)	상품매출	15,000
					부가세예수금	1,500
					(매출세액)	
③ 부가가치세 납부시	(차)	부가세예수금	1,500	(대)	부가세대급금	1,000
					현　　금	500

　사업자가 부가가치세가 과세되는 재화나 용역을 공급 시 판매가액(공급가액)과 그에 대한 부가가 치세(판매가액의 10%)를 공급받는 자에게 거래징수한다. 여기서 판매가액은 매출이라는 수익계정 으로 회계처리하고 부가가치세는 관할세무서에 납부해야 하므로 부가세예수금(유동부채)이라는 계 정으로 회계처리 한다. 이러한 부가세예수금은 나중에 부가가치세 신고 시 관할 세무서에 납부하면 된다. 반대로 공급받는 자가 부담한 매입세액은 나중에 부가가치세 신고 시 돌려받으므로(매출세액 에서 차감) 부가세대급금(유동자산)으로 회계처리한다.

 부가가치세 회계처리

㈜백두와 거래상대방(㈜청계, ㈜설악)의 다음 거래를 분개하시오.

1. 8월　1일 ㈜청계로부터 원재료 10,000,000원(부가가치세 별도)을 현금구입하고, 전자세금계산서를 수 취하다. ㈜청계는 제품매출에 해당한다.

2. 9월　1일 현대자동차로부터 영업목적으로 화물차를 현금 20,000,000원(부가가치세 별도)에 구입하고 전자세금계산서를 수취하다.

3. 9월 25일 ㈜설악에 제품을 50,000,000원(부가가치세별도) 외상판매하고 전자세금계산서를 발급하다. ㈜설악은 판매목적으로 구입하다.

4. 9월 30일 2기 예정부가가치세 신고분에 대하여 부가가치세 예수금과 대급금을 상계처리하고 잔액을 10월 25일 납부할 예정이다.

5. 10월 25일 ㈜백두는 관할세무서에 부가가치세를 현금납부하다.

해답

1.	㈜백두 (공급받는자)	(차) 원 재 료 부가세대급금	10,000,000 1,000,000	(대) 현 금	11,000,000
	㈜청계 (공급자)	(차) 현 금	11,000,000	(대) 제 품 매 출 부가세예수금	10,000,000 1,000,000
2.	㈜백두 (공급받는자)	(차) 차량운반구 부가세대급금	20,000,000 2,000,000	(대) 현 금	22,000,000
3.	㈜백두 (공급자)	(차) 외상매출금	55,000,000	(대) 제 품 매 출 부가세예수금	50,000,000 5,000,000
	㈜설악 (공급받는자)	(차) 상 품 부가세대급금	50,000,000 5,000,000	(대) 외상매입금	55,000,000
4.	㈜백두 (납세의무자)	(차) 부가세예수금	5,000,000	(대) 부가세대급금 미지급세금	3,000,000 2,000,000
		1. 매출세액(부가세예수금)=5,000,000 2. 매입세액(부가세대급금)=(1,000,000+2,000,000)=3,000,000 3. 납부할세액=1-2=2,000,000			
5.	㈜백두	(차) 미지급세금	2,000,000	(대) 현 금	2,000,000

4. 현행 부가가치세의 특징

구 분	내 용
일반소비세	원칙적으로 모든 재화 또는 용역의 공급에 대하여 모두 과세하는 일반소비세이다. (특정 재화 등 개별소비세)
소비형 부가가치세	소비지출에 해당하는 부가가치만을 과세대상으로 하고, 투자지출(자본재구입)에 해당하는 부가가치에 대해서는 과세하지 아니하는 소비형 부가가치세제를 채택하고 있다.
전단계 세액공제법	부가가치세법은 전단계세액공제법을 채택하고 있으므로 과세대상을 부가가치가 아니라 거래(즉 재화 또는 용역의 공급과 재화의 수입)간의 매출과 매입의 차이에 과세하는 것으로 규정하고 있다.
간접세	납세의무자는 부가가치세법상 사업자 등이고 담세자는 최종소비자이다.
소비지국과세 원칙(영세율)	현행 부가가치세법에서는 국가 간의 이중과세를 조정하기 위하여 소비지국과세원칙을 채택하고 있다.(VS 생산지국 과세원칙)

구 분	내 용
__면세제도 도입__	현행 부가가치세법에서는 **세부담의 역진성을 완화**하기 위하여 특정 재화 또는 용역의 공급에 대해서는 부가가치세 과세대상에서 제외시키는 면세제도를 두고 있다. ☞세부담 역진성 : 소득이 낮은 사람이 세부담을 더 많이 지는 것을 의미한다.
__다단계거래세__	부가가치세는 재화와 용역의 생산과정에서 소비과정에 이르는 모든 유통단계에서 각 단계마다 과세하는 다단계 거래세이다.

〈소비지국 과세원칙〉

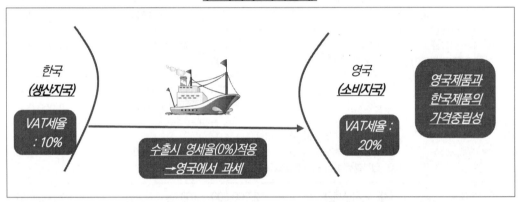

재화의 생산지에서 과세하지 않고 소비지에서 과세(부가가치세)하는 것을 말하는 것으로서 이렇게 되면 생산지(한국10%)와 소비지(영국 20%)의 세율이 달라도 소비지에서만 과세하므로 영국 내에서 영국제품과 한국제품간의 가격의 중립성을 확보하게 된다. 또한 수입하는 재화에 대해서도 한국에서 10%의 부가가치세를 세관장이 징수하게 된다.

제3절 납세의무자

1. 납세의무자의 개요

부가가치세의 납세의무자는 사업자이고, 부가가치세의 부담은 최종소비자가 진다.

2. 사업자

(1) 사업자의 개념

① 사업자의 개념

부가가치세법상 납세의무자는 사업자이다. 즉 사업자란 **영리목적의 유무에 불구(국가나 지방자치단체 등도 포함)**하고 사업상 독립적으로 재화 또는 용역을 공급하는 자이다.

㉠ **계속 반복적으로 재화나 용역을 공급**한다.

㉡ **사업이 독립성(인적, 물적)**이 있어야 한다.

(2) 사업자의 분류

유 형		구 분 기 준	부가가치세계산구조	증빙발급
부가가치세법	일반과세자	① 법인사업자	매출세액 – 매입세액	**세금계산서**
		② 개인사업자		
	간이과세자	개인사업자로서 직전 1역년의 공급대가가 1억 4백만원에 미달하는 자	공급대가^{*1}×부가가치율×10%	세금계산서^{*2} 또는 영수증
소득세법	면세사업자	부가가치세법상 사업자가 아니고 소득세법(법인세법)상 사업자임.	납세의무 없음	**계산서**

*1. 공급대가＝공급가액＋부가가치세액

*2. 직전연도 공급대가 합계액의 **4,800만원이상**의 간이과세자는 세금계산서를 발급해야 한다.

제4절 납세지(사업장별 과세원칙)

1. 납세지의 개념

납세지란 관할세무서를 결정하는 기준이 되는 장소를 말하며, 부가가치세법상 납세지는 사업장별로 판정한다. 사업자는 각 사업장별로 다음과 같은 납세의무의 이행을 하여야 한다.
  ① 사업자등록
  ② 세금계산서의 교부 및 수취
  ③ 과세표준 및 세액의 계산
  ④ 신고 · 납부 · 환급
  ⑤ 결정 · 경정 및 징수
      ☞ 결정 : 법인이 무신고시 과세관청이 납세의무를 확정하는 것
        경정 : 법인이 신고한 금액에 오류가 있어 과세관청이 재확정하는 것

2. 사업장

(1) 사업장의 범위 : <u>업종별 특성을 이해하세요.</u>

구 분	사 업 장
광 업	광업사무소의 소재지
제 조 업	**최종제품을 완성하는 장소**
건설업 · 운수업과 부동	① 법인 : **당해 법인의 등기부상 소재지**
산 매 매 업	② 개인 : **업무를 총괄하는 장소**
부 동 산 임 대 업	**당해 부동산의 등기부상의 소재지**
수 자 원 개 발 사 업	그 사업에 관한 업무를 총괄하는 장소
무 인 자 동 판 매 기 를 통 한 사 업	그 사업에 관한 **업무를 총괄하는 장소**
비 거 주 자 · 외 국 법 인	국내사업장
기 타	사업장 외의 장소도 사업자의 신청에 의하여 사업장으로 등록할 수 있다. 다만, 무인자동판매기를 통한 사업의 경우에는 그러하지 아니하다.

(2) 특수한 경우의 사업장 여부

직 매 장	사업자가 자기의 사업과 관련하여 생산 또는 취득한 재화를 직접 판매하기 위하여 특별히 판매시설을 갖춘 장소를 직매장이라 하고, **직매장은 사업장에 해당한다.**
하 치 장	재화의 보관, 관리시설만을 갖춘 장소로서 사업자가 설치신고를 한 장소를 하치장이라 하며 **이러한 하치장은 사업장에 해당하지 않음**
임시사업장	기존사업장이 있는 사업자가 그 사업장 이외에 각종 경기대회·박람회·기타 이와 유사한 행사가 개최되는 장소에서 임시로 개설한 사업장을 말한다. 기존사업장에 포함된다.

3. 사업장별과세원칙의 예외 : 주사업장 총괄납부, 사업자단위과세제도

구 분	주사업장총괄납부	사업자단위과세
주사업장 또는 사업자 단위과세사업장	– 법인 : 본점 또는 지점 – 개인 : 주사무소	– 법인 : 본점 – 개인 : 주사무소
효 력	**– 총괄납부**	**– 총괄신고·납부** **– 사업자등록, 세금계산서발급, 결정 등**
	– 판매목적 타사업장 반출에 대한 공급의제 배제	
신청 및 포기	**– 계속사업자의 경우 과세기간 개시 20일전(승인사항이 아니다)**	

제5절 과세기간

1. 과세기간

과세기간이란 과세표준과 세액계산에 기초가 되는 일정기간을 말한다. 부가가치세법상 과세기간은 원칙적으로 제1기(1.1~6.30), 제2기(7.1~12.31)로 나누어져 있다.

사업자는 **과세기간 종료일(폐업하는 경우에는 폐업일이 속하는 달의 말일)로부터 25일 이내에 과세기간의 과세표준과 세액을 신고·납부**를 해야 하는데 이를 확정신고납부라고 한다.

구 분	과 세 기 간
과 세 사 업 자	(제1기) 1월 1일부터 6월 30일까지
	(제2기) 7월 1일부터 12월 31일까지
간 이 과 세 자	(제1기) 1월 1일부터 12월 31일까지

구 분	과 세 기 간
신 규 사 업 자	① 신규사업자의 경우 : 사업개시일[1] ~ 당해 과세기간의 종료일
	② 사업개시 전 등록의 경우 : 등록일(등록신청일) ~ 당해 과세기간의 종료일
폐 업 자	① 폐업자의 경우 : 당해 과세기간 개시일 ~ 폐업일(**폐업일이 속하는 달의 다음달 25일까지 신고납부**)
	② 사업개시 전에 등록한 후 사업을 미개시한 경우 : 등록일(등록신청일) ~ 사실상 그 사업을 개시하지 아니하게 되는 날

[1]. 사업개시일

제조업	제조장별로 재화의 제조를 개시하는 날
광 업	사업장별로 광물의 채취·채광을 개시하는 날
기 타	재화 또는 용역의 공급을 개시하는 날

2. 예정신고기간

부가가치세법은 각 과세기간마다 예정신고기간을 설정하여 사업자에게 예정신고기간에 대한 과세표준과 세액을 <u>**예정신고기한이 종료되는 날로 부터 25일 이내에 신고·납부**</u>하도록 하여야 하는데 이를 예정신고납부라 한다.

구 분	예정신고기간
과세사업자	(제1기) 1월 1일부터 3월 31일까지
	(제2기) 7월 1일부터 9월 30일까지
신규사업자 (법인)	1) 신규사업자의 경우 : 사업개시일 ~ 예정신고기간 종료일
	2) 사업개시 전 등록의 경우 : 등록일(등록신청일) ~ 예정신고기간의 종료일

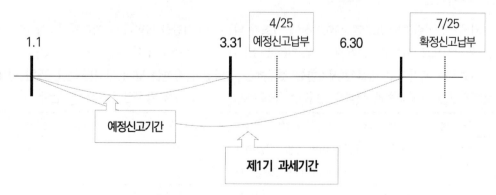

〈예정신고기간 및 과세기간〉

2기도 분기별로 신고·납부하여야 한다.

제6절 사업자등록

1. 사업자등록의 개념

사업자등록이란 부가가치세법상 납세의무자에 해당하는 사업자 및 그에 관련되는 사업내용을 관할세무관서의 대장에 수록하는 것을 말한다. 이는 사업자의 인적사항 등 과세자료를 파악하는데 적합한 사항을 신고하면 대장에 등재되고 사업자등록번호를 부여받게 된다.

2. 사업자등록의 신청

사업자등록을 하고자 하는 지는 사업장마다 **사업개시일로부터 20일 이내**에 사업자등록신청서에 다음의 서류를 첨부하여 사업장 관할세무서장에게 등록하여야 한다.

구 분	첨부서류	예 외
법 인	법인 등기부등본	사업개시 전 등록 : 법인설립 등기 전에 등록시 발기인의 주민등록등본
법령에 의하여 허가를 받거나 등록 또는 신고를 하여야 하는 사업의 경우	사업허가증사본 · 사업등록증 사본 또는 신고필사본	사업개시 전 등록 : 사업허가신청서 사본, 사업등록신청서 사본, 사업계획서
사업장을 임차한 경우	임대차계약서사본	

3. 사업자등록의 사후관리

(1) 사업자등록증의 정정신고 및 재교부

사업자가 다음에 해당하는 경우에는 지체 없이 사업자등록정정신고서에 사업자등록증 및 임차한 상가건물의 해당 부분의 도면(임대차의 목적물 또는 그 면적의 변경이 있거나 상가건물의 일부분을 임차 갱신하는 경우에 한함)을 첨부하여 관할세무서장에게 제출하며, 사업자등록의 정정신고를 받은 세무서장은 법정기한 내에 경정내용을 확인하고 사업자등록증의 기재사항을 정정하여 등록증을 재교부한다.

사업자등록 정정사유	재교부기한
∴ 상호를 변경하는 때	당일
∴ 법인 또는 국세기본법에 의하여 법인으로 보는 단체 외의 단체 중 소득세법상 1거주자로 보는 단체의 대표자를 변경하는 때 ☞국세기본법 : 국세에 관한 기본적인 사항과 공통적인 사항 및 위법이나 부당한 국세 처분에 대한 불복 절차를 규정한 국세에 관한 기본법.	2일 이내
∴ **상속(증여는 폐업사유임)**으로 인하여 사업자의 명의가 변경되는 때	
∴ 임대인, 임대차 목적물·그 면적, 보증금, 차임 또는 임대차기간의 변경이 있거나 새로이 상가건물을 임차한 때	
∴ 사업의 종류에 변동이 있는 때	
∴ 사업장(사업자 단위 신고·납부의 경우에 종된사업장 포함)을 이전하는 때	
∴ 공동사업자의 구성원 또는 출자지분의 변경이 있는 때	
∴ 사업자 단위 신고·납부의 승인을 얻은 자가 총괄사업장을 이전 또는 변경하는 때	

〈상속 및 증여〉

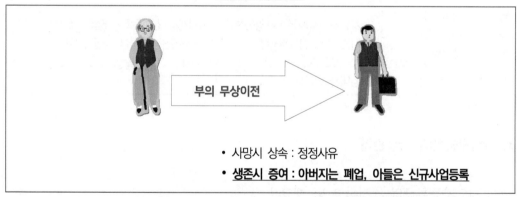

- 사망시 상속 : 정정사유
- **생존시 증여 : 아버지는 폐업, 아들은 신규사업등록**

(2) 휴업·폐업 등의 신고

사업자가 휴업 또는 폐업하거나 사업개시 전에 등록한 자가 사실상 사업을 개시하지 아니하게 되는 때에는 휴업(폐업)신고서에 사업자등록증과 주무관청에 폐업신고를 한 사실을 확인할 수 있는 서류의 사본을 첨부하여 관할세무서장에게 제출한다.

 분개연습

[1] 독도소프트(주)에서 ERP시스템 소프트웨어 용역을 공급받고, 전자세금계산서와 22,000,000 원(부가가치세 포함)를 수취하였다. 대금은 다음달 지급하기로 하다. 단, 계정과목은 무형 자산 항목으로 처리하고, 당해 용역은 완료되었다.

[2] (주)씨엘에게 제품 10,000,000원(부가가치세 별도)을 판매하고 전자세금계산서를 발행 하였다. 판매대금 중 2,000,000원은 (주)씨엘의 선수금과 상계하고, 5,000,000원은 (주)씨엘이 발행한 어음으로, 잔액은 자기앞수표로 받았다.

[3] 당사는 거래처인 ㈜성심으로부터 내년 여름을 대비하여 사무실용 에어컨(3대, 대당 2,000,000원, 부가가치세 별도)을 매입하였다. 전자세금계산서를 교부받고 대금은 매출 처인 (주)진흥으로부터 받은 약속어음으로 절반을 지급하였고, 나머지 절반은 당사가 발행한 약속어음을 지급하였다.

[4] 상록빌딩에서 당월의 본사 임차료에 대한 공급가액 500,000원(부가가치세 별도)의 전자 세금계산서를 교부받고 보통예금 계좌에서 송금하였다.

[5] 제품운반용 트럭이 사고로 인하여 명성공업사로부터 엔진을 교체하였다. 이는 자본 적지출에 해당하는 것으로 엔진교체비 5,000,000원(부가가치세 별도)을 당좌수표로 지급하고 전자세금계산서를 교부받았다.

[6] 공장에서 사용하던 기계를 봉담정밀(주)에게 20,000,000원(부가가치세 별도)에 매각하고 대금 15,000,000원을 자기앞수표로 받고 잔액은 2달 후에 받기로 하고 전자세금계산서를 교부하였다. 기계의 취득원가는 25,000,000원, 감가상각누계액은 6,000,000원이었다.

[7] 송탄가구(주)와의 임가공용역 계약에 의하여 제작 의뢰했던 제품을 납품받았다. 임가 공비(공급가액 4,000,000원, 부가가치세 400,000원)에 대해서 전자세금계산서를 교부받았고 대금은 3,000,000원은 당사 거래은행인 국민은행 보통예금 계좌에서 이체되었고, 잔액은 다음 달에 지급하기로 하다.
☞임가공 : 재화의 주요 자재를 전혀 부담하지 않고 타인의 의뢰한 바에 따라 재화를 단순히 가공해 주는 것으로 회계에서는 외주가공비로 회계처리한다.

[8] 거래처인 (주)베네치아로부터 원재료(2,000개, @5,000, 부가가치세 별도)를 매입하고 전자세금계산서를 교부받았다. 대금 중 3,000,000원은 거래처 (주)로마로부터 받은 동사발행의 약속어음으로 지급하였으며, 잔액은 외상으로 하였다.

[9] 2기 예정 부가가치세 신고분에 대한 부가가치세 예수금 31,000,000원과 부가가 치세 대급금 19,600,000원을 상계처리하고 잔액을 10월 25일 납부할 예정이다. 9월 30일 기준으로 적절한 회계처리를 하시오.(미지급세금 계정을 사용할 것)

[10] 1기 확정신고에 대한 부가가치세 14,548,060원(납부지연가산세 포함)을 보통 예금에서 납부하다.(6월 30일 부가가치세의 미지급세금은 14,274,000원이며, 납부지연가산세 274,060원은 판매관리비의 세금과공과로 처리할 것)

 객관식

01. 다음 중 부가가치세의 특징이 아닌 것은?

① 국가를 과세주체로 한다.

② 납세의무자와 담세자가 다를 것으로 예정되어 있다.

③ 면세로 열거되어 있지 않은 한 모든 재화나 용역의 공급을 과세한다.

④ 원산지국 과세원칙에 따라 수입재화에는 부가가치세를 과세하지 아니한다.

02. 다음 중 우리나라 부가가치세의 특징에 대한 설명으로 옳지 않은 것은?

① 국가를 과세의 주체로 한다.

② 납세의무자와 담세자가 일치한다.

③ 매출세액에서 매입세액을 차감하여 납부세액을 계산한다.

④ 인적공제제도가 없는 물세이다.

03. 다음 중 우리나라 부가가치세의 특징에 해당하지 않는 것은?

① 납세의무자의 인적사항을 고려하지 않는 물세이다.

② 소비지국과세원칙에 따라 수출 재화에 대하여는 영세율을 적용한다.

③ 납세의무자인 사업자는 영리목적이 있는지 여부와는 무관하다.

④ 전단계거래액공제법에 따라 부가가치세를 계산한다.

04. 다음 중 부가가치세법상 납세의무자에 대한 설명으로 옳지 않은 것은?

① 납세의무자에는 사업자 요건을 충족하면 국가와 지방자치단체 · 지방자치단체조합도 포함된다.

② 재화를 수입하는 자는 사업자 여부와 관계없이 그 재화의 수입에 대한 부가가치세를 납부할 의무가 있다.

③ 납세의무자는 사업의 영리목적이 있어야 한다.

④ 납세의무자는 부가가치세법상 과세대상이 되는 재화 또는 용역을 공급하여야 한다.

05. 다음 중 부가가치세법상 납세의무자에 대한 설명으로 옳은 것은?

① 면세사업자는 부가가치세법 납세의무가 있다.

② 국가는 부가가치세법상 납세의무자가 될 수 없다.

③ 계속 · 반복성이 없는 공급자의 경우에도 납세의무자에 해당된다.

④ 재화 수입의 경우 재화를 수입하는 자가 납세의무자가 된다.

06. 부가가치세법 상 납세지 및 사업장에 대한 설명으로 옳지 않은 것은?

① 사업자의 납세지는 각 사업장의 소재지로 한다.

② 임시사업장은 사업장으로 보지 않는다.

③ 부동산 임대업의 사업장은 부동산의 등기부상 소재지이다.

④ 직매장과 하치장은 사업장으로 본다.

07. 부가가치세법상 납세지(사업장)에 대한 설명으로 옳지 않은 것은?

① 부가가치세는 사업장마다 신고 · 납부하는 것이 원칙이다.

② 무인자동판매기를 통한 사업은 당해 판매기가 설치된 장소가 사업장이다.

③ 직매장은 사업장으로 보며 하치장은 사업장으로 보지 아니한다.

④ 제품의 포장만을 하거나 용기에 충전만을 하는 장소는 사업장으로 보지 아니한다.

08. 다음 중 부가가치세법상 사업장의 범위로 잘못 짝지어진 것은?

① 광업 : 채굴 장소

② 제조업 : 최종제품을 완성하는 장소

③ 부동산임대업 : 부동산의 등기부상 소재지

④ 무인자동판매기 : 사업에 관한 업무를 총괄하는 장소

09. 부가가치세 납세지 및 사업장과 관련된 설명으로 옳지 않은 것은?

① 부가가치세법상 납세지는 각 사업장을 납세지로 하는 것이 원칙이다.
② 부동산임대업의 사업장은 부동산의 등기부상 소재지이다.
③ 주사업장총괄납부를 신청하는 경우 각 사업장의 납부세액을 주된 사업장에서 총괄하여 납부할 수 있다.
④ 사업장이 둘 이상인 사업자가 사업자단위과세를 신청하는 경우에도 사업장마다 사업자등록을 하여야 한다.

10. 다음 중 부가가치세법상 과세기간에 대한 설명으로 옳지 않은 것은?

① 일반과세자의 제1기 과세기간은 1월 1일부터 6월 30일까지이다.
② 신규사업자의 과세기간은 사업 개시일부터 그 날이 속하는 과세기간 종료일까지이다.
③ 폐업자의 과세기간은 해당 과세기간 개시일부터 폐업일까지이다.
④ 제조업의 최초 과세기간은 제조된 재화의 판매를 개시하는 날부터 그 날이 속하는 과세기간 종료일까지이다.

11. 다음 중 부가가치세법상 과세기간과 관련된 설명으로 옳지 않은 것은?

① 과세기간이란 세법에 따라 국세의 과세표준 계산의 기초가 되는 기간이다.
② 간이과세자는 1월 1일부터 6월 30일까지를 과세기간으로 한다.
③ 일반과세자의 제1기 예정신고기간은 1월 1일부터 3월 31일까지이다.
④ 사업자가 폐업하는 경우 과세기간은 해당 과세기간의 개시일부터 폐업일까지이다.

12. 다음 중 사업자등록에 대한 설명으로 옳지 않은 것은?

① 사업자는 사업장마다 사업개시일부터 20일 이내에 사업자등록을 신청하는 것이 원칙이다.
② 신규로 사업을 시작하는 경우 사업개시일 이전에는 사업자등록을 신청할 수 없다.
③ 사업자등록은 전국 모든 세무서에서 신청 가능하다.
④ 사업장관할세무서장은 등록된 사업자가 폐업한 경우 지체 없이 사업자등록을 말소하여야 한다.

13. 다음 중 부가가치세법상 사업자등록에 대한 설명으로 옳은 것은?

① 신규로 사업을 시작하려는 자는 사업 개시일 이전에 사업자등록을 신청할 수 없다.

② 사업장이 둘 이상인 사업자는 사업자 단위로 사업자등록을 신청할 수 있다.

③ 사업자는 사업장 관할 세무서장이 아닌 다른 세무서장에게는 사업자등록의 신청을 할 수 없다.

④ 면세사업자도 부가가치세법에 의한 사업자등록을 하여야 한다.

14. 다음 중 사업자등록에 대한 설명으로 옳지 않은 것은?

① 신규로 사업을 개시한 자는 사업장마다 사업개시일부터 20일 이내에 사업자등록신청을 하는 것이 원칙이다.

② 세무서장은 사업자등록 신청일부터 7일(토요일 · 일요일 · 근로자의 날 제외) 이내에 사업자등록증을 발급한다.

③ 상호변경으로 등록정정신고를 한 경우 세무서장은 신고일 당일에 사업자등록증을 재발급한다.

④ 신규로 사업을 개시하려는 자는 사업개시일 전이라도 등록할 수 있다.

15 다음 중 부가가치세법상 사업장에 대한 설명으로 옳은 것은?

① 부동산임대업은 법인의 등기부상 소재지가 사업장이다.

② 무인자동판매기를 통해 재화를 공급하는 사업은 해당 판매기가 설치된 장소가 사업장이다.

③ 하치장은 사업장으로 보며 직매장은 사업장으로 보지 아니한다.

④ 제품의 포장만을 하거나 용기에 충전만을 하는 장소는 사업장으로 보지 아니한다.

16 다음 중 부가가치세법상 과세기간과 납세지에 대한 설명으로 옳지 <u>않은</u> 것은?

① 신규사업자의 최초 과세기간은 사업개시일부터 그 날이 속하는 과세기간의 종료일까지로 한다.

② 직매장과 하치장은 사업장으로 본다.

③ 사업자가 폐업하는 경우의 과세기간은 폐업일이 속하는 과세기간의 개시일부터 폐업일까지로 한다.

④ 부동산임대업의 사업장은 부동산 등기부상의 소재지가 원칙이다.

17. 다음 중 부가가치세법상 납세의무자에 대해 잘못 설명하고 있는 사람은?

> • 상미 : 재화를 수입하는 개인은 부가가치세를 납부할 의무가 있어
> • 세진 : 비영리법인은 납세의무자가 될 수 없어
> • 종수 : 국가나 지방자치단체는 납세의무자가 될 수 있어
> • 정희 : 간이과세자도 부가가치세법상 납세의무자야.

① 상미   ② 세진   ③ 종수   ④ 정희

18. 다음 중 부가가치세법상 사업자등록에 대하여 바르게 설명하고 있는 사람은?

> • 명진 : 면세사업자도 부가가치세법에 의한 사업자등록을 해야 해
> • 수정 : 신규로 사업을 시작하는 경우 사업개시일 이전에는 사업자등록을 신청할 수 없어.
> • 하주 : 사업장 관할이 아닌 다른 세무서장에게도 사업자등록의 신청을 할 수 있어
> • 재영 : 사업장 종업원 수가 변경되는 경우에는 사업자등록을 정정해야 해

① 명진   ② 수정   ③ 하주   ④ 재영

 주관식

01. 개인일반과세자 甲은 20x1년 2월 10일에 부동산임대업을 폐업하였다. 甲이 20x1년 1월 1일부터 20x1년 2월 10일까지의 거래에 대한 부가가치세 확정신고기한을 적으시오.

○━ 분개연습

[1] (차) 소프트웨어   20,000,000   (대) 미지급금(독도소프트(주))   22,000,000
         부가세대급금   2,000,000

[2] (차) 선 수 금((주)씨엘)   2,000,000   (대) 제품매출   10,000,000
         받을어음((주)씨엘)   5,000,000   부가세예수금   1,000,000
         현   금   4,000,000

[3] (차) 비   품   6,000,000   (대) 받을어음((주)진흥)   3,300,000
         부가세대급금   600,000   미지급금((주)성심)   3,300,000
      ☞당사 발행 약속어음은 상거래가 아니므로 미지급금으로 처리한다.

[4] (차) 임차료(판)   500,000   (대) 보통예금   550,000
         부가세대급금   50,000

[5] (차) 차량운반구   5,000,000   (대) 당좌예금   5,500,000
         부가세대급금   500,000

[6] (차) 현   금   15,000,000   (대) 기계장치   25,000,000
         감가상각누계액(기계)   6,000,000   부가세예수금   2,000,000
         미 수 금(봉담정밀(주))   7,000,000   유형자산처분익   1,000,000
      ☞공급받는자에게 공급가액과 부가가치세를 합한 공급대가(22,000,000원)를 거래징수한다.
        처분손익 = 처분가액(공급가액) - 장부가액 = 20,000,000 - [25,000,000 - 6,000,000] = 1,000,000

[7] (차) 외주가공비(제)   4,000,000   (대) 보통예금   3,000,000
         부가세대급금   400,000   미지급금(송탄가구(주))   1,400,000
      ☞ 외주가공비 : 사업자가 외부 생산자에게 원재료 등을 공급하고 가공을 위탁한 후 그 대가로 지급하는 비용

[8]	(차)	원 재 료(제)	10,000,000	(대)	받을어음((주)로마)	3,000,000
		부가세대급금	1,000,000		외상매입금((주)베네치아)	8,000,000
[9]	(차)	부가세예수금	31,000,000	(대)	부가세대급금	19,600,000
					미지급세금	11,400,000
[10]	(차)	미지급세금	14,274,000	(대)	보통예금	14,548,060
		세금과공과(판)	274,060			

객관식

1	2	3	4	5	6	7	8	9	10
④	②	④	③	④	④	②	①	④	④

11	12	13	14	15	16	17	18		
②	②	②	②	④	②	②	③		

[풀이 – 객관식]

01 부가가치세는 소비지국 과세원칙을 채택하고 있다.

02 부가가치세는 **납세의무자와 담세자가 일치하지 않는 간접세**이다.

03 부가가치세는 전단계세액공제법에 따라 매출세액을 계산한 후 전단계의 매입세액을 차감하여 납부세액을 계산한다.

04 부가가치세법상 **납세의무자는 사업의 영리목적여부를 불문**한다.

05 ① **면세사업자는 부가가치세법 납세의무가 없다.**

② **국가도 부가가치세법상 납세의무자가 될 수 있다.**

③ 계속·반복성이 없는 공급자의 경우에는 납세의무자에 해당되지 않는다.

06 하치장은 재화를 보관하고 관리할 수 있는 시설만 갖춘 장소이므로 거래의 전부 또는 일부를 수행하는 장소가 아니다. 따라서 **하치장은 사업장으로 보지 아니한다.**

07 무인자동판매기는 **사업에 관한 업무를 총괄하는 장소**가 사업장에 해당한다.

08 광업사무소의 경우 **광업사무소의 소재지**를 사업장으로 본다.

09 사업자단위과세제도는 원활한 납세의무 이행과 납세관리의 효율성을 위해 **사업자의 본점(주사무소)**에서 총괄하여 **사업자등록, 세금계산서 발급, 신고·납부**할 수 있게 하는 제도이다.

10 제조업의 최초 과세기간은 **재화의 제조를 개시하는 날부터 그 날이 속하는 과세기간 종료일**까지이다.

11 간이과세자는 **1월 1일부터 12월 31일까지를 과세기간**으로 한다.

12 신규로 사업을 시작하려는 자는 **사업개시일 이전이라도 사업자등록을 신청할 수 있다.**

13 ① 신규로 사업을 시작하려는 자는 사업 개시일 이전이라도 사업자등록을 신청할 수 있다.

　③ 사업자는 사업장 관할 세무서장이 아닌 **다른 세무서장에게도 사업자등록의 신청을 할 수 있다.**

　④ **면세사업자는 소득세법 또는 법인세법에 의한 사업자등록**을 하여야 한다.

14 사업자등록증은 사업자등록 신청일부터 2 이내에 발급해야 한다.

15 ① 부동산임대업은 **부동산의 등기부상 소재지가 사업장**이다.

　② 무인자동판매기를 통해 재화를 공급하는 사업은 그 사업에 관한 **업무를 총괄하는 장소**가 사업장이다.

　③ **직매장은 사업장으로 보며 하치장은 사업장으로 보지 아니한다.**

16 재화를 보관하고 관리할 수 있는 시설만 갖춘 장소인 **하치장은 사업장으로 보지 아니한다.**

17 **영리목적유무에도 불구**하고 인적, 물적설비를 갖추고 사업을 영위하는 자는 부가가치세 납세의무자이므로 비영리법인도 납세의무자가 될 수 있다.

18 ① 면세사업자는 소득세법 또는 법인세법에 의한 사업자등록을 하여야 한다.

　② 신규로 사업을 시작하려는 자는 **사업 개시일 이전이라도 사업자등록을 신청할 수 있다.**

　④ 사업장에 종업원 수가 변경되는 경우는 사업자등록 정정사항이 아니다.

🔑 **주관식**

| 01 | 20x1년 3월 25일 | | |

Section 02

과세거래, 영세율, 면세

NCS세무 - 3   부가가치세 신고

제1절   과세거래의 개념

부가가치세법상 과세대상, 즉 과세거래는 다음과 같이 규정하고 있다.
① **재화의 공급**   ② **용역의 공급**   ③ **재화의 수입**

그러나 실제로 부가가치세법에서는 면세제도를 두고 있어 면세되는 재화·용역에 대해서는 부가가치세를 과세하지 않고 있다.

구 분	납세의무자	과세 · 면세구분	부가가치세 과세여부
재화·용역의 공급	사 업 자	과세 재화·용역	○
		면세 재화·용역	×
재화의 수입	사업자 또는 **개인**	과세 재화	○
		면세 재화	×

제2절   재화의 공급

1. 재화의 개념

재화란 재산적 가치가 있는 모든 유체물과 무체물을 말한다. 다만, 유체물 중 그 자체가 소비의 대상이 되지 아니하는 수표·어음·주식·채권 등의 유가증권은 재화에 포함되지 아니한다.

구 분	구 체 적 범 위
유체물	상품, 제품, 원료, 기계, 건물과 기타 모든 유형적 물건
무체물	가스, 전기, 동력, 열, 기타 관리할 수 있는 자연력 또는 특허권, 실용신안권, 어업권 등 재산적 가치가 있는 유체물 이외의 모든 것.

2. 공급의 범위

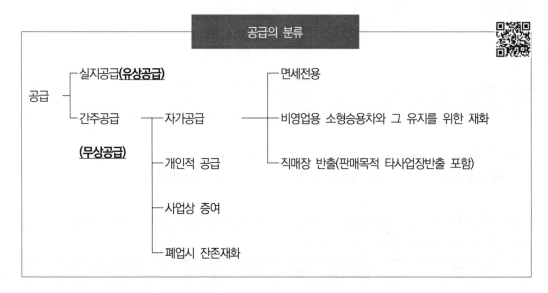

(1) 재화의 실지공급

구 분	내 용
계약상의 원인	① 매매계약 : 현금판매 · 외상판매 · 할부판매 · 장기할부판매 · 조건부 및 기한부판매 · 위탁 판매 기타 매매계약에 의하여 재화를 인도 · 양도하는 것
	② **가공계약** : 자기가 주요자재의 전부 · 일부를 부담하고 상대방으로부터 인도받은 재화 에 공작을 가하여 새로운 재화를 만드는 가공계약에 의하여 재화를 인도하는 것
	③ 교환계약 : 재화의 인도대가로서 다른 재화를 인도받거나 용역을 제공받는 교환계약 에 의하여 재화를 인도 · 양도하는 것
	④ 현물출자 등 : 기타 계약상의 원인에 의하여 재화를 인도 · 양도하는 것
법률상의 원인	경매 · 수용 기타 법률상 원인에 의하여 재화를 인도 · 양도하는 것 *소정법률에 따른 공매 · 경매 및 일정한 수용은 재화의 공급으로 보지 않는다.

(2) 재화의 공급으로 보지 아니하는 경우

① 담보제공

질권·저당권 등의 목적으로 동산·부동산·부동산상의 권리를 제공하는 것은 재화의 공급으로 보지 아니한다. 다만, 재화가 채무불이행 등의 사유로 사업용자산인 담보물이 인도되는 경우에는 재화의 공급으로 본다.

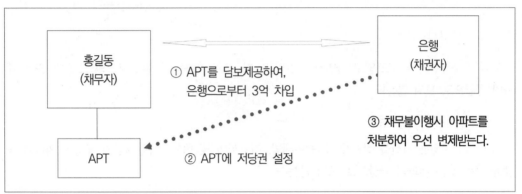

☞질권 : 채권자가 채무자 등으로부터 받은 물건(재산권)에 대하여 변제할 때 까지 수중에 두고 변제가 없는 경우 그 물건에서 우선하여 변제받을 수 있는 담보물권
저당권 : 채무자가 점유를 이전하지 않고 채무의 담보로 제공한 목적물(부동산)을 채무자가 변제가 없는 경우 그 목적물에 대하여 다른 채권자보다 우선변제를 받을 수 있는 담보물권

② 사업을 포괄적으로 양도하는 경우

사업장별로 그 사업에 관한 모든 권리와 의무를 포괄적으로 승계시키는 사업의 양도는 재화의 공급으로 보지 않는다.

다음의 예에서 개인사업체를 3억(부가세 별도)에 포괄적 양도했다고 가정하자.

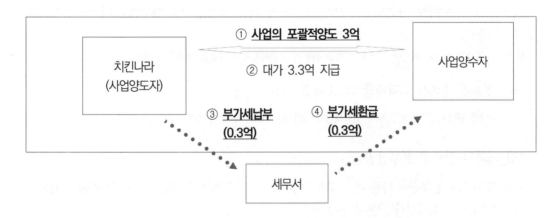

	사업 양도자	사업양수자
매출세액(A)	30,000,0000	0
매입세액(B)	0	30,000,000
납부(환급)세액(A – B)	납부세액 30,000,000	환급세액 △30,000,000

징수세액 "0"

결국 거래징수의 실익도 없고 사업자의 편의 및 자금부담완화를 위해서 사업의 포괄적양도는 재화의 공급으로 보지 않는다.

③ 조세를 물납하는 경우

사업자가 사업용 자산을 상속세 및 증여세법, 지방세법 및 종합부동산세법의 규정에 의하여 물납을 하는 것은 재화의 공급으로 보지 않는다.

④ 공매 및 강제경매 하는 경우

국세징수법에 의한 공매, 민사집행법의 강제경매에 의하여 재화를 인도·양도하는 것은 재화의 공급으로 보지 않는다.

☞강제경매 : 채권자 등이 법원에 신청하여 채무자 소유의 부동산을 압류하고 경매하여 채무변제에 충당하는 것
공　　매 : 공기관에 의해 소유자의 의사에 반하여 강제적으로 압류한 재산이나 물건 따위를 일반인에게 공개하여 매매하는 것

⑤ 수용시 받는 대가

도시 및 주거환경정비법, 공익사업을 위한 토지 등의 취득 및 보상에 관한 법률등에 따른 수용절차에 있어서 수용대상인 재화의 소유자가 그 재화에 대한 대가를 받는 경우에는 재화의 공급으로 보지 아니한다.

☞수용 : 국가가 개인의 재산을 공공의 목적을 위하여 강제적으로 소유권을 취득하는 것

⑥ 일정요건 충족시 신탁재산[1]의 소유권 이전

[1]. 수탁자가 위탁자로부터 이전 받아 신탁목적에 따라 관리하고 처분할 수 있는 재산

(3) 재화의 간주공급(무상공급)

간주 또는 의제란 본질이 다른 것을 일정한 법률적 취급에 있어 동일한 효과를 부여하는 것을 말한다. '간주한다', '의제한다', '본다'는 표현은 모두 같은 의미이다.

즉 간주공급이란 본래 재화의 공급에 해당하지 않는 일정한 사건들을 재화의 공급으로 의제하고 있다.

① 자가공급

　㉠ 면세사업에 전용

　　과세사업과 관련하여 생산 또는 취득한 재화를 면세사업을 위하여 직접사용·소비하는 경우에는 재화의 공급으로 본다. 다만 처음부터 매입세액이 공제되지 않은 것은 과세되는 재화의 공급으로 보지 않는다.

〈과세사업자와 면세사업자〉

		과세사업자	면세사업자
납부세액	매출세액	과세표준×10%	납세의무가 없으므로 "0"
	매입세액(세금계산서 수취)	**매입세액공제**	**매입세액불공제**
거래증빙서류 발급		세금계산서	계산서

■ 계산서 : 면세사업자가 소득세법 또는 법인세법에 의해 면세 재화와 역무를 제공하고 상호간에 거래내역을 명확히 하기 위해 작성하는 서면을 말하는데, **공급가액만 있고 부가가치세액은 없다.**

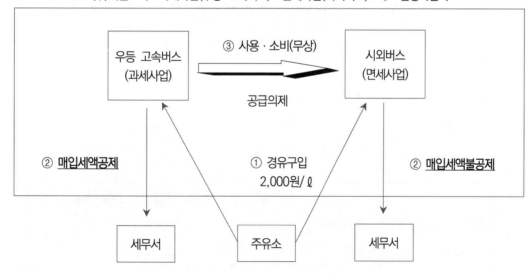

〈면세전용〉

(주)서울고속 = 과세사업(우등 고속버스) + 면세사업(시외버스) ➡ 겸영사업자

- 차량용 경유(공급가액 2,000원, 부가가치세 별도)를 매입하고 차량유지비로 처리시

회계처리	우등 고속버스(과세사업)			시외버스(면세사업)		
	(차) 차량유지비	2,000원		(차) 차량유지비		2,200원
	부가세대급금	**200원**				
	(대) 현 금		2,200원	(대) 현 금		2,200원

즉 과세사업에서는 매입세액을 공제받았으므로, 과세사업용으로 구입한 과세재화를 면세전용시 매입세액 공제받은 것에 대해서 부가가치세를 징수하겠다는 것이 법의 취지다.

ⓒ 비영업용 소형승용차 또는 그 유지에의 전용

과세사업과 관련하여 생산 또는 취득한 재화를 비영업용 소형승용차로 사용하거나 그 유지를 위한 재화로 사용·소비하는 것은 재화의 공급으로 본다. 다만, 당초 매입세액이 공제되지 아니한 것은 재화의 공급으로 보지 아니한다.

〈비영업용 소형승용자동차 또는 그 유지에의 전용〉

〈(주) 현대자동차〉

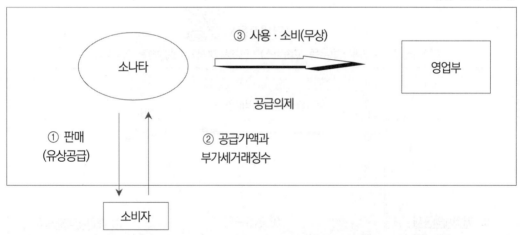

구 분	소형승용차 및 그 유지를 위한 재화·용역의 구입시
영업용(택시업) 또는 판매용(자동차대리점)	매입세액공제
비영업용(일반적인 제조업)	**매입세액불공제**

ⓒ 직매장 반출(판매목적 타 사업장에의 반출 포함)

2 이상의 사업장이 있는 사업자가 자기 사업과 관련하여 생산 또는 취득한 재화를 타인에게 직접 판매할 목적으로 자기의 다른 사업장에 반출하는 것은 재화의 공급으로 본다. 다만 주사업장총괄납부 또는 사업자단위 과세의 경우 공급의제를 배제한다.

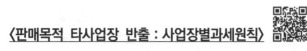

《판매목적 타사업장 반출 : 사업장별과세원칙》

〈(주)엘지전자〉

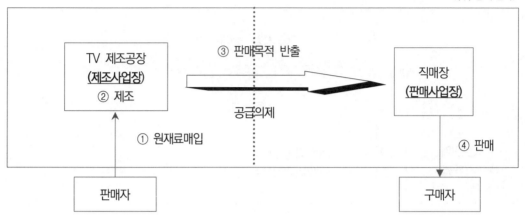

《재화의 공급의제 배제시 : 모든 재화가 직매장에서 판매된다고 가정시》

	TV 제조공장	직매장
매출세액	발생되지 않음	발생
매입세액	발생	발생되지 않음
납부(환급)세액	**환급세액만 발생**	**납부세액만 발생**

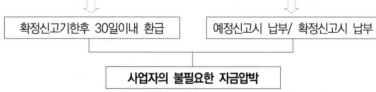

확정신고기한후 30일이내 환급	예정신고시 납부/ 확정신고시 납부

사업자의 불필요한 자금압박

따라서 2 이상의 사업장을 가진 사업자가 판매목적으로 재화를 반출시 타사업자에게 공급하는 것처럼 재화의 공급으로 의제하라는 것이 법의 취지이다.

② 개인적 공급

사업자가 자기의 사업과 관련하여 생산하거나 취득한 재화를 사업과 직접 관련 없이 사용·소비하는 경우에는 이를 재화의 공급으로 본다.

다만 처음부터 매입세액이 공제되지 않은 것은 재화의 공급의제로 보지 않는다.

그리고 **작업복, 작업모, 작업화, 직장체육비, 직장문화비(연예비), 인당 연간 10만원 이하 경조사와 인당 연간 10만원 이하의 명절·기념일 등과 관련된 재화공급은 과세 제외**된다.

〈개인적공급〉

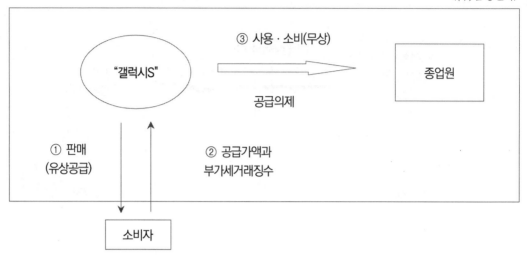

③ 사업상 증여

사업자가 자기의 사업과 관련하여 생산하거나 취득한 재화를 자기의 고객이나 불특정다수인에게
증여하는 경우에는 재화의 공급으로 본다.

〈사업상증여〉

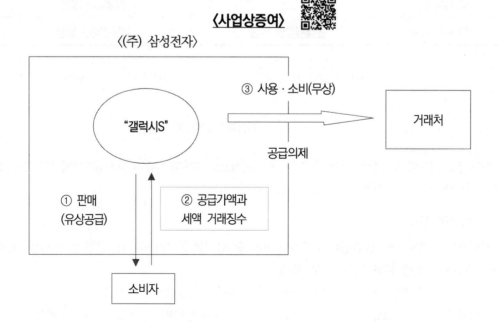

예외 : 다음에 해당하는 경우에는 사업상 증여로 보지 않는다.
① 증여하는 재화의 대가가 **주된 거래인 재화공급의 대가에 포함**되는 것(=부수재화)
② 사업을 위하여 대가를 받지 아니하고 다른 사업자에 인도 또는 양도하는 **견본품**
③ 불특정다수인에게 **광고선전물을 배포하는 것**
④ 당초 매입세액이 공제되지 않은 것
⑤ 법에 따라 **특별재난지역에 무상공급하는 물품**에 대하여는 간주공급으로 보지 않는다.

④ 폐업시 잔존재화

사업자가 사업을 폐지하는 때에 잔존하는 재화는 자기에게 공급하는 것으로 본다. 또한, 사업개시 전에 등록한 경우로서 사실상 사업을 개시하지 아니하게 되는 때에도 동일하다. 다만, 매입시 매입세액이 공제되지 아니한 재화를 제외한다.

〈폐업시 잔존재화〉

〈동대문 의류상〉

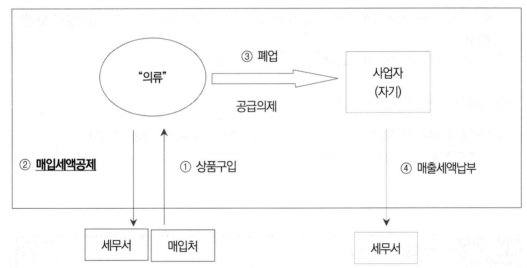

제3절　용역의 공급

1. 용역의 개념

용역이란 재화 이외의 재산적 가치가 있는 모든 역무 및 그 밖의 행위를 말한다.
즉 재화는 '물건이나 권리 등'인데 반하여 용역은 '행위'인 것이다.

2. 공급의 범위

(1) 용역의 실지공급

① 역무를 제공하는 것(인적용역의 공급, 가공계약)

　☞가공계약 : 상대방으로부터 받은 재화에 대하여 자기가 주요자재를 부담하지 아니하고 단순히 가공만 하는 경우

② 재화·시설물을 사용하게 하는 것(물적용역의 공급, 부동산임대 – **전·답, 과수원의 임대는 제외**)

③ 권리를 사용하게 하는 것(권리의 대여 : 특허권의 대여)

(2) 용역의 간주공급(무상공급)

대가를 받지 않고 타인에게 용역을 공급하는 것은 용역의 공급으로 보지 않는다.
다만, **특수관계자간 부동산 무상임대용역은 과세**한다.

제4절　재화의 수입

재화의 수입이란 다음에 해당하는 물품을 우리나라에 반입하는 것(보세구역을 거치는 것은 보세구역에서 반입하는 것)을 말한다.

① 외국으로부터 우리나라에 도착된 물품(외국의 선박에 의하여 공해에서 채집되거나 잡힌 수산물을 포함한다)으로서 수입신고가 수리되기 전의 것

② 수출신고가 수리된 물품[수출신고가 수리된 물품으로서 선적되지 아니한 물품을 보세구역에서 반입하는 경우는 제외한다]

　☞보세구역 : 우리나라의 영토 중 관세의 부과를 유예한 일정구역을 말한다. 따라서 외국으로부터 재화가 보세구역으로 반입된 시점에서는 수입으로 보지 아니하고, 보세구역에서 반출된 시점에 수입으로 본다.

제5절 | 거래시기(=공급시기)

기업회계기준의 수익인식시점과 부가가치세법상 공급시기는 거의 일치한다.

1. 재화의 공급시기

(1) 원칙

구 분	공급시기
① 재화의 이동이 필요한 경우	재화가 인도되는 때
② 재화의 이동이 필요하지 아니한 경우	재화가 이용가능하게 되는 때
③ 위의 규정을 적용할 수 없는 경우	재화의 공급이 확정되는 때

(2) 구체적 재화의 공급시기

① 일반적인 경우

구 분	재화의 공급시기
현금판매·외상판매 또는 할부판매	재화가 인도되거나 이용가능하게 되는 때
반환조건부·동의조건부·기타 조건부 판매	그 조건이 성취되어 판매가 확정되는 때
☞ 반환조건부(반품조건부) 판매 : 재화의 인도시점에서 일정기간 이내에 재화를 반품할 수 있는 조건을 붙여서 판매하는 것	
기한부 판매	기한이 경과되어 판매가 확정되는 때
재화의 공급으로 보는 가공의 경우	**가공된 재화를 인도하는 때**
자가공급(면세전용, 비영업용소형승용차 유지등) 개인적공급	**재화가 사용·소비되는 때**
자가공급(판매목적 타사업장 반출)	**재화를 반출하는 때**
사업상증여	재화를 증여하는 때
폐업시 잔존재화	**폐업하는 때(폐업신고일 ×)**
무인판매기에 의한 공급	**무인판매기에서 현금을 인취하는 때**
사업자가 보세구역 내에서 보세구역 외의 국내에 재화를 공급하는 경우	당해 재화가 수입재화에 해당하는 때에는 수입신고수리일

구　분	재화의 공급시기
내국물품의 국외반출ㆍ중계무역방식의 수출	**수출재화의 선적일(또는 기적일)**
원양어업ㆍ위탁판매수출	수출재화의 공급가액이 확정되는 때
위탁가공무역방식의 수출ㆍ외국인도수출	외국에서 당해 재화가 인도되는 때

수출 재화

☞ ・중계무역방식수출 : 외국으로부터 수입한 물품을 보세구역 이외의 국내에 반입하는 것을 금지하고 수출하는 것
　・위탁판매수출 : 물품을 무환(무상)수출하여 해당 물품이 판매된 범위 안에서 대금을 결제하는 계약에 의한 수출
　・위탁가공무역(임가공무역)방식수출 : 원료의 전부 또는 일부를 외국에 수출하거나 외국에서 조달하여 이를 가공한 후 가공물품을 수입하거나 제 3국에 수출하는 무역형태
　・외국인도수출 : 수출대금은 국내에서 영수하지만 국내에서 통관되지 아니한 수출물품을 외국으로 인도하는 수출

② 기타의 경우

구　분	요　　건	공급시기
장기할부판매	・인도 후 2회 이상 분할하여 대가를 받고 ・당해 재화의 인도일의 다음날부터 최종 부불금 지급기일까지의 기간이 1년 이상인 것	**대가의 각 부분을 받기로 한 때**
완성도기준지급	재화의 제작기간이 장기간을 요하는 경우에 그 진행도 또는 완성도를 확인하여 그 비율만큼 대가를 지급하는 것	
중간지급조건부	재화가 인도되기 전 또는 이용가능하게 되기 전에 계약금 이외의 대가를 분할하여 지급하고, 계약금 지급일로부터 잔금지급일까지의 기간이 6개월 이상인 경우	
계속적 공급	전력 기타 공급단위의 구획할 수 없는 재화의 계속적 공급하는 경우	

2. 용역의 공급시기

(1) 원칙

역무가 제공되거나 재화·시설물 또는 권리가 사용되는 때로 한다.

(2) 거래형태별 용역의 공급시기

구 분		공급시기
일반적	① 통상적인 공급의 경우(할부판매 포함)	역무의 제공이 완료되는 때
	② 완성도기준지급·중간지급조건부·장기할부 또는 기타 조건부 용역공급, 공급단위를 구획할 수 없는 용역의 계속적 공급의 경우	**대가의 각 부분을 받기로 한 때**
	③ 위의 규정을 적용할 수 없는 경우	역무제공이 완료되고 그 공급가액이 확정되는 때
특수	① **부동산임대보증금에 대한 간주임대료**	**예정신고기간 종료일 또는 과세기간 종료일**
	② 2 과세기간 이상에 걸쳐 부동산임대용역을 공급하고 그 대가를 선불 또는 후불로 받는 경우에 월수에 따라 안분 계산한 임대료	

☞ 간주임대료
부동산 또는 그 부동산상의 권리 등을 대여하고 보증금 등의 금액을 받은 경우에 일정한 이율(정기예금이자율) 곱하여 계산한 금액을 말하는데, 월정임대료만을 수령시 부가가치세가 과세되는데 보증금만 수령하는 자는 부가가치세가 과세되지 않는 것을 감안하여 보증금에 대해서 부가가치세를 과세하여 세부담을 공평하게 하고자 하는 제도이다.

구 분	A안	B안
보증금	1억	0
월세	0	500,000/월
공급가액(년)	0	6,000,000원/년
부가가치세	0	600,000원/년

은행에 정기예금 했다고 가정한다.

1년 공급가액 = 보증금 × 정기예금이자율
= 100,000,000 × 2.5% = 2,500,000원/년

3. 공급시기의 특례

구 분	공 급 시 기
폐업시	폐업 전에 공급한 재화 또는 용역의 공급시기가 폐업일 이후에 도래하는 경우에는 그 **폐업일**을 공급시기로 한다.
세금계산서 선교부시 (선세금 계산서)	재화 또는 용역의 공급시기가 도래하기 전에 **재화 또는 용역에 대한 대가의 전부 또는 일부를 받고 발급받은 대가에 대하여 세금계산서 등을 발급하는 경우에는 그 발급하는 때를 공급시기로** 한다.
	공급시기가 도래하기 전에 대가를 받지 않고 세금계산서 또는 영수증을 교부하는 경우에도 그 교부하는 때를 재화 또는 용역의 공급시기로 본다. ① 장기할부판매 ② 전력 기타 공급단위를 구획할 수 없는 재화 또는 용역을 계속적으로 공급하는 경우

제6절 거래 장소(재화 또는 용역의 공급장소)

거래장소는 우리나라의 과세권이 미치는 거래인가의 여부에 관한 판정기준이다.
따라서 국외거래에 대해서는 원칙적으로 우리나라의 과세권이 미치지 않는다.

구 분		공급장소
재화	① 재화의 이동이 필요한 경우	재화의 이동이 개시되는 장소
	② 재화의 이동이 필요하지 아니한 경우	재화의 공급시기에 재화가 소재하는 장소
용역	① 원칙	역무가 제공되거나 재화·시설물 또는 권리가 사용되는 장소
	② 국내외에 걸쳐 용역이 제공되는 국제 운송의 경우에 사업자가 비거주자 또는 외국법인일 때	여객이 탑승하거나 화물이 적재되는 장소
	③ 전자적 용역[*1]	용역을 공급받는 자의 사업장 소재지·주소지·거소지

*1. 이동통신단말장치 또는 컴퓨터 등에 저장되어 구동되거나, 저장되지 아니하고 실시간으로 사용할 수 있는 것(게임, 동영상파일, 소프트웨어 등 저작물 등으로 전자적 방식으로 처리하여 음향 및 영상 등의 형태로 제작된 것)

제7절 | 영세율

1. 영세율의 개념

영세율이란 일정한 재화 또는 용역의 공급에 대하여 영"0"의 세율을 적용하는 제도이다. 이는 공급자에게 부가가치의 부담이 완전 제거되고 거래 상대방은 부가가치 부담이 없게 되므로 **완전면세 제도**라고 한다.

(1) 이중과세의 방지(소비지국과세원칙)

수출 관련 재화나 용역의 공급에 영세율을 적용하여 국외의 소비자가 우리나라 부가가치세를 부담하지 않게 하여 소비지국과세원칙을 준수한다.

(2) 외화획득 장려

국내거래라도 수출 등과 관련 있는 산업에 영세율을 미리 적용시켜줌으로써 외화획득을 장려하고 있다.

2. 영세율의 적용대상자

(1) 과세사업자

부가가치세법상 과세사업자(간이과세자 포함)에 한하여 영세율을 적용한다.

(2) 상호면세주의

외국에서 대한민국의 거주자 또는 내국법인에게 동일한 면세를 하는 경우에 한하여 비거주자 또는 외국법인인 사업자에게 영의 세율을 적용한다.

3. 영세율의 적용대상

(1) 수출하는 재화

직수출, 내국신용장·구매확인서에 의한 공급, 한국국제협력단[1]에 공급하는 재화, 법정요건에 의하여 공급하는 수탁가공재화

[1]. 외교부 산하기관으로 정부차원의 대외무상협력사업을 전담하는 준정부기관

① 직수출의 재화 범위

내국물품 외국 반출 : 수출업자가 자기 명의와 계산으로 내국물품을 외국으로 반출

② 내국신용장(Local L/C)·구매확인서 등에 의한 공급(간접수출 또는 국내수출)

국내거래이기 때문에 영세율세금계산서를 발행한다.

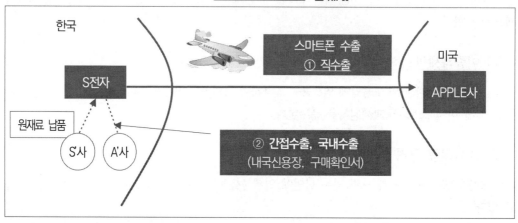

〈수출하는 재화〉

☞ • 내국신용장 : 수출업자가 수출이행에 필요한 원자재 등을 조달받기 위하여 물품구입대금 등의 사전지급대신 해
외로부터 받은 원신용장을 담보로 국내은행이 수출업자의 신청에 의해 국내의 원자재 등 공급업자를 수혜자로 하
여 개설하는 신용장
• 구매확인서 : 외국환은행장이 내국신용장에 준하여 발급하는 확인서로서 수출용 재화 등에 관한 수출신용장 근거
서류 및 그 번호, 선적기일 등이 기재된 것을 말한다.

(2) 국외에서 제공하는 용역

국외에서 제공하는 용역이란 용역의 제공장소가 국외인 용역을 말한다. (예 : 해외건설용역) 이
경우 영세율 적용과 관련하여 거래상대방, 대금결제 방법에 불구하고 영세율을 적용한다.

(3) 선박·항공기의 외국항행용역

국내에서 국외로, 국외에서 국내로 또는 국외에서 국외로 수송하는 것

(4) 기타 외화를 획득하는 재화 또는 용역

국내거래이지만 외화획득이 되는 거래

(5) 조세특례제한법[*1]상 영세율 적용대상 재화 또는 용역

*1. 조세특례제한법은 조세의 감면 또는 중과 등 조세의 특례와 이의 제한에 관한 사항을 규정하여 과세의 공평을 기하고
조세정책을 효율적으로 수행함으로써 국민경제의 건전한 발전에 이바지함을 목적으로 한다.

2-1 영세율

㈜백두의 거래내역을 분개하시오.

1. 3월 15일 해외수출대행업체인 ㈜묘향에 Local L/C(내국신용장)에 의하여 제품 10,000,000원을 납품하고 영세율전자세금계산서를 발급하였으며, 대금은 선수금 3,000,000원을 상계하고 잔액은 외상으로 하였다.

2. 3월 31일 미국기업인 애플사에 제품($10,000)을 직수출하기 위하여 선적을 완료하고 대금은 선적 후 15일 이내 받기로 하다.(선적일 기준환율 : 1,250원/$, 수출신고일 기준환율 : 1,230원/$)

해답

1.	(차) 선 수 금	3,000,000원	(대) 제 품 매 출	10,000,000원
	외상매출금	7,000,000원		
2.	(차) 외상매출금	12,500,000원	(대) 제 품 매 출	12,500,000원[*1]

*1. 수출재화는 선적일이 공급시기이다. 따라서 선적일 환율을 적용한다.
공급가액 = $10,000 × 1,250원/$(선적일 환율) = 12,500,000원

제8절 면세

1. 면세의 개념

면세란 일정한 재화·용역의 공급에 대하여 부가가치세를 면제하는 제도를 말한다.

여기서 면세의 의미는 영세율과는 달리 부가가치세법상 과세대상거래가 아니며 당해 면세가 적용된 단계에서 부가가치에 대해 부가가치세가 없을 뿐 그 이전 단계에서 부담한 부가가치세는 환급받지 못하므로 **불완전면세제도**라고 한다.

〈과세사업자(과세, 영세율)와 면세사업자〉

		과세사업자		면세사업자
		과세	영세율	
납부 세액	매출세액	과세표준×10%	과세표준×0%	납세의무가 없으므로 "0"
	(−) 매입세액	**매입세액공제**		**매입세액불공제**
면세정도		**−**	**완전면세**	**불완전면세**
거래증빙서류 발급		**세금계산서**	**영세율세금계산서 (국내수출)**	**계산서**

2. 면세대상

(1) 면세대상의 범위

구 분	면 세 대 상
기초생활 필수품	㉠ **미가공 식료품** 등(식용에 공하는 농산물 · 축산물 · 수산물 · 임산물 포함) 국내외 불문 ㉡ 국내 생산된 식용에 공하지 아니하는 미가공 농 · 축 · 수 · 임산물 | | 국내생산 | 해외수입 | | 식용 | 면세 | 면세 | | 비식용 | | **과세** | ㉢ 수돗물(**생수는 과세**) ㉣ 연탄과 무연탄(**유연탄, 갈탄, 착화탄은 과세**) ㉤ 여성용 생리처리 위생용품, 영유아용 기저귀 · 분유(액상형분유 포함) ㉥ 여객운송용역[**시내버스, 시외버스, 지하철, 마을버스, 고속버스(우등제외)** 등] **(전세버스, 고속철도, 택시는 과세)** ㉦ 주택과 이에 부수되는 토지의 임대용역
국민후생 용역	㉠ 의료보건용역과 혈액(질병 치료 목적의 동물 혈액 포함, 개정세법 25) → 약사가 판매하는 일반의약품은 과세, 미용목적 성형수술 과세, <u>산후조리원은 면세</u> ㉡ 수의사가 제공하는 동물진료 용역(가축 등에 대한 진료용역, 기초생활수급자가 기르는 동 물에 대한 진료용역, 기타 질병예방 목적의 동물 진료용역) ㉢ 교육용역(허가분)⇒ **운전면허학원은 과세** ☞ 미술관, 박물관 및 과학관에서 제공하는 교육용역도 면세

구 분	면 세 대 상
문화관련 재화용역	㉠ 도서 [도서대여 및 실내 도서 열람용역 포함]·신문(인터넷신문 구독료 포함)·잡지·관보 ·뉴스통신(**광고는 과세**) ㉡ 예술창작품(창작공연 포함)·예술행사·문화행사·비직업운동경기 ㉢ 도서관·과학관·박물관·미술관·동물원·식물원에의 입장
부가가치 구성요소	㉠ 금융·보험용역 ㉡ **토지의 공급(토지의 임대는 과세)** ㉢ **인적용역(변호사·공인회계사·세무사·관세사 등의 인적용역은 제외)**
기타	㉠ 우표·인지·증지·복권·공중전화(**수집용 우표는 과세**) ㉡ 종교·자선·학술 등 기타 공익을 목적으로 하는 단체가 공급하는 재화·용역 ㉢ 국가·지방자치단체·지방자치단체조합이 공급하는 재화·용역 ㉣ 국가·지방자치단체·지방지치단체조합 또는 공익단체에 **무상공급하는 재화·용역**

〈부동산의 공급과 임대〉

부동산의 공급(재화의 공급)	부동산의 임대(용역의 제공)
1. 토지의 공급 : 면세 2. 건물의 공급 : ① 원칙 : 과세 　　　　　　　② 예외 : 국민주택규모 이하의 주택은 면세	1. 원칙 : 과세 2. 예외 : **주택 및 주택의 부수토지임대는 면세**

☞국민주택 : 국민주택기금으로부터 자금을 지원받아 건설되는 주거전용면적이 85㎡(약 25.7평) 이하인 주택

예제 2-2 면세

㈜백두의 거래내역을 분개하시오.

1. 3월 15일 ㈜한라로 부터 공장용 토지를 1억원에 구입하고 대금은 계약금 10,000,000원을 제외한 잔금은 1개월 후에 주기로 하고, 전자계산서를 수취하다. 계약금은 선급금으로 회계처리하였다.

2. 3월 31일 하이마트로 부터 직원용 구내식당에서 사용할 쌀(공급가액 2,000,000원)을 외상으로 구입하고 전자계산서를 수취하다. 회사는 종업원들에게 무료로 식사를 제공하고 있다.

3. 4월 5일 거래처 ㈜청계 영업팀장의 모친 회갑잔치를 축하하고자 아름다운꽃집에서 난을 주문 배달시키고 전자계산서(공급가액 300,000원)를 발급받았고, 대금은 보통예금에서 계좌이체하다.

4. 4월 30일 ㈜한성으로 부터 본사의 임차료에 대해서 전자세금계산서(공급가액 4,000,000원, 부가세별도)를 수취하고, 별도로 수도요금에 대하여 전자계산서(공급가액 40,000원)를 수취하고 당좌수표를 각각 발행하여 지급하다.

해답

1.	(차) 토 지	100,000,000원	(대) 선 급 금	10,000,000원
			미 지 급 금	90,000,000원
2.	(차) 복리후생비(판)	2,000,000원	(대) 미 지 급 금	2,000,000원
3.	(차) 접대비(판)	300,000원	(대) 보 통 예 금	300,000원
	(기업업무추진비)			
4.	(차) 임 차 료(판)	4,000,000원	(대) 당 좌 예 금	4,400,000원
	부가세대급금	400,000원		
	(차) 수도광열비(판)	40,000원	(대) 당 좌 예 금	40,000원

(2) 면세와 영세율의 차이점

구 분	내 용	
	면 세	영 세 율
기본원리	면세거래에 납세의무 면제 ① 매출세액 : 징수 없음(결국 "0") ② **매입세액 : 환급되지 않음**	일정 과세거래에 0%세율 적용 ① 매출세액 : 0 ② **매입세액 : 전액환급**
면세정도	**부분면세(불완전면세)**	**완전면세**
대상	기초생활필수품 등	수출 등 외화획득재화·용역의 공급
부가가치세법상 의무	부가가치세법상 각종 의무를 이행할 필요가 없으나 다음의 협력의무는 있다. – 매입처별세금계산서합계표제출 등	영세율 사업자는 부가가치세법상 사업자 이므로 부가가치세법상 제반의무를 이행 하여야 한다.
사업자여부	**부가가치세법상 사업자가 아님**	**부가가치세법상 사업자임**
취지	**세부담의 역진성 완화**	**국제적 이중과세의 방지 수출산업의 지원**

 객관식

01. 다음 중 부가가치세법상 과세거래에 해당하는 것은?

    ① 조세의 물납   ② 법률에 의한 공매

    ③ 용역의 수입   ④ 교환계약에 의한 공급

02. 다음 중 부가가치세 과세대상이 아닌 것은?

    ① 사업자가 건물을 현물출자 하는 경우

    ② 사업자가 사용인에게 작업복을 무상으로 제공하는 경우

    ③ 사업자가 교환계약에 따라 기계장치를 인도하는 경우

    ④ 사업자가 전자제품을 개인적으로 사용하는 경우

03. 다음 중 부가가치세 과세대상 거래에 대한 설명으로 옳지 않은 것은?

    ① 사업자가 행하는 재화 또는 용역의 공급은 과세대상 거래이다.

    ② 재화의 수입은 과세대상 거래이다.

    ③ 주식의 양도는 과세대상 거래가 아니다.

    ④ 상품권의 양도는 과세대상 거래이다.

04. 다음 중 부가가치세 과세 거래에 해당하는 것은?

    ① 양도담보를 목적으로 부동산을 제공하는 경우

    ② 무상으로 견본품을 제공하는 경우

    ③ 거래처에 기업업무추진(접대)를 목적으로 제품을 증여하는 경우

    ④ 근로계약을 맺고 근로를 제공하는 경우

05. 화장품판매점을 운영하는 사업자가 다음과 같이 재화를 공급한 경우 부가가치세 과세거래에 해당하지 않는 것은?(단, 해당 재화는 구입 시 모두 매입세액공제를 받았다.)

① 판매촉진을 위하여 매출처 담당자에게 수분크림을 증정한 경우

② 집에서 사용하기 위하여 사업장에서 선크림을 가져간 경우

③ 손님에게 무상으로 견본품을 증정한 경우

④ 세일기간 중에 고객에게 화장품을 할인하여 판매한 경우

06. 다음 중 부가가치세법상 재화의 공급에 해당하는 것은?

① 대가로서 다른 용역을 제공받는 계약에 따라 재화를 인도하는 경우

② 사업장별로 그 사업에 관한 모든 권리와 의무를 포괄적으로 승계시키는 사업양도의 경우

③ 양도담보의 목적으로 부동산상의 권리를 제공하는 경우

④ 건설업자가 건설자재의 전부 또는 일부를 부담하는 경우

07. 다음 중 부가가치세 공급시기로 옳지 않은 것은?

① 현금판매 : 재화가 인도되는 때

② 외상판매 : 현금을 수취하는 때

③ 장기할부판매 : 대가의 각 부분을 받기로 한 때

④ 내국물품의 국외반출 : 수출재화의 선(기)적일

08. 다음 중 부가가치세법상 재화 또는 용역의 공급시기로 옳지 않은 것은?

① 간주임대료 : 예정신고기간 또는 과세기간의 종료일

② 장기할부판매 : 대가의 각 부분을 받기로 한 때

③ 재화의 공급으로 보는 가공의 경우 : 가공된 재화를 완성하는 때

④ 무인판매기 : 무인판매기에서 현금을 꺼내는 때

09. 다음 중 부가가치세법상 공급시기가 바르게 연결되지 않은 것은?

① 장기할부판매 - 대가의 각 부분을 받기로 한 때

② 간주임대료 - 예정신고기간 종료일 또는 과세기간 종료일

③ 완성도기준지급조건부 용역 - 역무의 제공이 완료되는 때

④ 무인판매기에 의한 재화의 공급 - 사업자가 무인판매기에서 현금을 꺼내는 때

10. 다음 중 부가가치세법상 재화의 공급시기로 옳은 것은?

① 공급단위를 구획할 수 없는 재화를 계속적으로 공급하는 경우 : 대가의 각 부분을 받기로 한 때

② 장기할부판매의 경우 : 재화가 인도되거나 이용가능하게 되는 때

③ 재화의 공급으로 보는 가공의 경우 : 재화의 가공이 완료되는 때

④ 상품권을 현금으로 판매하고 그 후 그 상품권이 현물과 교환되는 경우 : 상품권을 현금으로 판매한 때

11. 다음 중 부가가치세법상 과세대상 재화의 공급에 해당하는 것은?

① 교환계약에 따라 저작권을 양도하고 그 대가로 기계장치를 인도받는 경우

② 매매계약에 따라 비상장주식을 인도하는 경우

③ 민사집행법상의 경매에 따라 건물을 양도하는 경우

④ 대가를 받지 않고 다른 사업자에게 견본품을 인도하는 경우

12. 다음 중 부가가치세법상 재화의 공급시기로 옳은 것은?

① 외상판매의 경우 : 대가를 수령하는 때

② 재화의 공급으로 보는 가공의 경우 : 재화의 가공이 완료되는 때

③ 무인판매기를 이용하여 재화를 공급하는 경우 : 재화가 이동되는 때

④ 장기할부판매의 경우 : 대가의 각 부분을 받기로 한 때

13. 다음 중 부가가치세법상 영세율에 대한 설명으로 옳지 <u>않은</u> 것은?

① 영세율 적용대상자는 부가가치세 과세사업자이다.

② 사업자가 국외에서 공급하는 용역에 대해서는 영세율이 적용된다.

③ 사업자가 비거주자 또는 외국법인인 경우 영세율의 적용은 상호주의에 따른다.

④ 영세율은 부가가치세의 역진성을 완화하기 위한 제도이다.

14. 다음 중 부가가치세법상 영세율이 적용되지 않는 것은?

① 내국신용장에 의하여 공급하는 수출재화임가공용역

② 국외에서 공급하는 용역

③ 수출하는 재화

④ 국내선 항공기 운항 용역

15. 다음 중 부가가치세법상 영세율에 대한 설명으로 옳지 않은 것은?

① 사업자가 국외에서 공급하는 용역에 대해서는 영세율이 적용된다.

② 사업자의 부가가치세 부담을 완전히 면제해 준다.

③ 수출산업을 지원하고, 국가 간 이중과세를 방지한다.

④ 부가가치세 영세율 적용대상 사업자는 부가가치 신고 납부의무가 없다.

16. 다음 중 부가가치세 영세율에 대하여 잘못 설명하고 있는 사람은?

① 정현 : 영세율이란 재화 또는 용역을 공급할 때 영(0%)의 세율을 적용하는 것을 말해

② 민정 : 영세율을 적용하면 매출세액은 없고 매입세액을 전액 환급받게 되어 부가가치세를 전혀 부담하지 않게 돼

③ 준우 : 영세율을 적용하는 이유는 소비지국과세원칙으로 구현하기 위해서야

④ 은유 : 모든 수입재화에 대하여 영세율을 적용해야 해

17. 다음 중 부가가치세법상 영세율이 적용되지 않는 것은?

① 내국물품을 외국으로 반출하는 것

② 외국인관광객에게 공급하는 음식용역

③ 국외에서 공급하는 용역

④ 중계무역방식에 의한 수출

18. 다음 중 부가가치세법상 면세에 대한 설명으로 옳지 않은 것은?

① 면세사업자는 세금계산서를 발급할 수 없고 발급 받은 세금계산서 매입세액은 공제받을수 없다.

② 면세사업자는 부가가치세법상 사업자는 아니지만 매입세금계산서 합계표의 제출과 같은 협력의무는 이행하여야 한다.

③ 부가가치세의 역진성을 완화하기 위하여 주로 기초생활필수품 및 용역에 대하여 적용하고 있다.

④ 면세사업자의 선택에 따라 제한 없이 면세를 포기할 수 있다.

주관식

01. 다음 자료를 토대로 부가가치세법상 과세거래 금액을 계산하면 얼마인가? (단, 부가가치세를 포함하지 않는 금액이다.)

• 조세의 물납액	10,000,000원	• 상가의 임대료	15,000,000원
• 담보의 제공액	11,000,000원	• 제품의 공급가액	12,000,000원

02. 다음 중 부가가치세 과세거래에 해당하는 것을 모두 고르면?

가. 세금을 사업용 자산으로 물납하는 경우
나. 소형승용차를 중고차 매매상에게 유상으로 처분하는 경우
다. 양도담보의 목적으로 부동산을 제공하는 경우
라. 상표권을 유상으로 양도하는 경우

03. 다음 중 부가가치세가 면세되는 여객운송용역을 고르시오.

가. 시내버스　　　나. 고속철도(KTX)　　　다. 택시　　　라. 지하철

04. 다음 중 부가가치세법상 과세대상 재화 또는 용역을 고르시오.

가. 우등고속버스 여객운송 용역　　　나. 도서
다. 수돗물　　　라 금융, 보험 용역
마. 판매용 생수　　　바. 수의사의 가축진료용역

05. 다음 중 부가가치세가 면세되는 재화 또는 용역의 공급을 모두 고르시오.

가. 미가공 식료품　　　나. 고속철도에 의한 여객운송 용역
다. 수집용 우표　　　라. 박물관 입장권　　　마. 수돗물

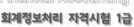

Financial Accounting Technician
회계정보처리 자격시험 1급

🔑 객관식

1	2	3	4	5	6	7	8	9	10
④	②	④	③	③	①	②	③	③	①

11	12	13	14	15	16	17	18		
①	④	④	④	④	④	②	④		

[풀이 – 객관식]

01 교환계약에 의한 공급은 재화의 공급으로서 과세거래이다.

02 사업자가 자기의 사업과 관련하여 실비변상적이거나 복지후생적인 목적으로 사용인에게 무상으로 제공하는 작업복은 재화의 공급으로 보지 아니한다.

03 **상품권(유가증권)의 양도는 과세대상 거래에 해당하지 않는다.**

04 거래처에 기업업무추진을 목적으로 제품을 증여하는 것은 사업상 증여로 간주공급에 해당함.

05 ① 판매촉진을 위하여 매출처 담당자에게 수분크림을 증정한 경우 : 사업상 증여
　　② 집에서 사용하기 위하여 사업장에서 선크림을 가져간 경우 : 개인적 공급
　　④ 세일기간 중에 고객에게 화장품을 할인하여 판매한 경우 : 재화의 공급

06 ② **사업의 양도는 재화의 공급으로 보지 아니한다.**
　　③ 담보제공은 재화의 공급으로 보지 아니한다.
　　④ 건설업은 용역의 공급으로 본다.

07 외상판매 : 재화가 인도되는 때

08 재화의 공급으로 보는 가공의 경우 **가공된 재화를 인도하는 때**를 공급시기로 한다.

09 완성도기준지급조건부 공급의 공급시기는 **대가의 각 부분을 받기로 한 때**이다.

10 ② 장기할부판매의 경우 : **대가의 각 부분을 받기로 한 때**
　　③ 재화의 공급으로 보는 가공의 경우 : **가공된 재화를 인도**하는 때
　　④ 상품권을 현금으로 판매하고 그 후 그 상품권이 현물과 교환되는 경우 : **재화가 실제로 인도되는 때**

11 ② 주식·채권 등 유가증권은 재화에 포함되지 않는다.
　　③ 민사집행법상의 경매에 따라 재화를 인도하거나 양도하는 것은 재화의 공급으로 보지 않는다.
　　④ 사업을 위하여 대가를 받지 아니하고 다른 사업자에게 인도하거나 양도하는 견본품은 재화의 공급에서 제외된다.

12 ① 외상판매의 경우에는 재화가 인도되거나 이용가능하게 되는 때를 공급시기로 한다.

② 재화의 공급으로 보는 **가공의 경우에는 가공된 재화를 인도하는 때를 공급시기**로 한다.

③ 무인판매기를 이용하여 재화를 공급하는 경우 해당 사업자가 **무인판매기에서 현금을 꺼내는 때**를 재화의 공급시기로 본다.

13 부가가치세의 역진성을 완화하기 위한 제도는 면세이다.

14 국내선 항공기 운항 용역은 영세율 적용 대상에 해당하지 않는다.

15 영세율 적용대상 사업자는 부가가치 신고·납부의무가 있다.

16 재화의 수입은 영세율과세 대상에 해당하지 아니한다.

17 외국인관광객에게 공급하는 음식용역은 영세율 적용대상이 아니다.

18 면세포기는 **영세율 적용 대상이 되는 등 일정한 경우에 한하여 면세를 포기**할 수 있다.

🔑 주관식

01	27,000,000원	02	나, 라	03	가, 라
04	가, 마	05	가, 라, 마		

[풀이 – 주관식]

01 상가의 임대료(15,000,000원)+제품의 공급가액(12,000,000원)=27,000,000원

※ **조세의 물납, 담보의 제공은 과세거래에 해당하지 아니한다.**

02 가. 법률에 따라 조세를 물납하는 것은 재화의 공급으로 보지 아니한다.

다. 담보의 제공은 재화의 공급으로 보지 아니한다.

05 **여객운송용역 중 고속철도에 의한 여객운송 용역은 과세**되며, 우표 중 수집용 우표는 과세 대상이다.

Section

03

과세표준, 세금계산서

NCS세무 - 3 부가가치세 신고 – 세금계산서 발급 · 수취

제1절 | 과세표준

과세표준이란 납세의무자가 납부해야할 세액산출의 기초가 되는 과세대상의 수량 또는 가액을 말하는데, 부가가치세법상 과세사업자의 과세표준은 재화 또는 용역의 공급에 대한 공급가액으로 한다. <u>**기업회계기준상의 매출액과 거의 일치한다.**</u>

1. 공급유형별 과세표준

(1) 기본원칙

부가가치세의 과세표준은 공급가액이라 하는데, 사업자는 여기에 10%의 세율을 적용하여 계산된 매출세액을 공급받는 자로부터 거래징수하여 정부에 납부하여야 한다.

<u>**대원칙(과세표준) : 시가**</u>	
① 금전으로 대가를 받는 경우	그 대가
② 금전 외의 대가를 받는 경우	자기가 공급한 재화 또는 용역의 **시가**
③ 특수관계자간 거래	자기가 공급한 재화 또는 용역의 **시가**

☞특수관계자 : 일정주주를 포함해서 회사에 영향력을 행사할 수 있는 자(에 : 친족관계, 회사와 임직원)

(2) 과세표준계산에 포함되지 않는 항목/포함하는 항목

구 분	내 용
과세표준에 포함되지 않는 항목	① **매출에누리와 환입액, 매출할인** ② 구매자에게 도달하기 전에 파손·훼손·멸실된 재화의 가액 ③ 재화 또는 용역의 공급과 직접 관련되지 않는 국고보조금과 공공보조금 ④ 반환조건부 용기대금·포장비용 ⑤ 용기·포장의 회수를 보장하기 위하여 받는 보증금 등 ⑥ 대가와 구분하여 기재한 경우로서 당해 종업원에 지급한 사실이 확인되는 봉사료 ⑦ 계약 등에 의하여 확정된 대가의 지연지급으로 인해 지급받는 연체이자
과세표준에 포함하는 항목	① 할부판매의 이자상당액 ② 대가의 일부분으로 받는 운송비, 포장비, 하역비, 운송보험료, 산재보험료 등
과세표준에서 공제하지 않는 것	① **대손금(대손세액공제사항임)** ② 판매장려금 ③ 하자보증금

2. 거래형태별 과세표준

구 분	과 세 표 준
외상판매 및 할부판매의 경우	공급한 재화의 총가액
장기할부판매 완성도기준지급·중간지급조건부로 재화·용역을 공급하거나 계속적인 재화·용역을 공급하는 경우	**계약에 따라 받기로 한 대가의 각 부분**

3. 대가를 외국통화 기타 외국환으로 받은 경우의 과세표준

구 분		과세표준
공급시기 도래 전에 외화수령	환가	**그 환가한 금액**
	미환가	**공급시기(선적일)**의 외국환거래법에 의한 **기준환율 또는 재정환율**에 의하여 계산한 금액
공급시기 이후에 외국통화로 지급받은 경우		

☞기준환율 : 외국환은행이 고객과 원화와 미달러화를 매매할 때 기준이 되는 환율을 말하며 시장평균환율이라고도 한다.
  재정환율 : 기준환율을 이용하여 제 3국의 환율을 간접적으로 계산한 환율

예제 3-1 수출재화의 과세표준

㈜백두의 거래내역을 분개하시오.
1. 3월 15일 수출면장에 의해 제품(¥ 100,000)을 소니사에 직수출하고 대금은 1개월 후에 받기로 하다.(선적일 환율 1,100원/100¥)
2. 4월 01일 미국기업인 애플사에 제품($10,000) 수출계약을 체결하고 계약금으로 $1,000을 보통예금으로 수취하다.(환율 : 1,200원/$)
3. 4월 30일 애플사에 제품을 선적을 완료하고 나머지 잔금은 선적 후 15일이내 받기로 하다.(선적일 기준환율 : 1,300원/$, 수출신고일 기준환율 : 1,270원/$)
   3번의 경우 4월 1일 선수금을 원화로 환가한 경우와 환가하지 않는 경우 **각각 부가가치세법상 과세표준으로 회계처리**하시오.

[해답]

1.		(차) 외상매출금	1,100,000원	(대) 제품 매출	1,100,000원
2.		(차) 보통예금	1,200,000원	(대) 선 수 금	1,200,000원
3.	**환가**	(차) 선 수 금 　　외상매출금	1,200,000원 11,700,000원	(대) 제품매출	12,900,000원[*1]
		*1. 과세표준 : $1,000×1,200원(환가환율)+$9,000×1,300원=12,900,000원				
	미환가	(차) 선 수 금 　　외상매출금 　　외환차손	1,200,000원 11,700,000원 100,000원[*2]	(대) 제품매출	13,000,000원[*1]
		*1. 과세표준 : $10,000×1,300원(선적일 환율)=13,000,000원 *2. 외환차손 : $1,000×(1,300원-1,200원)=100,000원				

4. 재화의 수입에 대한 과세표준

세관장이 수입업자에게 수입세금계산서 발행시 과세표준은 다음과 같다.

수입재화의 경우	관세의 과세가격＋관세＋개별소비세, 주세, 교통·에너지·환경세＋교육세, 농어촌특별세

  ☞ 관세의 과세가격 : 관세를 부과하기 위한 수입물품의 과세표준이 되는 가격을 말하는데, 수입자가 실제로 지불한 가격에 가산요소를 조정한 것을 말한다.

예제 **3-2 수입재화의 과세표준**

㈜백두의 거래내역을 분개하시오.

1. 3월 15일 미국의 TY사로부터 원재료 수입시 울산세관장으로부터 수입전자세금계산서(공급가액 30,000,000원 부가가치세 3,000,000원)를 발급받고 부가가치세는 현금납부하다.

해답

(차) 부가세대급금	3,000,000원	(대) 현　금	3,000,000원

☞ 세관장이 발행하는 수입세금계산서의 과세표준(공급가액)은 수입재화의 부가가치세를 징수하기 위한 가공의 숫자에 불과하다. 즉 원재료 구입가격이 아니라는 점을 유의하세요.

5. 간주공급(무상공급)의 과세표준

원칙	**당해 재화의 시가**
판매목적 타사업장 반출	취득가액을 과세표준으로 하되, 당해 취득가액에 일정액을 가산하여 공급하는 경우에는 당해 공급가액으로 한다.

 예제 **3-3 간주공급의 과세표준**

㈜백두의 거래내역을 분개하시오.

1. 3월 15일 회사의 제품(원가 1,000,000원, 시가 2,000,000원)을 매출 거래처인 ㈜청계에게 선물로 제공하였다.
2. 3월 25일 회사의 제품(원가 300,000원, 시가 1,100,000원)을 홍길동 사원의 생일 선물로 제공하다.

해답

1. 사업상증여	(차) 접대비(판) (기업업무추진비)	1,200,000원	(대) 제 품(타계정) 부가세예수금	1,000,000원 200,000원[1]

2. 개인적공급	(차) 복리후생비(판)	400,000원	(대) 제 품(타계정) 부가세예수금	300,000원 100,000원[1]
	*1. 과세표준＝시가(1,100,000)−경조사 재화 과세제외(100,000/인)＝1,000,000원			

6. 간주임대료의 과세표준

과세표준＝해당 기간의 임대보증금×정기예금 이자율×임대일수/365일(366일)

제2절 세율

부가가치세법상 세율은 10%로 하되, 영세율이 적용되는 재화 또는 용역의 공급에 대하여는 0%로 한다.

제3절 세금계산서

세금계산서란 사업자가 재화 또는 용역을 공급할 때 부가가치세를 거래징수하고 이를 증명하기 위하여 공급받는 자에게 발급하는 세금영수증이다.
공급받는 자는 발급받은 세금계산서를 요약한 매입처별 세금계산서 합계표를 제출하여 거래징수 당한 부가가치세를 매입세액으로 공제받을 수 있다.

1. 세금계산서와 영수증의 종류

구 분		발급하는 자
세 금 계산서	(일반적인)세금계산서 또는 전자세금계산서	사업자가 공급받는 자에게 발급
	수입세금계산서	세관장이 수입자에게 발급

구 분		발급하는 자
영수증	신용카드매출전표(직불카드,선불카드포함)	사업자가 주로 일반 소비자에게 발급
	현금영수증	
	(일반적인)영수증	간이과세자 등이 발급

(1) 세금계산서

세금계산서는 공급하는 사업자가 2매(공급자 보관용, 공급받는자 보관용)를 발행하여 1매는 공급받는 자에게 발급하여야 한다.

이렇게 발급하거나 발급받은 세금계산서는 5년간 보관하여야 한다.

필요적 기재사항(굵은 선)	임의적 기재사항
① **공급하는 사업자의 등록번호와 성명 또는 명칭**	① 공급하는 자의 주소
② **공급받는 자의 등록번호**	② 공급받는 자의 상호 · 성명 · 주소
③ **공급가액과 부가가치세액**	③ 공급하는 자와 공급받는 자의 업태와 종목
④ **작성연월일**	④ 공급품목
	⑤ 단가와 수량
	⑥ 공급연월일 등

세금계산서를 발급시 **필요적 기재사항이 누락되었거나 사실과 다른 경우에는 세금계산서로서의 효력이 인정되지 않는다.**

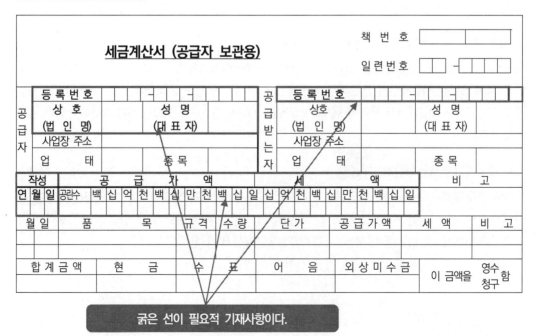

굵은 선이 필요적 기재사항이다.

331

(2) 전자세금계산서

① 발급의무자 : 법인사업자(무조건 발급) 및 개인사업자(일정규모이상)

〈전자세금계산서 발급의무 개인사업자〉

공급가액(과세＋면세) 기준년도	기준금액	발급의무기간
20x0년	8천만원	20x1. 7. 1~ **계속**

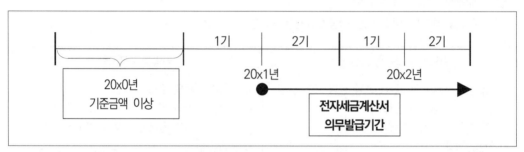

☞ 개인사업자가 사업장별 재화 등의 공급가액이 일정규모 이상인 해의 **다음해 제 2기 과세기간부터 이며, 한번 전자세금계산서 발급 의무 대상자가 되면 공급가액 합계액이 미달하더라도 계속하여 전자세금계산서 의무발급 개인사업자**로 본다.

② 발급기한 : **다음달 10일까지 가능**

③ 전 송

해당 전자세금계산서 **발급일의 다음날**까지 세금계산서 발급명세를 국세청장에게 전송하여야 한다. 전자세금계산서 **발급명세를 전송한 경우에는 매출·매입처별세금계산서합계표를 제출하지 않아도 되며, 5년간 세금계산서 보존의무가 면제**된다. 또한 직전연도 공급가액 3억원 미만인 개인사업자에 대하여 전자세금계산서 발급세액공제(발급건당 200원, 연간한도 100만원)가 적용된다.[간이과세자도 적용]

■ 매입자발행세금계산서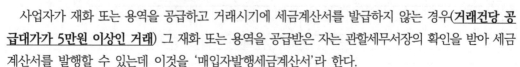

사업자가 재화 또는 용역을 공급하고 거래시기에 세금계산서를 발급하지 않는 경우(**거래건당 공급대가가 5만원 이상인 거래**) 그 재화 또는 용역을 공급받은 자는 관할세무서장의 확인을 받아 세금계산서를 발행할 수 있는데 이것을 '매입자발행세금계산서'라 한다.

과세기간의 종료일부터 1년 이내 발급 신청할 수 있다.

(3) 영수증

세금계산서의 필요적 기재사항 중 공급받는 자의 등록번호와 부가가치세를 기재하지 않은 증빙
서류를 영수증이라 한다. 이러한 영수증을 발급받더라도 매입세액공제를 받을 수 없으나 **예외적으
로 신용카드 영수증, 현금영수증에 대해서는 매입세액공제가 허용된다.**

신용카드영수증	현금영수증
상호: ■■미스■■점　　대표자: ■■태 사업자번호: 8851800■■　　TEL: 041-622-■■ 주소: 충청남도 천안시 서북구 ■■■ 1층 호(■■ **신한프리미엄** 매출표　IC신용승인 CATID: 39630■■■　　일련번호: 0171 가맹점번호: 88437■■　　할부: [일시불] 5155-94**-****-1210 거래일시: 17/11/25 13:48:16 승인번호: 19068979　　K5KNA1/I/LAN 매입사명: 신한카드 거래 금액　　　　　10,000원 부 가 세　　　　　　1,000원 총 합 계　　　　　11,000원 DESC전표/창구매입불가 가맹점No :　　　　승인No: 발생P:　　　0점　가용P:　　　　0점 누적P:　87,383점　특별P:　　　　0점 감사합니다!	상호: ■■스두■■　　대표자: ■■■ 사업자번호: 88518■■　　TEL: 041-■-62■ 주소: 충청남도 천안시 서북구 ■■■ 1층 ■■ ■■■ **현금(지출증빙)** 매출표　현금승인 CATID: 39630■■■　　일련번호: 0173 312-86-0**** 거래일시: 17/11/25 13:49:40 승인번호: 023073671　　K5KNA1/K/LAN 매입사명: 사업자 거래 금액　　　　　10,000원 부 가 세　　　　　　1,000원 총 합 계　　　　　11,000원 국세청 세미래콜센터 　국번없이 126 http://현금영수증.kr

➡️←참고 | **전자계산서**

전자계산서는 소득세법 및 법인세법상 규정이다.
〈발급의무자〉
　㉠ 법인사업자
　㉡ 개인사업자
　　－전자세금계산서 의무발급대상사업자로서 면세사업 겸업자
　　－일정수입금액 이상자

2. 세금계산서의 발급시기

(1) 일반적인 발급시기

원칙	**재화 또는 용역의 공급시기에 발급**하여야 한다. 다만, 일반적인 공급시기가 도래하기 전에 대가의 전부 또는 일부를 받고서 이에 대한 세금계산서를 발급한 때에도 인정된다.	
특례	공급시기 전 발급	① 재화 또는 용역의 공급시기 전에 세금계산서를 발급하고, 발급일로부터 7일 이내에 대가를 지급받은 경우에도 인정된다. ② 위 ①의 규정에도 불구하고 대가를 지급하는 사업자가 일정 요건을 모두 충족시 세금계산서를 발급받은 후 7일 경과 후 대가를 지급하더라도 그 발급받은 때를 세금계산서의 발급시기로 본다.
	공급시기 후 발급	**월합계세금계산서는 예외적으로 재화 또는 용역의 공급일이 속하는 달의 다음달 10일까지(토요일, 공휴일 인 경우 그 다음날) 세금계산서를 발급할 수 있다.** ① 거래처별로 1역월의 공급가액을 합계하여 당해 **월의 말일자를 발행일자로** 하여 세금계산서를 발급하는 경우 ② 거래처별로 1역월 이내에서 사업자가 임의로 정한 기간의 공급가액을 합계하여 그 기간의 종료일자를 발행일자로 하여 세금계산서를 발급하는 경우 ③ 관계 증빙서류 등에 의하여 실제거래사실이 확인되는 경우로서 당해 거래일자로 하여 세금계산서를 발급하는 경우

☞ 월합계세금계산서 발급예

공급시기		발행일자(작성연월일)	발급기한
1.1~1.31		1.31	2.10
1월	1.1~1.10	1.10	2.10
	1.11~1.20	1.20	2.10
	1.21~1.31	1.31	2.10
1.11~2.10		1역월내(달력상 1달)에서만 가능하다.	

(2) 세금계산서의 수정발급

① 당초 공급한 재화가 환입된 경우

환입된 날을 작성일자로 하여 비고란에 당초 세금계산서 작성일자로 부기한 후 (–)표시를 하여 발급한다.

② 착오시

세금계산서를 발급한 후 그 기재사항에 관하여 착오 또는 정정사유가 발생한 경우에는 부가가치세의 과세표준과 세액을 경정하여 통지하기 전까지 세금계산서를 수정하여 발행할 수 있다.

③ 공급가액의 증감시

당초의 공급가액에 추가되는 금액 또는 차감되는 금액이 발생한 경우에는 그 증감사유가 발생한 날에 세금계산서를 수정하여 발행할 수 있다.

 예제 3 - 4 수정세금계산서

㈜백두와 ㈜청계의 거래내역을 분개하시오.

3월 15일 ㈜청계에 외상으로 판매한 제품중 파손된 제품 5개(단가 200,000원, 부가가치세 별도)를 반품받고, 반품에 대한 전자세금계산서를 발급하였으며, 대금은 외상대금과 상계하였다. ㈜청계는 상품에 해당한다.

해답

공급자 ㈜백두	(차) 외상매출금 △ 1,100,000원	(대) 제품매출 △1,000,000원 부가세예수금 △100,000원
	다음과 같이 매출환입계정을 사용해도 된다. (차) 매 출 환 입 1,000,000원 부가세예수금 100,000원	(대) 외상매출금 1,100,000원
공급받는자 ㈜청계	(차) 상 품 △ 1,000,000원 부가세대급금 △100,000원	(대) 외상매입금 △1,100,000원

3. 세금계산서 발급의무 면제

(1) 택시운송사업자, 노점, 행상, 무인판매기를 이용하여 재화·용역을 공급하는 자
(2) 전력(또는 도시가스)을 실지로 소비하는 자(사업자가 아닌 자에 한함)를 위하여 전기사업자(또는 도시가스사업자)로부터 전력(도시가스)을 공급받는 명의자가 공급하는 재화·용역
(3) 도로 및 관련 시설 운용 용역을 공급하는 자 → 공급받는 자가 요구하는 경우에 발급
(4) 소매업을 영위하는 자가 제공하는 재화·용역 → 공급받는 자가 요구하는 경우에 발급
(5) 목욕, 이발, 미용업을 영위하는 자가 공급
(6) 간주공급에 해당하는 재화의 공급(직매장반출은 발급)
(7) 부동산임대용역 중 간주임대료
(8) 영세율 적용대상 재화·용역
  다만 **내국신용장(구매확인서)에 의한 공급하는 재화는 영세율세금계산서를 발급하여야 한다.**

(9) 기타국내사업장이 없는 비거주자 또는 외국법인에게 공급하는 재화·용역

4. 세금계산서합계표 등의 제출

(1) 세금계산합계표의 제출

사업자가 세금계산서를 발급하였거나 발급받은 때에는 매출처별세금계산서 합계표와 매입처별 세금계산서합계표를 당해 예정신고 또는 확정신고서와 함께 제출하여야 한다. 다만, **전자세금계산서의 발급 전송시에는 제출의무가 면제**된다.

매출처별 세금계산서합계표(을)
20X1년 제 1 기 (4 월 1 일 ~ 6 월 30일)

	사업자등록번호				312-86-020***									

⑪ 번호	⑫ 사업자 등록번호	⑬ 상호 (법인명)	⑭ 매수	⑮ 공급가액					⑯ 세액					비고
				조	십억	백만	천	일	조	십억	백만	천	일	
1	312-86-013**	㈜서울	5			100	000	000			10	000	000	
2	312-86-013**	㈜천안	10			200	000	000			20	000	000	

세금계산서합계표는 매출자와 매입자가 제출함으로서 상호대사기능이 있다.

[세금계산서 합계표의 상호대사기능]

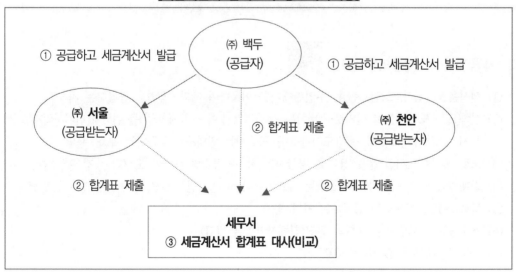

(2) 현금매출명세서의 제출

사업서비스업 중 변호사, 공인회계사, 세무사, 건축사 등의 사업을 영위하는 사업자는 현금매출명세서를 예정신고 또는 확정신고와 함께 제출하여야 한다.

5. 신용카드 매출전표(직불카드, 기명식 선불카드, 현금영수증 포함)

(1) 신용카드 매출전표 등 발행세액공제

- 직전연도 공급가액(10억원)이하 개인사업자만 해당됨

공제액 = MIN[①신용카드매출전표발행 금액 등의 1.3%, ② **연간 1,000만원**]

(2) 매입세액의 공제허용

사업자가 일반과세자로부터 재화 등을 공급받고 부가가치세액이 별도로 기재된 신용카드매출전표 등을 발급받은 경우로서 신용카드매출전표등 수령명세서를 제출하고, 확정신고를 한 날로부터 5년간 보관한 경우 매입세액공제를 적용받을 수 있다.

 예제 3-5 세금계산서 합계표

(주)백두의 1기 확정신고(4~6월)의 세금계산서 합계표(매출)를 조회한 결과이다.

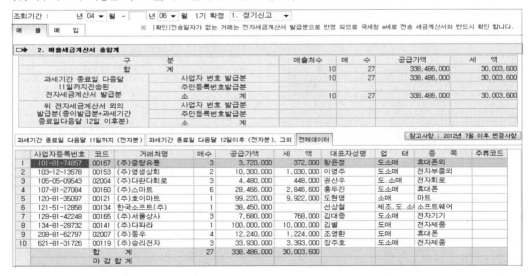

1. 확정신고기간에 발급한 세금계산서의 매수와 공급가액은 얼마인가?
2. ㈜동우에 발급한 세금계산서의 매수와 공급가액은 얼마인가?
3. 영세율세금계산서를 발급한 거래처와 공급가액은 얼마인가?

해답

1. 27매, 338,486,000원
2. 4매, 12,240,000원
3. 한국소프트(주) 38,450,000원

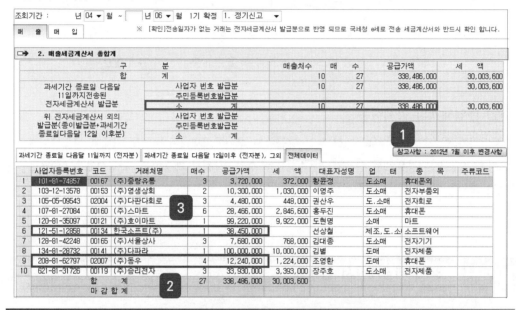

 객관식

01. 다음 중 부가가치세 과세표준에서 공제하지 않는 것은?

① 대손금 ② 환입된 재화의 가액

③ 매출에누리 ④ 매출할인

02. 다음 중 부가가치세 공급가액(또는 과세표준)에 포함되는 것은?

① 공급에 대한 대가의 지급이 지체되었음을 이유로 받는 연체이자

② 대가의 일부로 받는 운송보험료

③ 재화 또는 용역의 공급과 직접 관련되지 아니하는 국고보조금

④ 공급에 대한 대가를 약정기일 전에 받았다는 이유로 사업자가 당초의 공급가액에서 할인해 준 금액

03. 부가가치세 과세표준에 포함되는 것은?

① 공급되는 재화에 부과되는 개별소비세 상당액

② 공급받는 자에게 도달하기 전에 파손·멸실된 재화의 가액

③ 반환조건부 용기대금과 포장비용

④ 대가와 구분하여 기재한 종업원 봉사료

04. 다음 중 부가가치세법상 과세표준에 포함하여야할 공급가액에 해당되는 것은?

① 할부판매의 이자상당액

② 공급받는 자에게 도달하기 전에 파손된 재화의 가액

③ 매출환입

④ 재화공급과 직접 관련되지 않은 국고보조금

05. 부가가치세법상 세금계산서에 대한 설명으로 옳지 않은 것은?

① 사업자가 과세대상 재화 또는 용역을 공급하는 경우에는 공급받는 자에게 세금계산서를 발급하여야 하며, 해당 세액을 공급받는 자로부터 징수하여야 한다.

② 영세율 적용대상 재화 또는 용역을 공급하는 경우에는 세금계산서 발급의무가 없다.

③ 과세사업자는 세금계산서의 발급여부에 관계없이 부가가치세를 거래징수하여야 한다.

④ 공급가액과 부가가치세액은 세금계산서의 필요적 기재사항이다.

06. 세금계산서의 필요적 기재사항이 아닌 것은?

① 공급받는 자의 등록번호   ② 공급하는 사업자의 등록번호와 성명 또는 명칭

③ 작성 연월일   ④ 공급 연월일

07. 다음 중 전자세금계산서의 발급 및 전송에 대한 설명으로 옳지 않은 것은?

① 법인사업자는 전자세금계산서를 발급하여야 한다.

② 직전연도의 사업장별 공급가액(면세+과세)의 합계액이 0.8억원 이상인 개인사업자는 전자세금계산서를 발급하여야 한다.

③ 전자세금계산서는 그 발급일의 다음 날까지 그 발급명세를 국세청장에게 전송하여야 한다.

④ 전자세금계산서 의무발급대상자가 아닌 사업자는 전자세금계산서를 발급할 수 없다.

08. 다음 중 부가가치세법상 전자세금계산서에 대한 설명으로 옳은 것은?

① 전자세금계산서를 발급한 즉시 전자세금계산서 발급명세를 국세청장에게 전송하여야 한다.

② 전자세금계산서를 지연전송한 경우에도 가산세는 부과하지 아니한다.

③ 전자세금계산서 의무발급 사업자가 아닌 사업자도 전자세금계산서를 발급할 수 있다.

④ 직전연도 사업장별 공급가액이 1억원 이상인 개인사업자는 전자세금계산서를 발급하여야 한다.

09. 다음 중 부가가치세법상 전자세금계산서에 대한 설명으로 옳지 않은 것은?

① 전자세금계산서는 공인인증시스템을 거쳐 정보통신망으로 발급하는 세금계산서를 말한다.

② 전자세금계산서의 의무발급 대상자는 법인사업자만 해당한다.

③ 전자세금계산서의 발급 및 수취는 전산설비 및 시스템에서 확인 가능하다.

④ 전자세금계산서를 발급하였을 때에는 전자세금계산서 발급일의 다음 날까지 전자세금 계산서 발급명세서를 국세청장에게 전송하여야 한다.

10. 다음 중 세금계산서(또는 전자세금계산서)에 대한 설명으로 옳지 않은 것은?

① 일정규모의 간이과세자는 세금계산서를 발급하여야 한다.

② 법인사업자는 전자세금계산서를 의무발급 하여야 한다.

③ 면세사업자는 세금계산서와 계산서 중 하나를 선택하여 발급할 수 있다.

④ 공급받는자의 주소는 필요적 기재사항이 아니다.

11. 다음 중 세금계산서 발급의무 면제 대상이 아닌 것은?

① 택시운송 용역

② 내국신용장에 의해 공급하는 재화

③ 무인자동판매기를 통해 공급하는 재화

④ 간주임대료

12. 다음 중 세금계산서를 발급할 수 있는 경우는?

① 목욕탕을 운영하는 사업자가 목욕용역을 공급하는 경우

② 컴퓨터 제조업자가 컴퓨터를 공급하는 경우

③ 미용업자가 미용용역을 공급하는 경우

④ 택시운송사업자가 택시운송용역을 공급하는 경우

13. 다음 중 세금계산서 발급의무 면제 거래에 해당하지 않는 것은?

① 부동산 간주임대료   ② 택시운송

③ 노점에 의한 재화 공급   ④ 내국신용장에 의하여 공급하는 재화

14. 다음 중 부가가치세법상 세금계산서에 대한 설명으로 옳은 것은?

① 택시운송 사업자가 공급하는 용역의 경우 세금계산서 발급의무가 면제된다.

② 직수출의 경우에는 세금계산서를 발급하여야 한다.

③ 세금계산서에는 반드시 공급 연월일을 기재하여야 한다.

④ 주로 소비자 대상 업종을 영위하는 사업자가 발급한다.

15. 다음 중 부가가치세법상 세금계산서의 발급의무가 있는 것은?

① 거래처에 판매장려품을 지급하는 경우

② 영수증 발급대상 사업자가 신용카드매출전표를 발급한 경우

③ 항공기에 의하여 외국항행용역을 제공하는 경우

④ 내국신용장에 의해 수출업자에게 재화를 공급하는 경우

16. 다음 중 부가가치세법상 전자세금계산서에 대한 설명으로 옳은 것은?

① 법인사업자는 공급가액과 관계없이 전자세금계산서를 발급해야 한다.

② 개인사업자는 전자세금계산서 발급 의무가 없다.

③ 전자세금계산서 발급일이 속하는 달의 말일까지 전자세금계산서 발급명세를 국세청장에게 전송해야 한다.

④ 전자세금계산서 발급명세를 전송한 경우에도 5년간 세금계산서를 보관해야 한다.

17. 다음 중 부가가치세법상 세금계산서에 대한 설명으로 옳지 않은 것은?

① 작성연월일은 필요적 기재사항이다.

② 택시운송사업자는 세금계산서 발급의무가 면제된다.

③ 면세사업자는 세금계산서를 발급할 수 없다.

④ 모든 간이과세자는 공급분에 대해서 세금계산서를 발급해야 한다.

 주관식

01. 다음은 자동차 부품제조업을 영위하는 (주)한공의 20x1년 제1기 예정신고기간(20x1.1.1.~ 20x1. 3.31.)의 공급가액 내역이다. 부가가치세 과세표준은 얼마인가?

• 국외매출액(수출)	20,000,000원
• 국내매출액	50,000,000원
• 공장처분액	40,000,000원 (토지분 10,000,000원, 건물분 30,000,000원)

02. 다음의 자료에 의하여 ㈜한공의 20x1년 제2기 예정신고기간의 부가가치세 과세표준을 계산하면 얼마인가?

일자	거래내용	금액(부가가치세 제외)
7월 18일	외상매출액	20,000,000원
8월 26일	하치장 반출액	원가 5,000,000원(시가 : 7,000,000원)
9월 19일	판매장려용으로 증정한 제품	원가 1,500,000원(시가 : 2,000,000원)

03. 다음은 전자제품 도매업을 영위하는 ㈜한공의 20x1년 1기 부가가치세 확정신고 기간(20x1.4.1.~ 20x1.6.30.) 공급가액에 대한 자료이다. 해당기간의 과세표준은 얼마인가?

- 국내매출액   7,000,000원   • 수출액   2,000,000원
- 토지매각액   4,000,000원   • 담보제공액   1,500,000원

04. 다음의 자료에 의하여 과세사업자인 ㈜한공의 20x1년 제1기 부가가치세 예정신고기간의 과세표준을 계산하면?

- 가. 상품외상매출액 : 15,000,000원 (매출할인 1,000,000원 차감 전)
- 나. 거래처에 상품 증정 : 1,000,000원 (시가 2,000,000원)
- 다. 광고선전용으로 무상 제공한 견본품 : 4,000,000원(시가)

05. 다음 자료를 토대로 ㈜한공의 20x1년 제2기 예정신고시 부가가치세 과세표준을 계산하면?

일자	거래내용	공급가액
7월 14일	판매장려용으로 증정한 상품(시가 : 1,000,000원)	800,000원
8월 11일	사업용 화물자동차 매각	500,000원
9월 5일	연체이자의 수령	100,000원

06. 다음은 (주)한공(식품제조업)의 20x1년 제2기 예정신고 관련 자료이다. 부가가치세 과세표준은 얼마인가? 단, 주어진 자료의 금액은 부가가치세가 포함되지 않은 금액이다.

일자	거래내용	금액
7월 20일	외상판매액(대금 회수약정일 : 20x1년 10월 20일) －매출할인액 2,000,000원이 차감되지 않은 금액임	40,000,000원
8월 26일	지방자치단체로부터 받은 공공보조금(사업관련성 없음)	10,000,000원
9월 19일	지방자치단체에 무상공급한 제품(시가)	5,000,000원

07. 다음 자료를 토대로 (주)한공(도소매업)의 20x1년 제1기 확정신고 시 부가가치세 과세표준을 계산하면?

가. 재화공급과 직접 관련되지 않은 국고보조금 :	2,000,000원
나. 할부판매의 이자상당액 :	1,000,000원
다. 공급받는 자에게 도달하기 전에 파손된 재화의 가액 :	4,000,000원

08. 다음 자료를 토대로 (주)한공의 20x1년 제1기 부가가치세 예정신고기간(20x1.1.1.~20x1.3.31.)의 부가가치세 과세표준을 계산하면 얼마인가? 단, 주어진 자료의 금액은 부가가치세가 포함되어 있지 않은 금액이며, 세금계산서 등 필요한 증빙 서류는 적법하게 발급하였거나 수령하였다.

가. 대가의 일부로 받는 운송보험료 · 산재보험료	1,000,000원
나. 장기할부판매 또는 할부판매 경우의 이자상당액	2,500,000원
다. 대가의 일부로 받는 운송비 · 포장비 · 하역비	4,500,000원
라. 재화의 공급과 직접 관련되지 아니하는 국고보조금 수령액	5,000,000원

🔑 객관식

1	2	3	4	5	6	7	8	9	10
①	②	①	①	②	④	④	③	②	③

11	12	13	14	15	16	17			
②	②	④	①	④	①	④			

[풀이 – 객관식]

01 **대손금은 과세표준에서 공제하지 않는 항목**이다.

02 연체이자, 재화 또는 용역의 공급과 **직접 관련되지 아니하는 국고보조금과 매출할인은 공급가액에 포함하지 아니하나** 대가의 일부로 받는 운송보험료는 공급가액에 포함한다.

03 개별소비세, 주세 및 교통·에너지·환경세가 부과되는 재화 또는 용역에 대하여는 해당 개별소비세, 주세, 교육세, 농어촌특별세 및 교통·에너지·환경세 상당액을 합계한 금액을 공급가액으로 한다.하여 납부세액을 계산한다.

04 **할부판매의 이자상당액은 과세표준에 포함**한다.

05 영세율 적용대상은 매출세액이 없으나 세금계산서 발급면제 규정이 없는 한 세금계산서를 발급해야 한다.

06 공급 연월일은 임의적 기재사항이다.

07 **전자세금계산서 의무발급대상자가 아니더라도 전자세금계산서를 발급할 수 있다.**

08 ① **발급일의 다음 날**까지 전자세금계산서 발급명세를 **국세청장에게 전송**하여야 한다.

    ② 전자세금계산서를 지연전송한 경우 가산세를 부과한다.

    ④ 직전연도의 사업장별 재화 및 용역의 공급가액(과세＋면세)의 합계액이 0.8억원 이상인 개인사업자는 전자세금계산서를 발급하여야 한다.

09 전자세금계산서의 의무발급대상자에는 법인사업자와 직전연도의 사업장별 재화 및 용역의 과세＋면세 공급가액의 합계액이 일정규모이상인 개인사업자가 해당된다.

10 **면세사업자는 세금계산서를 발급할 수 없다.**

11 **내국신용장에 의해 공급하는 재화는 영세율세금계산서 발급대상**이다.

12 컴퓨터 제조업자가 컴퓨터를 공급하는 경우에는 세금계산서를 발급할 수 있다.

13 내국신용장에 의하여 공급하는 재화는 영세율세금계산서 발급거래에 속한다.

14 ② 직수출의 경우에는 세금계산서를 발급하지 않는다.

③ 세금계산서 기재사항 중 공급 연월일은 임의적 기재사항이다.

④ 주로 **소비자대상업종을 영위하는 사업자가 발급하는 것은 영수증**이다.

15 내국신용장에 의해 수출업자에게 재화를 공급하는 것은 영세율 적용대상이지만 **국내 거래에 해당하므로 세금계산서를 발급**해야 한다.

16 ② **직전 연도의 사업장별 재화 및 용역의 공급가액의 합계액이 0.8억원 이상**인 개인사업자는 전자세금계산서를 발급해야 한다.

③ 전자세금계산서를 발급하였을 때에는 **전자세금계산서 발급일의 다음 날까지** 전자세금계산서 발급명세를 국세청장에게 전송해야 한다.

④ 전자세금계산서 발급명세를 전송한 경우에는 **세금계산서 보관의무가 면제**된다.

17 간이과세자는 공급분에 대해서 원칙적으로 세금계산서를 발급해야 하고, 예외적으로 **직전연도 공급대가의 합계액이 4,800만원미만의 간이과세자는 영수증을 발급**할 수 있다.

🔑 주관식

01	100,000,000원	02	22,000,000원	03	9,000,000원
04	16,000,000원	05	1,500,000원	06	38,000,000원
07	1,000,000원	08	8,000,000원		

[풀이 – 주관식]

01 토지는 면세 대상이며, 다른 항목은 과세매출(수출재화는 영세율과세대상)이다.

과세표준 = 수출(20,000,000) + 국내매출(50,000,000) + 건물처분(30,000,000) = 100,000,000원

02 20,000,000원(외상매출액) + 2,000,000원(사업상증여, 시가) = 22,000,000원

하치장은 사업장이 아니므로 과세되지 않는다.

03 토지매각액은 면세이고 담보제공액은 과세거래가 아니다.

04 과세표준 = 매출액(15,000,000) - 매출할인(1,000,000) + 사업상증여(2,000,000) = 16,000,000원

매출할인은 매출액에서 차감하고 상품증정액은 시가를 공급가액으로 한다. **광고선전용으로 무상 제공한 견본품은 과세대상이 아니다.**

05 1,000,000원(사업상 증여 시가) + 500,000원(일시적 공급) = 1,500,000원

공급에 대한 대가의 지급이 지체되었음을 이유로 받는 연체이자는 과세표준에 포함하지 아니한다.

06 과세표준 = 매출액(40,000,000) - 매출할인액(2,000,000) = 38,000,000원

지방자치단체로부터 받은 공공보조금은 과세표준에 포함하지 않는다.

지방자치단체에 무상공급한 제품은 면세대상이므로 과세표준에 포함하지 않는다.

07 할부판매 이자상당액 1,000,000원은 공급가액에 포함한다. 재화공급과 **직접 관련되지 않은 국고보조금**과 공급받는 자에게 도달하기 전에 파손된 재화의 가액은 **공급가액에 포함하지 않는다.**

08 과세표준 = 대가의 일부(1,000,000) + 할부판매의 이자상당액(2,500,000) + 포장비등(4,500,000)
= 8,000,000원

재화 또는 용역의 공급과 직접 관련되지 아니하는 국고보조금은 과세표준에 포함하지 않는다.

Section 04
세액의 계산/신고납부

제1절 납부세액의 계산

납부세액의 계산구조

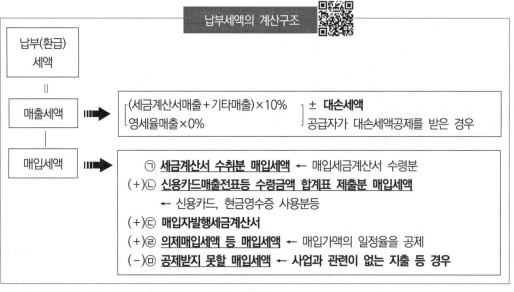

- 매출세액(100)>매입세액(50) → 납부세액(50)
- 매출세액(100)<매입세액(130) → 환급세액(30)

1. 대손세액공제

사업자가 과세재화·용역을 공급한 후 공급받는 자의 파산 등으로 인하여 부가가치세를 거래 징수하지 못하는 경우에는 그 대손세액을 매출세액에서 차감할 수 있으며, 이 경우 공급받은 자는 그 세액을 매입세액에서 차감한다.

만약 외상매출금 등이 대손처리되는 경우 공급자는 거래징수하지 못한 부가가치세를 납부하는 불합리한 결과를 방지하기 위함이다.

[대손세액공제]

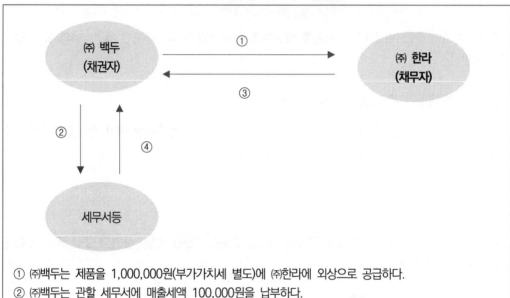

① ㈜백두는 제품을 1,000,000원(부가가치세 별도)에 ㈜한라에 외상으로 공급하다.
② ㈜백두는 관할 세무서에 매출세액 100,000원을 납부하다.
③ ㈜한라의 파산 등으로 채권 회수가 불가능하게 되었다는 것을 확인하였다.
④ 기납부한 매출세액에 대해서 대손세액을 신청하고 환급받다.

(1) 대손세액공제액

$$대손세액공제액 = 대손금액(부가가치세 포함) \times \frac{10}{110}$$

(2) 대손사유

① 민법 등에 따라 **소멸시효가 완성된 채권**

☞소멸시효 : 권리를 행사할 수 있음에도 불구하고 권리를 행사하지 않는 상태가 일정기간 계속함으로써 권리 소멸의 효과를 생기게 하는 제도.

② 소정법에 따른 회생계획인가의 결정 또는 법원의 면책결정에 따라 회수불능으로 확정된 채권

   ☞회생계획 : 기업회생절차에 따라 기업을 되살리기 위하여 채무의 일부를 탕감하는 등 재기할 수 있도록 기회를 부여하는 제도.

③ 민사집행법의 규정에 따라 채무자의 재산에 대한 경매가 취소된 압류채권

   ☞압류 : 채권자등의 신청에 의하여 채무자의 특정한 재산이나 권리를 처분하지 못하게 국가가 개입하는 행위

④ **부도발생일로부터 6개월 이상 지난 어음·수표 및 외상매출금**(중소기업의 외상매출금으로서 부도발생일 이전의 것에 한함)

⑤ 채무자의 파산·강제집행·사업폐지·사망 등으로 인하여 회수할 수 없는 채권

   ☞강제집행 : 사법상의 의무를 이행하지 않는 자에 대하여 국가 권력으로 의무를 이행케 하는 절차

⑥ **회수기일이 6개월이상 지난 채권 중 채권가액이 30만원 이하(채무자별 채권가액의 합계액)인 채권**

(3) 대손세액공제의 범위 및 시기

재화 또는 용역의 공급일로부터 **10년이 지난 날이 속하는 과세기간에 대한 확정신고기한까지** 대손세액공제대상이 되는 사유로 인하여 확정되는 대손세액이어야 한다.

2. 매입세액 공제

공제대상매입세액은 **자기의 사업을 위하여 사용되었거나 사용될 재화·용역의 공급 또는 재화의 수입에 대한 세액**이다.

3. 매입세액 불공제

사 유		상 세 내 역
협력의무 불이행	① 세금계산서 미수취·불명분 매입세액	발급받은 세금계산서의 필요적 기재사항의 전부 혹은 일부가 누락된 경우
	② 매입처별세금계산합계표 미제출·불명분매입세액	미제출 및 필요적 기재사항이 사실과 다르게 기재된 경우
	③ 사업자등록 전 매입세액	공급시기가 속하는 과세기간이 끝난 후 20일 이내에 등록을 신청한 경우 등록신청일부터 공급시기가 속하는 과세기간 개시일(1.1 또는 7.1)까지 역산한 기간 내의 것은 제외한다.

사 유		상 세 내 역
부가가치 미창출	④ 사업과 직접 관련 없는 지출	업무무관자산 취득 관련세액
	⑤ 비영업용소형승용차 구입 · 유지 · 임차	8인승 이하, 배기량 1,000cc 초과(1,000cc 이하 경차는 제외), 지프형승용차, 캠핑용자동차에 관련된 세액
	⑥ 기업업무추진비 및 이와 유사한 비용의 지출에 대한 매입세액	
	⑦ 면세사업과 관련된 매입세액	
	⑧ 토지관련 매입세액	토지의 취득 및 조성 등에 관련 매입세액

매입세액공제 = 세금계산서 등에 의해 입증되는 총매입세액 - 불공제 매입세액

소형승용차를 공급가액 10,000,000원(부가가치세 별도)에 구입하고 현금 11,000,000원을 지급하였다고 가정하고 회계처리를 하면 다음과 같다.

소형승용차(1,000CC 이하 - 매입세액공제)		소형승용차(1,000CC 초과 - 매입세액 불공제)	
(차) 차량운반구	10,000,000	(차) **차량운반구**	**11,000,000**
부가세대급금	1,000,000	(불공제매입세액은 해당 본계정으로 처리)	
(대) 현 금	11,000,000	(대) 현 금	11,000,000

 4-1 매입세액불공제

㈜백두의 거래내역을 분개하시오.

1. 3월 15일 3월 1일 구매 계약(계약금 500,000원)한 소형승용차(998cc)를 현대자동차로부터 인도받고 전자세금계산서(공급대가 11,000,000원)를 발급받았다. 잔금은 다음달부터 10개월 할부로 지급하기로 하였다. 계약금은 선급금으로 회계처리하였다.

2. 3월 25일 본사 직원 업무용으로 소형승용차(2,000cc)를 현대자동차로부터 20,000,000원(부가가치세 별도, 전자세금계산서 수취)을 12개월 할부로 구입하고 취득세 등 1,200,000원을 현금지급하다.

3. 3월 30일 ㈜한라리스로부터 소형승용차(1,500cc)를 임차하고 사용대금 330,000원(공급대가)을 현금지급하고 전자세금계산서를 발급받았다.

4. 4월 10일 매출거래처에게 기업업무추진(접대)할 목적으로 선물용품(수량 4개, 단가 100,000원, 부가가치세 별도)를 구입하고 전자세금계산서를 발급받았으며 대금은 다음달 말일에 지급하기로 하다.

5. 4월 15일 공장 주차장용 토지로 사용할 목적으로 취득한 농지를 지반평탄화 작업을 하고 ㈜서울로부터 전자세금계산서를 수취하다. 공급대가는 55,000,000원으로 대금은 당사발행어음(만기 3개월)으로 지급하다.

6. 4월 30일 미국의 GM사로부터 소형승용차(2,500cc)를 주문하였는데, 금일 울산세관으로부터 수입전자세금계산서(공급가액 60,000,000원, 부가가치세 6,000,000원)를 발급받아 부가가치세와 통관수수료(500,000원)를 현금 납부하다.

해답

1.	(차) 차량운반구	10,000,000원	(대) 선 급 금		500,000원
	부가세대급금	1,000,000원	미지급금		10,500,000원
2.	(차) 차량운반구	23,200,000원	(대) 미지급금		22,000,000원
			현 금		1,200,000원
3.	(차) 임 차 료(판)	330,000원	(대) 현 금		330,000원
4.	(차) 접 대 비(판)	440,000원	(대) 미지급금		440,000원
	(기업업무추진비)				
5.	(차) 토 지	55,000,000원	(대) 미지급금		55,000,000원
6.	(차) 차량운반구	6,500,000원	(대) 현 금		6,500,000원

☞ 수입전자세금계산서의 부가가치세는 불공제매입세액으로서 차량운반구 계정으로 처리한다.
통관수수료로도 차량의 취득부대비용에 해당한다.

4. 의제매입세액공제

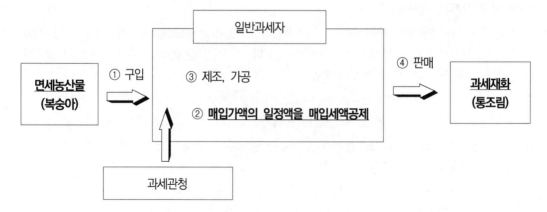

(1) 의제매입세액제도

사업자가 면세농산물 등을 원재료로 하여 제조·가공한 재화 또는 창출한 용역의 공급이 과세되는 경우에는 그 면세농산물 등의 가액의 공제율에 상당하는 금액을 매입세액으로 공제할 수 있다.

(2) 의제매입세액의 계산

과세사업을 영위하는 일반과세자의 의제매입세액은 다음 산식에 의하여 계산한 금액으로 한다.

면세농산물 등의 매입가액×공제율

(3) 의제매입세액의 공제시기

의제매입세액은 면세농산물 등을 **공급받은 날(＝구입시점)**이 속하는 과세기간의 예정신고시 또는 확정신고시 공제한다.

(4) 한도＝과세표준(면세농산물관련)×한도비율×의제매입세액공제율

제2절 신고와 납부

1. 예정신고와 납부

(1) 예정신고·납부

① 규 정

사업자는 각 예정신고기간에 대한 과세표준과 납부세액(또는 환급세액)을 당해 예정신고기간 종료 후 25일 이내에 사업장 관할세무서장에게 신고·납부하여야 한다.

② 유의할 사항

　　㉠ 예정신고시 가산세는 적용하지 않지만 신용카드매출전표 발행세액공제는 적용한다.

　　㉡ 사업자가 신청에 의해 조기환급 받은 경우 기 신고 부분은 예정신고대상에서 제외한다.

(2) 예정신고의무의 면제대상자

개인사업자와 **영세법인사업자(직전과세기간 과세표준 1.5억 미만)**에 대해서는 예정신고의무를 면제하고 예정신고기간의 납부세액을 사업장 관할세무서장이 결정·고지(직전과세기간에 대한 납부세액의 50%)하여 징수한다.

다만, **징수세액이 50만원 미만인 경우에는 이를 징수하지 아니한다.**

다만 다음에 해당하는 자는 각 예정신고기간에 대한 과세표준과 납부세액(또는 환급세액)을 신고할 수 있다.

① 휴업 또는 사업부진으로 인하여 각 예정신고기간의 공급가액 또는 납부세액이 직전 과세기간 공급가액 또는 납부세액의 1/3에 미달하는 자

② 각 예정신고기간분에 대하여 조기환급을 받고자 하는 자

2. 확정신고와 납부

사업자는 각 과세기간에 대한 과세표준과 납부세액(또는 환급세액)을 그 과세기간 종료 후 25일 이내에 사업장 관할세무서장에게 신고·납부(환급세액의 경우에는 신고만 하면 됨)하여야 한다.

① 부가가치세 확정신고대상은 각 과세기간에 대한 과세표준과 납부세액 또는 환급세액으로 한다. 다만, 예정신고 및 조기환급 신고시 기 신고한 부분은 확정신고대상에서 제외한다.

② 확정신고시는 가산세와 공제세액(신용카드매출전표 발행세액공제, 예정신고 미환급세액, 예정 고지세액)이 모두 신고대상에 포함된다.

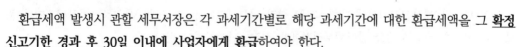

제3절 환급

1. 일반환급

환급세액 발생시 관할 세무서장은 각 과세기간별로 해당 과세기간에 대한 환급세액을 그 **확정신고기한 경과 후 30일 이내에 사업자에게 환급**하여야 한다.

2. 조기환급

(1) 조기환급대상

① 영세율 대상이 적용되는 때
② 사업설비(감가상각자산)를 신설, 취득, 확장 또는 증축하는 때
③ 재무구조개선계획*을 이행중인 사업자

 * 법원의 인가결정을 받은 회생계획, 기업개선계획의 이행을 위한 약정

(2) 조기환급기간

예정신고기간 또는 과세기간 최종 3월 중 매월 또는 매 2월을 말한다.

조기환급기간		가능여부	신고기한	비 고
매월	1.1~1.31		2.25	
	2.1~2.28	O	3.25	
	3.1~3.31		4.25	
매2월	1.1~2. E	O	3.25	
	2.1~3.31	O	4.25	
	3.1~4.30	×	–	예정신고기간과 과세기간 최종3월 (확정신고)기간이 겹쳐서는 안된다.
예정신고기간	1.1~3.31	O	4.25	
확정신고기간	4.1~6.30	O	7.25	

(3) 조기환급신고와 환급

조기환급기간 종료일부터 25일 이내에 조기환급기간에 대한 과세표준과 환급세액을 신고하여야 하고, 관할 세무서장은 **조기환급신고 기한 경과 후 15일 이내에 사업자에게 환급**하여야 한다.

제4절 부가가치세 신고서

부가가치세법상 사업자는 과세기간(예정신고의 경우 예정신고기간)이 끝난 후 25일 이내에 사업장 관할세무서장에게 신고하여야 한다. 그리고 신고서에는 다음의 내용을 포함하여야 한다.
 ① 사업자의 인적사항

② 납부세액 및 그 계산근거
③ 공제세액 및 그 계산근거
④ 매출·매입처별 세금계산서 합계표 제출내용
⑤ 기타 참고사항

 예제 **4 - 2 부가가치세 신고서**

㈜백두의 1기 부가가치세 확정신고서(4~6월)의 일부 내역이다. 다음 물음에 답하시오.

[신고서 1장]

❶ 신 고 내 용						
구		분		금 액(원)	세율	세 액(원)
과세 표준 및 매출 세액	과 세	세 금 계 산 서 발 급 분	(1)	10,000,000	10/100	1,000,000
		매 입 자 발 행 세 금 계 산 서	(2)		10/100	
		신용카드 · 현금영수증 발행분	(3)	9,000,000	10/100	900,000
		기타(정규영수증 외 매출분)	(4)	8,000,000		800,000
	영세율	세 금 계 산 서 발 급 분	(5)	7,000,000	0/100	
		기 타	(6)	6,000,000	0/100	
	예 정 신 고 누 락 분		(7)	5,000,000		300,000
	대 손 세 액 가 감		(8)			
	합 계		(9)	45,000,000	㉮	3,000,000
매입 세액	세 금 계 산 서 수 취 분	일 반 매 입	(10)	5,000,000		400,000
		고 정 자 산 매 입	(11)	4,000,000		400,000
	예 정 신 고 누 락 분		(12)	3,000,000		300,000
	매 입 자 발 행 세 금 계 산 서		(13)			
	그 밖 의 공 제 매 입 세 액		(14)	2,000,000		200,000
	합 계(10)+(11)+(12)+(13)+(14)		(15)	14,000,000		1,300,000
	공 제 받 지 못 할 매 입 세 액		(16)	1,000,000		100,000
	차 감 계(15)-(16)		(17)	13,000,000	㉯	1,200,000
납부(환급)세액(매출세액㉮-매입세액㉯)					㉰	1,800,000
경감· 공제 세액	그 밖 의 경 감 · 공 제 세 액		(18)			
	신용카드매출전표 등 발행공제 등		(19)			
	합 계		(20)		㉱	
예 정 신 고 미 환 급 세 액			(21)		㉲	
예 정 고 지 세 액			(22)		㉳	
매 입 자 납 부 특 례 기 납 부 세 액			(24)		㉴	
가 산 세 액 계			(25)		㉵	
차가감하여 납부할 세액(환급받을 세액)(㉰-㉱-㉲-㉳-㉴+㉵)				(26)		1,800,000
총괄납부사업자가 납부할 세액(환급받을 세액)						

[신고서 2장]

		구 분				금 액	세율	세 액
예정신고 누 락 분 명 세	(7)매출	과 세	세 금 계 산 서		(32)	3,000,000	10 / 100	300,000
			기	타	(33)		10 / 100	
		영세율	세 금 계 산 서		(34)	1,000,000	0 / 100	
			기	타	(35)	1,000,000	0 / 100	
		합		계	(36)			
	(12)매입	세 금 계 산 서			(37)	3,000,000		300,000
		그 밖 의 공 제 매 입 세 액			(38)			
		합		계	(39)			

		구 분		금 액	세율	세 액
(14) 그 밖의 공제 매입세액 명 세	신 용 카 드 매 출 전 표 등 수 령 명 세 서 제 출 분	일 반 매 입	(40)	1,500,000		150,000
		고정자산매입	(41)	500,000		50,000
	의 제 매 입 세 액		(42)		뒤쪽참조	
	재 활 용 폐 자 원 등 매 입 세 액		(43)		뒤쪽참조	
	과 세 사 업 전 환 매 입 세 액		(44)			
	재 고 매 입 세 액		(45)			
	변 제 대 손 세 액		(46)			
	외 국 인 관 광 객 에 대 한 환 급 세 액		(47)			
	합		(48)			200,000

〈과세표준 및 매출세액〉

1. 확정신고기간시 영세율 세금계산서를 발행한 금액은 얼마인가?

2. 확정신고기간시 영세율과세표준(예정신고누락분 제외)은 얼마인가?

3. 세금계산서를 발급한 매출분 공급가액(예정신고누락분 제외)은 얼마인가?

4. 확정신고시 과세표준은 얼마인가?

5. 부가가치세 매출세액은 얼마인가?

〈예정신고누락분〉

6. 확정신고시 예정신고누락분 영세율세금계산서 매출액은 얼마인가?

〈매입세액〉

7. 신용카드 사용(현금영수증등 포함)에 따른 매입세액 공제는 얼마인가?

8. 고정자산을 매입한 공급가액은 얼마인가?

9. 공제받지못할 매입세액의 공급가액과 세액은 얼마인가?

〈납부세액 또는 환급세액〉

10. 부가가치세 신고서상 납부(환급)세액은 얼마인가?

해답

〈과세표준 및 매출세액〉

1. 7,000,000(5)

2. 13,000,000[7,000,000(5)+6,000,000(6)]

3. 17,000,000[10,000,000(1)+7,000,000(5)]

4. 45,000,000(9)

5. 3,000,000(9)

〈예정신고누락분〉

6. 1,000,000(34)

〈매입세액〉

7. 200,000[150,000(40)+50,000(41)]   8. 4,500,000 [4,000,000(11)+500,000(41)]

9. 공급가액 1,000,000(16), 세액 100,000(16)

〈납부세액 또는 환급세액〉

10. 1,800,000(26)

❶ 신 고 내 용				금 액(원)	세율	세 액(원)
구 분			③			
과세 표준 및 매출 세액	과세	세금계산서 발급분	(1)	*10,000,000*	10/100	1,000,000
		매입자발행세금계산서	(2)		10/100	
		신용카드·현금영수증 발행분	(3)	9,000,000	10/100	900,000
		기타(정규영수증 외 매출분)	(4) 1,3	8,000,000		800,000
	영세율	세금계산서 발급분	(5)	*7,000,000*	0/100 2	
		기 타	(6)	*6,000,000*	0/100	
	예 정 신 고 누 락 분		(7)	5,000,000		300,000
	대 손 세 액 가 감		(8) 4			5
	합 계		(9)	*45,000,000*	㉮	*3,000,000*
매입 세액	세금계산서 수취분	일반 매입	(10)	5,000,000		400,000
		고정자산 매입	(11)	*4,000,000* 8		400,000
	예 정 신 고 누 락 분		(12)	3,000,000		300,000
	매입자발행세금계산서		(13)			
	그 밖 의 공 제 매 입 세 액		(14)	2,000,000		200,000
	합 계(10)+(11)+(12)+(13)+(14)		(15)	14,000,000	9	1,300,000
	공제받지 못할 매입세액		(16)	*1,000,000*		*100,000*
	차 감 계(15)-(16)		(17)	13,000,000	㉯	1,200,000
납부(환급)세액(매출세액㉮-매입세액㉯)					㉰	1,800,000
경감·공제 세액	그밖의경감·공제세액		(18)			
	신용카드매출전표 등 발행공제 등		(19)			
	합 계		(20)		㉱	
예 정 신 고 미 환 급 세 액			(21)		㉲	
예 정 고 지 세 액			(22)		㉳	
매입자 납부특례 기납부세액			(23)		㉴	
가 산 세 액 계			(25)		㉵	
차가감하여 납부할 세액(환급받을 세액)(㉰-㉱-㉲-㉳-㉴+㉵)			(26)	*1,800,000* 10		
총괄납부사업자가 납부할 세액(환급받을 세액)						

		구 분		금 액	세율	세 액
예정신고 누 락 분 명 세	(7)매출	과 세	세금계산서 (32)	6 000,000	10 / 100	300,000
			기 타 (33)		10 / 100	
		영세율	세금계산서 (34)	1,000,000	0 / 100	
			기 타 (35)	1,000,000	0 / 100	
		합 계 (36)				
	(12)매입	세 금 계 산 서 (37)		3,000,000		300,000
		그밖의공제매입세액 (38)				
		합 계 (39)				

	구 분		금 액	세율	세 액
(14) 그 밖의 공제 매입세액 명 세	신용카드매출전표등	일 반 매 입 (40)	1,500,000		150,000
	수령명세서 제출분	고정자산매입 (41)	500,000		50,000
	의 제 매 입 세 액 (42)		8	뒤쪽참조	7
	재 활 용 폐 자 원 등 매 입 세 액 (43)			뒤쪽참조	
	과세사업전환 매입세액 (44)				
	재 고 매 입 세 액 (45)				
	변 제 대 손 세 액 (46)				
	외국인 관광객에 대한 환급세액 (47)				
	합 계 (48)				200,000

Section 05 간이과세자

NCS세무 - 3 부가가치세 신고

제1절 개요

　부가가치세법에서는 **연간거래금액이 일정 규모(1억 4백만원)에 미달하는 개인사업자**에 대해서는 세부담을 경감시키고 납세편의를 도모할 수 있는 제도를 두고 있는 데 이를 간이과세라 한다.

제2절 범위

1. 일반적인 기준

　간이과세자는 직전 1역년의 공급대가의 합계액이 1억 4백만원(각 사업장 매출액합계액으로 판정)에 미달하는 개인사업자로 한다. 다만, 간이과세가 적용되지 아니하는 다른 사업장을 보유하고 있는 사업자는 그러하지 아니하다.

　직전연도 공급대가 합계액이 4,800만원 이상인 과세유흥장소 및 부동산임대사업자는 간이과세자에서 배제한다.

　또한 법인사업자의 경우에는 어떠한 경우에도 간이과세적용을 받을 수 없다.

2. 간이과세 적용배제업종

　간이과세 기준금액에 해당하는 경우에도 사업자가 간이과세가 적용되지 않는 다른 사업장을 보유하고 있거나 사업자가 다음의 사업을 영위하면 간이과세를 적용받지 못한다.

① 광업
② 제조업
③ 도매업(소매업을 겸영하는 경우를 포함) 및 상품중개업
④ 부동산매매업 등 부가가치세법에서는 간이과세배제업종을 나열하고 있다.

3. 신규사업개시

신규로 사업을 시작하는 개인사업자는 사업을 시작한 날이 속하는 연도의 공급대가의 합계액이 1억 4백만원에 미달될 것으로 예상되는 때에는 사업자등록 신청시 간이과세 적용신고서를 사업장 관할세무서장에게 제출하여야 한다.

제3절 | 세금계산서 발급의무

1. 원칙 : 세금계산서 발급

2. 예외 : 영수증 발급

① 간이과세자중 신규사업자 및 직전연도 공급대가합계액이 4,800만원 미만인 경우
② 주로 사업자가 아닌자에게 재화 등을 공급하는 경우(소매업, 음식점업, 숙박업, 미용 및 욕탕 등)

다만 소매업, 음식점업, 숙박업 등은 공급받는 자가 요구하는 경우 세금계산서 발급의무

제4절 | 신고 및 납부

1. 과세기간 : 1.1 ~ 12.31(1년)

2. 예정부과제도

① 예정부과기간 : 1.1~6.30
② 고지징수 : 직전납부세액의 1/2을 고지징수(7/25), **50만원 미만은 소액부징수**

3. 과세유형의 변경

① 일반

간이과세가 적용되거나 적용되지 않게 되는 기간은 1역년의 공급대가가 기준금액(1억 4백만원)에 미달되거나 그 이상의 되는 해의 **다음해 7월 1일을 과세유형전환의 과세기간**으로 한다.

② 포기

간이과세를 포기하고자 하는 자는 그 포기하고자 하는 달의 **전달 마지막날까지** 간이과세포기신고를 하여야 한다. 그리고 포기한 다음 달부터 일반과세를 적용한다.

연습|문제

 분개연습

〈유형선택 : **증빙을 보시고 판단하세요!!!!**〉

매출유형	증 빙		매입유형
11.과세	(전자)세금계산서	공제	51.과세
12.영세	(전자)영세율세금계산서	불공제	52.영세
13.면세	(전자)계산서		53.면세
14.건별	증빙없음/일반영수증	불공제	54.불공
16.수출	직수출	수입전자세금계산서	55.수입
17.카과	신용카드영수증(과세)		57.카과
22.현과	현금영수증(과세)		61.현과

1. 상품을 판매(공급가액 2,800,000원 부가세 10%)하고 전자세금계산서를 발급하였다. 거래대금중 280,000원은 현금으로 받고, 나머지는 외상으로 하였다.

   [유 형]　　　　　　　　[공급가액]　　　　　　　　[세 액]
   [분 개]

2. 업무용 승용차를 외상매각하고 발급한 전자세금계산서(공급가액 5,000,000원 부가가치세 500,000원)이다. 매각직전의 자산내역은 다음과 같다.

계정과목	자산명	기초가액	감가상각누계액
차량운반구	승용차	18,000,000원	14,000,000원

   [유 형]　　　　　　　　[공급가액]　　　　　　　　[세 액]
   [분 개]

3. 상품을 판매하고 전자세금계산서(공급가액 600,000원, 부가세 60,000원)를 발급하고, 대금 중 500,000원은 (주)제일기획에서 발행한 당좌수표로 회수하고 잔액은 현금으로 지급받았다.

   [유 형]　　　　　　　　[공급가액]　　　　　　　　[세 액]
   [분 개]

4. 면세대상인 상품을 2,000,000원에 현금판매하고 계산서를 발급하다.

[유 형]   [공급가액]   [세 액]
[분 개]

5. 외상매출한 상품의 불량으로 인해 반품받고 전자세금계산서(공급가액 △440,000원 부가세 △44,000원)를 발급하다.

[유 형]   [공급가액]   [세 액]
[분 개]

6. (주)우리전자에 특허권을 매각하고 전자세금계산서(공급가액 9,000,000원 부가세 900,000원)를 발급하고 대금은 다음달 말일날 받기로 하다. 매각직전 특허권의 장부가액은 6,000,000원이다.

[유 형]   [공급가액]   [세 액]
[분 개]

7. (주)승진자동차는 주무관청으로부터 자동차안전교육 위탁업체로 인가를 받고, (주)강남자동차의 종업원에게 자동차안전교육을 실시하고 전자계산서(공급가액 800,000원)를 발급하고, 현금 수령하다. 위탁교육에 따른 수익은 '412.용역매출'로 회계처리하시오.

[유 형]   [공급가액]   [세 액]
[분 개]

8. 물류관리센터에서 사용할 온풍기(공급가액 830,000원 부가세 83,000원)를 외상 구입하고 전자세금계산서를 발급받았다.

[유 형]   [공급가액]   [세 액]
[분 개]

9. 상품을 구입하고 전자세금계산서(공급가액 2,500,000원, 부가세 10%)를 발급받았으며, 동 거래와 관련하여 상품 인도 전에 계약금 200,000원이 지급되었으며, 이를 차감한 잔액에 대하여 외상으로 하였다.

[유 형]   [공급가액]   [세 액]
[분 개]

10. 11월분 영업 및 관리사무실 임차료(공급가액 300,000원 부가세 별도)에 대하여 건물주인 (주)덕성빌딩으로부터 전자세금계산서를 수취하다. 임차료는 세금계산서 교부일에 국민은행 보통예금계좌에서 이체하여 지급하였다.

[유　형]　　　　　　　　[공급가액]　　　　　　　　[세　액]
[분　개]

11. 영업부용 승용차(5인승, 998cc)의 차량수리비에 대해 전자세금계산서(공급가액 500,000원 부가세 50,000원)를 수취하다. 수리대금은 다음달 10일 결제 예정이다.

[유　형]　　　　　　　　[공급가액]　　　　　　　　[세　액]
[분　개]

12. ㈜왕고로부터 외상구입한 상품에 대해 불량으로 반품하고 수정전자세금계산서(공급가액 △ 550,000원 부가세 10%)를 발급받다.

[유　형]　　　　　　　　[공급가액]　　　　　　　　[세　액]
[분　개]

13. 매출거래처 개업선물로 보낼 화분을 구입하고 계산서(공급가액 100,000원)를 발급받았고 구매대금은 전액 현금으로 지급하였다.

[유　형]　　　　　　　　[공급가액]　　　　　　　　[세　액]
[분　개]

14. 영업사원의 마케팅능력 향상을 위해 유통전문가교육을 실시하고 현금 5,000,000원을 지급하고 계산서를 수취하다.

[유　형]　　　　　　　　[공급가액]　　　　　　　　[세　액]
[분　개]

15. 개인(박민경)에게 상품을 판매하고 신용카드매출전표(삼성카드, 공급가액 1,200,000원 부가세 별도)를 발급하였다.

[유　형]　　　　　　　　[공급가액]　　　　　　　　[세　액]
[분　개]

16. 영업부 직원이 출장지에서 숙박비를 법인카드(우리카드)로 결제하고 신용카드매출전표(공급가액 110,000원, 부가세 11,000원)를 수취하다.
    [유 형]   [공급가액]   [세 액]
    [분 개]

17. 직원의 사기증진을 위하여 회식을 하고 법인카드(비씨카드) 결제하고 신용카드영수증(공급가액 167,000원 부가세 16,700원)을 수취하다.
    [유 형]   [공급가액]   [세 액]
    [분 개]

18. 거래처에 증정할 선물을 외상 구매하고 전자세금계산서(공급가액 500,000원 부가세 50,000원)를 수취하다.
    [유 형]   [공급가액]   [세 액]
    [분 개]

19. 영업부용 승용차(2000cc)타이어 교체에 대해 전자세금계산서(공급가액 160,000원 부가세 16,000원)를 교부받고 외상으로 하다. 단, (주)진달래는 차량유지관련비용은 "차량유지비"로 회계처리하고 있다.
    [유 형]   [공급가액]   [세 액]
    [분 개]

20. 관리부 업무용 승용차(2000cc)를 구매하고 전자세금계산서(공급가액 30,000,000원, 부가세 3,000,000원)를 수취하다. 대금은 전액 12개월 할부로 계약하였으며, 1회 할부금은 다음달 8일부터 지급하기로 하였다.
    [유 형]   [공급가액]   [세 액]
    [분 개]

21. 대표이사(이의창)가 자신의 건강관리를 위하여 골프장비를 구입하고, 종이세금계산서(공급가액 3,000,000원 세액 300,000원)를 발급받고 대금은 다음달 지급하기로 하다.("가지급금"으로 회계처리 하시오)
    [유 형]   [공급가액]   [세 액]
    [분 개]

22. 면세사업에 사용할 디지털카메라를 구입하고 전자세금계산서(공급가액 500,000원 부가세 50,000원)를 발급받고, 현금 50,000원을 지급하고 잔금은 다음달 말일에 지급하기로 하다.
    [유 형]   [공급가액]   [세 액]
    [분 개]

23. 본사 신축용 토지 취득관련 등기대행 용역을 박봉수 법무사로부터 제공받고 전자세금계산서(공급가액 600,000원,부가세 60,000원)를 수취하였으며, 등기대행수수료는 국민은행 보통예금 계좌에서 이체하여 지급하였다.
    [유 형]   [공급가액]   [세 액]
    [분 개]

24. 1기 확정신고기간의 부가가치세신고서를 조회(부가세대급금 1,110,000원, 부가세 예수금 9,258,000원)하여, 6월 30일 부가가치세 납부세액에 대한 회계처리를 하시오.(단, 납부할 세액은 '미지급세금'으로 회계처리한다.)
    [분 개]

25. 20x1년 1기 확정 부가가치세 신고에 따른 부가가치세액 14,426,600원을 우리은행 보통예금계좌에서 이체하였다. (전자신고세액공제에 따른 회계처리는 생략하고, 6월 30일 적정한 회계처리를 했다고 가정한다.)
    [분 개]

26. 1기 확정 신고기간의 부가가치세신고서(관할관청 구로세무서)를 조회(부가세대급금 4,000,000원, 부가세 예수금 2,000,000원, 전자신고세액 공제 10,000원)하여, 6월 30일 부가가치세 환급세액에 대한 회계처리를 하시오. 전자신고세액공제는 잡이익으로 처리하시오.
    [분 개]

27. 26번에 신고한 부가가치세 환급세액이 8월 22일 신한은행 보통예금계좌로 입금되었다.
    [분 개]

객관식

01. 부가가치세 매입세액 불공제 대상이 아닌 것은?

① 기업업무추진비(접대비) 관련 매입세액   ② 면세사업 관련 매입세액

③ 운수업의 영업용 차량 매입세액   ④ 토지의 취득 관련 매입세액

02. 부가가치세 과세사업을 영위하는 김대박씨가 컴퓨터를 구입하고 다음의 증명서류를 수취한 경우 매입세액을 공제받을 수 없는 것은?

① 세금계산서   ② 신용카드매출전표

③ 현금영수증   ④ 일반영수증

03. 부가가치세법상 일반과세자가 매입세액이 불공제된 업무용승용차(5인승, 2,000cc)를 면세사업자에게 공급한 경우 부가가치세 과세여부에 대한 설명으로 옳은 것은?

① 매입세액불공제분이므로 과세하지 않는다.

② 공급받는 자가 면세사업자이므로 면세대상이다.

③ 부가가치세가 과세된다.

④ 공급받는 자의 요청에 따라 과세할 수도 있고 면세할 수도 있다.

04. 다음 중 부가가치세를 신고할 의무가 없는 자는?

① 면세사업자   ② 영세율이 적용되는 사업자

③ 간이과세자   ④ 일반과세자

05. 다음 중 부가가치세의 설명으로 옳지 않은 것은?

① 재화나 용역이 생산 제공되거나 유통되는 모든 단계에서 창출된 부가가치를 과세표준으로 한다.

② 법인사업자는 간이과세자가 될 수 없다.

③ 폐업자의 최종 과세기간은 과세기간 개시일부터 폐업일까지이다.

④ 부가가치세 확정신고 납부기한은 과세기간이 끝난 후 20일 이내이다.

06. 다음 중 부가가치세 신고에 관한 설명으로 옳은 것은?

① 폐업한 경우 폐업일이 속하는 날의 다음 달 말일까지 신고하여야 한다.

② 확정신고를 하는 경우 예정신고시 신고한 과세표준도 포함하여 신고하여야 한다.

③ 신고기한까지 과세표준 및 세액을 신고하지 않는 경우 과소신고 가산세가 부과된다.

④ 법인사업자는 예정신고기간이 끝난 후 25일 이내에 예정신고기간에 대한 과세표준을 신고하여야
한다.

07. 다음 중 부가가치세 신고·납부 및 환급에 대한 설명으로 옳지 않은 것은?

① 각 예정신고기간 또는 과세기간 종료 후 25일 이내 신고 납부함을 원칙으로 한다.

② 총괄납부사업자의 경우 주사업장에서 총괄하여 신고 납부하여야 한다.

③ 영세율이 적용되는 경우에는 조기환급을 받을 수 있다.

④ 예정신고를 하는 경우 가산세는 적용하지 않는다.

08. 다음 중 부가가치세법상 신고·납부에 대한 설명으로 옳은 것은?

① 개인사업자의 경우 예정신고기간마다 사업장 관할세무서장이 예정고지세액을 결정하는 것이 원
칙이다.

② 법인사업자 확정신고의 경우 예정신고 시 이미 신고한 내용을 포함한다.

③ 직전 과세기간 납부세액이 없는 개인사업자는 예정신고를 해야 한다.

④ 간이과세자는 해당 과세기간의 공급대가가 3,000만원 미만인 경우 납부의무가 면제된다.

09. 다음 중 부가가치세 신고와 납부에 대한 설명으로 옳지 않은 것은?

① 법인사업자는 예정신고기간이 끝난 후 25일 이내에 예정신고기간에 대한 과세표준과 납부세액
또는 환급세액을 신고·납부하여야 한다.

② 개인사업자에 대해서는 관할세무서장이 각 예정신고기간마다 직전 과세기간에 대한 납부 세액의
1/2을 결정하여 징수한다.

③ 개인사업자는 휴업 또는 사업부진 등으로 인하여 각 예정신고기간의 공급가액 또는 납부 세액이
직전 과세기간의 공급가액 또는 납부세액의 1/3에 미달하는 경우 예정신고·납부할 수 있다.

④ 폐업의 경우 폐업일부터 25일 이내에 신고·납부하여야 한다.

10. 다음 중 부가가치세 신고와 납부에 관한 설명으로 옳지 않은 것은?

① 사업자단위과세사업자는 본점 또는 주사무소에서 사업자단위로 신고·납부하여야 한다.

② 사업자가 8월 7일에 폐업한 경우 신고기한은 10월 25일이다.

③ 영세율이 적용되는 경우에는 조기환급을 받을 수 있다.

④ 주사업장 총괄납부사업자도 신고는 각 사업장별로 하여야 한다.

11. 다음 중 부가가치세 신고·납부 및 환급에 대한 설명으로 옳지 <u>않은</u> 것은?

① 예정신고 및 조기환급신고에 있어서 이미 신고한 내용은 확정신고대상에서 제외한다.

② 주사업장 총괄납부 사업자는 주된 사업장에서 다른 사업장의 부가가치세를 신고·납부할 수 있다.

③ 영세율을 적용받거나 사업설비를 신설·취득·확장 또는 증축하는 경우에는 환급세액을 조기환급 받을 수 있다.

④ 일반환급의 경우 환급세액은 확정신고기한이 지난 후 30일 이내에 환급하여야 한다.

12. 사업자가 부담한 다음의 매입세액 중 매출세액에서 공제할 수 있는 것은?

① 토지의 형질변경과 관련된 매입세액

② 거래처에 기업업무추진할 목적으로 취득한 재화와 관련된 매입세액

③ 과세사업에 사용하기 위하여 취득한 화물차의 유지와 관련된 매입세액

④ 면세재화인 도서를 제작할 목적으로 구입한 종이와 관련된 매입세액

13. 다음 중 부가가치세법상 신고·납부에 대한 설명으로 옳은 것은?

① 폐업의 경우 폐업일부터 25일 이내에 신고·납부하여야 한다.

② 법인사업자 확정신고의 경우 예정신고 시 이미 신고한 내용을 포함한다.

③ 간이과세자는 해당 과세기간의 공급대가의 합계액이 5,000만원 미만인 경우 납부의무가 면제된다.

④ 개인사업자의 경우 예정 신고기간마다 사업장 관할세무서장이 예정고지세액을 결정하는 것이 원칙이다.

14. 다음 중 부가가치세법상 과세기간과 납세지에 대한 설명으로 옳은 것은?

① 간이과세자의 제1기 예정신고기간은 1월 1일부터 3월 31일까지이다.

② 일반과세자의 과세기간은 1월 1일부터 12월 31일까지이다.

③ 부동산임대업의 사업장은 사업에 관한 업무를 총괄하는 장소이다.

④ 사업자가 사업장을 두지 아니하면 사업자의 주소 또는 거소를 사업장으로 한다.

15. 다음 중 일반과세자의 세금계산서(또는 전자세금계산서)에 대하여 <u>틀린</u> 설명을 하는 사람은?

- 김과장 : 소매업자에게 공급하는 경우 세금계산서를 발급해야 해.
- 이대리 : 간이과세자에게 공급하는 경우 세금계산서를 발급해야 해.
- 박사원 : 면세사업자에게 공급하는 경우 세금계산서를 발급해야 해.
- 한주임 : 직수출하는 경우 영세율세금계산서를 발급해야 해.

※ 1차 저작권자의 저작권 침해 소지가 있어 삽화 삽입은 어려우니 양해바랍니다.

① 김과장   ② 이대리

③ 박사원   ④ 한주임

주관식

01. 다음은 일반과세자인 (주)한공의 20x1년 제2기 예정신고기간(20x1. 7. 1.~20x1. 9. 30.)의 공급 내역이다. 이 자료로 부가가치세 매출세액을 계산하면 얼마인가?

• 제품 매출액	7,000,000원
• 거래처에 증정한 제품(시가 2,000,000원)	1,000,000원
• 내국신용장에 의한 공급가액	3,000,000원

02. 다음은 완구제조업을 하는 사업자의 매입세액이다. 다음 중 부가가치세법상 공제가능한 매입세액은 총 얼마인가?

• 9인승 승용차의 구입과 관련된 매입세액	50,000원
• 업무와 무관한 매입세액	30,000원
• 거래처 기업업무추진(접대) 관련 매입세액	20,000원
• 공급받는 자의 등록번호를 의도적으로 잘못기재한 세금계산서상의 매입세액	10,000원

03. 다음은 제조업을 영위하는 일반과세자 (주)한공의 20x1년 제1기 부가가치세 예정신고에 필요한 공급가액에 대한 자료이다. 매입세액 공제액은 얼마인가? 단, 필요한 세금계산서는 적법하게 수취하였다.

가. 원재료 구입액 :	50,000,000원
나. 공장부지 조성을 위한 지출액 :	5,000,000원
다. 거래처 기업업무추진(접대)용품 구입액 :	3,000,000원
라. 종업원 명절선물(과세재화) 구입액 :	1,000,000원

04. 다음은 일반과세자인 (주)한공의 20x1년 2기 예정신고기간(20x1.7.1.~ 20x1.9.30.)의 매입세액의 내역이다. 공제 가능한 매입세액은 얼마인가? 단, 세금계산서는 적법 하게 수취하였으며, 매입세액을 공제받기 위한 절차를 모두 이행하였다고 가정한다.

• 종이컵 구입 관련 매입세액	1,500,000원
• 거래처 명절선물용 선물세트 구입 관련 매입세액	700,000원
• 제품 운반용 트럭 구입 관련 매입세액	3,000,000원
• 원재료 매입 관련 매입세액(세금계산서 상 공급하는 자의 주소 누락)	2,000,000원

05. 다음은 의류도매업을 영위하는 일반과세자인 (주)한공의 20x1년 제1기 부가가치세 예정신고 기간에 발급받은 세금계산서의 매입세액 내역이다. 매입세액공제액은 얼마인가?

일자	내역	매입세액
20x1. 1. 7.	상품 매입	1,000,000원
20x1. 2. 10.	종업원 회식비	500,000원
20x1. 2. 28.	거래처 기업업무추진(접대)용품 구입비	300,000원
20x1. 3. 30.	대표이사 승용차(3,000cc) 수리비	300,000원

06. (주)한공은 부가가치세법상 일반과세자이다. 다음 자료를 이용하여 계산한 20x1년 제1기 예정신고기간 (20x1.1.1.~20x1.3.31.)의 부가가치세 납부세액은 얼마인가?

- 세금계산서 발급분 : 공급가액 5,000,000원(과세매출)
- 세금계산서 수취분 : 공급가액 1,200,000원(과세매입)
- 세금계산서 수취분 : 공급가액 1,000,000원[대표이사 업무용 승용차(2,000cc)수리비]

07. 다음은 제조업을 영위하는 일반과세자 (주)한공의 20x1년 제1기 부가가치세 예정신고 자료이다. 예정신고 시 납부할 세액을 계산하면 얼마인가? 단, 필요한 세금계산서는 적법하게 수취하였다.

가. 공급가액 : 550,000,000원
나. 매입세액 : 21,000,000원(토지의 자본적 지출 관련 매입세액 1,000,000원과 기업업무추진비 (접대비) 지출 관련 매입세액 2,000,000원이 포함됨)

08. 다음 자료로 부가가치세 납부세액을 계산하면 얼마인가? 단, 제시된 금액에는 부가가치세가 포함하지 않았고 세금계산서를 적법하게 발급 또는 수취하였다.

- 현금매출 10,000,000원
- 상품 매입액 8,000,000원
- 외상매출 20,000,000원
- 기업업무추진비(접대비)지출액 5,000,000원

09. 다음은 제조업을 영위하는 일반과세자 (주)한공의 20x1년 제1기 부가가치세 예정신고 자료이다. 예정신고 시 납부할 세액을 계산하면 얼마인가?

> 가. 국내매출액(공급가액) : 60,000,000원
> 나. 하치장 반출액 : 10,000,000원
> 다. 매입세액 : 5,000,000원 기업업무추진비 관련 매입세액 2,000,000원 포함)

10. 다음은 (주)한공의 20x1년 제2기 부가가치세 확정신고 자료이다. 확정신고시 부가가치세 납부세액을 계산하면 얼마인가? 단, 세금계산서는 적법하게 수수하였고 주어진 자료 외에는 고려하지 않는다.

> 가. 과세표준 : 450,000,000원(영세율 해당액 100,000,000원 포함)
> 나. 매입세액 : 21,000,000원[토지조성 관련 매입세액 2,000,000원과 기업업무추진비
>   (접대비) 지출에 관련된 매입세액 3,000,000원 포함]

11. 다음 자료를 토대로 완구제조업을 영위하는 (주)한공의 20x1년 제2기 확정신고기간 부가가치세 납부세액을 계산하면 얼마인가?(단, 매입세액을 공제받기 위한 절차는 모두 이행하였다.)

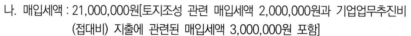

> 가. 완구의 국내 공급가액 : 80,000,000원
> 나. 완구의 해외 직수출액 : 20,000,000원
> 다. 원재료 구입 시 매입세액 : 4,000,000원
> 라. 기업업무추진비(접대비) 관련 매입세액 : 1,000,000원

연습답안

Financial Accounting Technician
회계정보처리 자격시험 1급

🔑 분개연습

[1]

유형	11.과세	공급가액	2,800,000	세액	280,000
(차) 현금		280,000	(대) 상품매출		2,800,000
외상매출금		2,800,000	부가세예수금		280,000

[2]

유형	11.과세	공급가액	5,000,000	세액	500,000
(차) 미수금		5,500,000	(대) 차량운반구		18,000,000
감가상각누계액(차량)		14,000,000	부가세예수금		500,000
			유형자산처분이익		1,000,000

☞ 처분손익 = 처분가액(5,000,000) - 장부가액(18,000,000 - 14,000,000) = 1,000,000(이익)

[3]

유형	11.과세	공급가액	600,000	세액	60,000
(차) 현금		660,000	(대) 상품매출		600,000
			부가세예수금		60,000

☞ 타인발행당좌수표는 현금이다. 회계에서는 현금으로 환가할 수 있는 것은 모두 현금으로 본다.

[4]

유형	13.면세	공급가액	2,000,000	세액	0
(차) 현금		2,000,000	(대) 상품매출		2,000,000

[5]

유형	11.과세	공급가액	△ 440,000	세액	△ 44,000
(차) 외상매출금		-484,000	(대) 상품매출		-440,000
			부가세예수금		-44,000
(차) 매출환입및에누리(상품)		440,000	(대) 외상매출금		484,000
			부가세예수금		-44,000
(차) 매출환입및에누리(상품)		440,000	(대) 부가세예수금		-44,000
외상매출금		-484,000	도 가능하다.		

[6]

유형	11.과세	공급가액	9,000,000	세액	900,000
(차) 미수금		9,900,000	(대) 특허권		6,000,000
			부가세예수금		900,000
			무형자산처분이익		3,000,000

[7]

유형	13.면세	공급가액	800,000	세액	0
(차) 현금		800,000	(대) 용역매출		800,000

[8]	유형	51.과세	공급가액		830,000	세액	83,000
	(차) 비품		830,000	(대) 미지급금			913,000
	부가세대급금		83,000				

[9]	유형	51.과세	공급가액		2,500,000	세액	250,000
	(차) 상품		2,500,000	(대) 선급금			200,000
	부가세대급금		250,000	외상매입금			2,550,000

[10]	유형	51.과세	공급가액		300,000	세액	30,000
	(차) 임차료(판)		300,000	(대) 보통예금(국민은행)			330,000
	부가세대급금		30,000				
	☞ 임차료나 지급임차료는 비용으로 같은 계정과목입니다.						

[11]	유형	51.과세	공급가액		500,000	세액	50,000
	(차) 차량유지비		500,000	(대) 미지급금			550,000
	부가세대급금		50,000				
	☞1,000cc이하 승용차는 매입세액공제대상이다.						

[12]	유형	51.과세	공급가액		△ 550,000	세액	△ 55,000
	(차) 상품		−550,000	(대) 외상매입금			−605,000
	부가세대급금		−55,000				
	(차) 부가세 대급금		−55,000	(대) 매입환출및에누리(상품)			550,000
	외상매입금		605,000				
	(차) 부가세 대급금		−55,000	(대) 매입환출및에누리(상품)			550,000
				외상매입금			−605,000
	도 가능하다.						

[13]	유형	53.면세	공급가액		100,000	세액	0
	(차) 접대비(판)		100,000	(대) 현금			100,000
	(기업업무추진비)						

[14]	유형	53.면세	공급가액		5,000,000	세액	0
	(차) 교육훈련비(판)		5,000,000	(대) 현금			5,000,000

[15]	유형	17.카과	공급가액		1,200,000	세액	120,000
	(차) 외상매출금(삼성카드)		1,320,000	(대) 상품매출			1,200,000
				부가세예수금			120,000

[16]	유형	57.카과	공급가액		110,000	세액	11,000
	(차)	여비교통비(판)	110,000	(대)	미지급금(우리카드)		121,000
		부가세대급금	11,000				

[17]	유형	57.카과	공급가액		167,000	세액	16,700
	(차)	복리후생비(판)	167,000	(대)	미지급금		183,700
		부가세대급금	16,700				

[18]	유형	54.불공	공급가액		500,000	세액	50,000
	(차)	접대비(판)	550,000	(대)	미지급금		550,000
		(기업업무추진비)					

[19]	유형	54.불공	공급가액		160,000	세액	16,000
	(차)	차량유지비(판)	176,000	(대)	미지급금		176,000

[20]	유형	54.불공	공급가액		30,000,000	세액	3,000,000
	(차)	차량운반구	33,000,000	(대)	미지급금		33,000,000

[21]	유형	54.불공	공급가액		3,000,000	세액	300,000
	(차)	가지급금(이의창)	3,300,000	(대)	미지급금		3,300,000

[22]	유형	54.불공	공급가액		500,000	세액	50,000
	(차)	비품	550,000	(대)	현금		50,000
					미지급금		500,000

[23]	유형	54.불공	공급가액		600,000	세액	60,000
	(차)	토지	660,000	(대)	보통예금(국민은행)		660,000

[24]	(차)	부가세예수금	9,258,000	(대)	부가세대급금	1,110,000
					미지급세금	8,148,000

[25]	(차)	미지급세금	14,426,600	(대)	보통예금(우리은행)	14,426,600

[26]	(차)	부가세예수금	2,000,000	(대)	부가세대급금	4,000,000
		미수금(구로세무서)	2,010,000		잡이익	10,000

[27]	(차)	보통예금(신한은행)	2,010,000	(대)	미수금(구로세무서)	2,010,000

🔑 **객관식**

1	2	3	4	5	6	7	8	9	10	11	12	13	14	15
③	④	③	①	④	④	②	①	④	②	②	③	④	④	④

[풀이 – 객관식]

01 기업업무추진비(접대비) 관련 매입세액, 면세사업 관련 매입세액, 토지의 취득 관련 매입세액은 매입세액 불공제에 해당한다. <u>운수업의 영업용 차량(예 : 택시)은 매입세액으로 공제</u>된다.

02 <u>일반영수증을 수취하는 경우 매입세액을 공제받을 수 없다.</u>

03 과세사업자가 승용차를 공급한 경우에는 거래상대방이나 매입세액불공제 여부에 관계없이 부가가치세를 과세한다.

04 면세사업자는 부가가치세의 납세의무자가 아니나, 영세율이 적용되는 사업자, 간이과세자, 일반과세자는 부가가치세의 납세의무자이다.

05 부가가치세 확정신고 납부기한은 과세기간이 끝난 후 25일 이내이다.

06 ① 폐업의 경우 <u>폐업일이 속하는 날의 다음 달 25일까지 신고</u>하여야 한다.

② <u>확정신고를 하는 경우 예정신고시 신고한 과세표준은 제외하고 신고</u>한다.

③ 신고기한까지 과세표준 및 세액을 신고하지 않는 경우 무신고 가산세가 부과된다.

07 주사업장 총괄납부의 경우에도 <u>납부만 주사업장에서 하고 신고는 각 사업장별로 하여야 한다.</u>

08 ② 법인사업자 확정신고의 경우 예정신고 시 이미 신고한 내용을 제외한다.

③ 직전 과세기간 납부세액이 없는 개인사업자라 하더라도 예정신고의 의무가 있는 것은 아니다.

④ 간이과세자는 해당 과세기간의 <u>공급대가가 4,800만원 미만인 경우 납부의무가 면제</u>된다.

09,10 폐업의 경우 폐업일이 속한 달의 다음 달 25일 이내에 신고 납부하여야 한다.

11 주사업장 총괄납부 사업자는 <u>납부와 환급만 주된 사업장에서 하므로 신고는 각 사업장별로 하여야 한다.</u>

12 ① <u>토지의 취득 및 형질변경과 관련된 매입세액은 불공제</u>한다.

② 기업업무추진비(접대비) 및 이와 유사한 비용의 지출에 관련된 매입세액은 불공제한다.

④ <u>면세사업에 관련된 매입세액은 불공제</u>한다.

13 ① 폐업의 경우 <u>폐업일이 속한 달의 다음 달 25일 이내에 신고·납부</u>하여야 한다.

② 법인사업자 확정신고의 경우 <u>예정신고 시 이미 신고한 내용을 제외</u>한다.

③ 간이과세자는 해당 과세기간의 <u>공급대가가 4,800만원 미만인 경우 납부의무가 면제</u>된다.

14 ① <u>간이과세자는 원칙적으로 예정신고의무가 없다.</u>

② 일반과세자의 과세기간은 제1기는 1월 1일부터 6월 30일까지, 제2기는 7월 1일부터 12월 31일까지이다.

③ 부동산임대업의 사업장은 <u>부동산의 등기부상 소재지</u>이다.

15 <u>직수출의 경우 세금계산서를 발급하지 않는다.</u>

◑━ 주관식

01	900,000원	02	50,000원	03	5,100,000원
04	6,500,000원	05	1,500,000원	06	380,000원
07	37,000,000원	08	2,200,000원	09	3,000,000원
10	19,000,000원	11	4,000,000원		

[풀이 – 주관식]

01 매출세액 = (7,000,000원 + 2,000,000원) × 10% + 3,000,000원 × 0% = 900,000원

02 **9인승 승용차의 구입과 관련된 매입세액은 공제대상**이다.

03 (50,000,000원 + 1,000,000원) × 10/100 = 5,100,000원
    공장부지 조성과 기업업무추진관련매입세액은 불공제 대상이다.

04 기업업무추진비 관련 매입세액은 공제 대상 매입세액이 아니며, 세금계산서 상 공급하는 자의 주소는 필요적 기재사항이 아닌 바, 발급받은 세금계산서에 필요적 기재사항의 일부가 기재되지 아니한 경우에 해당하지 않으므로 공제가 된다.
    1,500,000원 + 3,000,000원 + 2,000,000원 = 6,500,000원

05 1,000,000원 + 500,000원 = 1,500,000원
    거래처 기업업무추진용품 구입비와 대표이사의 승용차는 비영업용소형승용차 관련 지출이므로 해당 매입세액은 공제대상이 아니다.

06 매출세액 – 매입세액 = 5,000,000원 × 10% – 1,200,000원 × 10% = 380,000원.
    대표이사 업무용 승용차 수리비에 대한 매입세액은 공제되지 아니한다.

07 토지의 자본적 지출 관련 매입세액과 기업업무추진비 지출 관련 매입세액은 불공제대상 매입세액이다.
    (550,000,000원 × 10/100) – (21,000,000원 – 1,000,000원 – 2,000,000원) = 37,000,000원

08

구 분	과세표준	세 액(10%)
매출세액(A)	10,000,000 + 20,000,000	3,000,000
매입세액(B)	8,000,000	800,000
납부세액(A – B)		*2,200,000*

09

구 분	과세표준	세 액(10%)
매출세액(A)	60,000,000	6,000,000
매입세액(B)		5,000,000 – 2,000,000
납부세액(A – B)		*3,000,000*

하치장반출액은 과세대상에서 제외된다.

10 매출세액 = (350,000,000원 × 10% + 100,000,000원 × 0%) = 35,000,000원
    매입세액 = (21,000,000원 − 2,000,000원 − 3,000,000원) = 16,000,000원
    납부세액 = 매출세액(35,000,000) − 매입세액(16,000,000) = 19,000,000원

11 납부세액 = 매출세액(80,000,000 × 10%) − 매입세액(4,000,000) = 4,000,000원
    해외 직수출액은 영세율을 적용하고, 기업업무추진비 관련 매입세액은 불공제한다.

Login Financial Accounting Technician 1

Part II
실무능력

Log − In
Log − In

FAT 1급 실무시험 출제내역

1. 기초정보관리	회사등록정보수정 신규거래처등록 및 수정 계정과목 및 적요 등록 및 수정 전기분 재무상태표/손익계산서 수정 거래처별 초기이월
2. 거래자료입력	증빙 등에 의한 일반전표입력
3. 부가가치세	매입매출전표입력 및 전자세금계산서 발행 부가가치세 신고서 조회 및 일반전표입력
4. 결산	**수동결산/자동결산**
5. 회계정보 조회 및 분석	부가가치세 신고서 및 재무제표 조회등
계	70점

〈FAT 1급 실무〉

			문항수	방법	점수
실무 수행 과제	기초정보관리	1. 기초정보관리 이해	2	*실무수행과제 입력 후 수행평가(장부, 신고서 및 재무제표 조회) 답안 작성*	–
	회계정보관리	2. 거래자료입력	5		
		3. 부가가치세	6		
		4. 결산	2		
수행 평가	*회계정보조회 &분석*	1. 회계정보조회	20		62
		2. 회계정보분석	2		8
계					70

FAT 1급 시험문제 중 **전표입력(거래자료입력, 부가가치세, 결산)**을 하여야 하고,
이로 인한 각종장부를 조회해서 답안을 작성하므로 <u>분개와 장부조회</u>를 못하면 합격할 수 없습니다.

Chapter 01

회계 프로그램 설치 및 실행

NCS회계 - 3 회계정보시스템 운용 – 회계관련 DB마스터 관리

설치하기

① https : //at.kicpa.or.kr/ (한국공인회계사회 AT자격시험 홈 페이지)에서 설치파일을 다운로드 하고 설치한다.

② 설치가 완료되면, 바탕화면에 단축아이콘 을 확인할 수 있다.

실행하기

① 바탕화면에서 아이콘을 더블클릭하여 아래와 같이 프로그램을 실행한다.

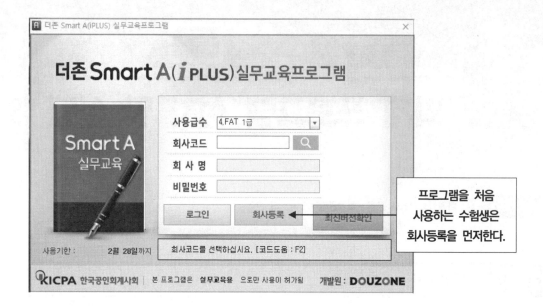

(1) 사용급수

① 응시하는 시험의 급수(FAT1급)를 선택한다.
② 시험에서는 해당하는 급수에서 다루어지는 메뉴만 구성하기 때문에 시험의 급수선택에 따라 나타나는 메뉴의 항목 수가 다르다.

(2) 회사코드

기존에 이미 작업이 이루어진 경우에는 [🔍] 키를 클릭하여 회사코드도움이 나타나고 이때 원하는 회사를 선택한다. 그러나 **프로그램을 처음 설치한 경우라면 기존 작업한 회사가 없으므로 화면 하단의** [회사등록] **키를 이용하여 임의의 회사를 등록**한 후 실습을 하여야 한다.

(3) 회사명

회사를 선택하면 자동으로 회사명이 표시된다.
하단의 "확인"키를 클릭하면 선택된 급수와 회사의 메인화면이 실행된다.

(4) 최신버전확인

깜박이면 클릭하여 최신버전으로 실습을 하십시오.

메인화면 소개

FAT 1급 수험용 프로그램은 재무회계프로그램으로만 구성되어 있고, 이것을 클릭하면 8개의 메뉴로 구성되어 있다.

메 뉴		주요 내용
회계	기 초 정 보 관 리	환경설정, 회사등록, 거래처등록, 전기분 재무제표 등
	전 표 입 력 / 장 부	일반전표입력, 매입매출전표입력, 각종 장부 조회
	고 정 자 산 등 록	고정자산등록 및 감가상각비 계산
	결 산 / 재 무 제 표 1	결산자료입력, 재무제표, 영수증수취명세서등
	부 가 가 치 세 I	신고서 및 세금계산서 합계표등
	부 가 가 치 세 II	전자세금계산서 발행 및 내역관리
	금 융 / 자 금 관 리	일일자금명세,예적금 및 받을어음 현황 등
	데 이 터 관 리	데이터백업 및 백업데이타 복구 등

〈주요 메뉴키〉

? 코드도움 또는 ?	[F2]코드도움입니다.
✕ 닫기	[ESC]메뉴를 종료합니다.
🗑 삭제	현재라인을 삭제합니다.
🔍 조회	장부에 새로 반영된 데이타를 다시 조회합니다.
기능모음(F11) ▼	해당 화면과 관련된 기능이 조회된다.
🏠	홈(처음 페이지)으로 이동한다.
🗔	전체 메뉴를 보여준다.

Chapter 02

프로그램의 첫걸음

NCS회계 - 3 회계정보시스템 운용 - DB마스터관리/회계프로그램 운용/회계정보활용

NCS세무 - 3 세무정보시스템 운용 - 전표/보고서 조회/마스터 데이터 관리

▊01 STEP 기초정보관리

회계처리를 하고자 하는 회사에 대한 기본적인 등록 작업을 말한다.
재무회계 메인화면에서 [기초정보관리] – [회사등록]을 클릭하면 아래와 같은 화면이 실행된다.

① 회사등록

회사등록은 회계처리를 하고자 하는 회사를 등록하는 작업으로 가장 기본적이고 우선되어야 하는 작업이다. 회사등록은 작업할 회사의 사업자등록증을 토대로 작성하여 등록된 내용이 각종 출력물상의 회사 인적사항에 자동 표시됨은 물론 각종 계산에 영향을 주게 되므로 정확히 입력되어야 한다.

코드와 회사명을 입력하고 **구분을 법인으로** 하면 다음과 같은 회사등록화면이 나타난다.

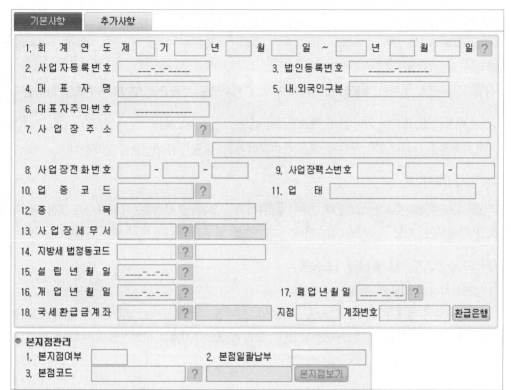

(1) 회사등록사항

① 코 드

장부를 작성할 회사에 대한 코드를 부여하며, 101~9999까지 사용이 가능하다.

② 회사명

사업자등록증에 기재된 상호명을 입력한다.

③ 구 분

사업자등록증상 법인과 개인의 구분을 의미한다.
법인사업자의 경우는 "0", 개인사업자의 경우는 "1"을 선택한다.

④ 1.회계연도

당해연도의 사업년도를 의미하며 개업일로부터 당해연도까지의 사업년도에 대한 기수를 선택하고 회계기간을 입력한다.

⑤ 2.사업자등록번호, 3.법인등록번호

사업자등록증상의 사업자등록번호, 법인등록번호를 입력한다.

사업자등록증상의 앞의 세자리는 세무서코드, 가운데 두자리는 개인과 법인의 구분번호, 마지막 다섯자리는 일련번호와 검증번호이다.

사업자등록번호 입력이 잘못되면, 빨간색으로 표시되므로 정확한 사업자등록번호를 입력한다.

⑥ 4.대표자명, 5. 내,외국인 6.대표자주민번호

사업자등록증상의 대표자 성명과 대표자 외국인여부, 대표자 주민번호를 입력한다.

⑦ 7.사업장주소

사업자등록증상의 주소를 입력한다. F2나 ? 클릭하면 우편번호검색화면이 나오면 도로명주소 우편번호를 클릭하여, 해당 도로명을 입력하여 우편번호를 선택하고 나머지 주소를 입력한다.

⑧ 10.업종코드, 11.업태와 12.종목

사업자등록상의 업태와 종목을 입력한다.

업태란 사업의 형태를 말하는 것으로서 제조업, 도매업, 소매업, 서비스업 등으로 분류된다. 종목은 업태에 따라 취급하는 주요품목을 말한다. 업종코드는 문제에서 주어지면 입력한다.

⑨ 13.사업장세무서

14.사업장세무서는 사업자등록증상의 하단부에 표기된 관할 세무서를 코드로 등록한다.

⑩ 16.개업연월일

사업자등록증상의 개업연월일을 입력한다.

회사등록

(주)백두(회사코드 : 3001)는 컴퓨터관련용품을 판매하는 중소기업이며 당기(제3기)의 회계기간은 2025.1.1.~2025.12.31.이다. 전산세무회계 프로그램을 이용하여 회사등록을 하시오.

사 업 자 등 록 증

(일반과세자)

등록번호 : 128 – 81 – 42248

상   호 : ㈜백 두

성   명 : 이 대 호

개 업 년 월 일 : 2023년 2월 1일

법 인 등 록 번 호 : 110111 – 1754020

사업장 소재지 : 서울시 동작구 상도로 13

사 업 의 종 류 : 업태 도매 및 상품중개업   종목 컴퓨터 및 주변장치

교 부 사 유 : 신규

사업자단위과세 적용사업자여부 : 여(   ) 부(∨)

전자세금계산서 전용 메일주소 : kim@bill36524.com

2023년 2월 1일

동작세무서장 (인)

NTS ❀ 국세청   전자문서(pdf파일)로 발급된 소득공제증명서류입니다. 전자문서는 출력용으로 사용할 수 없습니다. 전자문서 진본여부 확인은 홈페이지(yesone.go.kr) 자료실을 참고 바랍니다.

사업자등록증을 참고하여 주업종코드(515050)도 등록하고, 추가사항(7. 담당자 E―Mail)에 전자세금계산서 전용메일주소를 입력하시오.

☞ FAT2급(회사등록) 입력사항을 참고하십시오.

① 프로그램실행 후 "회사등록"을 클릭한다.

② 1.회계연도 : 2023년도 개업이므로 2025년의 기수 3기를 입력한다.

③ 2, 3, 4,5 사업자등록증상의 사업자등록번호, 법인등록번호, 대표자명, 대표자의 외국인여부를 입력한다.

④ 7.사업장주소를 입력한다. **사업장 주소는 시도·시군구를 선택하고 도로명주소를 입력하여 도움을 받아 입력할 수도 있다.**

⑤ 10.11,12 업종코드를 입력하면 업태와 종목은 자동입력된다.

⑥ 13. 코드 도움을 받아 사업장 세무서는 사업자등록증상의 관할세무서를 입력한다.

⑦ 16.개업연월일을 입력한다.

⑧ 추가사항 7.담당자 E-Mail란에 메일주소를 입력한다.

[해답]

회사등록사항을 모두 입력한 화면은 아래와 같다.

기본사항	추가사항

1. 회 계 연 도	제 [3] 기 [2025] 년 [1] 월 [1] 일 ~ [2025] 년 [12] 월 [31] 일 [?]
2. 사 업 자 등 록 번 호	[128-81-42248]	3. 법 인 등 록 번 호	[110111-1754020]
4. 대 표 자 명	[이대호]	5. 내.외국인구분	[0.내국인]
6. 대 표 자 주 민 번 호	[------]		
7. 사 업 장 주 소	[06955] [?] 서울특별시 동작구 상도로 13
도 로 명 주 소 코 드	[?] (대방동, 홍원빌딩)
8. 사 업 장 전 화 번 호	[ ]-[ ]-[ ]	9. 사업장팩스번호	[ ]-[ ]-[ ]
10. 업 종 코 드	[515050] [?] 표준산업코드[ ]	11. 업 태	도매 및 상품중개업
12. 종 목	컴퓨터 및 주변장치	19. 소 유 여 부	[ ]
13. 사 업 장 세 무 서	[108] [?] 동작
14. 지방세 법정동코드	[ ] [?] 동작구청
15. 설 립 년 월 일	[----.--.--] [?]
16. 개 업 년 월 일	[2023 -02-01] [?]	17. 폐 업 년 월 일	[----.--.--] [?]
18. 국 세 환 급 금 계 좌	[ ] [?] [ ]	지점[ ] 계좌번호[ ]	환급은행

추가사항	7. 담 당 자 E - M a i l	kim@bill36524.com

상단의 [X 닫기]나 키보드상의 [Esc]를 누르고 나오면 회사등록이 완료된 것이다.

그리고 실행화면에서 **3001((주)백두)**를 선택하고 클릭하면 메인화면이 나타난다.

좌측의 [회계] 를 클릭하면 재무회계 화면이 나타난다.

② 환경설정

회계프로그램을 유용하게 활용하기 위한 설정사항으로서 기본계정설정을 해 줄 수 있다.

[환경설정]을 클릭하고, 상단의 [회계]를 클릭하면 다음과 같은 화면이 나타난다.

① 기본계정설정

[매입매출전표]입력시 자동으로 표기해 주는 계정으로

FAT 1급 시험의 경우 상품매매업(도소매)이 시험범위이므로 401.상품매출/146.상품으로 설정되어 있다.

도소매업(FAT1급)				
매출	매출	상품매출(401)	(차) 외상매출금 xxx	
	매출채권	외상매출금(108)	**(대) 상품매출 xxx**	
매입	매입	상품(146)	(차) 상 품 xxx	
	매입채무	외상매입금(251)	(대) 외상매입금 xxx	

② 신용카드기본계정설정

카드채권/카드채무에 대한 자동계정을 설정하는 것으로서, 기업이 상품을 판매하고 신용카드로 결제를 받았을 경우

(차) 외상매출금 ××× (대) 상품매출 ×××

이므로, 카드채권을 **미수금에서 외상매출금으로 수정**해 주면 된다.

기업에서 카드채무는 대부분 미지급금이므로 수정하지 않는다.

① 기본 계정 설정
매 출 401 ? 상 품 매 출
매 출 채 권 108 ? 외 상 매 출 금
매 입 146 ? 상 품
매 입 채 무 251 ? 외 상 매 입 금
② 신용카드 기본계정설정(분개유형 4번)
카 드 입 력 방 식 1 1.공급대가(부가세포함)
카 드 채 권 108 ? 외 상 매 출 금
카 드 채 무 253 ? 미 지 급 금
카 드 매 입 공 제 2.부가세불공제

③ 거래처 등록

상품, 제품을 외상거래나 기타채권, 채무에 관한 거래가 발생했을 때 외상매출금계정이나 외상매입금계정 등의 보조장부로서 거래처별 장부를 만들게 되는데, 이렇게 각 거래처별 장부를 만들기 위해서는 장부를 만들고자 하는 거래처를 등록하여야 한다.

또한 기업은 여러 개의 통장을 소유하고 있다. 이럴 경우 **은행계좌별로 장부와 통장잔액을 일치시켜야 하므로 거래처(은행)를 등록하고 거래처 코드를** 입력한다.

〈반드시 거래처코드를 입력해야 하는 계정과목〉

보통예금, 당좌예금 등	
채권계정	채무계정
외상매출금	외상매입금
받 을 어 음	지 급 어 음
미 수 금	미 지 급 금
선 급 금	선 수 금
대여금(단기, 장기)	차입금(단기, 장기), 유동성장기부채
가 지 급 금	가수금(거래처를 알고 있을 경우 입력)
선급비용/미수수익	선수수익/미지급비용
임차보증금	임대보증금

(1) 일반거래처

부가가치세신고 대상거래는 반드시 거래처등록을 해야 하며, 기타 채권채무관리를 위한 거래처를 등록한다.

입력시 하단의 메시지를 참고하여 입력한다.

> 💬 Message 거래처코드를 입력합니다. (101~97999) ※ 참고 : Enter시 거래처코드를 자동부여합니다.

① 코드

"00101~97999"의 범위 내에서 코드번호를 부여한다.

② 거래처명 및 유형

유형은 "0.전체" "1.매출" "2.매입"을 선택한다.

③ 일반거래처 등록사항

사업자등록번호, 주민등록번호, 대표자성명, 업태, 종목, 사업장주소 등을 입력한다.

④ 거래시작일과 거래종료일

신규거래처를 등록하면 거래시작일이 자동 입력된다.

⑤ 담당자메일주소

전자세금계산서를 발급시 추가사항란에 담당자 메일주소를 입력한다.

(2) 금융기관

보통예금, 당좌예금, 정기예금, 정기적금유형으로 나누어 입력한다.

① 코드

"98000~99599"의 범위 내에서 코드번호를 부여한다.

② 거래처명을 입력하고 유형은 해당 예금에 맞는 유형을 선택한다.

③ 계좌번호를 입력한다.

④ 은행의 지점명을 입력한다.

(3) 카드거래처

카드거래처 입력은 회사가 거래하는 신용카드사를 입력하는 것이다.

매출카드거래처는 회사가 신용카드사에 가맹되어 있는 경우를 말하고, 매입카드거래처는 회사의 사업용카드(법인카드 등)를 보유하고 있는 경우에 입력한다.

① 코드

"99600~99999"의 범위 내에서 임의 선택하여 부여한다.

② 카드사명, 가맹점번호, 구분, 결제일, 입금계좌, 수수료

카드사, 구분(매입카드,매출카드), 가맹점번호, 카드종류 등을 입력한다.

 거래처등록

㈜백두(회사코드 : 3001)에 대한 거래처는 다음과 같다. 거래처를 등록하시오.

[일반거래처]
－거래처 유형은 0 : 전체를 선택한다.
－거래처 시작일은 모두 20x1년(당기) 3월 1일로 입력한다.

코드	거래처명	대표자명	사업자등록번호	업태	종목	담당자 메일주소
1101	㈜지리	이한라	104－81－23639	도소매	자동차 관련부품	kyc@nate.com
2101	㈜설악	최설악	125－05－81909	도소매		kyc@naver.com
1102	김기수	－	830208－2182630	－	－	

• ㈜지리의 사업장 주소 : 서울 서초구 강남대로 10을 직접 입력한다.

[금융기관]

과 은행등록으로 국민은행(100)을 등록하여 계좌개설점을 입력하시오.

코드	금융기관명	구 분	계좌번호
98000	국민은행(구로)	일반	123 - 456 - 789

[신용카드]

코드	카드(사)명	카드(가맹점)번호	구분
99600	비씨카드	5000	매출카드
99700	국민카드	4574 - 7204 - 8364 - 4004	매입카드[1]

*1. 회사카드가 국세청에 등록한 사업용카드이다.

 ☞ FAT2급(거래처등록) 입력사항을 참고하십시오.

【 해답 】

메인화면의 [기초정보관리]-[거래처등록]을 클릭한다.
화면내에서 좌우화면으로 옮길시 마우스나 키보드상의 탭키를 이용한다.

[일반거래처 등록화면]

거래시작일을 20x1년(당기) 3월 1일로 수정하고, 추가사항란에 담당자메일주소를 입력한다.

| 4. 담당자메일주소 | kyc | @ | nate.com | nate.com | ▼ | 추가 |

[금융기관등록화면]

—은행등록 : 기능모음(F11) ▼을 클릭하여 은행등록을 한다.

[카드등록화면]

4 계정과목 및 적요등록

(1) 계정과목

적색계정은 자주 사용하는 계정과목이며, **일반적으로 적색계정과목은 수정하지 않으나, 수정시에는 Ctrl + F1을 클릭한 후 수정한다.**
흑색계정과목은 자유롭게 수정할 수 있다.

(2) 구분

해당계정의 성격을 나타낸다. 흑색계정과목은 바로 수정이 가능하나, 적색계정과목은 Ctrl + F1을 클릭한 후 수정할 수 있다.

코드	계정과목	구분	사용	과목	관기
101	현 금	일 반	0.		
102	당 좌 예 금	예 금	1. 예	금	
103	보 통 예 금	예 금	2. 적	금	
104	정 기 예 금	예 금	3. 일	반	
105	정 기 적 금	예 금	4. 차	감	
106	기 타 단기금융상품	예 금	5. 유 가 증 권		
107	단 기 매 매 증 권	유가증권	6. 채	권	
			7. 기	타	

(3) 관계코드

관계있는 다른 계정과목을 표시하면 된다.
예를 들어 대손충당금(109)은 외상매출금(108)을 차감하는 계정과목이다.

	109	대 손 충 당 금	차 감	○	109	108	거래처,부서/사원	대손충당금	Allowance for
	110	받 을 어 음	일 반	○	110		거래처,부서/사원,받을0	받을어음	Notes receivat

관계코드를 수정하려면 Ctrl + F1을 클릭한 후 수정한다.

(4) 적요의 수정

적요는 현금적요와 대체적요가 있으며 수정하고자 하는 계정과목에서 커서를 이동한 후 추가 등록할 내용으로 입력한다.
좌측 자산, 부채, 자본을 클릭 후 해당 자산으로 바로 이동이 가능하다.

	코드	계정과목	구분	사용	과목	관계	관리항목	표준코드	표준재무제표항목	출력
	146	상 품	일반재고	○	146		거래처,부서/사원,카드	045	상품	상품
	147	매입환출및에누리	환출차감	○	147	146	거래처,부서/사원			매입환
	148	매 입 할 인	할인차감	○	148	146	거래처,부서/사원			매입할
	149	관 세 환 급 금	관세차감	○	149	146	거래처,부서/사원			관세환
	150	제 품	일반재고	○	150		거래처,부서/사원	046	제품	제품
	151	관 세 환 급 금	관세차감	○	151	150	거래처,부서/사원			관세환
	152	완 성 건 물	일반재고	○	152		거래처,부서/사원	060	완성공사(주택외)	완성건
	153	원 재 료	일반재고	○	153		거래처,부서/사원,카드	051	원재료	원재료
	154	매입환출및에누리	환출차감	○	154	153	거래처,부서/사원			매입환
	155	매 입 할 인	할인차감	○	155	153	거래처,부서/사원			매입할
	156	원재료(도급)	일반재고	○	156		거래처,부서/사원,카드	051	원재료	원재료(
	157	매입환출및에누리	환출차감	○	157	156	거래처,부서/사원			매입환
	158	매 입 할 인	할인차감	○	158	156	거래처,부서/사원			매입할
	159	원재료(분양)	일반재고	○	159		거래처,부서/사원,카드	051	원재료	원재료(
	160	매입환출및에누리	환출차감	○	160	159	거래처,부서/사원			매입환
	161	매 입 할 인	할인차감	○	161	159	거래처,부서/사원			매입할

● 현금적요

No	적요내용	비고
01	상품 현금매입	
02	상품매입환출및 에누리	
06	의제매입세액 원재료차감(부가)	의제매입세액
07	재활용 폐자원매입세액(부가)	제활용폐자원

● 대체적요

No	적요내용	비고
01	상품외상매입	
02	상품수표 매입	
03	상품어음매입	
04	상품매출원가 대체	
05	타계정에서 대체액	

 ## 계정과목 및 적요등록

1. 월초에 천안지점에 소액현금을 지급하고 월말에 증빙에 의한 정산을 하기로 하였다.
2. '138.전도금' 계정과목을 '소액현금'으로 정정등록하고, 현금적요와 대체적요를 등록하시오.
   〔계정구분 : 3.일반〕
   • 현금적요 : 7.지점 소액현금 지급
   • 대체적요 : 7.지점 소액현금 정산대체

☞ FAT2급(계정과목 등록) 입력사항을 참고하십시오.

〔해답〕

[기초정보관리]-[계정과목 및 적요등록]
1. 적요 추가등록
-빨간색 계정과목이므로 Ctrl+F1을 클릭한 후 계정과목을 수정하고 적요는 신규등록한다.

		현금적요			대체적요	

※ 현금적요

No	적요내용	비고
03	대리점전도금 지급	
04	업무전도금 회수	
05	대리점전도금 회수	
06	공장전도금 회수	
07	지점 소액현금 지급	

※ 대체적요

No	적요내용	비고
03	대리점전도금 수표지급	
04	업무전도금 비용대체	
05	공장전도금 정산대체	
06	대리점전도금 정산대체	
07	지점 소액현금 정산대체	

02 STEP 전기분 재무제표입력(초기이월)

1. 계정과목입력방법

코드란에 커서를 놓고 F2를 클릭하여 계정과목을 검색하여 입력하거나 계정코드란에 바로 계정과목명 1자리이상(일반적으로 2글자이상)을 입력해서 검색하여 입력해도 된다.

2. 차감계정입력방법

대손충당금과 감가상각누계액 코드 = 해당 계정과목코드 + 1

3. 금액입력방법

금액을 입력시 컴마(,)없이 입력한다. **키보드 우측에 있는 숫자키 중 +키를 누르면 "0"이 세 개 (000)입력된다.** 금액입력방법은 어디서나 동일한 방법으로 입력하면 된다.

① 전기분 재무상태표

전년도의 재무상태표를 입력하면 되는데, **재무상태표상의 상품의 기말재고금액은 손익계산서 상품매출원가의 기말상품재고액으로 자동반영된다.**

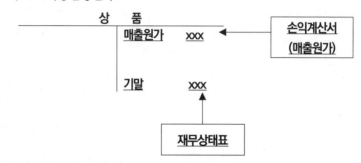

 전기분 재무상태표

㈜백두(3001)의 전기분재무상태표는 다음과 같다. 다음 자료를 이용하여 전기분 재무상태표를 입력하시오.

전기분재무상태표

㈜ 백두 　　　　전기 20×0년 12월 31일 현재　　　　(단위 : 원)

과 목	금	액	과 목	금	액
I. 유 동 자 산		157,000,000	**I. 유 동 부 채**		70,000,000
(1) 당 좌 자 산		147,000,000	외 상 매 입 금		50,000,000
보 통 예 금		30,000,000	미 지 급 금		20,000,000
외 상 매 출 금	80,000,000		**II. 비 유 동 부 채**		70,000,000
대 손 충 당 금	(2,000,000)	78,000,000	사 　 채		40,000,000
받 을 어 음	40,000,000		퇴 직 급 여 충 당 부 채		30,000,000
대 손 충 당 금	(1,000,000)	39,000,000	**부 　 채 　 총 　 계**		140,000,000
(2) 재 고 자 산		10,000,000	**I. 자 　 본 　 금**		50,000,000
상 　 품		10,000,000	자 　 본 　 금		50,000,000
			II. 자 본 잉 여 금		1,000,000
II. 비 유 동 자 산		70,000,000	주 식 발 행 초 과 금		1,000,000
(1) 투 자 자 산		10,000,000	**III. 이 익 잉 여 금**		36,000,000
장 기 성 예 금		10,000,000	이 익 준 비 금		5,000,000
(2) 유 형 자 산		60,000,000	이 월 이 익 잉 여 금		31,000,000
건 　 물	70,000,000		(당기순이익 20,000,000)		
감 가 상 각 누 계 액	(10,000,000)	60,000,000	**자 　 본 　 총 　 계**		87,000,000
자 　 산 　 총 　 계		227,000,000	**부 채 와 　 자 본 총 계**		227,000,000

☞ FAT2급(전기분 재무상태표) 입력사항을 참고하십시오.

해답

1. [기초정보관리] → [전기분재무상태표]를 클릭한다.

2. 계정과목입력

코드란에 커서를 놓고 F2 를 클릭하여 계정과목을 검색하여 입력하거나 코드란에 바로 계정
과목명 2자리이상을 입력해서 엔터를 쳐서 맞는 계정과목을 입력해도 된다.

3. 금액입력

금액을 입력시 컴마(,)없이 입력한다. **키보드 우측에 있는 숫자키 중 +키를 누르면 "0"이 세 개
(000)입력된다.**

4. 차감계정입력방법

> **대손충당금과 감가상각누계액 코드=해당 계정과목코드+1**

즉, 외상매출금 계정코드가 108번이기 때문에 외상매출금에 대한 대손충당금 계정코드는 109
번을 입력하면 되고, 건물 계정코드가 202번이기 때문에 건물에 대한 감가상각누계액 계정코드는
203번을 입력하면 된다.

6. 계정과목과 금액을 입력하면 우측 화면에 자산·부채항목별로 집계되고 또한 하단의 차변, 대
변 합계에 집계된다. 그리고 **하단의 자산/자본/부채 총계를 확인하고 차액이 "0"이 되어야 정
확하게 입력한 것이다.**

7. 작업종료시 방법

Esc 또는 X 닫기 눌러서 프로그램을 종료시키면 작업한 내용이 저장된다.

【전기분 재무상태표 입력화면】

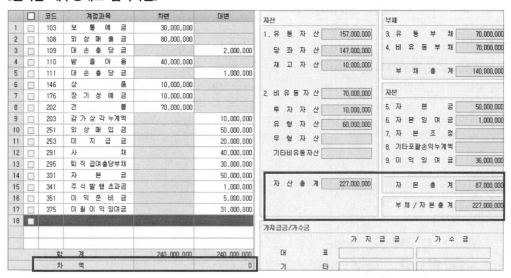

② **전기분 손익계산서**

전년도의 손익계산서를 입력하면 되는데, 입력방식은 전기분 재무상태표와 거의 유사하다.
기말상품은 재무상태표상의 금액이 자동반영 된다.

 전기분 손익계산서

㈜백두(3001)의 전기분 손익계산서는 다음과 같다. 다음 자료를 이용하여 전기분 손익계산서를
입력하시오.

전기분 손익계산서
전기 20×0년 1월 1일부터 20×0년 12월 31일까지

㈜백두 (단위 : 원)

과 목	금 액		과 목	금 액	
Ⅰ.매　　　출　　　액		140,000,000	수 도 광 열 비	3,000,000	
상 품 매 출	140,000,000		감 가 상 각 비	2,000,000	
Ⅱ.매　　출　　원　　가		82,000,000			
상 품 매 출 원 가		82,000,000	Ⅴ.영　　업　　이　　익		34,000,000
기 초 상 품 재 고 액	2,000,000				
당 기 상 품 매 입 액	90,000,000		Ⅵ.영　업　외　수　익		4,000,000
기 말 상 품 재 고 액	10,000,000		단 기 매 매 증 권 처 분 익	4,000,000	
Ⅲ.매　출　총　이　익		58,000,000			
Ⅳ.판 매 비 와 관 리 비		24,000,000	Ⅶ.영　업　외　비　용		8,000,000
급　　　　　　　여	10,000,000		기　　부　　금	8,000,000	
복 리 후 생 비	1,000,000				
여 비 교 통 비	3,000,000		Ⅷ. 법인세차감전순이익		30,000,000
접대비(기업업무추진비)	5,000,000		Ⅸ.법　인　세　등		10,000,000
			Ⅹ.당　기　순　이　익		20,000,000

☞ FAT2급(전기분 손익계산서) 입력사항을 참고하십시오.

해답

1. [기초정보관리] → [전기분손익계산서]를 클릭한다.
2. 계정과목과 금액의 입력방법은 동일하다.
3. 상품매출원가를 입력하면, 상품매출원가를 입력하는 보조화면이 나타난다.

기초상품재고액과 당기상품매입액을 입력하고, **기말상품재고액**은 재무상태표의 상품재고액이
자동 반영된다.

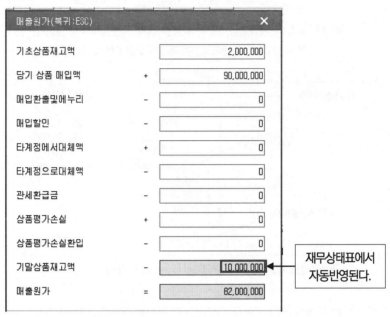

4. 판매비와 관리비, 영업외수익, 영업외비용, 법인세등을 입력한다.

5. 문제상의 **당기순이익**과 **프로그램 입력 후의 당기순이익**과 일치하면 정확하게 입력한 것이다.

【전기분 손익계산서 입력화면】

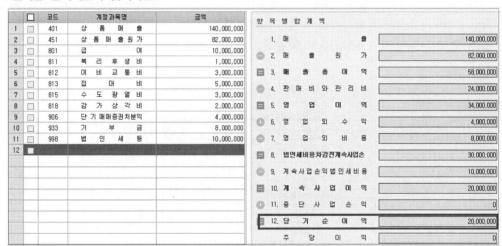

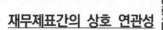

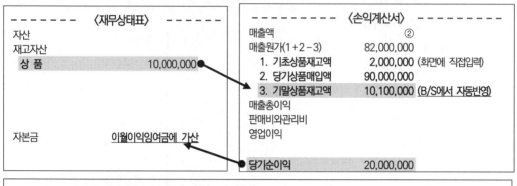

재무제표간의 상호 연관성

재무상태표상의 기말상품 ⇨ 손익계산서상의 매출원가의 기말상품
손익계산서의 당기순이익 ⇨ 재무상태표의 이익잉여금

⟨재무상태표⟩		⟨손익계산서⟩	
자산		매출액	②
재고자산		매출원가(1+2-3)	82,000,000
상 품	10,000,000	1. 기초상품재고액	2,000,000 (화면에 직접입력)
		2. 당기상품매입액	90,000,000
		3. 기말상품재고액	10,100,000 (B/S에서 자동반영)
		매출총이익	
		판매비와관리비	
자본금	이월이익잉여금에 가산	영업이익	
		당기순이익	20,000,000

재무상태표(기말상품) → 손익계산서 → 재무상태표 순으로 수정

③ 거래처별초기이월

채권·채무 등 거래처별관리가 필요한 재무상태표 항목에 대하여 [거래처원장]에 "전기이월"로 표기하면서 거래처별 전년도 데이터를 이월받기 위한 메뉴이다.

좌측 상단의 기능모음(F11)을 클릭한 후 불러오기(F3)를 클릭하여 전기분 재무상태표의 금액을 불러온다.

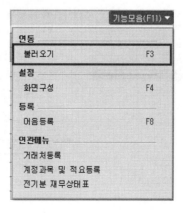

거래처별 초기이월

[(주)백두(3001)의 거래처별 초기이월자료를 입력하시오.

계정과목	거래처	금 액	비 고
보통예금	국민은행	30,000,000	계좌번호 : 123 – 456 – 789
받을어음	㈜설악	40,000,000	자수어음 발행(거래)일자 : 20x0.12.31 만기일자 : 20x1.1.31 전자어음번호 : 가다10120130 지급기관 : 국민은행
외상매입금	㈜지리	20,000,000	
	㈜설악	30,000,000	
미지급금	국민카드	20,000,000	

☞ 자수어음 : 어음발행인((주)설악)이 지급인((주)백두)에게 직접 발행한 어음

☞ FAT2급(거래처별 초기이월) 입력사항을 참고하십시오.

해답

1. [기초정보관리] → [거래처별초기이월]을 클릭한다.
2. 기능모음(F11)을 클릭한 후 불러오기(F3)
3. 받을어음을 [더블클릭] 또는 [TAB 이동]한 후 어음화면 이동 후 거래처명(F2를 이용),만기일자, 어음번호, 발행인, 발행일자, 어음종류 등을 입력

본 화면에서 하단의 차액이 "0"가 되어야 정확하게 입력된 것이다.

[거래처별초기이월 입력후 화면]

	코드	계정과목	전기분재무상태표	차 액	거래처합계금액		코드	거래처	금액
1	103	보통예금	30,000,000		30,000,000		01101	(주)지리	20,000,000
2	108	외상매출금	80,000,000	80,000,000			02101	(주)설악	30,000,000
3	109	대손충당금	2,000,000	2,000,000					
4	110	받을어음	40,000,000		40,000,000				
5	111	대손충당금	1,000,000	1,000,000					
6	146	상품	10,000,000	10,000,000					
7	176	장기성예금	10,000,000	10,000,000					
8	202	건물	70,000,000	70,000,000					
9	203	감가상각누계액	10,000,000	10,000,000					
10	251	외상매입금	50,000,000		50,000,000				
11	253	미지급금	20,000,000		20,000,000				
12	291	사채	40,000,000	40,000,000					
13	295	퇴직급여충당부채	30,000,000	30,000,000					
14	331	자본금	50,000,000	50,000,000					
15	341	주식발행초과금	1,000,000	1,000,000					
16	351	이익준비금	5,000,000	5,000,000					
17	375	이월이익잉여금	31,000,000	31,000,000					
18									

차액"0"

합 계		50,000,000
차 액		0

03 STEP 업무용 승용차

부가가치세법상 매입세액 불공제 대상 승용차에 대해서 발생한 비용에 대해서 한도가 있어서 일부 비용이 인정되지 않을 수 있다. 따라서 이러한 승용차 관련 프로그램에 대해서 관리항목부터 비용집 계까지 입력해보도록 하자.

1. 업무용 승용차 관리항목 등록

계정과목 및 적요등록에서 822.차량유지비에 설정해보도록 하자.

822.차량유지비 관리항목에 커서를 위치한 후 F2를 클릭한다.

32.업무용승용차의 사용 "0.O"을 선택한다.

차량과 관련한 계정과목(예 : 감가상각비, 임차료 등)에 대해서 이러한 작업을 해야 한다.

2. 업무용승용차 등록

코드, 차량번호, 차종, 명의구분 등을 등록한다.

3. 전표입력

1월1일 업무용승용차에 50,000원을 주유했다고 가정하고 전표를 입력해보자.

전표를 입력 후 해당계정위에 커서를 위치한 후 F3 클릭하고, 하단에 업무용 승용차 관리항목 창이
활성화되면 해당항목을 입력한다.

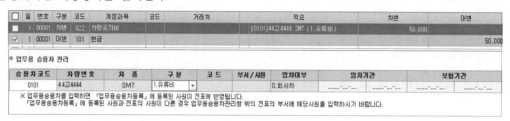

구분란에 1.유류비 등 해당항목을 선택한다.

4. 차량비용현황(업무용승용차)

기간과 차량번호를 입력하면 다음과 같은 업무용 승용차 비용현황이 나타난다.

 업무용 승용차 등록

㈜백두[3001]의 판매부서의 업무용 승용차를 별도로 관리하고 있다. 업무용승용차를 등록하시오.

코드	차량번호	차종	명의구분	취득일자	임차기간 (보험기간)	기초주행 누적거리	보험 가입
401	144가4444	QM6	렌트	당기 1.1	당기 1.1~12.31	0km	가입

보험은 업무용전용자동차보험을 가입하였다.

해답

1. [기초정보관리] → [업무용승용차]을 클릭한다.
2. 해당란에 입력하고 명의구분은 1.렌트를 선택한다.

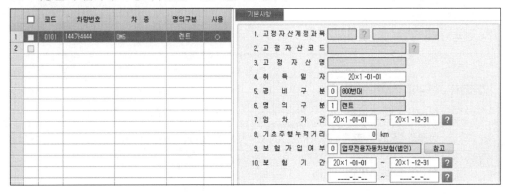

04 STEP 전표입력

1. 일반전표와 매입매출전표의 구분

기업에서 발생하는 거래는 부가가치세를 수반한 거래와 부가가치세를 수반하지 않는 거래로 나눈다.

즉, 세금계산서(계산서, 카드영수증, 현금영수증 등 포함)등을 주고 받았으면, 매입매출전표에, 그 이외의 모든 거래는 일반전표로 입력한다.

2. 경비계정의 계정코드 선택

FAT1급은 **판매비와관리비(800번대) 계정만 선택한다.**

① 일반전표 입력

⑴ 부가가치세가 없는 모든 거래를 입력하며, 분개자료는 제 장부 및 재무제표에 자동으로 반영된다.

⑵ 전표입력(출금/입금/대체거래)

구 분	내 용	사 례
입금전표	현금이 수입된 거래	(차) 현　　　금　×××　(대) 매　　　출　×××
출금전표	현금이 지출된 거래	(차) 복리후생비　×××　(대) 현　　　금　×××
대체전표	현금의 수입과 지출이 없는 거래	(차) 보통예금　×××　(대) 이자수익　×××
	현금이 일부 수반되는 거래	(차) 현　　　금　×××　(대) 매　　　출　××× 　　　외상매출금　×××

일반전표입력							어음등록 복사(F4) 이동(Ctrl+F4) 기간입력(Ctrl+8) 기능모음(F11) ▼
일자 □ 년 ▼ 월 □ 일 현금잔액 원							
□ 일 번호 구분 코드	계정과목	코드	거래처	적요	차변	대변	

⑶ 일반전표입력방법

① 입력할 전표의 월/일을 선택 입력한다.
② 전표번호는 자동생성된다.
③ 구분(1 : 출금/2 : 입금/3 : 차변/4 : 대변/5 : 결산차변/6 : 결산대변)을 입력한다.

> **입금/출금전표는 전표입력의 편리성으로 만들었기 때문에**
> **모든 거래를 대체거래로 입력해도 무방합니다.**

④ 계정과목 코드란에 계정과목 1글자이상(보통 2글자이상)을 입력하고 엔터를 치면, 계정코드도움 화면이 나타나고 해당계정과목을 선택한다.
⑤ 거래처코드에 거래처명 1글자이상(보통 2글자이상)을 입력하고 엔터를 치면 거래처코드도움 화면이 나타나고 해당거래처를 선택한다. 거래처코드를 입력하면 거래처명이 나타난다. **거래처 코드가 입력되어야 거래처가 정상적으로 입력된 것이다.**
⑥ 전표의 적요사항을 입력한다. FAT1급 시험에서는 특정거래(타계정대체 등)에 대해서는 **적요 번호를 선택하여야 한다.**
⑦ 차변 또는 대변에 금액을 입력한다.(금액란에 "+"키를 입력하면 "000"이 입력된다)

일반전표 입력

[출금전표 입력]

"1월 14일 ㈜ 백두는 여비교통비(영업부서) 50,000원을 현금으로 지급하였다."

〔차〕 여비교통비(판관비)　　　　　　　　　50,000　〔대〕현　금　　　　50,000 → 출금전표

┌───┐
│　　　　　　☞ FAT2급(일반전표입력) 입력사항을 참고하십시오.　　　│
└───┘

1. [전표입력]→[일반전표입력]를 클릭한다.
2. 해당 1월을 선택하고 일자를 입력한다.
3. "구분"에 "1"을 선택하여 출금전표를 선택한다.
4. 드란 "여비교" 세글자를 입력하면 계정과목도움이 나타나고, **영업부서이므로 800번대(판매관리비) 여비교통비**를 선택한다. 거래처코드는 원칙적으로 예금과 채권/채무계정에만 입력한다.

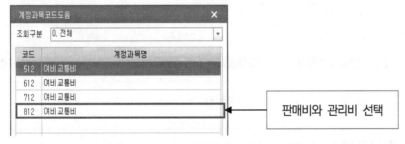

5. 등록된 적요를 선택하거나 "0"을 선택한 후 직접 입력할 수 있다.
6. 차변에 금액을 입력하고 엔터를 치면 라인이 변경되고 해당 거래가 입력이 완료된다.

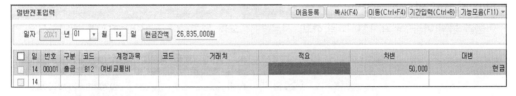

7. 하단의 　　▼　　을 클릭하면 분개내용을 확인할 수 있다.

812	여비교통비	50,000	101	현금	50,000
		[차변 :50,000]			[대변 :50,000]

【입금전표 입력】

"1월 15일 ㈜ 백두는 ㈜지리로 부터 외상매출금 17,000,000원을 현금으로 회수하였다."

〔차〕현　　금　　　　　　　　　　　 17,000,000　〔대〕외상매출금 17,000,000 → 입금전표
　　　　　　　　　　　　　　　　　　　　　　　　　　　 ㈜지리〕

☞ FAT2급(일반전표입력) 입력사항을 참고하십시오.

1. "구분"에 "2"을 선택하면 〔입금〕이라는 글자가 나타나고 입금전표를 선택한 것이다.
2. 코드란 "외상"두 글자를 입력하고 엔터를 치면 계정과목도움이 나타나고, 해당계정인 외상매출금 계정을 선택한다.
3. 〔코드〕는 거래처코드를 의미하므로 F2나 거래처명중 두글자를 입력하면 해당 거래처가 나타나므로 해당 거래처를 선택하여 입력하면 된다.
4. 여기서 등록된 적요를 선택하거나 "0"을 선택한 후 직접 입력할 수 있다.
5. 대변에 금액을 입력한다.

7. 하단의 ▼ 을 클릭하면 분개내용을 확인할 수 있다.

【어음등록 및 대체전표입력】

"1월 16일 ㈜ 백두는 ㈜설악의 외상매입금 10,000,000원에 대하여 만기 3개월인 전자어음을 발행하여 지급하였다."

어음을 등록(어음수령일 1월 16일)하고, 자금관련정보를 입력하여 지급어음현황에 반영하시오.

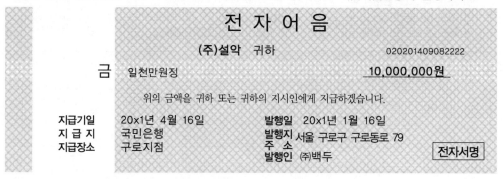

〔차〕 외상매입금(㈜설악)　　　　 10,000,000　〔대〕 지급어음(㈜설악)　　　 10,000,000

☞ FAT2급(일반전표입력) 입력사항을 참고하십시오.

1. 상단의 어음등록 을 클릭 후 어음등록을 한다.

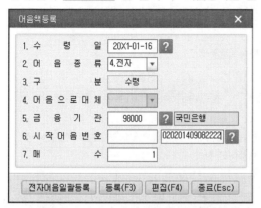

2. "구분"에 "3"을 입력하여 [차변]을 선택한다.
3. 외상매입금 계정코드를 입력하고, 거래처코드와 차변에 금액을 입력한다.
4. 다음 라인 "구분"에 "4"을 입력하여 [대변]을 선택한다.
5. 지급어음 계정코드를 입력하고, 거래처코드와 대변의 금액을 입력한다. **거래처코드(2101)를 직접 입력해도 된다.**

6. 하단의 메시지를 참고로 하여 [자금관리-F3]을 입력한다.

☞ **어음번호에 커서를 위치하고 더블클릭하면 어음 등록화면이 나타나고, 어음을 선택하면 된다.**

【신규거래처등록 및 영수증수취명세서】

"1월 17일 ㈜ 백두의 영업사원들은 속리가든에서 회식을 하고 회식비 50,000원을 다음달 결제하기로 하다"

- 거래처코드 : 5101
- 사업자등록번호 : 210-39-84214
- 대표자성명 : 이속리
- 업태 : 서비스
- 종목 : 한식

본 거래는 적격증빙(현금영수증)을 수취하여야 하나 일반영수증을 수취하여 영수증수취명세서를 작성하기로 한다. 또한 거래처를 신규등록하시오.

☞ 영수증수취명세서 : 재화등을 공급받고 사용금액이 3만원 초과인데 적격증빙(세금계산서,계산서,현금영수증, 신용카드영수증 등)을 수취하지 않은 경우에 작성하여 제출해야 한다.

〔차〕 복리후생비(판관비)   50,000   〔대〕 미지급금(속리가든)   50,000

☞ FAT2급(일반전표입력) 입력사항을 참고하십시오.

1. "구분"에 "3"을 선택하고 복리후생비 계정과목, 금액을 입력한다.
2. "구분"에 "4"을 선택하고 미지급금계정과목을 입력한다.
3. 거래처코드란에 "00000" 또는 "+"키를 누른 후 거래처명 "속리가든"을 입력하고, 엔터를 치면 거래처등록화면이 나오는데 거래처코드에 코드번호 5101을 입력한다.

4. 수정을 클릭하고 화면 하단에 새로운 거래처의 상세내역을 등록할 수 있다.

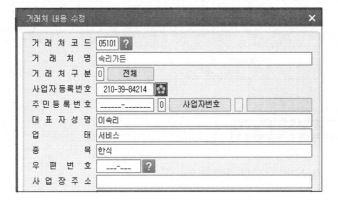

5. 대변의 금액을 입력한다. 하단의 분개내용을 확인할 수 있다.

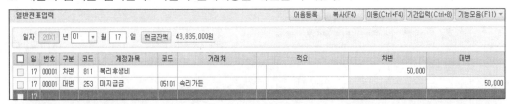

| 일자 20X1 년 01 월 17 일 | 현금잔액 43,835,000원 |

일	번호	구분	코드	계정과목	코드	거래처	적요	차변	대변
17	00001	차변	811	복리후생비				50,000	
17	00001	대변	253	미지급금	05101	숙리가든			50,000
	17								

6. [결산/재무제표]→[영수증수취명세서]를 클릭하여 해당 영수증수취명세서(2)에 해당란을 입력한다.

영수증수취명세서											기능모음(F11) ▼
영수증수취명세서(2)	영수증수취명세서(1)		해당없음								거래일자순
거래일자	상 호	성 명	사업장	사업자등록번호	거래금액	구분	계정코드	계정과목	적요
20X1-01-17	숙리가든	이숙리		210-39-84214	50,000		811	복리후생비	회식비

☞ 구분란은 "3만원 초과 거래분중 명세서 제출 제외대상"일 경우 선택하면 된다.

> **전표입력시 차액 자동 입력 기능**   참고
>
> (차) 복리후생비   100   (대) 현금   100 전표입력시 차변 금액 100원을 입력하고 대변에도
> 100원을 입력해야 하는데, 환경설정에서 대변금액이 자동으로 입력시키는 기능이 있다.
> <환경설정>⇒<내컴퓨터>⇒<3.일반전표 엔터키 자동복사 기능>▷<*5.대체거래시 차액이 발생하면*
> *금액 자동입력 : 사용함*> 으로 체크함.
>
> | 5.대체거래입력 시 차액이 발생하면 금액 자동입력 | 사용함 |
>
> *차변(또는 대변)금액을 입력하면 자동으로 대변(또는 차변)금액이 입력되므로 전표입력시 매우 편리*
> *한 기능이다.*

(4) 데이터 백업 및 백업데이타 복구

회계자료를 입력하고 이러한 입력된 자료를 백업할 수 있고, 백업된 데이터를 다른 컴퓨터에서도 불러 올 수 있다.

① 데이타백업

㉠ [데이타관리]→[데이타백업]을 클릭한다.

㉡ 백업할 회사를 체크한다.

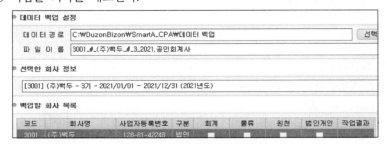

● 데이터 백업 설정								
데이터 경로	C:₩DuzonBizon₩SmartA_CPA₩데이터 백업							선택
파 일 이 름	3001_#_(주)백두_#_3_2021_공인회계사							

● 선택한 회사 정보

[3001] (주)백두 - 3기 - 2021/01/01 ~ 2021/12/31 (2021년도)

● 백업할 회사 목록

코드	회사명	사업자등록번호	구분	회계	물류	원천	법인개인	작업결과
3001	(주)백두	128-81-42248	법인	☐	☐	☐	☐	

㉢ 백업하기를 실행하면 자동으로 데이터가 백업된다.

415

ⓐ 데이터가 백업되었고 기타 저장장치(USB등)에 백업을 진행할 수도 있다.

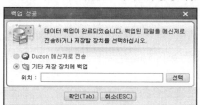

ⓜ c:\duzonbizon\Smart_CPA\데이터 백업폴더에 3001((주)백두)가 백업된 것을 확인할 수 있다.

② 데이터백업 복구

㉠ [데이타관리]→[백업데이타 복구]를 클릭한다.

㉡ 데이터 경로를 지정한다. 방금 전에 백업한 c:\duzonbizon\Smart_CPA\데이터 백업을 선택한다.

㉢ 복구하기를 실행하면 다음화면에서 데이터 복구를 할 수 있다. 새롭게 회사코드를 설정도 가능하고 기존 회사코드로도 복구할 수 있다.

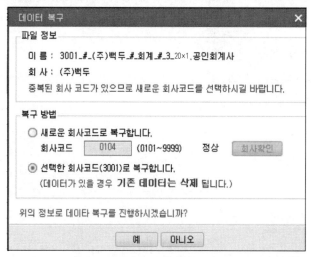

ⓔ 복구를 실행하면 작업결과에 성공이라는 메시지가 뜨면 정상적으로 복구가 된 것이다.

☞ FAT2급(데이타 백업) 입력사항을 참고하십시오.

백데이타 다운로드 및 설치

1 도서출판 어울림 홈페이지(www.aubook.co.kr)에 접속한다.

2 홈페이지에 상단에 자료실 – 백데이타 자료실을 클릭한다.

3 자료실 – 백데이터 자료실 – LOGIN FAT1급 기출 백데이터를 선택하여 다운로드 한다.

4 압축이 풀린 데이터는 "내컴퓨터\C드라이브\duzonbizon\백업 데이타 복구\login" 폴더 안에 풀리도록 되어 있습니다

5 백업 데이타 복구

　㉠ [데이타관리]→[백업데이타 복구]를 클릭한다.

　㉡ 데이터 경로 "**내컴퓨터\C드라이브\duzonbizon\백업 데이타 복구\login**"으로 지정하고 회사를 선택한다.

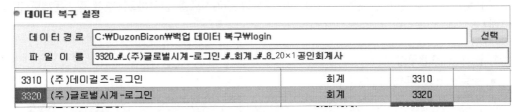

데이터 경로	C:\DuzonBizon\백업 데이터 복구\login		선택
파 일 이 름	3320_#_(주)글로벌시계-로그인_#_회계_#_8_20×1 공인회계사		

3310	(주)데이걸즈-로그인	회계	3310	
3320	(주)글로벌시계-로그인	회계	3320	

　㉢ 복구를 실행하면 작업결과에 성공이라는 메시지가 뜨면 정상적으로 복구가 된 것이다.

이해가 안되시면 도서출판 어울림 홈페이지에 공지사항(82번)
"더존 스마트에이 데이터 백업 및 복구 동영상"을 참고해주십시오

예제 | **거래자료입력**

실무수행 유의사항	1. 부가가치세 관련거래는 [매입매출전표입력]메뉴에 입력하고, 부가가치세 관련없는 거래는 [일반전표입력]메뉴에 입력한다. 2. **타계정 대체 및 부가가치세와 관련된 적요는 반드시 코드**를 입력하여야 한다. 3. **채권·채무, 예금거래 등 관리대상 거래자료에 대하여는 거래처코드를 반드시 등록**한다. 4. 자금관리 등 추가 작업이 필요한 경우 지문에 따라 추가 작업하여야 한다. 5. 판매비와 관리비는 800번대 계정코드를 사용한다. 6. 등록된 계정과목 중 가장 적절한 계정과목을 선택한다.

☞ 타계정대체거래란?
상품매매기업에서의 원가흐름은 상품 → 상품매출원가로 이루어져 있는데, 상품을 판매목적 이외로 사용하는 경우(복리후생비 등) 타계정대체액이라 하고 해당 재고자산의 적요란에 "8"(타계정으로 대체액)을 반드시 선택 하여야 한다.

㈜한라(3002)의 주어진 실무 프로세스에 대하여 거래자료를 입력하고, 추가 평가문제도 입력 하시오.

1. 단기매매증권구입

■ 보통예금(국민은행) 거래내역

번호	거래일	내 용	찾으신금액	맡기신금액	잔 액	거래점
		계좌번호 1003-742-198965 (주)한라				
1	20x1-01-05	주식대금 등	1,720,000		***	***

자료설명	[1월 5일] 단기매매차익을 목적으로 상장회사인 ㈜사성전자 주식 100주를 주당 17,000원(액면가액 10,000원)에 구입하고 매입수수료 20,000원을 포함하여 당사의 보통예금계좌에서 인출 하여 지급하였다. (단, 매입수수료는 영업외비용으로 처리할 것)

2. 단기매매증권 매각

매입일자	매입처(발행처)	매입주식수	주당단가	액면가	매입금액	매매목적
20x1.1.2.	(주)한미	1,000주	6,000원	5,000원	6,000,000원	단기매매차익

자료설명	[1월 5일] 회사는 단기매매를 목적으로 매입하여 보유하고 있던 (주)한미의 주식 전부를 주당 9,000원에 매각하고, 거래수수료 100,000원을 차감한 잔액을 우리은행 보통예금 계좌로 이체 받았다.

3.약속어음 만기결제

전 자 어 음

㈜한라　귀하　　　　　　　　　　08820141129000011112

금　오백삼십만원정　　　　　　　　　5,300,000원

위의 금액을 귀하 또는 귀하의 지시인에게 지급하겠습니다.

지급기일　20x1년 1월 10일　　발행일　20x0년 12월 31일
지 급 지　국민은행　　　　　　발행지
지급장소　구로지점　　　　　　주 소　서울 강남구 역삼로 168
　　　　　　　　　　　　　　　발행인　(주)지리

자료설명	[1월 10일] 1. (주)지리에게 상품을 매출하고 받은 전자어음이다. 2. 전자어음의 만기가 도래하여 국민은행 당좌예금계좌로 전액 입금되었다.
평가문제	자금관련정보를 입력하여 받을어음현황에 반영하시오.

4. 약속어음 발행거래

전 자 어 음

(주)세계　귀하　　　　　　　02020140908222244449

금　칠백만원정　　　　　　　　7,000,000원

위의 금액을 귀하 또는 귀하의 지시인에게 지급하겠습니다.

지급기일　20x1년 4월 10일　　발행일　20x1년 1월 10일
지 급 지　국민은행　　　　　　발행지
지급장소　역삼지점　　　　　　주 소　서울 강남구 역삼로 168
　　　　　　　　　　　　　　　발행인　(주)한라

전자서명

자료설명	[1월 10일] (주)세계에 대한 외상매입금을 위의 전자어음을 발행하여 지급하였다.
평가문제	1. 전자어음을 등록하시오. 　-수 령 일 : 20x1.1.10. 　-어 음 종 류 : 전자 　-금 융 기 관 : 국민은행 　-어음번호 : 02020140908222244449 　-매수 : 1매 2. 자금관련정보를 입력하여 지급어음현황에 반영하시오.

5. 약속어음-매각거래

전 자 어 음

(주)한라 귀하　　　　　　　　　　　20140315111122225555

금　　오백오십만원정　　　　　　　　**5,500,000원**

위의 금액을 귀하 또는 귀하의 지시인에게 지급하겠습니다.

지급기일	20x1년 2월 15일	발행일	20x0년 12월 31일
지 급 지	국민은행	발행지	서울 구로구 신도림로 11
지급장소	신림지점	주 소	
		발행인	(주)설악

자료설명	[1월 15일] 1. (주)설악에서 받은 약속어음을 우리은행에서 할인하고, 할인료 80,000원과 수수료 47,000원을 차감한 잔액은 보통예금(우리은행)계좌로 입금하였다. 2. 매각거래로 간주한다.
평가문제	자금관련정보를 입력하여 받을어음현황에 반영하시오.

6. 약속어음의 배서양도

약 속 어 음

(주)한라 귀하　　　　　　　　　　　나마25369890

금　　일천오백만원정　　　　　　　　**15,000,000원**

위의 금액을 귀하 또는 귀하의 지시인에게 지급하겠습니다.

지급기일	20x1년 4월 1일	발행일	20x1년 1월 1일
지 급 지	국민은행	발행지	서울 서대문 통일로 131
지급장소	구로지점	주 소	
		발행인	(주)서울

자료설명	[1월 15일] (주)서울에서 받은 약속어음을 ㈜덕유의 상품 외상대금을 상환하기 위하여 배서양도 하였다.
평가문제	자금관련정보를 입력하여 받을어음현황에 반영하시오.

7. 대손의 발생

자료설명	[1월 20일] ㈜대마의 파산으로 외상매출금 900,000원이 회수불능하게 되어, 동 외상매출금을 대손처리 하였다.

8. 대손의 발생

차 용 증

채무자 ㈜덕유

　　　　서울 금천구 가산로 80　　　Tel)02 – 342 – ****

채권자 ㈜한라

　　　　서울 서초구 강남대로 27　　　Tel)02 – 282 – ****

원　　금 : 금 구백만원정(\9,000,000)

위 금액을 차용하고 아래 내용을 이행할 것을 확인합니다.

1. 이자율은 10%로 하고 이자 지급시기는 매월 30일로 한다.
2. 원금은 20x1년 7월 30일에 상환하기로 한다.
3. 이자의 지급을 1회라도 연체할 경우 채무자는 기한의 이익을 상실한다. 채권자가 상환기일 전이라도 원 리금을 청구하면 채무자는 이의없이 상환하기로 한다.
4. 본 채무에 관한 분쟁의 재판관할 법원은 채권자의 주소지를 관할하는 법원으로 한다.

위 계약을 확실히 하기 위해 증서를 작성하고 기명날인하여 각자 1부씩 보관한다.

20x1년 1월 1일

　　　　　　　　　　　　　　　채권자 ㈜ 한라 🔲

　　　　　　　　　　　　　　　채무자 ㈜ 덕유 🔲

자료설명	[1월 20일] 대여금이 ㈜ 덕유의 파산으로 인해 회수불능으로 확인되었다.

9. 일반거래

급 여 명 세 서

(단위 : 원)

구분	수당항목			급여 총액	공제항목			차인 지급액
	기본급	직책수당	식대		소득세	국민연금	고용보험	
	차량보조금	야근근로	가족수당		지방소득세	건강보험	공제계	
관리부 (이주몽)	3,000,000	500,000	80,000	4,000,000	40,000	50,000	20,000	3,856,000
	200,000	200,000	20,000		4,000	30,000	144,000	
영업부 (이길수)	2,000,000	200,000	80,000	3,000,000	50,000	60,000	15,000	2,830,000
	300,000	300,000	120,000		5,000	40,000	170,000	
계	5,000,000	700,000	160,000	7,000,000	90,000	110,000	35,000	6,686,000
	500,000	500,000	140,000		9,000	70,000	314,000	

자료설명	[1월 25일] 관리부(이주몽) 및 영업부(이길수) 사원의 급여를 국민은행 보통예금 계좌에서 이체하여 지급하였다. (단, 당사는 급여를 포함한 모든 수당을 급여계정으로 회계처리한다)

10. 통장사본에 의한 거래입력 및 통장 잔액 확인 등

	입 금 전 표	
	(주)한라 귀하 · 계좌번호(정기예금) : 4321 – 1111 – 231 · 거래일자 : 20x1. 1. 25.	
찾으신 거래내역	• 정기예금 : 20,000,000원 • 이자소득 : 1,000,000원 • 수 령 액 : 21,000,000원 • 송금계좌(보통예금) : 국민은행 1003 – 742 – 198965 (주)한라	
	항상 저희은행을 찾아주셔서 감사합니다. 계좌번호 및 거래내역을 확인하시기 바랍니다.	
기업은행 구로 지점 (전화 : 02 – 3660 – ****)		취급자 : 김민숙

■ 보통예금(국민은행) 거래내역

번호	거래일	내용	찾으신금액	맡기신금액	잔액	거래점
		계좌번호 1003 – 742 – 198965 (주)한라				
1	20x1 – 1 – 25			21,000,000	***	**

자료설명	1. 만기가 도래한 정기예금을 수령하고 기업은행으로부터 받은 입금전표이다. 2. 정기예금과 이자수령액은 국민은행 보통예금계좌에 입금되었다.

11. 납부서

인천광역시	차량 취득세 (전액)	납부(납입)서	납세자보관용 영수증

납 세 자	㈜한라					
주 소	서울시 서초구 강남대로 27					
납 세 번 호	기관번호 3806904	제목 10101502	납세년월기 20x0131	과세번호 0001070		

과세내역	차번	45가1234		년식	20x1	과 세 표 준 액	
	목적	신규등록(일반등록)	특례	세율특례없음			27,683,000
	차명	싼타페(SANTAFE)					
	차종	승용자동차		세율	70/1000		

세 목	납 부 세 액	납부할 세액 합계	전용계좌로도 편리하게 납부//
취 득 세	1,937,850		우리은행 620-441829-64-125
가 산 세	0		신한은행 563-04433-245814
지방교육세	0	1,937,850 원	하나은행 117-865254-74125
농어촌특별세	0	신고납부기한	국민은행 4205-84-28179245
합 계 세 액	1,937,850	20x1.1.31. 까지	기업은행 528-774145-58-247

지방세법 제6조~22조, 제30조의 규정에 의하여 위와 같이 신고하고 납부 합니다.
■ 전용계좌 납부안내(뒷면참조)

위의 금액을 영수합니다.

담당자		
조윤근	납부장소 : 전국은행(한국은행제외) 우체국 농협	년 월 일 (수납인)

자료설명	[1월 31일] 차량취득과 관련된 취득세를 현금 납부한 영수증이다.

12. 유·무형자산의 구입(수익적지출과 자본적지출)

거 래 명 세 서
(공급받는자 보관용)

납품년월일 : 20x1년 1월 31일
증빙번호   당거래액 : 80,000원

공급받는자	등록번호	101-81-50103				공급자	등록번호	113-81-54719	
	상 호	(주)한라	성명	김한라			상 호	(주)현대서비스	성명 김민채
	주 소	서울 서초구 강남대로 27					주 소	서울 구로구 구로동로 22	
	업 태	도·소매업	종목	자동차관련			업 태	서비스업	종목 종합수리

순번	품 명	규 격	단 위	수 량	단 가	금 액	비 고
	에어컨수리					80,000	

수량계		부가세계		공급가액계		80,000	

비 고	전미수액	당일거래총액	입금액	미수액	인수자
		80,000		80,000	

자료설명	[1월 31일] 전시장 에어컨이 고장나서 이를 수리하고 거래명세서를 발급받았으며, 대금은 월말에 월합 계세금계산서를 발급받고 지급하기로 하였다.

13. 출장비 정산(지급)

여 비 정 산 서							
일 자	출발지	도착지	유류대	통행료	숙박비	식대	계
20x1년 1월 24일	서울	대전	25,000	10,000	50,000	15,000	100,000
20x1년 1월 31일	대전	서울	25,000			10,000	35,000
정산액합계							135,000
정산차액		반납	일금		원정 ( )		
		추가지급	일금 삼만오천원정 (35,000원)				
		합 계	일금 삼만오천원정 (35,000원)				
20x1년 1월 31일							
					확인자 : 이주몽 (인)		

자료설명	[1월 31일] 1. 영업팀 이주몽이 대전출장 후 제출한 여비정산서이다. 2. 1월 24일 지급한 출장비를 초과한 차액은 현금으로 지급하였다.

14. 퇴직금지급

■소득세법 시행규칙 [별지 제24호서식(2)]<개정 2014.03.14>   (제 2 쪽)

퇴직소득원천징수영수증/ 지급 명세서
([ ]소득자 보관용 [V]발행자 보관용 [ ]발행자 보고용)

거주구분	거주자1 / 비거주자2
내·외국인	내국인1 / 외국인9
거주지국 대한민국	거주지국코드 KR
징수의무자구분	사업장1 / 공적연금사업자3

징수 의무자	① 사업자 등록번호 101-81-50103	②법인명(상호) (주)한라	③대표자(성명) 김한라
	④법인(주민)등록번호 111111-111111	⑤소재지(주소) 서울 서초구 강남대로 27	

소득자	⑥성 명 이수영	⑦주민등록번호 56****-*******	
	⑧주 소		⑨임원여부 [ ]여 [V]부
	⑨ 확정급여형 퇴직연금 제도기입일		

⑪귀 속 연 도	20x0년 01월 01일 부터 20x1년 01월 31일 까지	⑫퇴직사유	□ 정년퇴직 □ 정리해고 ☑ 자발적 퇴직 □ 임원퇴직 □ 중간정산 □ 기 타

	근 무 처 구 분	중간지급 등	최종	정산
퇴직 급여 현황	⑬근무처명		(주)한라	
	⑭사업자등록번호		101-81-50103	
	⑮퇴직급여		4,200,000	4,200,000
	⑯비과세 퇴직급여			
	⑰과세대상 퇴직급여 (⑮-⑯)		4,200,000	4,200,000

■ 보통예금(국민은행) 거래내역

			내용	찾으신금액	맡기신금액	잔액	거래점
번호	거래일		계좌번호 1003 – 742 – 198965 (주)한라			
1	20x1 – 1 – 31		이수영	4,200,000		***	**
자료설명	영업부 이수영의 자발적 퇴사로 인해 국민은행 보통예금계좌에서 퇴직금을 지급하였다. 퇴직소득에 대한 원천징수금액은 없다.						

15. 증빙에 의한 전표입력

영 수 증 (공급받는자용)

NO   (주)한라   귀하

공급자	사업자 등록번호	117 – 23 – 11236		
	상 호	포장나라	성명	송지수
	사 업 장 소 재 지	서울 강남 논현로 209		
	업 태	서비스업	종목	포장

작성일자	공급대가총액	비고
20x1.2.05.	₩40,000	

공 급 내 역

월/일	품명	수량	단가	금액
2/05	포장			40,000
합 계	₩ 40,000				

위 금액을 **영수**(청구)함

자료설명	[2월 5일] 전문업체에 상품 포장을 의뢰하고 대금은 현금으로 지급하였다. (단, '포장비'로 처리할 것.)
평가문제	영수증수취명세서를 작성하시오.

16. 신용카드영수증

카드매출전표

- -
카드종류 : 비씨카드
회원번호 : 4242 – 3232 – 1114 – ***7
거래일시 : 20x1.2.5. 13 : 05 : 16
거래유형 : 신용승인
매   출 : 200,000원
부 가 세 : 20,000원
합   계 : 220,000원
결제방법 : 일시불
승인번호 : 49825254
은행확인 : 우리은행
- -

가맹점명 : 명왕갈비

－이 하 생 략－

자료설명	[2월 5일] 매출거래처 직원을 기업업무추진하고 수취한 신용카드매출전표이다.

17. 증빙에 의한 전표입력

건강 보험료		20x1 년 2 월 영수증(납부자용)		
사 업 장 명	(주)한라			
사 용 자	서울 서초구 강남대로 27			
납 부 자 번 호	5700000123		사 업 장 관리번호	21308432560
납 부 할 보 험 료 (ⓐ + ⓑ + ⓒ + ⓓ + ⓔ)				140,000 원
납 부 기 한				20x1.2.10 까지

보 험 료	건 강 ⓐ	120,000 원	연금 ⓓ	원
	장 기 요 양 ⓑ	20,000 원	고용 ⓔ	원
	소계(ⓐ + ⓑ)	140,000 원	산재 ⓒ	원

납기후금액	원	납기후기한	까지

◉ 납부기한까지 납부하지 않으면 연체금이 부과됩니다.
※ 납부장소 : 전 은행, 우체국, 농·수협(지역조합 포함), 새마을금고, 신협, 증권사, 산림조합중앙회, 인터넷지로(www.giro.or.kr)
※ 2D코드 : GS25, 세븐일레븐, 미니스톱, 바이더웨이, 씨유에서 납부 시 이용.(우리·신한은행 현금카드만 수납가능)

20x1 년 2 월 10 일

국민건강보험공단 이 사 장   수납인

자동이체 신청 납부자번호 :

자료설명	[2월 10일] 영업부 직원에 대한 건강보험료(장기요양보험료 포함)를 국민은행 보통예금계좌에서 납부하였다. 보험료는 종업원과 회사가 50%씩 부담하고 있으며, 회사부담분은 "복리후생비"로 처리한다.

해답

1. 〔차〕 단기매매증권   1,700,000원   〔대〕 보통예금(국민은행)   1,720,000원
       수수료비용(영·비)   20,000원

2. 〔차〕 보통예금(우리은행)   8,900,000원   〔대〕 단기매매증권   6,000,000원
                                               단기매매증권처분이익   2,900,000원

3. 〔차〕 당좌예금   5,300,000원   〔대〕 받을어음   5,300,000원
       〔국민은행〕   〔(주)지리〕

—대변 받을어음 계정에서 F3(자금관리)을 클릭, 자금관리 BOX의 어음상태 4.만기를 선택한다.

받을어음 관리												
어음상태	4 만기	어음번호	08820141129000011112		수취구분	1 자수	발행일	20X0-12-31	만기일	20X1-01-10		
발행인	01101	(주)지리			지급은행	100 국민은행			지 점			
배서인			할인기관		지 점			할인율(%)		어음종류	6 전자		
지급거래처							* 수령된 어음을 타거래처에 지급하는 경우에 입력합니다.						

—어음번호에서 F2를 눌러 해당 어음을 선택한다.

받을어음 어음번호 코드도움												✕
거래발생일	코드	발행인	코드	거래처명	어음번호	만기일	수령원금	배서금액	잔액		상태
20X1 01	01	01101 (주)지리	01101	(주)지리	08820141129000011112	20X1 01 10	5,300,000		5,300,000	1	보관

4. 기능모음(F11) ▼ 을 클릭하여 [어음등록]을 한다.

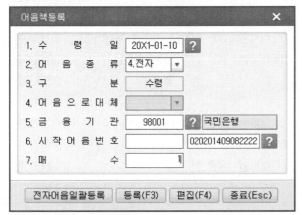

〔차〕 외상매입금 〔(주)세계〕   7,000,000원   〔대〕 지급어음 〔(주)세계〕   7,000,000원
[지급어음관리] 대변 받을어음 계정에서 F3(자금관리)을 클릭하여 만기일(20x1—04—10)을 입력한다. 어음번호에서 F2를 눌러 해당 어음을 선택한다.

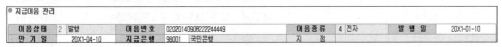

5. 〔차〕 매출채권처분손실   127,000원   〔대〕 받을어음〔(주)설악〕   5,500,000원
       보통예금(우리은행)   5,373,000원

—대변 받을어음 계정에서 F3(자금관리)을 클릭, 자금관리 BOX의 어음상태 2.할인을 선택한다.
  어음번호에서 F2를 눌러 해당 어음을 선택한다. 할인기관에 우리은행을 입력한다.

● 받을어음 관리

어음상태	2 할인		어음번호	20140315111122225555	수취구분	1 자수	발 행 일	20X0-12-31	만 기 일	20X1-02-15
발 행 인	02101	(주)썰악			지급은행	100 국민은행			지 점	
배 서 인			할인기관	98400 우리은행	지 점				어음종류	6 전자
지급거래처								할 인 율 (%)		
					* 수령된 어음을 타거래처에 지급하는 경우에 입력합니다.					

6. 〔차〕 외상매입금〔(주)덕유〕　　　15,000,000원　〔대〕받을어음〔(주)서울〕　　　15,000,000원

―대변 받을어음 계정에서 F3〔자금관리〕을 클릭, 자금관리 BOX의 어음상태 3.배서를 선택한다.
　어음번호에서 F2를 눌러 해당 어음을 선택한다. 지급거래처 ㈜덕유를 입력한다.

● 받을어음 관리

어음상태	3 배서		어음번호	나마25369890	수취구분	1 자수	발 행 일	20X1-01-01	만 기 일	20X1-04-01
발 행 인	00112	(주)서울			지급은행	100 국민은행			지 점	
배 서 인			할인기관		지 점				어음종류	1 약속(일반)
지급거래처	00104	(주)덕유								
					* 수령된 어음을 타거래처에 지급하는 경우에 입력합니다.					

7. 합계잔액시산표 조회 1월 20일
　　〔차〕 대손충당금(외상)　　　　　500,000원　〔대〕 외상매출금〔(주)대마〕　　　900,000원
　　　　　대손상각비(판)　　　　　　400,000원
8. 〔차〕기타의대손상각비(영·비)　9,000,000원　〔대〕 단기대여금〔(주)덕유〕　9,000,000원
9. 〔차〕 급여(판)　　　　　　　　　7,000,000원　〔대〕 예수금　　　　　　　　　　314,000원
　　　　　　　　　　　　　　　　　　　　　　　　　　　보통예금〔국민은행〕　　6,686,000원
10. 〔차〕 보통예금　　　　　　　　21,000,000원　〔대〕 정기예금〔기업은행〕　20,000,000원
　　　　　〔국민은행〕　　　　　　　　　　　　　　　　　이자수익　　　　　　　　1,000,000원
11. 〔차〕 차량운반구　　　　　　　1,937,850원　〔대〕 현 금　　　　　　　　　1,937,850원
12. 〔차〕 수선비(판)　　　　　　　　80,000원　〔대〕 미지급금〔(주)현대서비스〕　80,000원
13. 〔차〕 여비교통비(판)　　　　　　135,000원　〔대〕 가지급금(이주몽)　　　　100,000원
　　　　　　　　　　　　　　　　　　　　　　　　　　　현 금　　　　　　　　　　35,000원

14. 합계잔액표 조회 1월 31일
　　〔차〕 퇴직급여충당부채　　　　2,000,000원　〔대〕 보통예금　　　　　　　4,200,000원
　　　　　퇴직급여(판)　　　　　　2,200,000원　　　〔국민은행〕
15. 〔차〕 포장비(판)　　　　　　　　40,000원　〔대〕 현 금　　　　　　　　　　40,000원
[영수증수취명세서]

	거래일자	상 호	성 명	사업장	사업자등록번호	거래금액	구분	계정코드	계정과목	직요
	20X1-01-15	포장나라	송지수	서울 강남 논현로 209	117-23-11236	40,000		828	포장비	포장비지급

영수증수취명세서(2)　영수증수취명세서(1)　해당없음　　　　　　　　　입력순

16. 〔차〕 접대비(기업업무추진비)(판)　220,000원　〔대〕 미지급금(비씨카드)　　220,000원
17. 〔차〕 복리후생비(판)　　　　　　70,000원　〔대〕 보통예금(국민은행)　　140,000원
　　　　　예수금　　　　　　　　　70,000원

② 매입매출전표입력

매입매출전표입력은 **부가가치세와 관련된 거래를 입력하는 것**을 말한다.

즉 회사가 **세금계산서(계산서, 신용카드, 현금영수증 등)을 수수한 경우 매입매출전표에 입력**한다.

메인화면의 [전표입력]을 클릭하고 [매입매출전표]를 클릭하면 아래와 같은 화면이 나타난다.

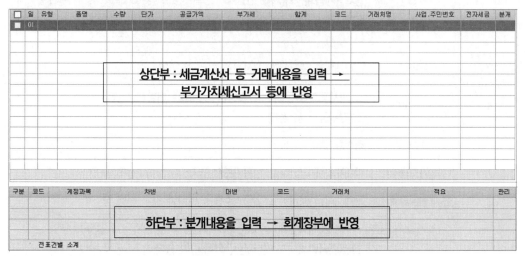

(1) 상단부입력 : 부가가치세 신고서 반영

세금계산서, 계산서, 신용카드영수증, 현금영수증 등의 내용을 입력하는 곳이다

① 입력할 전표의 월을 선택, 일을 입력한다.

② 입력자료에 따른 유형을 선택한다.

　유형은 주고받은 증빙(세금계산서, 계산서, 신용카드영수증, 현금영수증 등)을 보고 판단해서 선택하여야 한다.

[매출]

코드	유 형	내 용
11	**과세**	**세금계산서(세율10%)**를 교부한 경우 선택
12	**영세**	**영세율세금계산서(세율 0%)**를 교부한 경우 선택(내국신용장, 구매확인서 등에 의한 국내사업자간에 수출할 물품을 공급한 경우 영세율 세금계산 서 발행)
13	**면세**	면세재화를 공급하고 **계산서**를 교부한 경우 선택
14	**건별(무증빙)**	1. 과세재화를 공급하고 **일반영수증 또는 미발행**한 경우 선택 **2. 간주공급 시 선택**
16	**수출**	**직수출** 등의 국외거래시 선택
17	**카과(카드과세)**	**과세재화**를 공급하고 **신용카드로** 결제받은 경우 선택
22	**현과(현금과세)**	**과세재화**를 공급하고 **현금영수증**을 발행한 경우 선택

18.카면(카드면세),19.카영(카드영세)   20.면건(면세건별 – 무증빙)   21.전자
23.현면(현금면세)   24.현영(현금영세율)이 있다.

[매입]

코드	유 형	내 용
51	과세	**세금계산서(세율 10%)**를 교부받은 경우 선택하나, 불공제인 경우 54(불공)을 선택
52	영세	**영세율세금계산서(세율 0%)**를 교부받은 경우 선택
53	면세	**면세재화**를 공급받고 **계산서**를 교부받은 경우 선택
54	불공	**세금계산서(세율 10%)**를 교부받았지만, **매입세액이 불공제**되는 경우
55	수입	재화의 수입 시 세관장이 발행한 **수입세금계산서** 입력시 선딕
57	카과(카드과세)	**매입세액이 공제가능한 신용카드매출전표**를 교부받은 경우 선택
61	현과(현금과세)	**매입세액이 공제가능한 현금영수증**을 교부받은 경우 선택

58.카면(카드면세), 59.카영(카드영세) 60.면건(면세건별 – 무증빙), 62.현면(현금면세)이 있다.

[공제받지 못할 매입세액의 종류 – 54.불공 – 하단의 불공제사유를 선택한다.]

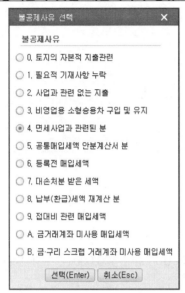

③ 품명, 수량, 단가를 입력하면 공급가액과 세액이 자동계산 된다. 혹은 수량 단가를 생략하고 직접 공급가액을 입력해도 된다.

만약 거래품목이 2개 이상인 경우에는 상단의 복수거래 을 클릭하면 하단에 복수거래내용을 입력할 수 있다.

④ 거래처코드 및 거래처명를 입력한다.

거래처처명을 입력하면 사업자등록번호/주민등록번호가 자동입력된다.

⑤ 전자(세금)계산서여부를 입력한다. 전자(세금)계산서일 경우 1.전자입력을 선택하면 된다.
Bill36524로 전자세금계산서를 발급하는 경우 [입력안함]을 선택하여야 한다.
또한 법인사업자와 일정규모의 개인사업자도 전자계산서를 발급해야 하므로
전자계산서 발급 및 수령시 1.전자입력을 선택하도록 한다.

(2) 하단부입력 : 재무제표에 반영

하단부 분개부분의 구분을(1.현금, 2.외상, 3.혼합, 4.카드, 0.분개없음) 선택하여 입력한다. **모든 거래를 혼합거래로 입력해도 무방하나, 카드 거래의 경우 카드를 선택해야 부가가치세 신고서류에 정확하게 반영된다.**

구　분		내　용
1	현금	전액 현금거래(입금, 출금)거래인 경우 선택
2	외상	전액 **외상매출금, 외상매입금**으로 분개시 선택
3	혼합	전액 현금과 외상거래 이외의 경우 선택 ⇒ **현금, 외상거래도 혼합으로 입력해도 무방합니다.**
4	카드	카드거래일 경우 선택
0	분개없음	상단에 세금계산서 등을 입력하고, 분개는 일반전표에 입력시 선택

(3) 매입매출전표입력

[현금거래]

"2월 01일 ㈜ 백두(3001)는 ㈜지리에 상품인 컴퓨터부품(수량 10개, 단가 300,000원, 부가가치세 별도)을 팔고 현금으로 받고 전자세금계산서를 발급하였다."

(차) 현　　금　　　　　　3,300,000　　　　　(대) 상품매출　　　3,000,000 - (분개 : 현금)
　　　　　　　　　　　　　　　　　　　　　　　　　　부가세예수금　 300,000

1. [전표입력] → [매입매출전표]를 클릭한다.
2. 해당 월을 선택하고 일자를 입력한다.
3. 유형에 "11.과세"를 선택하고 품명을 입력한다.
4. 품목과 수량을 입력하면 공급가액에 부가세가 자동 입력된다.
5. 거래처를 입력하고, 전자세금계산서에 전자입력을 체크한다.
6. 분개유형은 "1.현금"을 선택하면 하단부에 자동분개된다.
   [환경등록]에서 설정한 매출계정인 〈상품매출〉이 자동 생성된다.

[상단 - 세금계산서등 입력]

□	일	유형	품명	수량	단가	공급가액	부가세	합계	코드	거래처명	사업.주민번호	전자세금	분개
□	01	과세	컴퓨터부품	10	300,000	3,000,000	300,000	3,300,000	01101	(주)지리	104-81-23639	전자입력	현금

[하단 - 현금 자동분개]

구분	코드	계정과목	차변	대변	코드	거래처	적요	관리
입금	255	부가세예수금	현금	300,000	01101	(주)지리	컴퓨터부품 10 X 300,000	
입금	401	상품매출	현금	3,000,000	01101	(주)지리	컴퓨터부품 10 X 300,000	

[외상거래]

"2월 02일 ㈜ 백두는 대한전자(거래처코드 1203, 사업자등록번호 108-81-59726 신규등록하세요)로부터 상품인 컴퓨터(수량 10개, 단가 500,000원, 부가가치세별도)를 매입하고, 다음 달 말에 지급하기로 하고 전자세금계산서를 수취하였다."

(차) 상   품   5,000,000   (대) 외상매입금 5,500,000 - -(분개 : 외상)
　　부가세대급금   500,000

1. 일자를 입력하고, 유형에 "51.과세"를 선택하고 품목과 수량을 입력하면 공급가액에 부가세가 자동 입력된다.
2. 신규거래처를 등록한다. 일반전표입력에서 신규거래처 등록방법과 동일하다.(+키 또는 00000을 입력하고 거래처명을 입력하고, 수정을 클릭한 후 거래처등록화면에서 등록하면 된다.)

3. 전자세금계산서에 전자입력을 체크한다.
4. 분개유형은 "2.외상"을 선택하면 하단부에 자동분개된다.
   [환경등록]에서 설정한 매입계정인 〈상품〉과 〈외상매입금〉이 자동 생성된다.

[상단-세금계산서등 입력]

□	일	유형	품명	수량	단가	공급가액	부가세	합계	코드	거래처명	사업.주민번호	전자세금	분개
□	02	과세	컴퓨터	10	500,000	5,000,000	500,000	5,500,000	01203	대한전자	108-81-59726	전자입력	외상

[하단-외상 자동분개]

구분	코드	계정과목	차변	대변	코드	거래처	적요	관리
대변	251	외상매입금		5,500,000	01203	대한전자	컴퓨터 10 X 500,000	
차변	135	부가세대급금	500,000		01203	대한전자	컴퓨터 10 X 500,000	
차변	146	상품	5,000,000		01203	대한전자	컴퓨터 10 X 500,000	
		전표건별 소계	5,500,000	5,500,000				

5. 하단의 분개내용을 보고, 수정할 계정과목이 있으면 수정하면 된다.

> **1.현금, 2.외상 거래는 모두 3.혼합으로 입력해도 무방하다.**

[혼합거래]

"2월 03일 ㈜백두(3001)는 ㈜지리에 상품인 컴퓨터(수량 5개, 단가 1,000,000원, 부가가치세별도)를 판매하고, 부가가치세는 현금으로 받고, 200만원은 ㈜설악 발행 약속어음(만기 3개월)을 받고 나머지는 월말에 지급받기로 하고 **전자세금계산서를 발급**하였다."

(차) 현 금	500,000	(대) 상품매출	5,000,000 - - (분개 : 혼합)
받을어음((주)설악)	2,000,000	부가세예수금	500,000
외상매출금((주)지리)	3,000,000		

1. 일자를 입력하고, 유형에 "11.과세"를 선택하고 품목과 수량을 입력하면 공급가액에 부가세가 자동 입력된다.
2. 공급처를 입력하고, 전자세금계산서를 입력한다.
3. 분개유형은 "3.혼합"을 선택하면 하단 거래처에 **부가세예수금계정과 상품매출계정은 자동으로 생성된다.**

[상단 – 세금계산서등 입력]

□	일	유형	품명	수량	단가	공급가액	부가세	합계	코드	거래처명	사업.주민번호	전자세금	분개
□	03	과세	자동차부품	5	1,000,000	5,000,000	500,000	5,500,000	01101	(주)지리	104-81-23639	전자입력	혼합
□	03												

4. 하단부 [구분]에 "3.차변"을 입력하고, 계정과목과 금액을 입력하면 된다.
5. **받을어음((주)설악전기발행분) 금액 2,000,000원을 입력하고 거래처를 2101.(주)설악전기를 입력한다.**
6. 외상매출금 3,000,000원을 입력하고 엔터를 치면 외상매출금에 거래처가 자동적으로 1101.(주)지리전자로 입력된다.

[하단 – 혼합분개]

구분	코드	계정과목	차변	대변	코드	거래처	적요	관리
대변	255	부가세예수금		500,000	01101	(주)지리	자동차부품 5 X 1,000,000	
대변	401	상품매출		5,000,000	01101	(주)지리	자동차부품 5 X 1,000,000	
차변	101	현금	500,000		01101	(주)지리	자동차부품 5 X 1,000,000	
차변	110	받을어음	2,000,000		02101	(주)설악	자동차부품 5 X 1,000,000	
차변	108	외상매출금	3,000,000		01101	(주)지리	자동차부품 5 X 1,000,000	
		전표건별 소계	5,500,000	5,500,000				

[카드거래]

"2월 04일 영업직원들이 속리가든에서 회식을 하고 국민카드(공급대가 110,000원)로 결제하다."
(차) 복리후생비(판)   100,000   (대) 미지급금   110,000 - - (분개 : 카드)
　　부가세대급금   10,000   (국민카드)

1. 유형에 "57.카과"를 선택하고 신용카드사를 입력한다.

2. 품명을 입력한다.
3. 공급가액에 공급대가(부가가치세 포함. 110,000원)를 입력하면 자동적으로 공급가액
   (100,000원)과 부가세(10,000원)이 자동 생성된다.
4. 거래처처코드를 입력하고, 분개유형은 4.카드를 선택하면 하단에 부가세대급금과 미지급금(국
   민카드), 상품계정이 자동으로 생성된다.

[상단-신용카드등 입력]

일	유형	품명	수량	단가	공급가액	부가세	합계	코드	거래처명	사업.주민번호	전자세금	분개
04	카과	회식비			100,000	10,000	110,000	05101	속리가든	210-39-84214		카드
04												

5. 상품을 **복리후생비(판관비)로 수정한다.**

구분	코드	계정과목	차변	대변	코드	거래처	적요
대변	253	미지급금		110,000	99700	국민카드	회식비
차변	135	부가세대급금	10,000		05101	속리가든	회식비
차변	811	복리후생비	100,000		05101	속리가든	회식비
		전표건별 소계	110,000	110,000			

분개유형을 혼합으로 선택하여 입력하면 반드시 미지급금의 거래처를 국민카드로 수정해주어야 한다.

[전자세금계산서 발급](매회 출제됩니다.)

2월 05일 ㈜백두는 ㈜지리에 상품을 1,000,000원(부가가치세 별도)에 현금판매하고 전자세금계산서를 발급하였다. ㈜지리 김과장의 이메일주소는 kyc@nate.com이다. 매입매출전표에 입력하고 전자세금계산서를 발급·전송하시오.(발급 및 전송일자는 고려하지 마시오.)

(차) 현 금	1,100,000	(대) 상품매출	1,000,000
		부가세예수금	100,000

1. 매입매출전표에 유형 "11.과세", 전자세금 "입력안함"으로 하여 전표입력한다.

2. [부가가치세Ⅱ] → [전자세금계산서 발행 및 내역관리]
   ① 기간(2.1~2.28)을 주고 거래처 처음부터 끝까지 엔터를 치면 미전송된 내역이 표시된다.
   ② 미전송내역을 체크한 후 상단의 전자발행▼ 클릭한다. 이메일은 거래처등록시 담당자 이메일주소가 입력된다.

   ③ 로그인 화면에서 확인(Tab) 을 클릭한다.(아이디와 비번은 수정하지 않는다.)

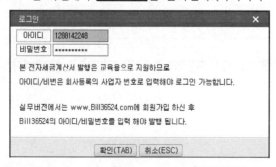

   ④ '전자세금계산서 발행'화면이 조회되면 발행(F3) 버튼을 클릭한 다음 확인클릭한다.
   ⑤ 국세청란에 '발행대상'으로 표시되면 상단의 ACADEMY 전자세금계산서 를 클릭한다.

⑥ [Bill36524 교육용전자세금계산서] 화면에서 [로그인]을 클릭한다.

⑦ 좌측화면 상단 : [세금계산서 리스트]에서 [미전송]으로 체크후 [매출조회]를 클릭하고 [발행]을 클릭한다.

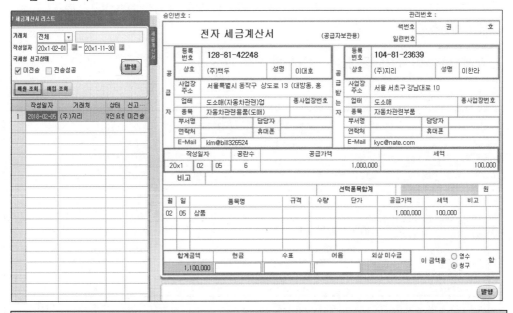

실무수행평가에서 상단의 승인번호를 물어보는 문제가 나오므로 반드시 적어놓으시기 바랍니다.

⑧ [발행완료되었습니다.] 메시지가 표시되면 확인(Tab) 을 클릭한다.

⑨ 국세청 전송결과 를 클릭하면 전송성공으로 조회된다. 이과정은 생략해도 된다.

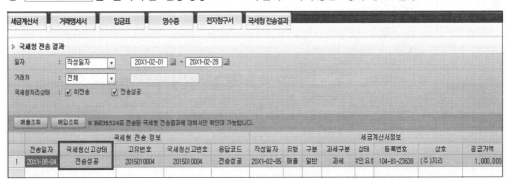

⑩ 매입매출전표 입력화면에서 전자세금란에 전자발행으로 자동표시된다.

	일	유형	품명	수량	단가	공급가액	부가세	합계	코드	거래처명	사업.주민번호	전자세금	분개
	05	과세	상품			1,000,000	100,000	1,100,000	01101	(주)지리	104-81-23639	전자발행	혼합

매입매출전표입력

(주)한라(3002)의 부가가치세 신고 관련 거래 자료를 입력(매입매출전표입력)하여 부가가치세 신고서에 반영하시오.

1. 과세매출자료의 전자세금계산서 발행(매회 기출)

자료. 거래명세서

거 래 명 세 서
(공급자 보관용)

	등록번호	101 – 81 – 50103				등록번호	125 – 34 – 12324		
공급자	상 호	(주)한라	성명	김한라	공급받는자	상 호	(주)세계	성명	이세계
	주 소	서울 서초구 강남대로 27				주 소	서울 금천구 독산로 324		
	업 태	도·소매업	종목	자동차용품		업 태	도·소매업	종목	전자기기
	E – Mail	kyc@bill36524.com				E – Mail	kyc@nate.com		

거래일자	미수금액	공급가액	세액	총합계금액(VAT포함)
20x1.2.5.		2,300,000	230,000	2,530,000

순번	품 목	규격	수량	단 가	공급가액	세액	합계
1	네비게이션		8	150,000	1,200,000	120,000	
2	카오디오		5	220,000	1,100,000	110,000	

비 고	전미수액	당일거래총액	인수자
		2,530,000	

자료설명	1. 상품을 공급하고 전자세금계산서를 발급 및 전송하였다. 2. 동 거래와 관련하여 1월 21일에 계약금을 받았으며, 잔액은 다음 달 말일에 받기로 하였다.
평가문제	전자세금계산서 발행 및 내역관리 를 통하여 발급·전송하시오. (단, 전자세금계산서 발급시 결제내역 및 전송일자는 고려하지 않음.)

2. 매출거래

(적 색)

전자세금계산서				(공급자 보관용)			승인번호			

공급자	등록번호	101-81-50103			공급받는자	등록번호	113-81-54816		
	상호	(주)한라	성 명 (대표자)	김한라		상호	(주)세대전자	성 명 (대표자)	이효정
	사업장 주소	서울 서초구 강남대로 27				사업장 주소	서울 서대문구 증가로 8길 8-3		
	업태	도·소매업	종사업장번호			업태	도·소매업	종사업장번호	
	종목	자동차용품등				종목	전자제품		
	E-Mail	kyc@bill36524.com				E-Mail	sdgkya@naver.com		

작성일자	20x1.2.05.		공급가액		5,000,000		세액		500,000
월	일	품목명	규격	수량	단가	공급가액	세액	비고	
2	5	카오디오				5,000,000	500,000		

합계금액	현금	수표	어음	외상미수금	이 금액을	○ 영수 ● 청구	함
5,500,000				5,500,000			

자료설명	판매용 카오디오를 외상으로 매출하고 전자세금계산서를 발급하였다. 신규거래처 (주)세대전자를 코드번호 '301'로 등록한다.

3. 매출거래(과세매출반품-수정전자세금계산서)

(적 색)

수정전자세금계산서				(공급자 보관용)			승인번호			

공급자	등록번호	101-81-50103			공급받는자	등록번호	105-81-91237		
	상호	(주)한라	성 명 (대표자)	김한라		상호	㈜상선전자	성명 (대표자)	이여수
	사업장 주소	서울 서초구 강남대로 27				사업장 주소	서울 서초구 효령로 12길 5		
	업태	도·소매업	종사업장번호			업태	도소매업	종사업장번호	
	종목	자동차용품				종목	자동차용품		
	E-Mail	kyc@bill36524.com				E-Mail	ggg456@bill36524.com		

작성일자	20x1.2.5.		공급가액		-100,000		세액		-10,000
비고	당초세금계산서 작성일 20x1.1.31								
월	일	품목명	규격	수량	단가	공급가액	세액	비고	
2	5	카오디오		-4	25,000	-100,000	-10,000		

합계금액	현금	수표	어음	외상미수금	이 금액을	○ 영수 ● 청구	함
-110,000				-110,000			

자료설명	㈜상선전자에 판매한 상품이 불량으로 반품되었으며, 대금은 외상대금과 상계처리하기로 하였다.

4. 과세매출자료입력

자료 1. 전자세금계산서

(적 색)

전자세금계산서	(공급자 보관용)		승인번호		

공급자

등록번호	101-81-50103		
상호	(주)한라	성명 (대표자)	김한라
사업장 주소	서울 서초구 강남대로 27		
업태	도·소매업	종사업장번호	
종목	자동차용품		
E-Mail	kyc@bill36524.com		

공급받는자

등록번호	112-81-60125		
상호	(주)덕유	성명 (대표자)	신아름
사업장 주소	서울시 금천구 가산로 80		
업태	제조업	종사업장번호	
종목	자동차용품		
E-Mail	ari@bill36524.com		

작성일자	20x1.2.10.	공급가액	1,000,000	세액	100,000

월	일	품목명	규격	수량	단가	공급가액	세액	비고
2	10	컴퓨터				1,000,000	100,000	

합계금액	현금	수표	어음	외상미수금	이 금액을	○ 영수 함
1,100,000				1,100,000		◉ 청구

자료 2. 고정자산내역

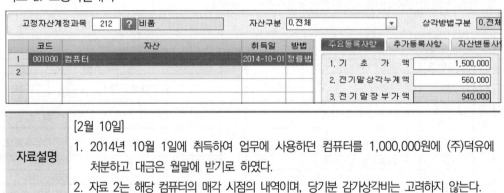

		[2월 10일]
자료설명		1. 2014년 10월 1일에 취득하여 업무에 사용하던 컴퓨터를 1,000,000원에 (주)덕유에 처분하고 대금은 월말에 받기로 하였다.
		2. 자료 2는 해당 컴퓨터의 매각 시점의 내역이며, 당기분 감가상각비는 고려하지 않는다.

5. 매출거래

(적 색)

전자계산서				공급자 보관용			승인번호		

공급자	등록번호	101 - 81 - 50103			공급받는자	등록번호	113 - 81 - 54719		
	상호	(주)한라	성 명(대표자)	김한라		상호	(주)현대서비스	성 명(대표자)	김민채
	사업장주소	서울 서초구 강남대로 27				사업장주소	서울 구로구 구로동로 22		
	업태	도·소매업	종사업장번호			업태	서비스업	종사업장번호	
	종목	자동차용품				종목	종합수리		
	E-Mail	kyc@bill36524.com				E-Mail	kangnam@bill36524.com		

작성일자	20x1. 2. 10.	공급가액	800,000

월	일	품목명	규격	수량	단가	공급가액	비고
2	10	자동차안전교육				800,000	

합계금액	현금	수표	어음	외상미수금	이 금액을	●영수○청구	함
800,000	800,000						

자료설명	(주)한라는 주무관청으로부터 자동차안전교육 위탁업체로 인가를 받고, (주)현대서비스의 종업원에게 자동차안전교육을 실시하였다. (단, 본 거래에 한해서 당사는 과세사업과 면세사업을 겸영한다고 가정함.)
평가문제	위탁교육에 따른 수익은 '412.용역매출'로 회계처리하고, 전자계산서 거래는 '전자입력'으로 입력할 것

6. 매출거래(카드매출)

```
           카드매출전표
-----------------------------------
카드종류 : 비씨카드
회원번호 : 2124 - 3152 - **** - 4**5
거래일시 : 20x1.2.10 : 05 : 16
거래유형 : 신용승인
매    출 :  50,000원
부 가 세 :   5,000원
합    계 :  55,000원
결제방법 : 일시불
승인번호 : 12985996
은행확인 : 우리은행
-----------------------------------
가맹점명 : (주)한라

        - 이 하 생 략 -
```

자료설명	상품인 자동차용품을 개인(김홍도)에게 판매하고 발급한 신용카드 매출전표이다.
평가문제	매출채권에 대하여는 '외상매출금' 계정으로 처리할 것.

7. 매입거래

(청 색)

전자세금계산서				(공급받는자 보관용)		승인번호			

공급자	등록번호	105 – 81 – 91237			공급받는자	등록번호	101 – 81 – 50103		
	상호	㈜상선전자	성명 (대표자)	이여수		상호	(주)한라	성명 (대표자)	김한라
	사업장 주소	서울 서초구 효령로 12길 5				사업장 주소	서울 서초구 강남대로 27		
	업태	도 · 소매업	종사업장번호			업태	도 · 소매업	종사업장번호	
	종목	전자제품				종목	자동차용품		
	E–Mail	woo@bill36524.com				E–Mail	kyc@bill36524.com		

작성일자	20x1.2.15		공급가액	3,000,000	세액	300,000	

월	일	품목명	규격	수량	단가	공급가액	세액	비고
2	15	온풍기				3,000,000	300,000	

합계금액	현금	수표	어음	외상미수금	이 금액을	○ 영수 함
3,300,000				3,300,000		◉ 청구

자료설명	휴게실에 사용할 온풍기를 구입하고 받은 전자세금계산서이다.

8. 매입거래

20x1년 1월 청구서

작성일자 : 20x1.2.15
납부기한 : 20x1.2.20.

금 액	110,220원
고객명	(주)한라
이용번호	02 – 355 – 1919
명세서번호	25328
이용기간	1월1일~1월31일
9월 이용요금	110,220원
공급자등록번호	135 – 81 – 92483
공급받는자 등록번호	101 – 81 – 50103
공급가액	100,200원
부가가치세(VAT)	10,020원
10원미만 할인요금	0원
입금전용계좌	농협
	100 – 211 – 101155

이 청구서는 부가가치세법 시행령 53조 제4항에 따라 발행하는 전자세금계산서입니다.

(주)케이티 서대문지점(전화국)장

자료설명	1. 영업부의 전화요금청구서이다. (전자세금계산서발급분) 2. 납부기한일인 2월 20일 국민은행 보통예금통장에서 이체하여 납부하였다.
평가문제	납부기한일의 거래도 일반전표에 입력하시오.

9. 매입거래

(청 색)

전자세금계산서 (공급받는자 보관용)					승인번호				

<table>
<tr><td rowspan="6">공급자</td><td>등록번호</td><td colspan="3">113-81-54719</td><td rowspan="6">공급받는자</td><td>등록번호</td><td colspan="3">101-81-50103</td></tr>
<tr><td>상호</td><td>㈜현대서비스</td><td>성명
(대표자)</td><td>김수진</td><td>상호</td><td>(주)한라</td><td>성명
(대표자)</td><td>김한라</td></tr>
<tr><td>사업장
주소</td><td colspan="3">서울 구로구 구로동로 22</td><td>사업장
주소</td><td colspan="3">서울 서초구 강남대로 27</td></tr>
<tr><td>업태</td><td>서비스업</td><td colspan="2">종사업장번호</td><td>업태</td><td>도·소매업</td><td colspan="2">종사업장번호</td></tr>
<tr><td>종목</td><td colspan="3">종합수리</td><td>종목</td><td colspan="3">자동차용품</td></tr>
<tr><td>E-Mail</td><td colspan="3">sujin@bill36524.com</td><td>E-Mail</td><td colspan="3">kyc@bill36524.com</td></tr>
</table>

작성일자	20x1.2.15.		공급가액		500,000		세액	50,000	
월	일	품목명	규격	수량	단가	공급가액	세액		비고
2	15	차량수리비				500,000	50,000		

합계금액	현금	수표	어음	외상미수금	이 금액을	○ 영수 ● 청구 함
550,000				550,000		

자료설명	[2월 15일] 영업부용 승용차(5인승, 998cc)의 차량수리비에 대해 발급받은 전자세금계산서이다. 수리대금은 다음달 10일 결제 예정이다.

10. 수정전자세금계산서 거래

(청 색)

수정전자세금계산서 (공급받는자 보관용)					승인번호				

<table>
<tr><td rowspan="6">공급자</td><td>등록번호</td><td colspan="3">112-81-60125</td><td rowspan="6">공급받는자</td><td>등록번호</td><td colspan="3">101-81-50103</td></tr>
<tr><td>상호</td><td>(주)덕유</td><td>성명
(대표자)</td><td>김상우</td><td>상호</td><td>(주)한라</td><td>성명
(대표자)</td><td>김한라</td></tr>
<tr><td>사업장
주소</td><td colspan="3">서울 금천구 가산로 80</td><td>사업장
주소</td><td colspan="3">서울 서초구 강남대로 27</td></tr>
<tr><td>업태</td><td>제조업</td><td colspan="2">종사업장번호</td><td>업태</td><td>도소매업</td><td colspan="2">종사업장번호</td></tr>
<tr><td>종목</td><td colspan="3">자동차용품</td><td>종목</td><td colspan="3">자동차용품</td></tr>
<tr><td>E-Mail</td><td colspan="3">king@naver.com</td><td>E-Mail</td><td colspan="3">kyc@bill36524.com</td></tr>
</table>

작성일자	20x1.2.20	공급가액	-550,000	세액	-55,000	수정사유	환입
비고			20x1.1.18 (당초 세금계산서 작성일)				

월	일	품목명	규격	수량	단가	공급가액	세액	비고
2	20	라이트		-25	22,000	-550,000	-55,000	

합계금액	현금	수표	어음	외상미수금	이 금액을	○ 영수 ● 청구 함
-605,000				-605,000		

자료설명	[2월 20일] 구입한 상품에 대해 불량으로 반품하고 발급받은 수정전자세금계산서이다.

11. 매입거래

(청 색)

| 전자세금계산서 | | (공급받는자 보관용) | | | 승인번호 | | | |

공급자	등록번호	127 – 05 – 17325					공급받는자	등록번호	101 – 81 – 50103			
	상호	김기수법무사	성명(대표자)	김기수				상호	(주)한라	성명(대표자)	김한라	
	사업장주소	서울 송파구 잠실로 24						사업장주소	서울 서초구 강남대로 27			
	업태	서비스업		종사업장번호				업태	도 · 소매업		종사업장번호	
	종목	법률대행						종목	자동차용품			
	E-Mail	park1575@naver.com						E-Mail	kyc@bill36524.com			

작성일자	20x1.2.20.		공급가액	600,000		세액	60,000	
월	일	품목명	규격	수량	단가	공급가액	세액	비고
2	20	등기대행 수수료				600,000	60,000	

합계금액	현금	수표	어음	외상미수금	이 금액을	●영수 / ○청구	함
660,000							

자료설명	본사 신축용 토지 취득관련 등기대행 용역을 김기수 법무사로부터 제공받고 발급받은 전자세금계산서이며, 수수료는 국민은행 보통예금 계좌에서 이체하여 지급하였다.

12. 매입거래

(청 색)

| 전자세금계산서 | | (공급받는자 보관용) | | | 승인번호 | | | |

공급자	등록번호	113 – 81 – 54719					공급받는자	등록번호	101 – 81 – 50103			
	상호	㈜현대서비스	성명(대표자)	김민채				상호	(주)한라	성명(대표자)	김한라	
	사업장주소	서울 구로구 구로동로 22						사업장주소	서울 서초구 강남대로 27			
	업태	서비스업		종사업장번호				업태	도 · 소매업		종사업장번호	
	종목	종합수리						종목	자동차용품			
	E-Mail	woori@naver.com						E-Mail	kyc@bill36524.com			

작성일자	20x1.2.20.		공급가액	360,000		세액	36,000	
월	일	품목명	규격	수량	단가	공급가액	세액	비고
2	20	타이어				360,000	36,000	

합계금액	현금	수표	어음	외상미수금	이 금액을	● 영수 / ○ 청구	함
396,000							

자료설명	1. 업무용 승용차(2,000cc, 5인승)의 타이어를 교체하고 발급받은 전자세금계산서이다. 2. 대금은 국민은행 보통예금계좌에서 이체하여 지급하였으며, 차량유지와 관련된 비용은 '차량유지비'로 회계처리한다.

13. 매입거래

(청 색)

전자세금계산서 (공급받자 보관용)					승인번호			

	등록번호	236 – 43 – 17937			등록번호	101 – 81 – 50103		
공급자	상호	㈜청계	성 명 (대표자)	이청계	상호	(주)한라	성 명 (대표자)	김한라
	사업장 주소	서울 강남구 양재대로 340			사업장 주소	서울 서초구 강남대로 27		
	업태	소매업	종사업장번호		업태	도 · 소매업	종사업장번호	
	종목	전자제품			종목	자동차용품		
	E–Mail	park@bill36524.com			E–Mail	kyc@bill36524.com		

공급받는자

작성일자	20x1.2.25.		공급가액	500,000		세액	50,000	
월	일	품목명	규격	수량	단가	공급가액	세액	비고
2	25	디지털카메라				500,000	50,000	

합계금액	현금	수표	어음	외상미수금	이 금액을	○ 영수 ● 청구	함
550,000	50,000			500,000			

자료설명	[2월 25일] 면세사업에 사용할 디지털카메라를 구입하고 발급받은 세금계산서이다. (본 문항에 대하여 과세사업과 면세사업을 겸영한다고 가정한다.)

14. 매입거래

(청 색)

계산서 (공급받자 보관용)					승인번호			

	등록번호	129 – 81 – 68902			등록번호	101 – 81 – 50103		
공급자	상호	(주)강남교육	성 명 (대표자)	김강남	상호	(주)한라	성 명 (대표자)	김한라
	사업장 주소	서울시 강남구 역삼로106			사업장 주소	서울 서초구 강남대로 27		
	업태	서비스	종사업장번호		업태	도 · 소매업	종사업장번호	
	종목	교육			종목	자동차용품		
	E–Mail				E–Mail			

공급받는자

작성일자	20x1.2.25.		공급가액	5,000,000		비고		
월	일	품목명	규격	수량	단가	공급가액	비고	
2	25	회계전문가교육				5,000,000		

합계금액	현금	수표	어음	외상미수금	이 금액을	● 영수 ○ 청구	함
5,000,000	5,000,000						

자료설명	[2월 25일] 경리사원의 회계능력 향상을 위해 회계전문가교육을 실시하고 현금 5,000,000원을 지급하였다.

15. 매입거래

<table>
<tr><td colspan="11" align="right">(청 색)</td></tr>
<tr><td colspan="6" align="center">계 산 서</td><td colspan="2">(공급받는자 보관용)</td><td colspan="2">승인번호</td><td></td></tr>
<tr><td rowspan="5">공급자</td><td colspan="2">등록번호</td><td colspan="3">202-81-00395</td><td rowspan="5">공급받는자</td><td>등록번호</td><td colspan="2">101-81-50103</td><td></td></tr>
<tr><td>상호</td><td>㈜서울상사</td><td>성명
(대표자)</td><td colspan="2">김서울</td><td>상호</td><td>(주)한라</td><td>성명
(대표자)</td><td>김한라</td></tr>
<tr><td>사업장
주소</td><td colspan="4">서울 구로구 구로동로 5</td><td>사업장
주소</td><td colspan="3">서울 서초구 강남대로 27</td></tr>
<tr><td>업태</td><td colspan="2">도소매업</td><td colspan="2">종사업장번호</td><td>업태</td><td colspan="2">도소매업</td><td>종사업장번호</td></tr>
<tr><td>종목</td><td colspan="2">그림 외</td><td colspan="2"></td><td>종목</td><td colspan="2">자동차용품 외</td><td></td></tr>
<tr><td colspan="2">작성일자</td><td colspan="4">20x1.2.25.</td><td colspan="2">공급가액</td><td colspan="3">300,000</td></tr>
<tr><td>월</td><td>일</td><td colspan="2">품목명</td><td>규격</td><td>수량</td><td>단가</td><td colspan="2">공급가액</td><td colspan="2">비고</td></tr>
<tr><td>2</td><td>25</td><td colspan="2">동양화</td><td></td><td></td><td></td><td colspan="2">300,000</td><td colspan="2"></td></tr>
<tr><td></td><td></td><td colspan="2"></td><td></td><td></td><td></td><td colspan="2"></td><td colspan="2"></td></tr>
<tr><td colspan="2">합계금액</td><td colspan="2">현금</td><td colspan="2">수표</td><td colspan="2">어음</td><td colspan="2">외상미수금</td><td rowspan="2">이 금액을</td><td>○ 영수
◉ 청구</td></tr>
<tr><td colspan="2">300,000</td><td colspan="2"></td><td colspan="2"></td><td colspan="2"></td><td colspan="2">300,000</td><td>함</td></tr>
</table>

자료설명	[2월 25일] 거래처 (주)주성전자가 사업장을 확장이전하였기에 동양화를 구입하여 전달하였다. 구입시 계산서를 발급받았으며, 대금은 일주일 후에 지급하기로 하였다.

16. 매입거래

```
           카드매출전표
-----------------------------
카드종류 : 비씨카드
회원번호 : 3525-3252-****-3**6
거래일시 : 20x1.2.28. 15:05:16
거래유형 : 신용승인
매    출 : 1,200,000원
부 가 세 :   120,000원
합    계 : 1,320,000원
결제방법 : 일시불
승인번호 : 15985995
은행확인 : 신한은행
=============================
가맹점명 : (주)주성전자 잠원점
        -이 하 생 략-
```

자료설명	[2월 28일] 관리부 업무에 사용할 3D프린터를 구입하고 받은 카드매출전표이다.

17. 매입거래

<table>
<tr><td colspan="8">🌐 20x1 년 1 월 청구분 도시가스요금 지로영수증(고객용)</td></tr>
</table>

고객번호	3154892							납 부 마 감 일	20x1.02.28.

고객번호		3154892						납 부 마 감 일	20x1.02.28.
지로번호	4	0	0	0	5	2	8	미납금액	0 원
고지금액		167,750 원							0 원

주소/성명		서울 서초구 강남대로 27 / (주)한라		
사용기간		20x1.1.1. ~ 20x1.1.31.	기 본 요 금	25,000 원
당 월 사용량	금월지침	7,526 m³	사 용 요 금	127,500 원
	전월지침	6,429 m³	계 량 기 교 체 비 용	원
	사용량	1,097 m³	공 급 가 액	152,500 원
사용량 비 교	전월	1,020 m³	부 가 세	15,250 원
	전년동월	1,105 m³	가 산 금	원
계량기번호		A0231	정 산 금 액	원
검 침 원 명		장백기	고 지 금 액	167,750 원
			공급받는자 등록번호	101－81－50103
			공 급 자 등 록 번 호	101－81－25259

작성일자   **20x1 년 2 월 10 일**

입금전용계좌

※ 본 영수증은 부가가치세법 시행령 53 조 3 항에 따라 발행하는
전자세금계산서입니다.

한국도시가스(주)

자료설명	[2월 10일] 1. 회사의 1월분 도시가스요금명세서이다. 2. 작성일자를 기준으로 입력하고 납기일에 보통예금통장에서 자동이체된 거래의 입력은 생략한다.

18. 부가가치세 신고서 조회 및 입력자료 조회

■ 보통예금(국민은행) 거래내역

번호	거래일	내용	찾으신금액	맡기신금액	잔액	거래점
		계좌번호 112－088－123123 (주)한라				
1	20x1 - 10 - 25	서초세무서	3,042,000		***	***

영 수 증 서 (납세자용)

(3면)

(전 자) 납 부 번 호					수입징수관서	계좌번호	
분류기호	서코드	납부년월	결정구분	세목	서초 세무서	180616	
0126	113	1407	1	41			

성명	(주)한라	사업자등록번호	회계연도	20x1
주소	서울특별시 서초구 강남대로 27	101 – 81 – 50103	일반회계	기획재정부소관 조세

귀속연도/기분	20x1 년 귀속 2기 예정분	왼쪽의 금액을 한국은행 국고(수납) 대리점인 은행, 농협, 우체국. 새마을금고, 신용협동조합 또는 상호저축은행에 납부하시기 바랍니다.
세 목 명	납 부 금 액	
부 가 가 치 세	3,042,000	
교 육 세		납부기한 20x1년 10월 25일
농어촌특별세		
계	3,042,000	년 월 일

은 행
우체국 지점 (수납인)

자료설명	제2기 예정신고기간의 부가가치세액을 국민은행 보통예금 계좌에서 이체하여 납부하였고, 발급받은 영수증이다.
평가문제	제2기 예정신고기간(7월 1일 ~ 9월 30일)의 부가가치세신고서를 조회하고, 9월 30일에 입력된 회계처리를 참고하여 일반전표입력(10월 25일)에 납부세액에 대한 회계처리를 하시오.

해답

1.	거래유형	품명	공급가액	부가세	거래처	전자
2/05	11. 과세	네비게이션외 (복수거래)	2,300,000	230,000	(주)세계	**전자발행**
	분개유형 3.혼합	(차) 외 상 매 출 금 2,030,000원 (대) 상 품 매 출 2,300,000원 선 수 금 500,000원 부 가 세 예 수 금 230,000원				

─전자세금계산서 발행 및 내역관리

① 미전송된 내역이 조회되면 미전송내역을 체크한 후 전자발행을 클릭하여 표시되는 로그인 화면에서 확인(Tab)을 클릭

② '전자세금계산서 발행'화면이 조회되면 발행(F3) 버튼을 클릭한 다음 확인클릭

③ 국세청란에 '발행대상'으로 표시되면 ACADEMY 전자세금계산서 를 클릭

④ [Bill36524 교육용전자세금계산서] 화면에서 [로그인]을 클릭

⑤ 좌측화면 : [세금계산서 리스트]에서 [미전송]으로 체크후 [매출조회]를 클릭 우측화면 : [전자세금계산서]에서 [발행]을 클릭

⑥ [발행완료되었습니다.] 메시지가 표시되면 확인(Tab)을 클릭

2.	거래유형	품명	공급가액	부가세	거래처	전자
2/05	11. 과세	카오디오	5,000,000	500,000	㈜세대전자-신규등록	전자입력
	분개유형	(차) 외 상 매 출 금 5,500,000원			(대) 상 품 매 출	5,000,000원
	2.외상				부 가 세 예 수 금	500,000원

3.	거래유형	품명	공급가액	부가세	거래처	전자
2/05	11. 과세	카오디오	-100,000	-10,000	㈜상선전자	전자입력
	분개유형	(차) 외 상 매 출 금 -110,000원			(대) 상 품 매 출	-100,000원
	2.외상				부 가 세 예 수 금	-10,000원

4.	거래유형	품명	공급가액	부가세	거래처	전자
2/10	11. 과세	컴퓨터	1,000,000	100,000	(주)덕유	전자입력
	분개유형	(차) 감가상각누계액(비품) 560,000원			(대) 비 품	1,500,000원
	3.혼합	미 수 금 1,100,000원			부 가 세 예 수 금	100,000원
					유 형 자 산 처 분 이 익	60,000원

5.	거래유형	품명	공급가액	부가세	거래처	전자
2/10	13. 면세	자동차안전교육	800,000원		(주)현대서비스	전자입력
	분개유형	(차) 현 금 800,000원			(대) 용 역 매 출	800,000원
	1.현금					

6.	거래유형	품명	공급가액	부가세	거래처	전자
2/10	17.카과	자동차용품	50,000	5,000	김홍도	
	분개유형	(차) 외 상 매 출 금 55,000원			(대) 상 품 매 출	50,000원
	4.카드	(비 씨 카 드 사)			부 가 세 예 수 금	5,000원

7.	거래유형	품명	공급가액	부가세	거래처	전자
2/15	51. 과세	온풍기	3,000,000	300,000	㈜상선전자	전자입력
	분개유형	(차) 비 품 3,000,000원			(대) 미 지 급 금	3,300,000원
	3.혼합	부 가 세 대 급 금 300,000원				

8.	거래유형	품명	공급가액	부가세	거래처	전자
2/15	51. 과세	1월 전화요금	100,200	10,020	(주)케이티	전자입력
	분개유형	(차) 부 가 세 대 급 금 10,020원			(대) 미 지 급 금	110,220원
	3.혼합	통 신 비 (판) 100,200원				

―[일반전표입력] 2월 20일

〔차〕 미지급금〔(주)케이티〕 110,220원 〔대〕 보통예금(국민은행) 110,220원

9.	거래유형	품명	공급가액	부가세	거래처	전자
2/15	51. 과세	차량수리비	500,000	50,000	㈜현대서비스	전자입력
	분개유형	(차) 차 량 유 지 비 (판) 500,000원			(대) 미 지 급 금	550,000원
	3.혼합	부 가 세 대 급 금 50,000원				

10.	거래유형	품명	공급가액	부가세	거래처	전자세금
2/20	51. 과세	라이트	-550,000원	-55,000원	(주)덕유	전자
	분개유형	(차) 상 품 -550,000원			(대) 외 상 매 입 금	-605,000원
	2.외상	부 가 세 대 급 금 -55,000원				

또는

분개유형	(차) 부 가 세 대 급 금	−55,000원	(대) 매입환출및에누리(상품)	550,000원
3.혼합	외 상 매 입 금	605,000원		

또는

분개유형	(차) 부 가 세 대 급 금	−55,000원	(대) 매입환출및에누리(상품)	550,000원
3.혼합			외 상 매 입 금	−605,000원

11.	거래유형	품명	공급가액	부가세	거래처	전자
	54. 불공	등기대행 수수료	600,000원	60,000원	김기수법무사	전자입력
2/20	불공제사유	0.토지의 자본적 지출관련				
	분개유형	(차) 토 지 660,000원 (대) 보 통 예 금				660,000원
	3.혼합	(국 민 은 행)				

12.	거래유형	품명	공급가액	부가세	거래처	전자
	54. 불공	타이어	360,000원	36,000원	㈜현대서비스	전자입력
2/20	불공제사유	3. 비영업용 소형승용차 구입 및 유지				
	분개유형	(차) 차량유지비(판) 396,000원 (대) 보 통 예 금				396,000원
	3.혼합	(국 민 은 행)				

13.	거래유형	품명	공급가액	부가세	거래처	전자
	54. 불공	디지털카메라	500,000원	50,000원	(주)청계	전자입력
2/25	불공제사유	4. 면세사업과 관련된 분				
	분개유형	(차) 비 품 550,000원 (대) 현 금				50,000원
	3.혼합	미 지 급 금				500,000원

14.	거래유형	품명	공급가액	부가세	거래처	전자
	53. 면세	회계전문가교육	5,000,000원	0	(주)강남교육	
2/25	분개유형	(차) 교육훈련비(판) 5,000,000원 (대) 현 금				5,000,000원
	1.현금					

15.	거래유형	품명	공급가액	부가세	거래처	전자
	53.면세	동양화	300,000		㈜서울상사	
2/25	분개유형	(차) 접 대 비 300,000원 (대) 미 지 급 금				300,000원
	3.혼합	(기업업무추진비)(판)				

16.	거래유형	품명	공급가액	부가세	거래처	전자
	57.카과	3D 프린터	1,200,000	120,000	(주)주성전자	
2/28	분개유형	(차) 비 품 1,200,000원 (대) 미 지 급 금				1,320,000원
	4.카드	부 가 세 대 급 금 120,000원			(비 씨 카 드)	

17.	거래유형	품명	공급가액	부가세	거래처	전자
	51. 과세	도시가스요금	152,500	15,250	한국도시가스(주)	전자입력
2/10	분개유형	(차) 수도광열비(판) 152,500원 (대) 미 지 급 금				167,750원
	3.혼합	부 가 세 대 급 금 15,250원			(한국도시가스(주))	

18. [부가가치세신고서 조회 : 7월~9월]]

구 분				금액	세율	세액
과세표준및매출세액	과세	세금계산서발급분	1	226,020,000	10/100	22,602,000
		매입자발행세금계산서	2		10/100	
		신용카드.현금영수증	3		10/100	
		기타	4		10/100	
	영세	세금계산서발급분	5		0/100	
		기타	6		0/100	
	예정신고누락분		7			
	대손세액가감		8			
	합계		9	226,020,000	㉒	22,602,000
매입세액	세금계산수취부분	일반매입	10	186,400,000		18,420,000
		고정자산매입	11	11,700,000		1,170,000
	예정신고누락분		12			
	매입자발행세금계산서		13			
	그밖의공제매입세액		14			
	합계 (10+11+12+13+14)		15	198,100,000		19,590,000
	공제받지못할매입세액		16	300,000		30,000
	차감계 (15-16)		17	197,800,000	㉯	19,560,000
납부(환급)세액 (㉒매출세액-㉯매입세액)					㉰	3,042,000
경감공제세액	그밖의경감 · 공제세액		18			
	신용카드매출전표등발행공제계		19			
	합계		20		㉱	
예정신고미환급세액			21		㉲	
예정고지세액			22		㉳	
사업양수자의 대리납부 기납부세액			23		㉴	
매입자 납부특례 기납부세액			24		㉵	
가산세액계			25		㉶	
차가감 납부할세액 (환급받을세액) (㉰-㉱-㉲-㉳-㉴-㉵+㉶)			26			3,042,000
총괄납부사업자 납부할세액 (환급받을세액)						

[일반전표 9월 30일 조회]

　　〔차〕 부가세예수금　　　　　　22,602,000원　　〔대〕 부가세대급금　　　　19,560,000원

　　　　　　　　　　　　　　　　　　　　　　　　　　　　　미지급세금　　　　　　3,042,000원

[일반전표입력] 10월 25일

　　〔차〕 미지급세금　　　　　　　3,042,000원　　〔대〕 보통예금〔국민은행〕　3,042,000원

05 STEP 고정자산

고정자산(유·무형자산)에 대한 감가상각비를 계산하고자 한다면 고정자산등록메뉴에서 고정자산을 등록하여야 한다.

(1) 기본등록사항

① 고정자산계정과목
   계정코드를 입력하거나 ?를 클릭하여 해당코드를 선택한다.
② 자산코드, 자산명을 입력하고, 취득년월일을 입력한다.
③ 상각방법 : 정액법/정률법중 하나를 선택한다.

(2) 주요등록사항

① 1.기초가액 : 자산의 **취득원가를 입력**한다. 당기에 신규 취득한 자산은 기초가액에 입력하지 않고 [4.당기중 취득 및 당기증가(+)]란에 입력하여야 한다.
   기초가액은 말 그대로 전년도로 부터 이월된 금액을 입력하여야 한다.
   ☞ 무형자산은 직접법으로 상각하므로 기초가액에 전기말 장부가액(취득가액 – 상각누계액)을 입력한다.
② 2.전기말상각누계액 : 해당 자산의 전기말 감가상각누계액을 입력한다.
③ 3.전기말장부가액은 자동반영된다.(즉 기초가액 – 전기말상각누계액이다)
④ 10.내용년수 : 해당내용년수를 입력하면 상각율은 자동반영된다.

⑤ 19.당기상각범위액과 20.회사계상상각비는 자동계산된다. **[사용자수정]**을 클릭하면 회사계상 상각비를 수정할 수 있다.

⑥ 2.경비구분은 제조(500번대), 판관비(800번대) 중 하나를 선택한다,

(3) 추가등록사항 : 3. 업종을 클릭하여 해당 업종코드를 입력한다.

 고정자산등록

㈜한라[3002]의 고정자산내역이다. 이에 대한 고정자산등록을 하시오.

계정과목	코드	자산명	취득가액	취득일	감가상각누계액	내용년수	상각방법
건물	101	본사사옥	25,000,000	2019.1.1	5,000,000	10	정액법
차량운반구	102	마티즈	15,000,000	2020.1.1	2,200,000	8	정률법

해답

[건물] 101 본사사옥 취득일 2019.1.1. 정액법

주요등록사항 | 추가등록사항 | 자산변동사항

1. 기 초 가 액	25,000,000	15. 전기 말부인누계	0
2. 전기말상각누계액	5,000,000	16. 전기말자본지출계	0
3. 전 기 말 장 부 가 액	20,000,000	17. 자본지출즉시상각	0
4. 신 규 취 득 및 증 가	0	18. 전기 말의 제부계	0
5. 부 분 매 각 및 폐 기	0	19. 당기 상각범위액	2,500,000
6. 성 실 기 초 가 액		20. 회사계상상각비	2,500,000
7. 성실상각누계액	0		사용자수정
8. 상 각 기 초 가 액	20,000,000	21. 특 별 상 각 률	
9. 상 각 방 법	1 정액법	22. 특 별 상 각 비	
10. 내용연수(상각률)	10 ? 0,1	23. 당기말상각누계액	7,500,000
11. 내 용 연 수 월 수	미경과 12	24. 당기 말장부가액	17,500,000
12. 상각상태완료년도	진행	25. 특 례 적 용	0 부
13. 성실경과/차감연수	/	• 년 수	년
14. 성 실 장 부 가 액	0	26. 업무용승용차여부	0 부

1. 취 득 수 량		4. 최저한세부인액	0
2. 경 비 구 분	0 800번대	5. 당기의제상각액	0
3. 전 체 양 도 일 자	----.--.--	6. 전 체 폐 기 일 자	----.--.--

[차량] 102 마티즈 취득일 2020.1.1. 정률법

주요등록사항 | 추가등록사항 | 자산변동사항

1. 기 초 가 액	15,000,000	15. 전기 말부인누계	
2. 전기말상각누계액	2,200,000	16. 전기말자본지출계	
3. 전 기 말 장 부 가 액	12,800,000	17. 자본지출즉시상각	
4. 신 규 취 득 및 증 가		18. 전기 말의 제부계	
5. 부 분 매 각 및 폐 기		19. 당기 상각범위액	4,006,400
6. 성 실 기 초 가 액		20. 회사계상상각비	4,006,400
7. 성실상각누계액			사용자수정
8. 상 각 기 초 가 액	12,800,000	21. 특 별 상 각 률	
9. 상 각 방 법	0 정률법	22. 특 별 상 각 비	0
10. 내용연수(상각률)	8 ? 0,313	23. 당기말상각누계액	6,206,400
11. 내 용 연 수 월 수	미경과 12	24. 당기 말장부가액	8,793,600
12. 상각상태완료년도	진행	25. 특 례 적 용	0 부
13. 성실경과/차감연수	/	• 년 수	년
14. 성 실 장 부 가 액		26. 업무용승용차여부	0 부

1. 취 득 수 량		4. 최저한세부인액	
2. 경 비 구 분	0 800번대	5. 당기의제상각액	
3. 전 체 양 도 일 자	----.--.--	6. 전 체 폐 기 일 자	----.--.--

06 STEP 결 산

1 결산자료 입력하기

수동결산	12월 31일 일반전표입력
자동결산	1. 재고자산의 기말재고액(상품) 2. 유무형자산의 상각비 3. 퇴직급여충당부채 당기 전입액 4. 채권에 대한 대손상각비(보충법) 5. 법인세계상 ☞ **수동결산도 가능하다.**
순서	**수동결산→ 자동결산**

(1) 자동결산입력방법([결산/재무제표Ⅰ]→[결산자료입력])

① 결산일자 입력 및 원가경비 선택

　　㉠ [결산자료입력] 메뉴를 클릭하면 아래 그림이 나타나는데, 결산일자를 **1월부터 12월까지** 기간을 선택한다.

　　㉡ FAT1급 시험에서는 상품매출원가가 나오므로 원가경비를 선택할 필요가 없다.

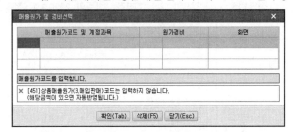

　　㉢ 다음과 같은 메시지가 나오면 "아니오"를 선택하여 프로그램이 전표입력사항을 다시 불러오도록 한다.

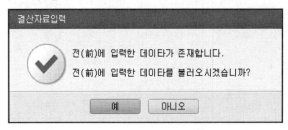

② 기말상품재고 입력

과	목	결산분개금액	결산입력사항금액	결산금액(합계)
1. 매출액				824,186,000
상품매출			824,186,000	
2. 매출원가				523,876,800
상품매출원가			523,876,800	523,876,800
(1). 기초 상품 재고액			50,000,000	
(2). 당기 상품 매입액			473,876,800	
(10).기말 상품 재고액				
3. 매출총이익				300,309,200
4. 판매비와 일반관리비				194,530,830

③ 대손상각비 입력

㉠ 합계잔액 시산표(12월 31일)를 조회하여 보충법에 의하여 대손상각비를 산출한다.

㉡ 채권별로 대손상각비를 입력한다.

5). 대손상각			
외상매출금			
받을어음			
단기대여금			
선급금			

④ 퇴직급여, 감가상각비, 무형자산상각비 입력

2). 퇴직급여(전입액)			
3). 퇴직보험충당금전입액			
4). 감가상각비			
건물			
차량운반구			
비품			
5). 대손상각			
외상매출금			
받을어음			
단기대여금			
선급금			
6). 무형고정자산상각			
영업권			
특허권			

⑤ 법인세등 설정방법

㉠ 합계잔액 시산표(12월 31일)를 선납세금을 조회하여 결산 수정분개를 일반전표에 입력한다.

(차) 법인세등　　　　　　　　XX　　　　　　　(대) 선납세금　　　　　　　　XX

㉡ 추가계상액을 입력한다.

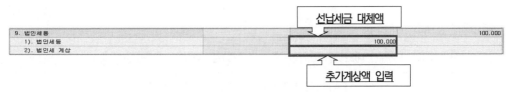

9. 법인세등				100,000
1). 법인세등			100,000	
2). 법인세 계상				

⑥ 결산완료 및 수정방법

㉠ 상단의 F3(전표추가)를 클릭하면 일반전표에 결산분개가 자동으로 반영됩니다.

그러면 12/31일 일반전표를 조회하면 결산분개가 반영된 것을 확인할 수 있습니다.

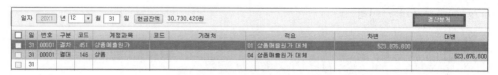

	일	번호	구분	코드	계정과목	코드	거래처	적요	차변	대변
☐	31	00001	결차	451	상품매출원가			01 상품매출원가 대체	523,876,800	
☐	31	00001	결대	146	상품			04 상품매출원가 대체		523,876,800
☐	31									

ⓛ 수정은 전표를 체크하고 난 후 상단의 삭제아이콘을 눌러 전표를 삭제하고, 다시 결산자
료를 입력 후 상단의 전표추가를 클릭한다.

	일	번호	구분	코드	계정과목	코드	거래처	적요	차변	대변
☑	31	00001	결차	451	상품매출원가			01 상품매출원가 대체	523,876,700	
☑	31	00001	결대	146	상품			04 상품매출원가 대체		523,876,700
☐	31									

② 재무제표 확정

재무제표는 일정한 순서 즉 **손익계산서, 이익잉여금 처분계산서(전표추가), 재무상태표** 순으로 작
성해야 한다. 실무에서는 다음과 같이 재무제표를 확정한다.

(1) 손익계산서

[결산/재무제표], [손익계산서]를 조회한 후 Esc**(종료)로** 종료한 후 손익계산서를 확정한다.

(2) 이익잉여금처분계산서

[결산/재무제표], [이익잉여금처분계산서]를 조회한 후 Esc**(종료)로** 종료한 후 이익잉여금처분계산
서를 확정한다. 손익계산서를 확정하면 이익잉여금처분계산서에 당기순이익이 자동반영된다. 이익잉
여금처분계산서의 **당기/전기 처분확정일(주주총회일)을 입력**하고 이익잉여금 처분액(처분예정액)
을 해당란에 입력한다.

그리고 상단의 전표추가(F3) **를 클릭**하면 12월 31일 일반전표에 반영한다.

(3) 재무상태표

[결산/재무제표], [재무상태표]를 조회한 후 Esc**(종료)로** 종료한 후 재무상태표를 확정한다.

> **FAT 1급 시험에서는 결산자료만 입력하고,**
> **별도 언급이 없으면 재무제표를 확정하실 필요가 없습니다.**

예제 **결 산**

[주)태백[회사코드 : 3003]의 거래내용은 다음과 같다. 다음 결산자료를 참고로 결산을 수행하고 재무제표를 완성하시오.

〈수동결산〉

1. 손익의 예상과 이연

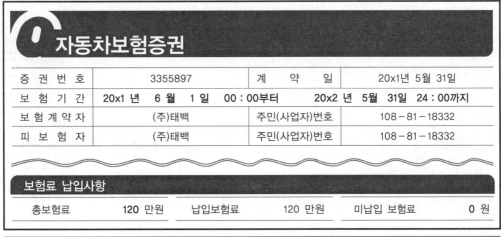

자동차보험증권

증 권 번 호	3355897		계 약 일	20x1년 5월 31일
보 험 기 간	20x1 년 6 월 1 일 00 : 00부터		20x2 년 5월 31일 24 : 00까지	
보 험 계 약 자	(주)태백	주민(사업자)번호	108 – 81 – 18332	
피 보 험 자	(주)태백	주민(사업자)번호	108 – 81 – 18332	

보험료 납입사항

총보험료	120 만원	납입보험료	120 만원	미납입 보험료	0 원

자료설명	6월 1일 본사 영업부 차량에 대하여 손해보험에 가입하고 1년분 보험료를 납입한 후 비용으로 처리하였다.
평가문제	결산일 현재 보험료 미경과분을 계상하시오.(단, 보험료는 월할계산임.)

2. 유동성대체

결산자료	장기차입금 내역은 다음과 같다.			
	항 목	금 액	차입시기	비 고
	장기차입금 (농협)	10,000,000원	2012.6.30.	20x2년(차기) 6월 30일 일시상환예정
	장기차입금 ((주)설악)	20,000,000원	2013.6.30.	20x7년 6월 30일 일시상환예정
	계	30,000,000원		
평가문제	결산정리분개를 입력하시오.			

3. 유가증권평가

자료설명	단기매매증권의 기말 내역은 다음과 같다.			
	회사명	주식수	장부(단위당)	기말평가(단위당)
	(주)사성	2,000주	@3,000원	@5,000원
	(주)오성	3,000주	@4,000원	@3,000원
	계	5,000주		
평가문제	결산정리분개를 입력하시오. (하나의 거래로 입력할 것)			

〈자동결산〉

4. 자동결산−재고자산

자료설명	[재고자산 내역]				
	계정과목	자산명	수량	단가	금액
	상품	네비게이션	100	200,000원	20,000,000원
		카오디오	50	300,000원	15,000,000원
	소모품	소모용품			3,000,000원
	합 계				38,000,000원
	−소모품은 구입시 비용으로 처리하였다.				
평가문제	수동결산 또는 자동결산메뉴를 이용하여 결산을 완료하시오.				

5. 자동결산−무형자산상각비, 퇴직급여

자료설명	(주)태백의 결산시 당기계상액은 다음과 같다.	
	•영업권 상각비	8,000,000원
	•관리직 퇴직급여충당부채 추가설정액	2,000,000원
	(단, 제시된 자료 이외의 결산정리사항은 없는 것으로 한다.)	
평가문제	수동결산 또는 자동결산메뉴를 이용하여 결산을 완료하시오.	

6. 자동결산 − 고정자산등록 및 감가상각비

자료. 유형자산 내역

계정과목	코드	품명	취득일	취득가액	감가상각 누계액	상각 방법	내용 연수	용도
비품	1	에어컨	2020.8.5	3,000,000	800,000	정률법	5년	영업부용

결산자료	제시된 자산에 대해서만 감가상각을 하기로 한다.
평가문제	[고정자산등록]에 입력하여 유형자산에 대한 감가상각비를 계산하고 결산에 반영하시오.

7. 자동결산-대손상각비

결산자료	기말현재 매출채권(외상매출금과 받을어음)에 대하여 1%의 대손충당금을 설정하시오. (보충법 적용)
평가문제	자동결산메뉴를 이용하여 결산을 완료하시오.

8. 법인세등

결산자료	기말 법인세 추산액은 1,000,000원이다.
평가문제	수동 결산 또는 자동결산메뉴를 이용하여 결산을 완료하시오.

[해답]

[수동결산] 12월 31일 일반전표입력(1~3)

1. [차] 선급비용   500,000원   [대] 보험료(판)   500,000원

    ☞선급비용 : 1,200,000원×5개월/12개월=500,000원

2. [차] 장기차입금(농협)   10,000,000원   [대] 유동성장기부채(농협)   10,000,000원

    ☞결산일 기준 1년이내 상환예정만 유동성장기부채로 유동성 대체

3. [차] 단기매매증권   1,000,000원   [대] 단기매매증권평가이익   1,000,000원

	기말공정가액(A)	장부가액(B)	평가손익(A−B)
㈜사성	10,000,000	6,000,000	4,000,000
㈜오성	9,000,000	12,000,000	△3,000,000

4. [수동결산]

    [차] 소모품   3,000,000원   [대] 소모품비(판)   3,000,000원

    [자동결산]

2. 매출원가				488,876,800
상품매출원가			488,876,800	488,876,800
(1). 기초 상품 재고액			50,000,000	
(2). 당기 상품 매입액			473,826,800	
(10).기말 상품 재고액			35,000,000	

〈합계잔액시산표〉

－입력 후 상품계정 잔액이 35,000,000원이 되면 정답이 된다.

차	변	계 정 과 목	대	변
잔 액	합 계		합 계	잔 액
35,000,000	523,876,800	◁재 고 자 산▷	488,876,800	
35,000,000	523,876,800	상 품	488,876,800	

5. [자동결산]

| 2), 퇴직급여(전입액) | | 2,000,000 | |

☞ [수동결산]으로 입력해도 됩니다.

(차) 퇴직급여(판)　　　　　　　　2,000,000원　　(대) 퇴직급여충당부채　　　　　2,000,000원

[자동결산]

| 6), 무형고정자산상각 | | 8,000,000 | 8,000,000 |
| 영업권 | | 8,000,000 | |

☞ [수동결산]으로 입력해도 됩니다.

(차) 무형자산상각비(판)　　　　　　8,000,000원　　(대) 영업권　　　　　　　　　8,000,000원

6. [고정자산등록] 1 에어컨 취득일 2020.8.5. 정률법 경비구분 0(800번대)

주요등록사항	추가등록사항	자산변동사항		
1. 기 초 가 액	3,000,000	15. 전기말부인누계		
2. 전기말상각누계액	800,000	16. 전기말자본지출액		
3. 전 기 말 장 부 가 액	2,200,000	17. 자본지출즉시상각		
4. 신 규 취 득 및 증 가		18. 전기말의제누계		
5. 부 분 매 각 및 폐 기	0	19. 당기상각범위액	992,200	
6. 성 실 기 초 가 액		20. 회사계상상각비	992,200	
7. 성 실 상 각 누 계 액			사용자수정	
8. 상 각 기 초 가 액	2,200,000	21. 특 별 상 각 률		
9. 상 각 방 법 0 정률법		22. 특 별 상 각 비	0	
10. 내용연수(상각률) 5 ? 0.451		23. 당기말상각누계액	1,792,200	
11. 내 용 연 수 월 수 미경과	12	24. 당기말장부가액	1,207,800	

[자동결산]

4), 감가상각비		992,200	992,200
건물			
차량운반구			
비품		992,200	

☞ [수동결산]으로 입력해도 됩니다.

(차) 감가상각비(판)　　　　　　　992,200원　　(대) 감가상각누계액(차량)　　　　992,200원

7. [자동결산]

합계잔액시산표(12월 31일 조회)

계정과목	기말잔액(A)	대손추산액 (B = A×1%)	설정전 대손충당금(C)	당기대손상각비 (B - C)
외상매출금	695,224,600	6,952,246	500,000	6,452,246
받을어음	46,000,000	460,000	240,000	220,000
계				6,672,246

5). 대손상각		6,672,246	6,672,246
외상매출금		6,452,246	
받을어음		220,000	
단기대여금			

☞ [수동결산]으로 입력해도 됩니다.

〔차〕 대손상각비(판)　　　　　　6,672,246원　　〔대〕 대손충당금(외상)　　　6,452,246원
　　　　　　　　　　　　　　　　　　　　　　　　　　대손충당금(받을)　　　220,000원

←합계잔액시산표→

－입력 후 대손충당금 잔액이 매출채권의 1%가 되면 정답이 된다.

차 변		계 정 과 목	대 변	
잔 액	합 계		합 계	잔 액
695,224,600	713,524,600	외 상 매 출 금	18,300,000	
		대 손 충 당 금	6,952,246	6,952,246
46,000,000	46,000,000	받 을 어 음		
		대 손 충 당 금	460,000	460,000

8. [수동결산]

　　합계잔액시산표(12월 31일 조회) 선납세금 잔액 : 100,000원

　　〔차〕 법인세등　　　　　　1,000,000원　　〔대〕 선납세금　　　　100,000원
　　　　　　　　　　　　　　　　　　　　　　　　　　　미지급세금　　　　900,000원

　　또는 [수동결산]

　　〔차〕 법인세등　　　　　　100,000원　　〔대〕 선납세금　　　　100,000원

　　[자동결산]

9. 법인세등			900,000
2). 법인세 계상		900,000	

－모든 자동결산항목을 입력 후 상단부 전표추가(F3) 를 클릭하면 일반 전표입력 메뉴에 분개가 생성된다.

07 STEP 장부조회

FAT 1급에서는 **기초정보관리→전표입력→결산 입력 후 장부 및 재무제표 부가가치세 신고서 조회를 통하여 약 20문항을 작성**하여야 한다. 따라서 장부 및 재무제표 조회가 아주 중요한 부분이 되었다.

① 일계표/월계표

[일계표/월계표]는 일자별 또는 월간별로 각 **계정별 대체전표 및 현금전표의 내역**을 조회할 수 있다.

[대체거래 및 현금거래]

차변			계정과목	대변		
계	대체	현금		현금	대체	계
1,700,000	1,700,000		**보통예금**	750,000	3,630,000	4,380,000

[차변]

대체거래	(차) 보통예금	1,700,000원	(대) 현금이외	1,700,000원

[대변]

현금거래	(차) 현 금	750,000원	(대) 보통예금	750,000원
대체거래	(차) 현금이외	3,630,000원	(대) 보통예금	3,630,000원

② 합계잔액시산표

합계잔액시산표는 각 계정별로 차변과 대변의 합계와 잔액을 표시한다.
조회하고자 하는 월을 입력하면 **해당 월까지 잔액(누계잔액)**이 조회된다.
재무상태표계정은 설립 시부터 해당 월까지 누계잔액이 표시되고,
손익계산서계정은 1월부터 해당 월까지 누계잔액이 표시된다.

③ 계정별원장

계정별원장은 각 계정(**현금계정 제외**)의 거래내역을 일자별로 기록한 장부이다.
조회하고자 하는 계정과목을 1개 또는 여러 개를 설정할 수 있고, 기간도 일자별로 설정할 수 있다.

④ 거래처원장

거래처원장은 거래처의 채권·채무관리을 위한 장부로서 전표입력시 채권·채무에 입력한 거래 처를 기준으로 작성된다. 즉 거래처 코드를 입력하여야만 거래처원장으로 조회할 수 있다. 거래처 원장은 잔액, 내용, 총괄로 구성되어 있다.

[잔액]을 클릭하면 해당 특정 계정과목에 대해 **모든 거래처의 채권·채무 잔액을 조회**한다.

⑤ 총계정원장

총계정원장은 [전표입력]에 입력된 자료에 의하여 **계정과목별로 집계현황**을 보여준다.

[월별]탭을 클릭하면 계정과목별로 월별 잔액 및 증감내역을 알 수 있다.

⑥ 일일자금명세(경리일보)

일일자금명세란 하루 동안 지출 및 수입된 자금 내역을 기록하여 보고하기 위한 목적으로 작성 하는 문서를 말한다. 일일자금일보에는 매출, 매입, 예금, 차입금 등과 입금액, 출금액, 잔액 등을 상세히 기록하도록 한다.

⑦ 예적금현황

예적금의 변동상황과 잔액을 일별 확인할 수 있고 은행별 원장도 조회가 가능하다.

⑧ 받을어음/지급어음 현황

어음의 발행일, 거래일 또는 만기별로 현황을 확인할 수 있고, 어음의 배서양도 및 할인 내역을 확인할 수 있다.

⑨ 어음집계표

지급어음에 대하여 **수불관리를 할 수 있는데, 어음책을 수령하고 어음발행일, 만기일 등을 확인**할 수 있다.

⑩ 재무제표(재무상태표, 손익계산서)

전기말과 현재 기준월과의 계정과목의 증감을 비교시에는 재무상태표, 손익계산서를 조회한다.

〈조회기간 - 3월〉

	당 기(20X1)	전 기(20X0)
손익계산서(일정기간)	2025.1.1.~2025.3.31(1개월간)	2024.1.1.~2024.12.31(1년간)
재무상태표(일정시점)	2025.3.31. 현재	2024.12.31. 현재

상단의 [과목별]은 계정과목별로 출력되고 [제출용]은 외부에 공시하는 재무제표로 나타난다.

과목별	제출용
현 금 보통예금 당좌예금	**현금 및 현금성자산**
외상매출금 받을어음	매출채권

11 매입매출장

[매입매출전표]에 입력된 전표를 조회하며, 매입매출전표 입력시 유형을 선택하였으면, **매입매출장에서는 이러한 유형별로 집계**된다.

[매입매출장 - (주)소백] 〈매출〉→〈11.과세〉를 조회

전표일자	번호	코드	거래처	사업자(주민)번호	품명	공급가액	부가세	합계	신고월	전자세금	11일이
2022-01-16	50001	03101	(주)그린주방	203-28-33123	상품	2,400,000	240,000	2,640,000		전자입력	여
2022-01-31	50001	00103	(주)상선전자	105-81-91237	카오디오 20X25,000	500,000	50,000	550,000		전자입력	여
			합 계		2 건 (매수 2 매)	2,900,000	290,000	3,190,000			
			월 계		2 건 (매수 2 매)	2,900,000	290,000	3,190,000			
			누 계		2 건 (매수 2 매)	2,900,000	290,000	3,190,000			
2022-02-08	50011	00120	(주)계룡	104-81-08128	상품	9,000,000	900,000	9,900,000		전자입력	여
2022-02-11	50001	00102	(주)유한	113-81-32864	상품	3,600,000	360,000	3,960,000		전자입력	여
2022-02-21	50005	00185	(주)비즈정수	134-81-98766	상품	1,280,000	128,000	1,408,000		전자입력	여
			합 계		3 건 (매수 3 매)	13,880,000	1,388,000	15,268,000			
			월 계		3 건 (매수 3 매)	13,880,000	1,388,000	15,268,000			
			누 계		5 건 (매수 5 매)	16,780,000	1,678,000	18,458,000			
2022-03-07	50001	00106	(주)동양샘물	121-08-13623	상품 26X500,000	13,000,000	1,300,000	14,300,000		전자입력	여
2022-03-08	50001	00185	(주)비즈정수	134-81-98766	상품	10,000,000	1,000,000	11,000,000		전자입력	여
2022-03-19	50001	03101	(주)그린주방	203-28-33123	상품	4,000,000	400,000	4,400,000		전자입력	여
2022-03-20	50012	00105	(주)부속나라	110-81-21223	상품	28,800,000	2,880,000	31,680,000		전자입력	여
2022-03-24	50001	00120	(주)계룡	104-81-08128	상품	15,000,000	1,500,000	16,500,000		전자입력	여
			합 계		5 건 (매수 5 매)	70,800,000	7,080,000	77,880,000			
			월 계		5 건 (매수 5 매)	70,800,000	7,080,000	77,880,000			

⑫ 세금계산서(계산서) 수수 현황

세금계산서(계산서)의 발급 및 수취 현황을 알 수 있다.

[매출세금계산서 현황-(주)소백] 〈매출〉→〈1.세금계산서〉를 조회

회사코드	코드	거래처명	사업자(주민)등록번호	1월 건수	1월 공급가액	1월 세액	2월 건수	2월 공급가액	2월 세액	3월 건수	3월 공급가액
3004	00102	(주)유한	113-81-32864				1	3,600,000	360,000		
3004	00103	(주)상선전자	105-81-91237	1	500,000	50,000					
3004	00105	(주)부속나라	110-81-21223							1	28,800,000
3004	00106	(주)동양샘물	121-08-13623							1	13,000,000
3004	00120	(주)계룡	104-81-08128				1	9,000,000	900,000	1	15,000,000
3004	00185	(주)비즈정수	134-81-98766				1	1,280,000	128,000	1	10,000,000
3004	03101	(주)그린주방	203-28-33123	1	2,400,000	240,000				1	4,000,000

⑬ 부가가치세

해당 신고기간을 입력하면 신고서 화면이 조회된다.

[예정신고서-1월~3월]

	구분		금액	세율	세액
과세표준및매출세액	과세	세금계산서발급분 1	87,580,000	10/100	8,758,000
		매입자발행세금계산서 2		10/100	
		신용카드.현금영수증 3	5,300,000	10/100	530,000
		기타 4		10/100	
	영세	세금계산서발급분 5		0/100	
		기타 6		0/100	
	예정신고누락분 7				
	대손세액가감 8				
	합계 9		92,880,000	㉮	9,288,000
매입세액	세금계산 일반매입 10		59,400,000		5,940,000
	수취부분 고정자산매입 11				
	예정신고누락분 12				
	매입자발행세금계산서 13				
	그밖의공제매입세액 14				
	합계 (10+11+12+13+14) 15		59,400,000		5,940,000
	공제받지못할매입세액 16				
	차감계 (15-16) 17		59,400,000	㉯	5,940,000
납부(환급)세액 (㉮매출세액-㉯매입세액)				㉰	3,348,000
경감 그밖의경감·공제세액 18					
공제 신용카드매출전표등발행공제계 19		5,830,000			
세액 합계 20		5,830,000	㉱		
예정신고미환급세액 21			㉲		
예정고지세액 22			㉳		
사업양수자의 대리납부 기납부세액 23			㉴		
매입자 납부특례 기납부세액 24			㉵		
가산세액계 25			㉶		
차가감 납부할세액 (환급받을세액) (㉰-㉱-㉲-㉳-㉴-㉵+㉶) 26		3,348,000			
총괄납부사업자 납부할세액 (환급받을세액)					

일반과세 / 사업장명세 / 매출세 9,288,000 / 매입세 5,940,000 / 차감세 3,348,000 / 부가율 36.04

기간: 20X1년 01월 01일 ~ 20X1년 03월 31일 신고구분:1.정기신고 새로불러오기

전표입력	상세	유형	건수	금액	세액
매입매출	사업자발급분	과세	10	87,580,000	8,758,000
합계			10	87,580,000	8,758,000

신고서와의 차이 0 0

작성요령
본 기능은 실무버전 및 교육용에서 사용자의 입력 편의를 위하여 제공되는 작성요령 입니다.

14. 그밖의 공제매입세액에서 [TAB]키를 누르면, 상세 화면이 나타난다.

과세표준 및 매출세액에서 **[TAB]키를 누르면, 과세표준 명세 화면이 나타난다.**

14 (세금)계산서 합계표

세금계산서 합계표는 부가가치세 신고시 필수 첨부서류이다.

매입매출전표에 입력한 세금계산서(매출/매입)을 매출처별세금계산서합계표, 매입처별세금계산서합계표로 집계한다. 조회기간을 입력하면 부가가치세 신고기간별로 집계된다.

또한 계산서도 합계표가 조회가 가능하다.

매출세금계산서

유형	구분	매출처	매수	공급가액	부가세
전자	사업자	7	10	87,580,000	8,758,000
	주민번호				
	소계	7	10	87,580,000	8,758,000
전자외	사업자				
	주민번호				
	소계				
합계		7	10	87,580,000	8,758,000

매입세금계산서

유형	구분	매입처	매수	공급가액	부가세
전자	사업자	4	8	59,200,000	5,920,000
	주민번호				
	소계	4	8	59,200,000	5,920,000
전자외	사업자	1	1	200,000	20,000
	주민번호				
	소계	1	1	200,000	20,000
합계		5	9	59,400,000	5,940,000

(매출)전자세금계산서

	거래처명	등록번호	매수	공급가액	부가세
1	(주)계룡	104-81-08128	2	24,000,000	2,400,000
2	(주)상선전자	105-81-91237	1	500,000	50,000
3	(주)서울샘물	110-81-21223	1	28,800,000	2,880,000
4	(주)유한	113-81-32864	1	3,600,000	360,000
5	(주)동양샘물	121-08-13623	1	13,000,000	1,300,000
6	(주)비즈정수	134-81-98766	2	11,280,000	1,128,000
7	(주)그린주방	203-28-33123	2	6,400,000	640,000
	전자 세금계산서 합계		10	87,580,000	8,758,000
	전자신고 마감합계				

15 문제유형에 따라 조회해야 하는 장부

조회문제는 하나의 장부에 답이 있는게 아니라, 여러 가지 장부를 조회하여 해답을 찾을 수 있습니다.

1. 계정과목에 대한 월별잔액 및 증감 비교문제	총계정원장
2. 기간을 주고 현금거래액 또는 대체거래액	월계표/일계표
3. 채권/채무거래중 **거래처별** 잔액비교	거래처원장
4. 일정시점을 주고 계정과목별금액 (B/S계정 : 누계, I/S계정 : 1월~해당월) 비교	합계잔액시산표
5. 계정과목 상세 현황 내역	계정별원장
6. 현금의 입출금내역	현금출납장
7. 전기와 비교시	재무상태표/손익계산서
8. 매입매출전표 유형별 집계(카드매출금액 등)	매입매출장
9. 세금계산서 관련(전자세금계산서 등)	(세금)계산서합계표
10. 부가가치세 신고관련 (과세표준, 매출세액, 매입세액, 불공제매입세액 등)	부가가치세 신고서

예제 | 장부조회

(주)소백(3004)의 입력자료 및 회계정보를 조회하여 다음 물음에 답하시오.

1. 합계잔액시산표

① 6월말 현재 무형자산의 금액은 얼마인가?

② 6월말 현재 현금 및 현금성 자산의 금액은 얼마인가?

③ 6월말 현재 상품 재고액은 50,000,000원이다. 매출원가는 얼마인가?

2. 재무상태표

① 6월말 매출채권과 매입채무의 금액은 각각 얼마인가?

② 2월말 현재 전기말과 비교해서 재고자산의 증가액은 얼마인가?

3. 손익계산서 조회

① 1~6월 상품매출액은 전년대비 얼마나 증감되었는가?

② 판매관리비 중 접대비(기업업무추진비)는 전년대비 얼마나 증감되었는가?

4. 월계표/일계표

① 1월 한달동안 현금지출이 가장 많았던 판매관리비 계정과목과 금액은?

② 4월달 판매관리비의 대체 거래액은 얼마인가?

③ 3~5월 상품매출중 현금판매액은 얼마인가?

5. 거래처원장

① 5월 31일 현재 받을어음 잔액이 가장 많은 거래처와 가장 적은 거래처의 차액은 얼마인가?

② 3월말 현재 외상매입금 잔액이 가장 많은 거래처와 금액은?

6. 총계정원장

① 2월 한달간 외상매출금을 회수한 금액은 얼마인가?

② 상반기중 외상매입금 잔액이 가장 많은 달은 몇월이며 그 달의 잔액은 얼마인가?

③ 상반기중 보통예금이 가장 많이 증가한 달은 몇월이며 그 증가한 금액은 얼마인가?

7. 일일자금명세(경리일보)

① 1월 24일 수선비 현금지출액은 얼마인가?

② 1월 24일 국민은행 보통예금 잔고는 얼마인가?

③ 1월 24일 ㈜서울로부터 받은 매출채권중 받을 어음금액는 얼마인가?

8. 예적금현황 조회

3월말 현재의 우리은행통장 잔액은 얼마인가?

9. 받을어음현황

① 7.1~7.31 배서양도한 어음의 거래처와 금액은 얼마인가?

② 만기가 2월달인 어음의 거래처와 금액은 얼마인가?

10. 어음집계표 조회

하반기에 등록된 어음 중 전자어음을 제외한 미발행 어음은 몇 매인가?

11. (세금)계산서합계표 조회

① 2기예정(7월~9월)신고기간동안 전자세금계산서 발급분 중 매출액(공급가액)이 가장 많은 거래처와 공급가액은?

② 제2기 예정신고기간에 전자세금계산서를 발급하여 매출한 거래의 공급대가는 얼마인가?

③ 2기 예정 부가가치세신고 대상기간 중 전자세금계산서 발행건수는 총 몇 건인가?

④ 2기 예정신고기간 중 발급받은 매입전자계산서의 거래처와 공급가액은 얼마인가?

12. 부가가치세신고서

① 2기 부가가치세 확정신고기간(10월~12월)의 과세표준은?

② 2기 부가가치세 확정신고기간(10월~12월)의 공제받지 못할 매입세액은?

③ 2기 부가가치세 확정신고기간(10월~12월)의 차가감납부할 세액은?

④ 2기 부가가치세 확정신고기간(10월~12월)의 신용카드매출전표 수취매입세액중 고정자산매
입금액은 얼마인가?

해답

1. 합계잔액시산표(6월 30일)

① 16,000,000원

16,000,000	16,000,000	◁무 형 자 산▷		
10,000,000	10,000,000	영 업 권		
6,000,000	6,000,000	산 업 재 산 권		

② 현금 및 현금성 자산(제출용) : 277,929,210원

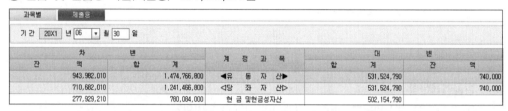

과목별	제출용				

기 간 20X1 년 06 ▼ 월 30 일

차 변		계 정 과 목	대 변	
잔 액	합 계		합 계	잔 액
943,982,010	1,474,766,800	◀유 동 자 산▶	531,524,790	740,000
710,682,010	1,241,466,800	◁당 좌 자 산▷	531,524,790	740,000
277,929,210	780,084,000	현 금 및현금성자산	502,154,790	

③ 매출원가 : 판매가능재고－기말상품재고액 ＝ 233,300,000－50,000,000원 ＝ 183,300,000원

233,300,000	233,300,000	◁재 고 자 산▷		
233,300,000	233,300,000	상 품		

2. 재무상태표

① 매출채권(제출용, 6월) : 매출채권(368,866,600)－대손충당금(740,000) ＝ 368,126,600원

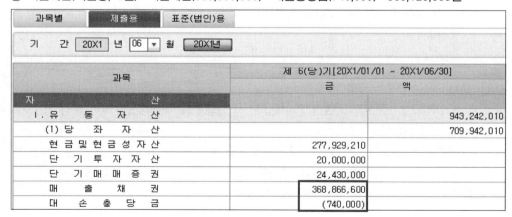

과목별	제출용	표준(법인)용

기 간 20X1 년 06 ▼ 월 20X1년

과목	제 6(당)기 [20X1/01/01 ~ 20X1/06/30]	
	금	액
자 산		
Ⅰ. 유 동 자 산		943,242,010
(1) 당 좌 자 산		709,942,010
현 금 및 현 금 성 자 산	277,929,210	
단 기 투 자 자 산	20,000,000	
단 기 매 매 증 권	24,430,000	
매 출 채 권	368,866,600	
대 손 충 당 금	(740,000)	

매입채무(6월) : 174,265,000원

과목		제 6(당)기 [20X1/01/01 ~ 20X1/06/30]	
		금	액
부 채			
Ⅰ. 유 동 부 채			363,605,534
매 입 채 무		174,265,000	
미 지 급 금		5,430,000	
예 수 금		24,273,934	

② 21,400,000원(2월)(71,400,000－50,000,000)

(2) 재 고 자 산		71,400,000	50,000,000
상 품		71,400,000	50,000,000

3. 손익계산서

① 136,746,000원(437,046,000－300,300,000)

[6월]

과목	제 6(당)기 [20X1/01/01 ~ 20X1/6/30]		제 5(전)기 [20X0/01/01 ~ 20X0/12/31]	
	금액		금액	
Ⅰ. 매 출 액		437,046,000		300,300,000
상 품 매 출	437,046,000		300,300,000	

② 7,458,377원(10,959,500－3,501,123)

[12월]

과목	제 6(당)기 [2022/01/01 ~ 2022/12/31]		제 5(전)기 [2021/01/01 ~ 2021/12/31]	
	금액		금액	
접 대 비	10,959,500		3,501,123	

4. 월계표/일계표

① 급여(1월) 9,524,000원

차 변			계 정 과 목	대 변		
계	대 체	현 금		현 금	대 체	계
			[자 본 금]		15,000,000	15,000,000
			자 본 금		15,000,000	15,000,000
			[매 출]		8,900,000	8,900,000
			상 품 매 출		8,900,000	8,900,000
16,367,100	126,000	16,241,100	[판 매 관 리 비]			
9,650,000	126,000	9,524,000	급 여			
335,000		335,000	복 리 후 생 비			
48,000		48,000	여 비 교 통 비			
200,000		200,000	수 도 광 열 비			
62,000		62,000	수 선 비			
802,100		802,100	차 량 유 지 비			
50,000		50,000	운 반 비			
20,000		20,000	도 서 인 쇄 비			
200,000		200,000	지 급 수 수 료			
5,000,000		5,000,000	광 고 선 전 비			

② 7,511,000원(4월)

차		변	계 정 과 목	대		변
계	대 체	현 금		현 금	대 체	계
			[매 출]	1,720,000	101,500,000	103,220,000
			상 품 매 출	1,720,000	101,500,000	103,220,000
27,486,960	7,511,000	19,975,960	[판 매 관 리 비]			
10,050,000	126,000	9,924,000	급 여			
8,374,500	7,200,000	1,174,500	복 리 후 생 비			
174,600		174,600	여 비 교 통 비			
5,701,500	185,000	5,516,500	접 대 비			
105,200		105,200	통 신 비			
2,051,560		2,051,560	수 도 광 열 비			
250,000		250,000	지 급 임 차 료			
84,000		84,000	수 선 비			
460,600		460,600	차 량 유 지 비			
25,000		25,000	운 반 비			
10,000		10,000	도 서 인 쇄 비			
200,000		200,000	지 급 수 수 료			

③ 52,760,000원(3~5월)

조회기간 20X1 년 03 ▼ 월 ~ 20X1 년 05 ▼ 월

차		변	계 정 과 목	대		변
계	대 체	현 금		현 금	대 체	계
			[매 출]	52,760,000	225,000,000	277,760,000
			상 품 매 출	52,760,000	225,000,000	277,760,000

5. 거래처원장

① 14,800,000원(5월 31일)(15,000,000 − 200,000)

	잔액	내용	총괄잔액	총괄내용

기 간 20X1 년 05 월 31 일 ~ 20X1 년 05 월 31 일 ? 계정과목 110 ? 받을어음 거래처분류 ? ~ ?
거래처 처음 ? ~ 끝 ? 부서/사원 ?
금 액 0. 전체 ▼ ~

	코드	거래처	전기(월)이월	차변	대변	잔액	사업자번호	코드	거래처분류명	은행명	계좌번
☐	00102	(주)유한	10,000,000			10,000,000	113-81-32864				
☐	00106	(주)동양샘물	200,000			200,000	121-08-13623				
☐	00112	(주)서울	15,000,000			15,000,000	130-02-31754				
☐	01101	(주)지리	5,300,000			5,300,000	104-81-23639				
☐	02101	(주)설악	5,500,000			5,500,000	125-05-81909				

② 충청샘물, 52,350,000원(3월말)

	잔액	내용	총괄잔액	총괄내용

기 간 20X1 년 03 월 31 일 ~ 20X1 년 03 월 31 일 ? 계정과목 251 ? 외상매입금 거래처분류 ? ~ ?
거래처 처음 ? ~ 끝 ? 부서/사원 ?
금 액 0. 전체 ▼ ~

	코드	거래처	전기(월)이월	차변	대변	잔액	사업자번호	코드	거래처분류명	은행명	계좌
☐	00104	(주)덕유	2,420,000			2,420,000	112-81-60125				
☐	00185	(주)비즈정수	3,850,000			3,850,000	134-81-98766				
☐	01121	(주)충청샘물	19,350,000		33,000,000	52,350,000	114-81-58741				
☐	30011	(주)금천가전	5,000,000			5,000,000	102-81-17053				

6. 총계정원장

① 10,000,000원

	코드	계정과목	날짜	차변	대변	잔액
☐	108	외상매출금	[전기이월]	15,000,000		
			01월	9,490,000		24,490,000
			02월	2,530,000	10,000,000	17,020,000
			03월	44,700,000		61,720,000

② 6월 174,265,000원

□	코드	계정과목	날짜	차변	대변	잔액
■	251	외상매입금	[전기이월]		64,500,000	
			01월		16,660,000	81,160,000
			02월		100,000	81,260,000
			03월		46,860,000	128,120,000
			04월		22,000,000	150,120,000
			05월		2,420,000	152,540,000
			06월		21,725,000	174,265,000

③ 1월, 91,000,000원(95,000,000-4,000,000)

□	코드	계정과목	날짜	차변	대변	잔액
■	103	보통예금	[전기이월]	110,000,000		
			01월	95,000,000	4,000,000	201,000,000
			02월		32,683,000	168,317,000
			03월	31,680,000	35,000,000	164,997,000
			04월	5,000,000	16,200,000	153,797,000
			05월	67,770,000	46,195,000	175,372,000
			06월	38,228,000	60,000,000	153,600,000

7. 일일자금명세(경리일보)(1월 24일)

① 62,000원   ② 155,000,000원   ③ 15,000,000원

8. 예적금현황 조회(3월말)

35,000,000원

	코드	계좌명	계좌번호	예금종류	잔액	계약기간	개설일	만기일	수령액/한도액	코드	금융기관
1	98001	국민은행	1003-742-198965		176,680,000	~					
2	98004	IBK기업은행	201-21-04712		20,000,000	~					
3	98400	우리은행	1002-742-198965		35,000,000	~				300	우리은행

9. 받을어음현황

① ㈜유한, 10,000,000원

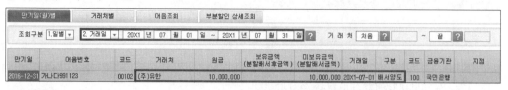

② ㈜설악, 5,500,000원

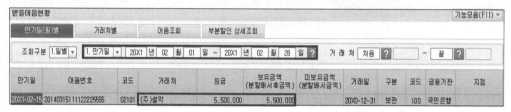

10. 어음집계표 조회(7월 1일~12월 31일)

5매

11. (세금)계산서합계표 조회 (7월~9월)

① ㈜유한, 126,000,000원   ② 248,622,000원(226,020,000＋22,602,000)   ③ 11건

유형	구분	매출처	매수	공급가액	부가세
전자	사업자	6	11	226,020,000	22,602,000
	주민번호				
	소계	6	11	226,020,000	22,602,000
전자외	사업자				
	주민번호				

	거래처명	등록번호	매수	공급가액	부가세
1	(주)계룡	104-81-08128	4	80,860,000	8,086,000
2	(주)유한	113-81-32864	3	126,000,000	12,600,000
3	(주)동양샘물	121-08-13623	1	8,000,000	800,000
4	금영주방	122-56-12346	1	3,000,000	300,000
5	(주)비즈정수	134-81-98766	1	5,000,000	500,000
6	(주)그린주방	203-28-33123	1	3,160,000	316,000

④ ㈜충청샘물, 200,000원

12. 부가가치세신고서(10월~12월)

① 160,120,000원　　　② 300,000원　　　③ 5,239,320원

	구 분		금액	세율	세액
과세표준및매출세액	과세	세금계산서발급분 1	160,120,000	10/100	16,012,000
		매입자발행세금계산서 2		10/100	
		신용카드·현금영수증 3		10/100	
		기타 4		10/100	
	영세	세금계산서발급분 5		0/100	
		기타 6		0/100	
	예정신고누락분 7				
	대손세액가감 8				
	합계 9		160,120,000	㉮	16,012,000
매입세액	세금계산서수취부분	일반매입 10	110,276,800		11,027,680
		수출기업수입분납부유예 10-1			
		고정자산매입 11			
	예정신고누락분 12				
	매입자발행세금계산서 13				
	그밖의공제매입세액 14		450,000		45,000
	합계 (10-(10-1)+11+12+13+14) 15		110,726,800		11,072,680
	공제받지못할매입세액 16		3,000,000		300,000
	차감계 (15-16) 17		107,726,800	㉯	10,772,680
납부(환급)세액 (㉮매출세액-㉯매입세액)				㉰	5,239,320
경감·공제세액	그밖의경감·공제세액 18				
	신용카드매출전표등발행공제계 19			[참고]	
세액 합계 20				㉱	
예정신고미환급세액 21				㉲	
예정고지세액 22				㉳	
사업양수자의 대리납부 기납부세액 23				㉴	
매입자 납부특례 기납부세액 24				㉵	
신용카드업자의 대리납부 기납부세액 25				㉶	
가산세액계 26				㉷	
차가감 납부할세액 (환급받을세액) (㉰-㉱-㉲-㉳-㉴-㉵-㉶+㉷) 27					5,239,320
총괄납부사업자 납부할세액 (환급받을세액)					

④ 150,000원[14.그밖의 공제매입세액에서 ⇥(TAB)키를 클릭하면 보조화면이 나타난다.]

	구분		금액	세율	세액
14 그밖의공제매입세액명세	신용매출전표수취/일반 41		300,000		30,000
	신용매출전표수취/고정 42		150,000		15,000
	의제매입세액/평창,광주 43			뒤쪽참조	
	재활용폐자원등매입세 44			뒤쪽참조	
	과세사업전환매입세액 45				
	재고매입세액 46				
	변제대손세액 47				
	외국인관광객환급세액 48				
	합계 49		450,000		45,000

실무수행평가

㈜금강[3005]의 회계정보를 조회하여 다음의 답을 구하시오.

〈평가문제 답안입력 유의사항〉

① 답안은 **지정된 단위의 숫자로만 입력**해 주십시오.
　*한글 등 문자 금지

	정답	오답(예)
(1) **금액은 원 단위로 숫자를 입력**하되, 천 단위 콤마(,)는 생략 가능합니다.	1,245,000 1245000	1.245.000 1,245,000원 1,245,0000 12,45,000 1,245천원
(1-1) 답이 0원인 경우 반드시 "0" 입력 　(1-2) 답이 음수(-)인 경우 숫자 앞에 " - " 입력		
(2) 질문에 대한 **답안은 숫자로만 입력**하세요.	4	04 4/건/매/명 04건/매/명
(3) **거래처 코드번호는 5자리로 입력**하세요.	00101	101 00101번

② 더존 프로그램에서 **조회되는 자료를 복사하여 붙여넣기가 가능**합니다.
③ **수행과제를 올바르게 입력하지 않고 답을 구한 결과가 모범답안과 다른 경우 오답처리**됩니다.

번호	평가문제	배점
1	㈜금강의 '회사등록' 관련 내용으로 옳지 않은 것은? ① 사업장세무서는 역삼세무서이다. ② 업종코드는 341004이다. ③ 국세환급금계좌는 기업은행 123-456-7890이다 ④ 전자세금계산서 발행 이메일 주소는 car1234@bill36524.com이다.	3
2	3월 말 거래처별 '외상매출금' 잔액으로 옳지 않은 것은? ① 전자마트 :　22,000,000원　　② ㈜금강부품 : 2,000,000원 ③ ㈜부품상사 :　15,000,000원　　④ 유선식자재 :　2,850,000원	3

번호	평가문제	배점
3	업무용승용차의 명의가 회사 소유가 아니고 렌트한 차량 명칭은? ① SM5 ② QM3 ③ 쏘나타 Hibrid ④ k7	3
4	3만원 초과 지출에 대해 영수증을 [영수증수취명세서(1)]의 '12.명세서제출 대상'의 전체 금액은 얼마인가? ① 45,000원 ② 95,000원 ③ 85,000원 ④ 150,000원	3
5	어음책수령일이 20x0년 1월 1일 ~ 20x1년 12월 31일(2년 동안)인 '지급어음'의 구분내용에 따른 매수로 옳은 것은? ① 수령 2매 ② 결제 2매 ③ 발행 3매 ④ 미발행 1매	3
6	제1기 예정 부가가치세신고 시 부속서류 [세금계산서합계표]와 [계산서합계표] 관련 내용이다. 옳지 않은 것은? ① 전자 매출세금계산서 매수 : 12매 ② 전자 매입세금계산서 매수 : 13매 ③ 전자 매출계산서 매수 : 4매 ④ 전자 매입계산서 매수 : 2매	3
7	20x1년에 만기 결제된 지급어음의 총금액은 얼마인가?	3
8	12월 말 재무상태표 상 '외상매출금'의 순장부금액은 얼마인가?	3
9	6월 말 '매출채권(재무상태표의 제출용)' 잔액은 얼마인가?	3
10	전기 대비 당기의 판매관리비의 '세금과공과금' 증가나 감소한 변동금액은 얼마인가?	3
11	1월 11일 발급 전송된 전자세금계산서의 '승인번호'를 기록하시오.	3
12	유형자산에 속하는 계정중 6월 말 순장부금액(취득원가-감가상각누계액)이 가장 적은 계정과목 코드를 기록하시오.	3
13	[제1기 예정 신고기간 부가가치세신고서 조회] (단, [매입세액불공제내역]을 작성하여 저장한 후, 상단부 '새로불러오기'를 클릭할 것.) ① 과세-세금계산서발급분(1란) 세액은 얼마인가? ② 세금계산서수취분-일반매입(10란) 세액은 얼마인가? ③ 공제받지못할매입세액(16란) 세액은 얼마인가?	3
14	6월 한달 동안 '외상매출금' 계정의 증가 금액은 얼마인가?	3
15	6월 말 '미수금'과 '미지급금'에 대한 계정 잔액은 얼마인가? ① 미수금 : ② 미지급금 :	4
16	[제1기 예정 신고기간 부가가치세신고서 조회] ① 과세-신용카드·현금영수증(3란)의 금액은 얼마인가? ② 그밖의공제매입세액(14란)의 금액은 얼마인가? ③ 계산서발급금액은 얼마인가?	4

번호	평가문제	배점
17	제1기 예정 부가가치세신고와 관련된 [매입매출장]의 매출 유형 '카드과세(17.카과)'의 합계금액은 얼마인가?	3
18	20x1년 발생한 손익계산서의 영업외수익 금액은 얼마인가?	3
19	12월 말 재무상태표의 비유동부채 잔액은 얼마인가?	3
20	12월 말 '이월이익잉여금(미처분이익잉여금)' 계정 잔액은 얼마인가?	3
	총 점	62

[해답]

번호	조 회

1

〈회사등록〉 [❷ 국민은행]

| 18. 국 세 환 급 금 계 좌 | 004 | ? | 국민은행 | 지점 | 역삼 | 계좌번호 | 123-456-789 |

2

〈거래처원장〉→〈잔액〉→〈3월 31일〉→〈외상매출금〉→[Enter↵] – [Enter↵]

[❷ ㈜금강부품 1,000,000원]

□	코드	거래처	전기(월)이월	차변	대변	잔액	사업자번호	코드
■	00105	전자마트	22,000,000			22,000,000	211-88-27626	
□	00106	(주)금산상사	45,800,000			45,800,000	121-81-36236	
□	00107	(주)금강부품	1,000,000			1,000,000	110-81-02323	
□	00114	(주)씨월드	4,200,000			4,200,000	214-81-15533	
□	00120	(주)부품상사	15,000,000			15,000,000	104-81-08128	
□	00250	빨라퀵배송	5,500,000			5,500,000	211-86-12342	
□	01103	(주)정민상사	11,000,000			11,000,000	113-81-13872	
□	01104	(주)수연전기	4,000,000			4,000,000	113-81-42154	
□	02004	유선식자재	2,850,000			2,850,000	226-81-94832	
□	03101	제일카용품	7,040,000			7,040,000	211-87-21455	
□	05115	(주)시디즈	20,000,000			20,000,000	123-81-15519	
□	99601	비씨카드	4,730,000			4,730,000		
□	99602	하나카드	242,000			242,000		

3

〈업무용승용차〉→〈기본사항〉 [❹ k7]

	□	코드	차량번호	차 종	명의구분	사용
1	□	0101	262수9750	QM3	회사	○
2	□	0102	25오7466	쏘나타 Hibrid	회사	○
3	□	0103	64보2461	SM5	회사	○
4	□	0104	71사1387	k7	렌트	○

번호	조 회
4	〈영수증수취명세서(1)〉 [❸ 85,000원]
5	〈어음집계표〉→〈지급어음수불관리〉→〈수불장〉→〈어음책수령일 : 기간입력〉[❷ 결제 2매] [수령: 3매], [발행: 1매], [결제: 2매], [담보: 0매], [폐기: 0매], [미발행: 0매]
6	〈(세금)계산서〉→〈1월~3월〉 [❹ 전자매입세금계산서1매]
7	〈합계잔액시산표〉→〈과목별〉→〈12월31일〉 [15,400,000]
8	〈재무상태표〉→〈과목별〉→〈12월〉 [568,234,010]
9	〈재무상태표〉→〈과목별〉→〈6월〉 [348,688,010]
10	〈손익계산서〉→〈과목별〉→〈12월〉 [1,199,000]
11	〈전자세금계산서 발행〉→〈ACADEMY전자세금계산서〉→〈로그인〉→〈매출조회〉 [2025010355]

4.

1. 세금계산서, 계산서, 신용카드 등 미사용내역			
9. 구분	3만원 초과 거래분		
	10. 총계	11. 명세서제출 제외대상	12. 명세서제출 대상(10-11)
13. 건수	2		2
14. 금액	85,000		85,000

6. 매입계산서

유형	구분	매입처	매수	공급가액
전자	사업자	1	1	100,000,000
	주민번호			
	소계	1	1	100,000,000

7.

차 변		계 정 과 목	대 변	
잔 액	합 계		합 계	잔 액
72,701,780		◀유 동 부 채▶	697,395,870	624,694,090
16,830,000		외 상 매 입 금	450,769,780	433,939,780
15,400,000		지 급 어 음	19,400,000	4,000,000

8.

과목	제 6(당)기 금 액		제 5(전)기 금 액	
외 상 매 출 금	568,584,010		35,000,000	
대 손 충 당 금	350,000	568,234,010	350,000	34,650,000

9.

과목	제 6(당)기 금 액		제 5(전)기 금 액	
자 산				
Ⅰ.유 동 자 산		1,366,903,570		746,480,000
(1) 당 좌 자 산		1,104,356,770		676,480,000
현금및현금성자산	716,073,690		573,130,000	
매 출 채 권		348,688,010		95,000,000

10.

과목	금액	금액
세 금 과 공 과 금	1,199,000	0

11. 승인번호 : 2025010355

전자 세금계산서 (공급자보관용)

관리번호 : 2025010355
책번호 01 권 0355 호
일련번호 0355

번호	조 회
12	〈재무상태표〉→〈과목별〉→〈6월〉　[204] ☞ 구축물계정에 커서를 올려놓고 더블클릭하면 계정별원장이 조회되고 계정과목코드도 나온다. 다음 표 참조
13	〈매입세액불공제내역〉→〈1월~3월〉→〈저장〉 〈부가가치세 신고서〉→〈1월~3월〉→〈새로불러오기〉 다음 표 참조 [① 13,678,000　② 3,465,000　③ 950,000]
14	〈월계표〉→〈6월〉 [71,368,010] 또는 총계정원장(6월 차변금액) 다음 표 참조
15	〈합계잔액시산표〉→〈과목별〉→〈6월30일〉 [① 7,385,070　② 74,980,000] 다음 표 참조

12번 표

과목	제 6(당)기 금액	제 6(당)기 액
(2) 유 형 자 산		187,000,000
토　　　　지		103,300,000
구　 축 　물	6,000,000	
감 가 상 각 누 계 액	3,200,000	2,800,000
차 량 운 반 구	90,600,000	
감 가 상 각 누 계 액	12,600,000	78,000,000
비　　　품	6,300,000	
감 가 상 각 누 계 액	3,400,000	2,900,000

13번 표

구 분				금액	세율	세액
과세표준및매출세액	과세	세금계산서발급분	1	136,780,000	10/100	13,678,000
		매입자발행세금계산서	2		10/100	
		신용카드·현금영수증	3	4,520,000	10/100	452,000
		기타	4		10/100	
	영세	세금계산서발급분	5		0/100	
		기타	6		0/100	
	예정신고누락분		7			
	대손세액가감		8			
	합계		9	141,300,000	㉮	14,130,000
매입세액	세금계산서수취부분	일반매입	10	34,650,000		3,465,000
		수출기업수입분납부유예	10-1			
		고정자산매입	11	36,300,000		3,630,000
	예정신고누락분		12			
	매입자발행세금계산서		13			
	그밖의공제매입세액		14	1,200,000		120,000
	합계 (10-(10-1)+11+12+13+14)		15	72,150,000		7,215,000
	공제받지못할매입세액		16	9,500,000		950,000
	차감계 (15-16)		17	62,650,000	㉯	6,265,000
납부(환급)세액 (㉮매출세액-㉯매입세액)					㉰	7,865,000

14번 표

차변 계	차변 대체	차변 현금	계 정 과 목	대변 현금	대변 대체	대변 계
71,368,010	71,368,010		외 상 매 출 금			
1,385,070	1,385,070		미 　 수 　 금			

15번 표

차변 잔액	차변 합계	계 정 과 목	대변 합계	대변 잔액
7,385,070	7,385,070	미 　 수 　 금		
56,972,910		◀유 동 부 채▶	500,596,690	443,623,780
1,500,000		외 상 매 입 금	317,557,780	316,057,780
15,400,000		지 급 어 음	15,400,000	
185,000		미 지 급 금	75,165,000	74,980,000

번호	조 회
16	〈부가가치세신고서〉→〈1~3월〉 [① 4,520,000 ② 1,200,000 ③ 3,000,000] 〈해설 13 참고 및 상단의 과표조회〉 계산서발급 및 수취내역 / 84.계산서발급금액 = 3,000,000 / 85.계산서수취금액 = 100,000,000

〈해설 13 참고 및 상단의 과표조회〉

계산서발급 및 수취내역	84.계산서발급금액	3,000,000
	85.계산서수취금액	100,000,000

17 〈매입매출장〉→〈1월~3월〉→〈매출〉→〈카과〉　　[4,972,000]

전표일자	번호	코드	거래처	사업자(주민)번호	품명	공급가액	부가세	합계
01-28	50001	00102	(주)풍년유통	113-81-32864	상품	3,000,000	300,000	3,300,000
			합 계		1 건 (매수 1 매)	3,000,000	300,000	3,300,000
			월 계		1 건 (매수 1 매)	3,000,000	300,000	3,300,000
			누 계		1 건 (매수 1 매)	3,000,000	300,000	3,300,000
02-11	50001	00725	이연주	870219-*******	통조림	220,000	22,000	242,000
02-22	50001	00105	전자마트	211-88-27626	상품	1,300,000	130,000	1,430,000
			합 계		2 건 (매수 2 매)	1,520,000	152,000	1,672,000
			월 계		2 건 (매수 2 매)	1,520,000	152,000	1,672,000
			분기 누계		3 건 (매수 3 매)	4,520,000	452,000	4,972,000
			누 계		3 건 (매수 3 매)	4,520,000	452,000	4,972,000

18 〈손익계산서〉→〈과목별〉→〈12월31일〉　　[6,295,860]

과목	제 6(당)기	제 5(전)기
	금액	금액
Ⅴ.영 업 이 익	24,609,890	19,714,000
Ⅵ.영 업 외 수 익	6,295,860	3,400,000
이 자 수 익	6,285,860	3,400,000
잡 이 익	10,000	0

19 〈합계잔액시산표/재무상태표〉→〈과목별〉→〈12월〉　　[434,000,000]

차 변		계 정 과 목	대 변	
잔 액	합 계		합 계	잔 액
		◀비 유 동 부 채▶	434,000,000	434,000,000
		장 기 차 입 금	400,000,000	400,000,000
		임 대 보 증 금	20,000,000	20,000,000
		퇴 직 급여충당부채	14,000,000	14,000,000

20 〈합계잔액시산표/재무상태표〉→〈과목별〉→〈12월〉　　[27,858,750]

차 변		계 정 과 목	대 변	
잔 액	합 계		합 계	잔 액
	141,228,000	◀이 익 잉 여 금▶	169,086,750	27,858,750
	70,614,000	이 월 이 익 잉여금	98,472,750	27,858,750
	70,614,000	미 처 분이익잉여금	70,614,000	

예제 **회계정보분석**

㈜금강(3005)의 회계정보를 조회하여 다음을 구하시오.

1. 재무상태표 조회

① 유동비율이란 기업의 단기 지급능력을 평가하는 지표이다. 전기말 현재 유동비율을 계산하면?(단, 소숫점 이하는 버림 할 것.)

$$유동비율(\%) = \frac{유동자산}{유동부채} \times 100$$

② 부채비율은 타인자본의 의존도를 표시하며 기업의 건전성 정도를 나타내는 지표이다. 전기말 부채비율은 얼마인가?(단, 소숫점 이하는 버림 할 것.)

$$부채비율(\%) = \frac{부채총계}{자본총계} \times 100$$

③ 자기자본비율은 기업의 재무구조 건전성을 측정하는 비율로 높을수록 기업의 재무구조가 건전하다. 전기분 자기자본비율은 얼마인가?(단, 소숫점 이하는 버림 할 것.)

$$자기자본비율 = \frac{자기자본(자본)\ 총계}{자산\ 총계} \times 100$$

2. 손익계산서 조회

① 전기분 매출원가율은 얼마인가?(단, 소숫점 이하는 버림 할 것.)

$$매출원가율 = \frac{매출원가}{매출액} \times 100$$

② 전기분 영업이익률은 얼마인가?(단, 소숫점 이하는 버림 할 것.)

$$영업이익률(\%) = \frac{영업이익}{매출액} \times 100$$

③ 전기분 주당순이익을 계산하면 얼마인가?

- 주당순이익 = 당기순이익 / 주식수
- 발행주식수 : 10,000주

해답

1. (전기)재무상태표 조회

자산	
1. 유 동 자 산	746,480,000
당 좌 자 산	676,480,000
재 고 자 산	70,000,000
2. 비 유 동 자 산	46,800,000
투 자 자 산	12,000,000
유 형 자 산	19,800,000
무 형 자 산	15,000,000
기 타 비 유 동 자 산	
자 산 총 계	793,280,000

부채	
3. 유 동 부 채	120,500,000
4. 비 유 동 부 채	34,000,000
부 채 총 계	154,500,000

자본	
5. 자 본 금	568,166,000
6. 자 본 잉 여 금	
7. 자 본 조 정	
8. 기타포괄손익누계액	
9. 이 익 잉 여 금	70,614,000
자 본 총 계	638,780,000
부 채 / 자 본 총 계	793,280,000

① 유동비율

유동자산(746,480,000)÷유동부채(120,500,000)×100 = 619%

② 부채비율

부채총계(154,500,000)÷자본총계(638,780,000)×100 = 24%

③ 자기자본비율

자기자본(638,780,000)÷자산총계(793,280,000)×100 = 80%

2. (전기)손익계산서 조회

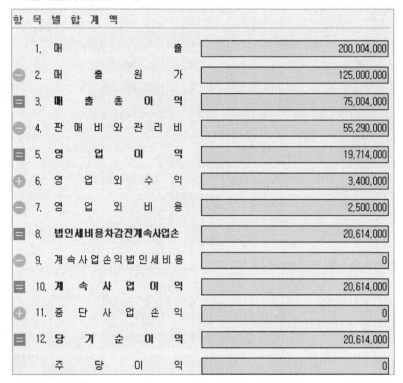

① 매출원가율

매출원가(125,000,000)÷매출액(200,004,000)×100 = 62%

② 영업이익률

영업이익(19,714,000)÷매출액(200,004,000)×100 = 9%

③ 주당순이익

당기순이익(20,614,000)÷주식수(10,000주) = 2,061원/주

Part Ⅲ
최신기출문제

FAT 1급 시험문제 중 전표입력(거래자료입력, 부가가치세, 결산)을 하여야 하고 이로 인한 각종장부를 조회해서 답안을 작성하므로 <u>분개와 장부조회를 못하면 합격할 수 없습니다.</u>

1. 시험 전 자격시험홈페이지에서 [중요] 제**회 AT비대면시험 수험자 공지사항을 숙지하시기 바랍니다.
2. 더존교육용 프로그램은 최신버전으로 업데이트된 상태로 시험을 보셔야 합니다.

〈FAT 1급〉

			문항수	방법	배점
이론	재무회계	재무회계의 기초	7	–	30
	부가가치세	부가가치세	3		
실무 수행 과제	기초정보관리	1. 기초정보관리 이해	2	*실무수행과제 입력 후 수행평가(장부, 신고서 및 재무제표 조회) 답안 작성*	–
	회계정보관리	2. 거래자료입력	5		
		3. 부가가치세	6		
		4. 결산	2		
수행 평가	*회계정보조회 & 분석*	1. 회계정보조회	20		70
		2. 회계정보분석	2		
계					100

회계가 바로 서야 **경제**가 바로 섭니다.

제○○회 AT(Accounting Technician)자격시험

FAT 1급

Financial Accounting Technician

- ◼ **시험시간 :** 60분
- ◼ **이론배점 :** 문항당 3점
- ◼ **실무배점 :** 문항별 배점 참조

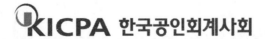

합격율	시험년월
49%	2024.11

실무이론평가

아래 문제에서 특별한 언급이 없으면 기업의 보고기간(회계기간)은 매년 1월 1일부터 12월 31일까지입니다. 또한 기업은 일반기업회계기준 및 관련 세법을 계속적으로 적용하고 있다고 가정하고 물음에 가장 합당한 답을 고르시기 바랍니다.

[1] 다음 중 회계의 주요 질적특성 중에서 신뢰성의 하부개념이 <u>아닌</u> 것은?
① 중립성
② 예측가치
③ 검증가능성
④ 표현의 충실성

[2] 다음 중 손익계산서에 대한 설명으로 옳지 <u>않은</u> 것은?
① 손익계산서는 일정기간의 경영성과에 대한 유용한 정보를 제공한다.
② 매출액은 총매출액에서 매출할인, 매출환입, 매출에누리를 차감한 금액으로 한다.
③ 상품매출원가는 기초상품재고액＋당기상품매입액－기말상품재고액으로 계산한다.
④ 당기상품매입액에는 매입에누리와 매입환출, 매입운반비를 차감하여 순매입액을 계산한다.

[3] 다음은 (주)한공이 취득한 기계장치에 대한 자료이다. 기계장치의 취득원가는 얼마인가?

• 기계장치 구입대금	15,000,000원	• 기계장치 설치비	500,000원
• 기계장치 운송비용	450,000원	• 기계장치 시운전비	350,000원

① 15,000,000원
② 15,850,000원
③ 15,950,000원
④ 16,300,000원

[4] 다음 중 현금및현금성자산에 해당하지 <u>않는</u> 것은?

① 보통예금

② 당좌예금

③ 취득당시 만기가 4개월인 금융상품

④ 타인발행수표

[5] (주)한공의 20x1년 손익계산서상 이자비용은 500,000원이다. (주)한공의 20x0년말과 20x1년말 재무상태표 관련계정이 다음과 같을 때 20x1년 현금으로 지급한 이자비용은?

계정과목	20x0년말	20x1년말
미지급이자	150,000원	130,000원

① 130,000원　　　　　　　　　　② 150,000원

③ 520,000원　　　　　　　　　　④ 650,000원

[6] 다음은 (주)한공의 업무일지의 일부이다. (가)와 (나)를 회계처리할 때 계정과목으로 옳은 것은?

<u>업무일지</u>

구분	20x1년 8월 25일
업무내용	1. 정기간행물 구독료 지출 　① 시간 : 10시 　② 업체 : 서울도서 　③ 비용 : 100,000원 (가) 2. 영업부 직원 서비스능력 향상 교육 　① 시간 : 14시 ~ 16시 　② 업체 : 하람서비스 　③ 비용 : 1,000,000원 (나)

	(가)	(나)
①	광고선전비	교육훈련비
②	기부금	기업업무추진비(접대비)
③	도서인쇄비	교육훈련비
④	도서인쇄비	복리후생비

[7] 다음 자료를 토대로 (주)한공의 20x1년 12월 31일 결산 시 회계 처리로 옳은 것은?

> • 20x1년 5월 1일 소모품 1,000,000원을 구입하고 대금은 현금으로 지급하였으며, 구입한 소모
> 품은 전액 자산처리하였다.
> • 20x1년 12월 31일 소모품 미사용액은 200,000원이다.

① (차) 소모품   200,000원   (대) 소모품비 200,000원
② (차) 소모품   800,000원   (대) 소모품비 800,000원
③ (차) 소모품비 200,000원   (대) 소모품   200,000원
④ (차) 소모품비 800,000원   (대) 소모품   800,000원

[8] 다음 중 우리나라 부가가치세의 특징에 대하여 잘못 설명하는 사람은 누구인가?

> 혜서 : 소비지국과세원칙을 구현하기 위해 영세율 제도를 두고 있어.
> 현진 : 납세의무자와 담세자가 일치하는 직접세에 해당해.
> 동연 : 간접세라서 납세의무자와 담세자가 서로 달라.
> 수진 : 원칙적으로 모든 재화나 용역을 과세대상으로 하고 있어.

※ 1차 저작권자의 저작권 침해 소지가 있어 삽화 삽입은 어려우니 양해바랍니다.

① 혜서   ② 현진   ③ 동연   ④ 수진

[9] 다음 중 부가가치세 신고 · 납부 및 환급에 대한 설명으로 옳지 않은 것은?
① 각 예정 신고기간 또는 과세기간 종료 후 25일 이내 신고 · 납부함을 원칙으로 한다.
② 총괄납부사업자의 경우 주사업장에서 총괄하여 신고 · 납부하여야 한다.
③ 영세율이 적용되는 경우에는 조기환급을 받을 수 있다.
④ 예정신고를 하는 경우 가산세는 적용하지 않는다.

[10] 다음은 자동차 부품제조업을 영위하는 (주)한공의 20x1년 제2기 예정 신고기간(20x1.7.1.
~20x1.9.30.)의 공급가액 내역이다. 부가가치세 과세표준은 얼마인가?

> • 국외매출액(수출)   20,000,000원
> • 국내매출액   50,000,000원
> • 공장처분액   40,000,000원(토지분 10,000,000원, 건물분 30,000,000원)

① 50,000,000원   ② 80,000,000원   ③ 100,000,000원   ④ 110,000,000원

실무수행평가

(주)운동하자(3770)는 운동용품 등을 도·소매하는 법인으로 회계기간은 제6기(20x1.1.1. ~ 20x1.12.31.)이다. 제시된 자료와 [자료설명]을 참고하여 [평가문제]의 물음에 답하시오.

실무수행 유의사항	1. 부가가치세 관련거래는 [매입매출전표입력]메뉴에 입력하고, 부가가치세 관련 없는 거래는 [일반전표입력]메뉴에 입력한다. 2. 타계정 대체액과 관련된 적요는 반드시 코드를 입력하여야 한다. 3. 채권·채무, 예금거래 등 관리대상 거래자료에 대하여는 반드시 거래처코드를 입력한다. 4. 자금관리 등 추가 작업이 필요한 경우 문제의 요구에 따라 추가 작업하여야 한다. 5. 판매비와관리비는 800번대 계정코드를 사용한다. 6. 등록된 계정과목 중 가장 적절한 계정과목을 선택한다.

실무수행1   기초정보관리의 이해

회계관련 기초정보는 입력되어 있다. [자료설명]을 참고하여 [수행과제]를 수행하시오.

① 사업자등록증에 의한 회사등록 수정

사 업 자 등 록 증
(법인사업자)
등록번호 : 220 - 81 - 03217
 	
상   호 : (주)운동하자
대   표   자 : 김진선
개 업 년 월 일 : 2019년 11월 17일
법인등록번호 : 110111 - 1020314
사업장 소재지 : 서울특별시 강남구 강남대로 254
               (도곡동, 용문빌딩)
 	
사 업 의 종 류 : 업태 도매 및 소매업
               종목 운동 및 경기용품 소매업
 	
교 부 사 유 : 정정교부
사업자단위과세 적용사업자여부 : 여( ) 부(√)
전자세금계산서 전용 메일주소 : sun@naver.com
 	
20x1년 1월 17일
 	
역삼 세무서장
	자료설명	(주)운동하자는 대표자변경으로 역삼세무서로부터 사업자등록증을 정정하여 발급받았다.

	수행과제	사업자등록증을 참고하여 대표자명과 주민등록번호 (770202 - 2045769)를 변경하고 업종코드(523931)도 등록하시오.

② 거래처별초기이월 등록 및 수정

미지급금 명세서

코 드	거래처명	금 액	비 고
00109	(주)대전광고	2,800,000원	신제품 광고
33000	회계법인 참길	3,000,000원	회계세무 자문
99602	우리카드	6,200,000원	카드이용대금
	합 계	12,000,000원	

자료설명	(주)운동하자의 전기분 재무제표는 이월 받아 등록되어 있다.
수행과제	거래처별 초기이월사항을 입력하시오.

실무수행2 거래자료 입력

실무프로세스 자료이다. [자료설명]을 참고하여 [수행과제]를 수행하시오.

① 증빙에 의한 거래자료 입력

산출내역		서울특별시	20x1년 08월 주민세(사업소분)		납세자 보관용 영수증
납기내		납 세 자		• 이 영수증은 과세명세로도 사용 가능합니다.	
	55,000 원		(주)운동하자	• 세금 납부 후에는 취소가 되지 않습니다.	
주 민 세	50,000 원	주 소	서울특별시 강남구 강남대로 254		
지방교육세	5,000 원		(도곡동, 용문빌딩)		
납기후		납세번호	기관번호 세목 납세년월기 과세번호		
	56,650 원				
주 민 세	51,500 원	과세대상	주민세 50,000원	납기내 55,000 원	
지방교육세	5,150 원		지방교육세 5,000원	20x1.08.31. 까지	
전용계좌로도 편리하게 납부		체납세액	체납표기 제외대상입니다.	납기후 56,650 원	
은행				20x1.09.20. 까지	
은행		<납부장소>	위의 금액을 납부하시기	위의 금액을 영수합니다.	수납인
은행		시중은행 본·지점(한국은행 제외),	바랍니다.		
		농·수협(중앙회 포함), 우체국			
*세금 미납시에는 재산압류 등		담당자	서울특별시 강남구청장	• 수납인과 취급자인이 없으면 이 영수증은 무효입니다.	
체납처분을 받게 됩니다.				• 세금 납부 후에는 취소가 되지 않습니다.	

자료설명	[8월 31일] 법인 사업소분 주민세를 국민은행 보통예금 계좌에서 이체하여 납부하였다.
수행과제	거래자료를 입력하시오.

② 약속어음 발행거래

<table>
<tr><td rowspan="6">금</td><td colspan="2" align="center">전 자 어 음</td></tr>
<tr><td>(주)헬스케어 귀하</td><td>00320241017123456789</td></tr>
<tr><td>일천만원정</td><td><u>10,000,000원</u></td></tr>
<tr><td colspan="2">위의 금액을 귀하 또는 귀하의 지시인에게 지급하겠습니다.</td></tr>
<tr><td>지급기일 20x1년 12월 17일
지 급 지 기업은행
지급장소 강남지점</td><td>발행일 20x1년 10월 17일
발행지 서울특별시 강남구 강남대로
주 소 254(도곡동, 용문빌딩)
발행인 (주)운동하자</td></tr>
</table>

자료설명	[10월 17일] (주)헬스케어의 외상대금 17,700,000원 중 일부는 전자어음으로 발행하여 지급하고, 나머지는 자기앞수표로 지급하였다.
수행과제	1. 거래자료를 입력하시오. 2. 자금관련 정보를 입력하여 지급어음현황에 반영하시오. (단, 등록된 어음을 사용할 것.)

③ 대손의 발생과 설정

■ 보통예금(국민은행) 거래내역

번호	거래일	내용	찾으신금액	맡기신금액	잔액	거래점
		계좌번호 096-25-0096-751 (주)운동하자				
1	20x1-10-21	(주)대한무역		3,000,000	***	***

자료설명	(주)대한무역의 파산으로 전기에 대손처리 하였던 외상매출금 금액 중 일부가 회수되어 국민은행 보통예금계좌에 입금되었다.
수행과제	거래자료를 입력하시오.

④ 기타 일반거래

여비 정산서

소 속	영업부	직 위		사원	성 명		김하성
출장내역	일 시	20x1년 10월 24일 ~ 20x1년 10월 26일					
	출 장 지	부산					
	출장목적	신규 거래처 상담					
출장비	지급받은 금액	500,000원	실제지출액	600,000원	출장비차액		100,000원
지출내역	숙박비	250,000원	식 비	150,000원	교 통 비		200,000원

20x1년 10월 28일

신청인   성명   김 하 성 (인)

자료설명	[10월 28일] 출장을 마친 영업부 직원의 여비를 정산하고 차액은 현금으로 지급하였다.
수행과제	10월 24일의 거래를 참고하여 거래자료를 입력하시오.

⑤ 증빙에 의한 전표입력

영 수 증 (공급받는자용)					자료설명	사무실 복사기를 수리하고 대금은 현금으로 지급하였다.
NO (주)운동하자 귀하						
공 급 자	사 업 자 등록번호	113 - 81 - 54719				
	상 호	(주)최강서비스	성명	이최강		
	사 업 장 소 재 지	서울특별시 구로구 구로동로 22				
	업 태	서비스업	종목	종합수리		
작성일자		공급대가총액		비고	수행과제	거래자료를 입력하시오. (단, '수익적지출'로 처리할 것.)
20x1.10.31.		20,000				
공 급 내 역						
월/일	품명	수량	단가	금액		
10/31	복사기수리			20,000		
합 계		₩20,000				
위 금액을 (영수)(청구)함						

실무수행3 | 부가가치세

부가가치세 신고 관련 자료이다. [자료설명]을 참고하여 [수행과제]를 수행하시오.

① 과세매출자료의 전자세금계산서 발행

거래명세서

(공급자 보관용)

공급자	등록번호	220-81-03217			공급받는자	등록번호	211-81-44121		
	상호	(주)운동하자	성명	김진선		상호	(주)사랑스포츠	성명	이사랑
	사업장주소	서울특별시 강남구 강남대로 254 (도곡동, 용문빌딩)				사업장주소	서울특별시 강남구 논현로145길 18 (논현동)		
	업태	도매 및 소매업	종사업장번호			업태	도소매업	종사업장번호	
	종목	운동 및 경기용품				종목	스포츠용품		

거래일자	미수금액	공급가액	세액	총 합계금액
20x1.7.12.		5,400,000	540,000	5,940,000

NO	월	일	품목명	규격	수량	단가	공급가액	세액	합계
1	7	12	헬스자전거		6	500,000	3,000,000	300,000	3,300,000
2	7	12	스마트워킹머신		3	800,000	2,400,000	240,000	2,640,000

자료설명	1. 상품을 판매하고 발급한 거래명세서이다. 2. 미리 받은 계약금(선수금) 300,000원을 제외한 잔액은 이번 달 말일에 받기로 하였다.
수행과제	1. 거래명세서에 의해 매입매출자료를 입력하시오. (복수거래 키를 이용하여 입력할 것.) 2. 전자세금계산서 발행 및 내역관리 를 통하여 발급 및 전송하시오. (전자세금계산서 발급 시 결제내역 및 전송일자는 고려하지 말 것.)

2 매입거래

전자세금계산서				(공급받는자 보관용)			승인번호			

공급자	등록번호	119-81-02126				공급받는자	등록번호	220-81-03217		
	상호	(주)한수건강	성명(대표자)	나한수			상호	(주)운동하자	성명(대표자)	김진선
	사업장주소	서울특별시 금천구 가산로 153					사업장주소	서울특별시 강남구 강남대로 254 (도곡동, 용문빌딩)		
	업태	도소매업		종사업장번호			업태	도매 및 소매업		종사업장번호
	종목	스포츠용품					종목	운동 및 경기용품		
	E-Mail	market@naver.com					E-Mail	sun@naver.com		

작성일자	20x1.7.20.	공급가액	5,000,000	세액	500,000

비고									

월	일	품목명	규격	수량	단가	공급가액	세액	비고
7	20	트리플 덤벨세트		10	500,000	5,000,000	500,000	

합계금액	현금	수표	어음	외상미수금	이 금액을	○ 영수 함
5,500,000				5,500,000		● 청구

자료설명	판매용 상품을 외상으로 구입하고 받은 전자세금계산서이다.
수행과제	매입매출자료를 입력하시오. (전자세금계산서 거래는 '전자입력'으로 입력할 것.)

3 매출거래

신용카드매출전표 ------------------------ 카 드 종 류 : 삼성카드 회 원 번 호 : 8471-2356-**15-5**3 거 래 일 시 : 20x1.08.13. 15:05:16 거 래 유 형 : 신용승인 매 출 : 800,000원 부 가 세 : 80,000원 합 계 : 880,000원 결 제 방 법 : 일시불 가맹점번호 : 55721112 ------------------------ 가맹점명 : (주)운동하자 -이 하 생 략-	자료설명	(주)요가야에 상품(요가매트)를 판매하고 발급한 신용카드매출전표이다.
	수행과제	매입매출자료를 입력하시오.

④ 매입거래

전자계산서					(공급받는자 보관용)			승인번호		
공급자	등록번호	108-91-31256				공급받는자	등록번호	220-81-03217		
	상호	수협중앙회	성명 (대표자)	정민주			상호	(주)운동하자	성명 (대표자)	김진선
	사업장 주소	서울특별시 강남구 개포로21길 7					사업장 주소	서울특별시 강남구 강남대로 254 (도곡동, 용문빌딩)		
	업태	도소매업		종사업장번호			업태	도매 및 소매업		종사업장번호
	종목	농,축,수,임산물					종목	운동 및 경기용품		
	E-Mail	min@naver.com					E-Mail	sun@naver.com		

작성일자	20x1.8.30.	공급가액	500,000	비고	

월	일	품목명	규격	수량	단가	공급가액	비고
8	30	굴비세트		10	50,000	500,000	

합계금액	현금	수표	어음	외상미수금	이 금액을	○ 영수 함
500,000				500,000		● 청구

자료설명	매출거래처 선물용 굴비세트를 외상으로 구입하고 발급받은 전자계산서이다.
수행과제	매입매출자료를 입력하시오.(전자계산서 거래는 '전자입력'으로 입력할 것.)

⑤ 매입거래

전자세금계산서					(공급받는자 보관용)			승인번호		
공급자	등록번호	314-81-11803				공급받는자	등록번호	220-81-03217		
	상호	(주)미래전자	성명 (대표자)	이미래			상호	(주)운동하자	성명 (대표자)	김진선
	사업장 주소	서울특별시 서대문구 경기대로 62					사업장 주소	서울특별시 강남구 강남대로 254 (도곡동, 용문빌딩)		
	업태	도소매업		종사업장번호			업태	도매 및 소매업		종사업장번호
	종목	전자제품					종목	운동 및 경기용품		
	E-Mail	dream@hanmail.net					E-Mail	sun@naver.com		

작성일자	20x1.9.21.	공급가액	6,000,000	세액	600,000

비고		

월	일	품목명	규격	수량	단가	공급가액	세액	비고
9	21	에어컨		1	6,000,000	6,000,000	600,000	

합계금액	현금	수표	어음	외상미수금	이 금액을	○ 영수 함
6,600,000				6,600,000		● 청구

자료설명	면세사업에 사용할 에어컨을 구입하고 대금은 다음달 말일에 지급하기로 하였다.(단, 본 거래에 한하여 과세사업과 면세사업을 겸영한다고 가정할 것.)
수행과제	1. 매입매출자료를 입력하시오. (전자세금계산서 거래는 '전자입력'으로 입력할 것.) 2. [고정자산등록]에 고정자산을 등록(코드 : 1001, 방법 : 정액법, 내용연수 5년, 경비구분 : 800번대)하시오.

6 부가가치세신고서에 의한 회계처리

■ 보통예금(신한은행) 거래내역

번호	거래일	내용	찾으신금액	맡기신금액	잔액	거래점
		계좌번호 112-088-654321 (주)운동하자				
1	20x1-7-25	역삼세무서	2,026,050		***	***

자료설명	제1기 부가가치세 확정신고 납부세액을 신한은행 보통예금 계좌에서 이체하였다.
수행과제	6월 30일에 입력된 일반전표를 참고하여 납부세액에 대한 회계처리를 하시오. (거래처코드를 입력할 것.)

실무수행4 | 결산

[결산자료]를 참고하여 결산을 수행하시오.(단, 제시된 자료 이외의 자료는 없다고 가정함.)

1 수동결산 및 자동결산

자료설명	1. 장기차입금에 대한 기간경과분 이자 1,200,000원을 계상하다. 2. [고정자산등록]에 등록된 비품의 감가상각비를 계상하다. 3. 기말 상품재고액은 50,000,000원이다. 4. 이익잉여금처분계산서 처분 예정(확정)일 -당기분 : 20x2년 2월 26일 -전기분 : 20x1년 2월 26일
수행과제	1. 수동결산 또는 자동결산 메뉴를 이용하여 결산을 완료하시오. 2. 12월 31일을 기준으로 '손익계산서 ➡ 이익잉여금처분계산서 ➡ 재무상태표'를 순서대로 조회 작성하시오.(단, 이익잉여금처분계산서 조회 작성 시 '저장된 데이터 불러오기' ➡ '아니오' 선택 ➡ '전표추가'를 이용하여 '손익대체분개'를 수행할 것.)

평가문제   실무수행평가 (62점)

입력자료 및 회계정보를 조회하여 [평가문제]의 답안을 입력하시오.

<table>
<tr><td colspan="3" style="text-align:center">〈평가문제 답안입력 유의사항〉</td></tr>
<tr><td colspan="3">❶ 답안은 지정된 단위의 숫자로만 입력해 주십시오.
* 한글 등 문자 금지</td></tr>
<tr><td></td><td>정답</td><td>오답(예)</td></tr>
<tr><td>(1) 금액은 원 단위로 숫자를 입력하되, 천 단위 콤마(,)는 생략 가능합니다.</td><td><u>1,245,000</u>
<u>1245000</u></td><td>1.245.000
1,245,000원
1,245,0000
12,45,000
1,245천원</td></tr>
<tr><td>(1-1) 답이 0원인 경우 반드시 "0" 입력
(1-2) 답이 음수(-)인 경우 숫자 앞에 " - "입력
(1-3) 답이 소수인 경우 반드시 " . " 입력</td><td></td><td></td></tr>
<tr><td>(2) 질문에 대한 답안은 숫자로만 입력하세요.</td><td><u>4</u></td><td>04
4건, 4매, 4명
04건, 04매, 04명</td></tr>
<tr><td>(3) 거래처 코드번호는 5자리 숫자로 입력하세요.</td><td><u>00101</u></td><td>101
00101번</td></tr>
</table>

❷ 더존 프로그램에서 조회되는 자료를 복사하여 붙여넣기가 가능합니다.

❸ 수행과제를 올바르게 입력하지 않고 작성한 답과 모범답안이 다른 경우 오답처리됩니다.

번호	평가문제	배점
11	**평가문제 [회사등록 조회]** [회사등록] 관련 내용으로 옳지 않은 것은? ① 대표자명은 '김진선'이다. ② 사업장 세무서는 '역삼'이다. ③ 표준산업코드는 'G40'이다. ④ 국세환급금계좌 은행은 '기업은행'이다.	4
12	**평가문제 [거래처원장 조회]** 6월 말 '253.미지급금' 계정의 거래처별 잔액으로 옳지 않은 것은? ① 00109.(주)대전광고 15,120,640원 ② 00131.(주)월드건강 17,600,000원 ③ 33000.회계법인 참길 3,000,000원 ④ 99602.우리카드 2,800,000원	4
13	**평가문제 [거래처원장 조회]** 12월 말 '251.외상매입금' 계정의 거래처별 잔액으로 옳은 것은? ① 02180.(주)한수건강 11,000,000원 ② 04007.(주)필라테스 3,000,000원 ③ 07002.(주)헬스케어 17,700,000원 ④ 30011.(주)행복건강 5,000,000원	4
14	**평가문제 [거래처원장 조회]** 12월 말 '108.외상매출금' 잔액이 있는 거래처 중 금액이 가장 적은 거래처코드 5자리를 입력하시오.	3
15	**평가문제 [총계정원장 조회]** '253.미지급금'의 월별 증가 금액(대변)으로 옳은 것은? ① 8월 12,870,000원 ② 9월 9,900,000원 ③ 10월 7,900,000원 ④ 11월 4,000,000원	3
16	**평가문제 [계정별원장 조회]** 10월 말 '109.대손충당금' 잔액은 얼마인가?	3
17	**평가문제 [현금출납장 조회]** 10월 중 '현금' 출금 금액이 가장 큰 전표일자의 금액은 얼마인가?	3
18	**평가문제 [고정자산관리대장 조회]** 당기말상각누계액 총계는 얼마인가?	2
19	**평가문제 [재무상태표 조회]** 12월 말 '당좌자산'계정 중 잔액이 가장 적은 계정과목 코드번호 3자리를 입력하시오.	3
20	**평가문제 [재무상태표 조회]** 12월 말 '선수금' 잔액은 얼마인가?	2

번호	평가문제	배점
21	**평가문제 [재무상태표 조회]** 12월 말 '미지급비용' 잔액은 얼마인가?	3
22	**평가문제 [재무상태표 조회]** 12월 말 '이월이익잉여금(미처분이익잉여금)' 잔액은 얼마인가? ① 806,948,259원 ② 808,877,259원 ③ 812,248,259원 ④ 813,748,259원	1
23	**평가문제 [손익계산서 조회]** 당기에 발생한 '판매비와관리비'의 계정별 금액으로 옳지 않은 것은? ① 여비교통비 1,934,600원 ② 수선비 7,386,000원 ③ 세금과공과금 1,254,000원 ④ 접대비(기업업무추진비) 29,557,900원	4
24	**평가문제 [부가가치세신고서 조회]** 제2기 예정 신고기간 부가가치세신고서의 '과세_신용카드.현금영수증(3란)'의 금액은 얼마인가?	3
25	**평가문제 [부가가치세신고서 조회]** 제2기 예정 신고기간 부가가치세신고서의 '세금계산서수취부분_일반매입(10란)'의 금액은 얼마인가?	3
26	**평가문제 [부가가치세신고서 조회]** 제2기 예정 신고기간 부가가치세신고서의 '공제받지못할매입세액(16란)'의 세액은 얼마인가?	3
27	**평가문제 [세금계산서합계표 조회]** 제2기 예정 신고기간의 전자매출세금계산서의 매수는 몇 매인가?	3
28	**평가문제 [계산서합계표 조회]** 제2기 예정 신고기간의 전자매입계산서의 공급가액은 얼마인가?	4
29	**평가문제 [예적금현황 조회]** 12월 말 은행별(계좌명) 예금 잔액으로 옳지 않은 것은? ① 기업은행(당좌) 30,980,000원 ② 신한은행(보통) 527,053,000원 ③ 우리은행(보통) 20,000,000원 ④ 국민은행(보통) 44,850,000원	4
30	**평가문제 [지급어음현황 조회]** 만기일이 20x1년에 도래하는 '지급어음' 금액이 가장 큰 거래처 코드번호 5자리를 입력하시오.	3
총 점		62

■ 평가문제 | 회계정보분석 (8점)

회계정보를 조회하여 [회계정보분석] 답안을 입력하시오.

31. 재무상태표 조회 (4점)

　　부채비율은 타인자본의 의존도를 표시하며, 기업의 건전성 정도를 나타내는 지표이다. 전기분 부채비율은 얼마인가?(단, 소숫점 이하는 버림 할 것.)

$$부채비율(\%) = \frac{부채총계}{자본총계} \times 100$$

　　① 21%　　　　　　　　　　② 43%

　　③ 57%　　　　　　　　　　④ 66%

32. 손익계산서 조회 (4점)

　　영업이익률은 기업의 주된 영업활동에 의한 성과를 판단하는 비율이다. 전기분 영업이익률을 계산하면 얼마인가?(단, 소숫점 이하는 버림 할 것.)

$$영업이익률(\%) = \frac{영업이익}{매출액} \times 100$$

　　① 12%　　　　　　　　　　② 17%

　　③ 20%　　　　　　　　　　④ 33%

실무이론평가

1	2	3	4	5	6	7	8	9	10
②	④	④	③	③	③	④	②	②	③

01 **목적적합성의 하부개념은 예측가치, 피드백 가치, 적시성**이며, **신뢰성의 하부개념은 검증가능성, 중립성, 표현의 충실성**이다.

02 당기상품매입액에는 매입에누리와 매입환출은 차감하고, **매입운반비는 가산해서 순매입액을 계산**한다.

03 기계장치의 취득원가 = 구입대금(15,000,000) + 설치비(500,000) + 운송비용(450,000)
　　　　　　　　　　　　　 + 시운전비(350,000) = 16,300,000원

04 **취득당시 만기가 4개월 이내인 금융상품은 단기투자자산**에 해당한다.

05

미지급비용(이자)

지급	520,000	기초	150,000
기말	130,000	이자비용	500,000
계	650,000	계	650,000

06 (가) : 도서인쇄비　(나) : 교육훈련비

07 소모품비 처리액 1,000,000원 - 미사용액 200,000원 = 사용액 800,000원
따라서 (차) 소모품비　800,000원　(대) 소모품　800,000원이다.

08 우리나라 부가가치세는 **납세의무자와 담세자가 일치하지 않는 간접세에 해당**한다.

09 주사업장 총괄납부의 경우에도 **신고는 각 사업장별**로 하여야 한다.

10 **토지는 면세 대상**이며, 다른 항목은 부가가치세 과세대상(수출재화는 영세율과세대상)이다.
과세표준 = 수출(20,000,000) + 국내매출액(50,000,000) + 건물처분(30,000,000)
　　　　　 = 100,000,000원

■■■■■ 실무수행평가

실무수행 1. 기초정보관리의 이해

① 사업자등록증에 의한 회사등록 수정

　- 대표자명 : 김진선으로 수정

　- 주민등록번호 : 770202 - 2045769로 수정

　- 업종코드 : 523931 입력

② 거래처별초기이월 등록 및 수정

　- 253.미지급금 계정 : 거래처별 금액 입력

실무수행 2. 거래자료 입력

① 증빙에 의한 거래자료 입력 [일반전표입력] 8월 31일

　　(차) 세금과공과금(판)　　　　55,000원　　(대) 보통예금(국민은행(보통))　　　55,000원

② 약속어음 발행거래 [일반전표입력] 10월 17일

　　(차) 외상매입금((주)헬스케어)　17,700,000원　(대) 지급어음((주)헬스케어)　10,000,000원
　　　　　　　　　　　　　　　　　　　　　　　　현금　　　　　　　　　　　　7,700,000원

　　[지급어음관리]

| 어음상태 | 2 | 발행 | 어음번호 | 00320241017123456789 | 어음종류 | 4 | 전자 | 발행일 | 20x1-10-17 |
| 만기일 | 20x1-12-17 | | 지급은행 | 98000 | 기업은행(당좌) | 지점 | 강남 | | | |

③ 대손의 발생과 설정 [일반전표입력] 10월 21일

　　(차) 보통예금(국민은행(보통))　3,000,000원　(대) 대손충당금(109)　　　　3,000,000원

④ 기타 일반거래 [일반전표입력] 10월 28일

　　(차) 여비교통비(판)　　　　600,000원　　(대) 가지급금(김하성)　　　500,000원
　　　　　　　　　　　　　　　　　　　　　　　현금　　　　　　　　　　100,000원

⑤ 증빙에 의한 전표입력 [일반전표입력] 10월 31일

　　(차) 수선비(판)　　　　20,000원　　(대) 현금　　　　20,000원

실무수행 3. 부가가치세

① 과세매출자료의 전자세금계산서 발행

1. [매입매출전표입력] 7월 12일 **(복수거래)**

거래유형	품명	공급가액	부가세	거래처	전자세금
11.과세	헬스자전거외	5,400,000	540,000	(주)사랑스포츠	전자발행
분개유형	(차) 외상매출금	5,640,000원	(대) 상품매출		5,400,000원
3.혼합	선수금	300,000원	부가세예수금		540,000원

2. [전자세금계산서 발행 및 내역관리]
   ① 미전송된 내역이 조회되면, 미전송내역을 체크한 후 [전자발행▼]을 클릭하여 표시되는 로그인 화면에서 [확인(Tab)] 클릭
   ② '전자세금계산서 발행'화면이 조회되면 [발행(F3)] 버튼을 클릭한 다음 [확인(Tab)] 클릭
   ③ 국세청란에 '발행대상'으로 표시되면 [ACADEMY 전자세금계산서]를 클릭
   ④ [Bill36524 교육용전자세금계산서] 화면에서 [로그인]을 클릭
   ⑤ 좌측화면 : [세금계산서 리스트]에서 [미전송]으로 체크 후 [매출조회]를 클릭
      우측화면 : [전자세금계산서]에서 [발행]을 클릭
   ⑥ [발행완료되었습니다.] 메시지가 표시되면 [확인(Tab)] 클릭

② 매입거래 [매입매출전표입력] 7월 20일

거래유형	품명	공급가액	부가세	거래처	전자세금
51.과세	트리플 덤벨세트	5,000,000	500,000	(주)한수건강	전자입력
분개유형	(차) 상품	5,000,000원	(대) 외상매입금		5,500,000원
2.외상	부가세대급금	500,000원			

③ 매출거래 [매입매출전표입력] 8월 13일

거래유형	품명	공급가액	부가세	거래처	전자세금
17.카과	요가매트	800,000	80,000	(주)요가야	
분개유형	(차) 외상매출금	880,000원	(대) 상품매출		800,000원
4.카드(혼합)	(삼성카드)		부가세예수금		80,000원

④ 매입거래 [매입매출전표입력] 8월 30일

거래유형	품명	공급가액	부가세	거래처	전자세금
53.면세	굴비세트	500,000		수협중앙회	전자입력
분개유형	(차) 접대비(판)	500,000원	(대) 미지급금		500,000원
3.혼합	(기업업무추진비)				

⑤ 매입거래 [매입매출전표입력] 9월 21일

거래유형	품명	공급가액	부가세	거래처	전자세금
54.불공	에어컨	6,000,000	600,000	(주)미래전자	전자입력
불공제사유	4. 면세사업과 관련된 분				
분개유형 3.혼합	(차) 비품	6,600,000원	(대) 미지급금		6,600,000원

[고정자산등록] 212. 비품, 1001.에어컨, 취득일 : 20x1-09-21, 정액법

⑥ 부가가치세신고서에 의한 회계처리 [일반전표입력] 7월 25일

(차) 미지급세금(역삼세무서)   2,026,050원   (대) 보통예금(신한은행(보통))   2,026,050원

[일반전표입력] 6월 30일 조회

(차) 부가세예수금   12,928,323원   (대) 부가세대급금   10,892,273원
                                          잡이익   10,000원
                                          미지급세금(역삼세무서)   2,026,050원

실무수행 4. 결산

① 수동결산 및 자동결산

1. 수동결산 및 자동결산
[일반전표입력] 12월 31일

(차) 이자비용   1,200,000원   (대) 미지급비용   1,200,000원

[결산자료입력] 1월 ~ 12월

　- 기말상품재고액 50,000,000원을 입력한다.

　- 감가상각비 비품 440,000원을 입력한다.

　- 상단부 전표추가(F3) 를 클릭하면 [일반전표입력] 메뉴에 분개가 생성된다.

　(차) 상품매출원가　　　　　267,082,454원　　(대) 상품　　　　　　　267,082,454원

　[기초상품재고액(90,000,000)＋당기상품매입액(227,082,454) – 기말상품재고액(50,000,000)]

　＝상품매출원가 267,082,454원

2. [재무제표 등 작성]

　- 손익계산서 ➡ 이익잉여금처분계산서(처분일 입력 후 '전표추가' 클릭) ➡ 재무상태표를 조회 작성한다.

평가문제. 실무수행평가 (62점)

번호	평가문제	배점	답
11	평가문제 [회사등록 조회]	4	③
12	평가문제 [거래처원장 조회]	4	④
13	평가문제 [거래처원장 조회]	4	①
14	평가문제 [거래처원장 조회]	3	(99606)
15	평가문제 [총계정원장 조회]	3	②
16	평가문제 [계정별원장 조회]	3	(3,103,000)원
17	평가문제 [현금출납장 조회]	3	(7,700,000)원
18	평가문제 [고정자산관리대장 조회]	2	(13,440,000)원
19	평가문제 [재무상태표 조회]	3	(134)
20	평가문제 [재무상태표 조회]	2	(6,565,000)원
21	평가문제 [재무상태표 조회]	3	(1,450,000)원
22	평가문제 [재무상태표 조회]	1	②
23	평가문제 [손익계산서 조회]	4	④
24	평가문제 [부가가치세신고서 조회]	3	(800,000)원
25	평가문제 [부가가치세신고서 조회]	3	(49,522,727)원
26	평가문제 [부가가치세신고서 조회]	3	(900,000)원
27	평가문제 [세금계산서합계표 조회]	3	(16)매
28	평가문제 [계산서합계표 조회]	4	(770,000)원

번호	평가문제	배점	답
29	**평가문제 [예적금현황 조회]**	4	②
30	**평가문제 [지급어음현황 조회]**	3	(07002)
	총 점	62	

평가문제. 회계정보분석 (8점)

31. 재무상태표 조회 (4점)

  ④ (165,630,000원/250,495,000원)×100≒66%

32. 손익계산서 조회 (4점)

  ③ (117,920,000원/566,000,000원)×100≒20%

기출 문제

Financial Accounting Technician
회계정보처리 자격시험 1급

75회

■ 실무이론평가

[1] 다음 중 재고자산에 관한 설명으로 옳지 <u>않은</u> 것은?

① 선적지인도조건 상품 판매시 선적이 완료된 재고는 판매자의 재고자산에 포함한다.
② 차입금 담보로 제공된 재고자산의 경우 기말 재고자산에 포함한다.
③ 시송품은 매입자가 매입의사표시를 하기 전까지는 판매자의 재고자산에 포함한다.
④ 적송품은 수탁자가 제3자에게 판매하기 전까지 위탁자의 재고자산에 포함한다.

[2] 다음 (가)에 대한 설명으로 적합한 것은?

> (가)는 기업을 소유주와 독립적으로 존재하는 회계단위로 간주하고, 이 단위의 관점에서 그 경제 활동에 대한 재무정보를 측정, 보고한다고 가정한다.

① 기간별 보고의 가정
② 발생주의 가정
③ 기업실체의 가정
④ 계속기업의 가정

[3] 다음은 도매업을 영위하는 (주)한공의 손익 분석에 대한 대화이다. (가)에 들어갈 수 있는 계정과목은?

> 김대표 : 매출총이익은 전기보다 증가하였는데 영업이익이 전기보다 감소한 원인은 무엇인가요?
> 박대리 : 네, 영업이익이 전기보다 감소한 이유는 (가)의 증가가 원인입니다.

※ 1차 저작권자의 저작권 침해 소지가 있어 삽화 삽입은 어려우니 양해바랍니다.

① 대손상각비
② 기타의대손상각비
③ 기부금
④ 이자비용

[4] (주)한공의 20x1년 결산정리사항 반영 전 당기순이익은 300,000원이다. 다음 결산정리사항을 반영한 후 당기순이익은 얼마인가?

> • 12월 급여 미지급분 40,000원을 인식하지 아니함.
> • 당기 발생분 임대료 15,000원에 대한 미수수익을 인식하지 아니함.

① 240,000원   ② 260,000원

③ 275,000원   ④ 285,000원

[5] (주)한공은 20x0년 12월 1일에 2,000,000원에 매입한 단기매매증권을 20x1년 8월 31일 1,700,000원에 처분하였다. 이 경우 단기매매증권처분손익은 얼마인가?

(단, 20x0년 12월 31일 공정가치는 1,900,000원이다.)

① 단기매매증권처분손실 100,000원   ② 단기매매증권처분이익 100,000원

③ 단기매매증권처분손실 200,000원   ④ 단기매매증권처분이익 200,000원

[6] (주)한공은 20x1년 1월 1일 기계장치를 5,000,000원에 현금으로 구입하여 즉시 사용하였다. 20x1년 12월 31일 결산시 감가상각비는 얼마인가?

(단, 내용연수 5년, 잔존가액 500,000원, 정액법 적용)

① 500,000원   ②   600,000원

③ 900,000원   ④ 1,000,000원

[7] (주)한공은 이사회의 결의로 발행주식수 600주, 액면금액 @10,000원, 발행금액 @16,000원에 신주를 발행하고 주식발행 대금을 전액 당좌예금계좌로 납입 받았다. 이에 대한 분개로 옳은 것은?(신주 발행전 주식발행차금이 없다고 가정한다.)

(가) (차) 당좌예금	5,000,000원	(대) 자본금		5,000,000원
(나) (차) 당좌예금	9,600,000원	(대) 자본금		6,000,000원
		주식발행초과금		3,600,000원
(다) (차) 당좌예금	9,600,000원	(대) 자본금		9,600,000원
(라) (차) 당좌예금	9,600,000원	(대) 자본금		6,000,000원
		주식할인발행차금		3,600,000원

① (가)   ② (나)   ③ (다)   ④ (라)

[8] 다음 중 부가가치세법상 세금계산서에 대하여 바르게 설명하고 있는 사람은 누구인가?

> 다솜 : 세금계산서의 작성연월일은 꼭 기재하지 않아도 돼
> 성진 : 면세사업자도 세금계산서를 발급할 수 있어
> 미현 : 세금계산서는 재화 또는 용역의 공급시기에 발급하는 것이 원칙이야
> 정욱 : 재화를 직접 수출하는 경우에도 세금계산서는 발급해야 돼

※ 1차 저작권자의 저작권 침해 소지가 있어 삽화 삽입은 어려우니 양해바랍니다.

① 다솜   ② 성진
③ 미현   ④ 정욱

[9] 다음 중 부가가치세법상 재화의 공급시기로 옳은 것은?
① 기한부 판매 : 기한이 지나 판매가 확정되는 때
② 재화의 공급으로 보는 가공의 경우 : 재화의 가공이 완료된 때
③ 장기할부판매 : 최종 할부금 지급기일
④ 외상판매의 경우 : 대가를 받을 때

[10] 다음 자료를 토대로 (주)한공(제조업)의 20x1년 제2기 예정신고기간 부가가치세 납부세액을 계산하면 얼마인가? 단, 세금계산서는 적법하게 수수하였고 주어진 자료 외에는 고려하지 않는다.

> 가. 국내매출액(공급가액) : 110,000,000원
> 나. 수출액(공급가액) : 30,000,000원
> 다. 원재료 매입세액 : 4,000,000원
> 라. 5인승 승용차(2,000cc) 구입 관련 매입세액 : 2,000,000원

① 5,000,000원   ② 6,000,000원
③ 7,000,000원   ④ 10,000,000원

■■■■■ 실무수행평가

(주)이루테크(3750)는 냉·난방기를 도·소매하는 법인으로 회계기간은 제6기(20x1.1.1.~20x1.12.31.)이다. 제시된 자료와 [자료설명]을 참고하여 [수행과제]를 완료하고 [평가문제]의 물음에 답하시오.

실무수행1 기초정보관리의 이해

회계관련 기초정보는 입력되어 있다. [자료설명]을 참고하여 [수행과제]를 수행하시오.

① 사업자등록증에 의한 거래처등록 수정

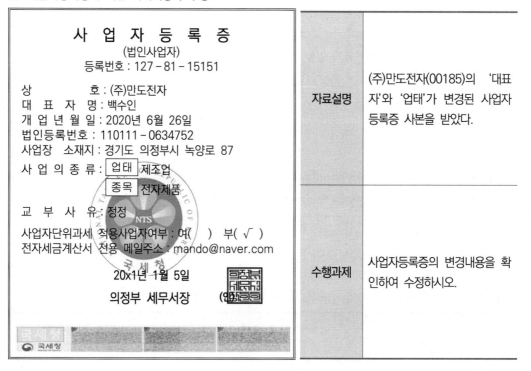

자료설명	(주)만도전자(00185)의 '대표자'와 '업태'가 변경된 사업자등록증 사본을 받았다.
수행과제	사업자등록증의 변경내용을 확인하여 수정하시오.

② 전기분 손익계산서의 입력수정

손 익 계 산 서
제5(당)기 20x0년 1월 1일부터 20x0년 12월 31일까지
제4(전)기 20y0년 1월 1일부터 20y0년 12월 31일까지

(주)이루테크 (단위 : 원)

과 목	제5(당)기 금 액		제4(전)기 금 액	
I. 매 출 액		600,000,000		280,000,000
상 품 매 출	600,000,000		280,000,000	
II. 매 출 원 가		320,000,000		165,000,000
상 품 매 출 원 가		320,000,000		165,000,000
기 초 상 품 재 고 액	25,000,000		5,000,000	
당 기 상 품 매 입 액	385,000,000		185,000,000	
기 말 상 품 재 고 액	90,000,000		25,000,000	
III. 매 출 총 이 익		280,000,000		115,000,000
IV. 판 매 비 와 관 리 비		128,180,000		57,730,000
급 여	82,300,000		30,800,000	
복 리 후 생 비	10,100,000		2,100,000	
여 비 교 통 비	3,500,000		1,500,000	
접대비(기업업무추진비)	5,200,000		2,400,000	
통 신 비	2,300,000		3,200,000	
세 금 과 공 과 금	2,300,000		2,800,000	
감 가 상 각 비	5,900,000		4,000,000	
보 험 료	1,840,000		700,000	
차 량 유 지 비	8,540,000		2,530,000	
교 육 훈 련 비	4,900,000		5,400,000	
소 모 품 비	500,000			
광 고 선 전 비	800,000		2,300,000	
V. 영 업 이 익		151,820,000		57,270,000
VI. 영 업 외 수 익		3,200,000		2,100,000
이 자 수 익	3,200,000		2,100,000	
VII. 영 업 외 비 용		4,800,000		2,400,000
이 자 비 용	800,000		400,000	
기 부 금	4,000,000		2,000,000	
VIII. 법 인 세 차 감 전 순 이 익		150,220,000		56,970,000
IX. 법 인 세 등		5,000,000		2,000,000
법 인 세 등	5,000,000		2,000,000	
X. 당 기 순 이 익		145,220,000		54,970,000

자료설명	(주)이루테크의 전기(제5기)분 재무제표는 입력되어 있다.
수행과제	1. [전기분 손익계산서]의 입력이 누락되었거나 잘못된 부분을 찾아 수정하시오. 2. [전기분 이익잉여금처분계산서]의 처분 확정일(20x1년 2월 27일)을 수정하시오.

| 실무수행2 | 거래자료 입력 |

실무프로세스 자료이다. [자료설명]을 참고하여 [수행과제]를 수행하시오.

① 기타 일반거래

자료 1. 주식발행 사항

이사회 의사록

회사의 유상증자와 관련하여 다음과 같이 주식발행을 결정함.

- 다 음 -

1. 주식의 종류와 수
   - 보통주식   10,000주 (액면금액 주당 5,000원)
2. 주식의 발행금액
   - 1주의 금액   10,000원

자료 2. 보통예금(신한은행) 거래내역

		내용	찾으신금액	맡기신금액	잔액	거래점
번호	거래일	계좌번호 096-25-0096-751 (주)이루테크				
1	20x1-1-25	주식납입금		100,000,000	***	***

자료설명	당사는 운전자금 조달을 위해 이사회에서 유상증자를 결의하였으며, 신주발행 대금은 신한은행 보통예금 계좌에 입금되었다.
수행과제	거래자료를 입력하시오.

② 약속어음 수취거래

전 자 어 음

(주)이루테크 귀하   00420240213123456789

금   일천팔백만원정   18,000,000원

위의 금액을 귀하 또는 귀하의 지시인에게 지급하겠습니다.

지급기일 20x1년 5월 13일   발행일 20x1년 2월 13일
지 급 지 국민은행   발행지 서울특별시 구로구 구로동로 24
지급장소 강남지점   주 소 (가리봉동)
                               발행인 (주)동화인쇄

자료설명	[2월 13일] (주)동화인쇄에 대한 상품 외상대금 중 일부를 전자어음으로 수취하였다.
수행과제	1. 거래자료를 입력하시오. 2. 자금관련정보를 입력하여 받을어음 현황에 반영하시오.

③ 기타 일반거래

자료 1.

연금보험료	20x1 년 2 월 영수증 (납부자용)		
사 업 장 명	(주)이루테크		
사 용 자	서울특별시 서대문구 충정로7길 12 (충정로2가)		
납 부 자 번 호	5700000123	사 업 장 관 리 번 호	11087011940
납 부 할 보 험 료 (ⓐ+ⓑ+ⓒ+ⓓ+ⓔ)			1,257,000원
납 부 기 한			20x1.3.10. 까지
보 험 료	건 강 ⓐ 원	연금 ⓒ	1,257,000원
	장 기 요 양 ⓑ 원	고용 ⓓ	원
	소 계 (ⓐ+ⓑ) 원	산재 ⓔ	원
납기후금액	1,274,590원	납기후기한	20x1.3.31.까지

◉ 납부기한까지 납부하지 않으면 연체금이 부과됩니다.
※ 납부장소 : 전 은행, 우체국, 농·수협(지역조합 포함), 새마을금고, 신협, 증권사, 산림조합중앙회, 인터넷지로(www.giro.or.kr)
※ 2D코드 : GS25, 세븐일레븐, 미니스톱, 바이더웨이, 씨유에서 납부 시 이용.(우리·신한은행 현금카드만 수납가능)

20x1 년 2 월 20 일

자료 2. 보통예금(신한은행) 거래내역

번호	거래일	내용	찾으신금액	맡기신금액	잔액	거래점
		계좌번호 096-25-0096-751 (주)이루테크				
1	20x1-3-10	연금보험료	1,257,000		***	***

자료설명	[3월 10일] 1. 2월 급여 지급분에 대한 연금보험료가 납부기한일에 신한은행 보통예금 계좌에서 출금되었다. 2. 납부액 중 628,500원은 급여 지급 시 원천징수한 금액이며, 628,500원은 회사부담분이다. 3. 당사는 회사부담분을 '세금과공과금'으로 처리하고 있다.
수행과제	거래자료를 입력하시오.

④ 통장사본에 의한 거래입력

자료 1. 카드 이용대금 명세서

3월 이용대금 명세서	작성기준일 : 20x1.3.31. 결제일 : 20x1.4.15. / 실제출금일 : 20x1.4.15. 결제계좌 : 기업은행
입금하실 금액 1,800,000원	이달의 할인혜택 원 할인 서비스 원 무이자 혜택금액 원	포인트 및 마일리지 포인트리 8,400원

우리카드

자료 2. 보통예금(기업은행) 거래내역

번호	거래일	내용	찾으신금액	맡기신금액	잔액	거래점
		계좌번호 204-24-0648-1007 (주)이루테크				
1	20x1-4-15	우리카드	1,800,000		***	***

자료설명	우리카드의 3월분 이용대금을 기업은행 보통예금 계좌에서 이체하여 지급하였다.
수행과제	거래자료를 입력하시오.

5 증빙에 의한 전표입력

** 현금영수증 **
(지출증빙용)

사업자등록번호 : 119 - 81 - 02126 장유림
사업자명   : 유림광고(주)
단말기ID   : 73453259(tel:02 - 345 - 4546)
가맹점주소   : 서울특별시 금천구 가산로 153

현금영수증 회원번호
110 - 87 - 01194 (주)이루테크
승인번호   : 83746302   (PK)
거래일시   : **20x1년 4월 24일**

공급금액   540,000원
부가세금액   54,000원
총합계   594,000원

휴대전화, 카드번호 등록
http://현금영수증.kr
국세청문의(126)
38036925 - GCA10106 - 3870 - U490
《《《《《이용해 주셔서 감사합니다.》》》》》

자료설명	영업팀에서 우수 매출 거래처 방문 시 제공할 시상품을 현금으로 구입하고 수취한 현금영수증이다.
수행과제	거래자료를 입력하시오.

실무수행3 부가가치세

부가가치세 신고 관련 자료이다. [자료설명]을 참고하여 [수행과제]를 수행하시오.

[1] 과세매출자료의 전자세금계산서 발행

거래명세서		(공급자 보관용)						

공급자	등록번호	110-87-01194			공급받는자	등록번호	113-86-35018	
	상호	(주)이루테크	성명	배장석		상호	(주)제이산업	성명	우정아
	사업장 주소	서울특별시 서대문구 충정로7길 12 (충정로2가)				사업장 주소	서울특별시 서대문구 경기대로 62	
	업태	도소매업	종사업장번호			업태	도소매업	종사업장번호
	종목	전자제품외				종목	전자부품	

거래일자	미수금액	공급가액	세액	총 합계금액
20x1.7.10.		6,000,000	600,000	6,600,000

NO	월	일	품목명	규격	수량	단가	공급가액	세액	합계
1	7	10	냉난방기		5	1,200,000	6,000,000	600,000	6,600,000

자료설명	1. 상품을 판매하면서 발급한 거래명세서이다. 2. 7월 5일에 계약금(660,000원)을 받았으며, 계약금을 제외한 잔액은 농협은행 보통예 금 계좌로 입금받았다.
수행과제	1. 7월 5일 거래를 참고하여 매입매출자료를 입력하시오. 2. 전자세금계산서 발행 및 내역관리 를 통하여 발급 및 전송하시오. (전자세금계산서 발급 시 결제내역 및 전송일자는 고려하지 말 것.)

② 매출거래

수정전자세금계산서 (공급자 보관용)					승인번호			

공급자	등록번호	110-87-01194			공급받는자	등록번호	121-81-36236	
	상호	(주)이루테크	성명(대표자)	배장석		상호	(주)영인유통	성명(대표자) 임영인
	사업장주소	서울특별시 서대문구 충정로7길 12 (충정로2가)				사업장주소	서울특별시 서대문구 가좌로 19	
	업태	도소매업	종사업장번호			업태	도소매업	종사업장번호
	종목	전자제품외				종목	전자제품외	
	E-Mail	sucess@bill36524.com				E-Mail	yeongin@naver.com	

작성일자	20x1.8.3.	공급가액	-750,000	세 액	-75,000
비고					

월	일	품목명	규격	수량	단가	공급가액	세액	비고
8	3	선풍기		-15	50,000	-750,000	-75,000	

합계금액	현금	수표	어음	외상미수금	이 금액을	○ 영수 ● 청구	함
-825,000				-825,000			

자료설명	[8월 3일] 1. 7월 13일에 판매한 상품 중 일부가 불량으로 반품되어 전자세금계산서를 발급하였다. 2. 거래대금은 전액 외상매출금과 상계처리하기로 하였다.
수행과제	매입매출자료를 입력하시오. (전자세금계산서의 발급 및 전송업무는 생략하고 '전자입력'으로 입력할 것.)

③ 매입거래

카드매출전표	자료설명 / 수행과제
카드종류 : 삼성카드 회원번호 : 2112-3535-****-67*7 거래일시 : 20x1. 9. 7. 13:22:05 거래유형 : 신용승인 매　출 : 12,000원 부 가 세 : 1,200원 합　계 : 13,200원 결제방법 : 일시불 승인번호 : 25135582 가맹점명 : (주)조선카페(211-87-24113) - 이 하 생 략 -	**자료설명** 영업팀 과장이 신상품 홍보를 위해 출장지에서 음료를 구매하고 받은 신용카드매출전표이다. **수행과제** 매입매출자료를 입력하시오. (여비교통비로 처리할 것.)

④ 매입거래

전자세금계산서				(공급받는자 보관용)		승인번호		

<table>
<tr><td rowspan="7">공급자</td><td>등록번호</td><td colspan="4">212 - 81 - 16327</td><td rowspan="7">공급받는자</td><td>등록번호</td><td colspan="4">110 - 87 - 01194</td></tr>
<tr><td>상호</td><td colspan="2">(주)법무법인
정률</td><td>성명
(대표자)</td><td>김석배</td><td>상호</td><td colspan="2">(주)이루테크</td><td>성명
(대표자)</td><td>배장석</td></tr>
<tr><td>사업장
주소</td><td colspan="4">서울특별시 강남구 강남대로 255
(도곡동)</td><td>사업장
주소</td><td colspan="4">서울특별시 서대문구 충정로7길 12
(충정로2가)</td></tr>
<tr><td>업태</td><td colspan="2">서비스업</td><td colspan="2">종사업장번호</td><td>업태</td><td colspan="2">도소매업</td><td colspan="2">종사업장번호</td></tr>
<tr><td>종목</td><td colspan="2">법률자문</td><td colspan="2"></td><td>종목</td><td colspan="2">전자제품외</td><td colspan="2"></td></tr>
<tr><td>E-Mail</td><td colspan="4">lawkim@naver.com</td><td>E-Mail</td><td colspan="4">sucess@bill36524.com</td></tr>
</table>

작성일자	20x1.9.14.	공급가액	560,000	세 액	56,000
비고					

월	일	품목명	규격	수량	단가	공급가액	세액	비고
9	14	소유권보존 등기료				560,000	56,000	

합계금액	현금	수표	어음	외상미수금	이 금액을	◉ 영수	함
616,000	616,000					○ 청구	

자료설명	물류창고 신축을 위해 취득한 토지의 소유권 이전 등기대행 수수료에 대한 전자 세금계산서를 수취하고 대금은 현금으로 지급하였다.
수행과제	매입매출자료를 입력하시오. ('자본적지출'로 처리하고, 전자세금계산서 거래는 '전자입력'으로 입력할 것.)

5 매입거래

<table>
<tr><td colspan="6">전자계산서</td><td colspan="2">(공급받는자 보관용)</td><td>승인번호</td><td></td></tr>
<tr><td rowspan="7">공급자</td><td colspan="2">등록번호</td><td colspan="4">112-02-34108</td><td rowspan="7">공급받는자</td><td colspan="2">등록번호</td><td colspan="3">110-87-01194</td></tr>
</table>

전자계산서 (공급받는자 보관용)　승인번호

공급자	등록번호	112-02-34108		공급받는자	등록번호	110-87-01194	
	상호	대신북클럽	성명(대표자) 박성진		상호	(주)이루테크	성명(대표자) 배장석
	사업장주소	서울특별시 서대문구 독립문공원길 99 (현저동)			사업장주소	서울특별시 서대문구 충정로7길 12 (충정로2가)	
	업태	도소매업	종사업장번호		업태	도소매업	종사업장번호
	종목	서적			종목	전자제품외	
	E-Mail	bookclub@naver.com			E-Mail	sucess@bill36524.com	

작성일자	20x1.9.24.	공급가액	75,000	비고	

월	일	품목명	규격	수량	단가	공급가액	비고
9	24	영업왕의 비밀		3	15,000	45,000	
9	24	마케팅 전략		2	15,000	30,000	

합계금액	현금	수표	어음	외상미수금	이 금액을	○ 영수 / ● 청구 함
75,000				75,000		

자료설명	영업팀 업무관련 도서를 외상으로 구입하고 발급받은 전자계산서이다.
수행과제	매입매출자료를 입력하시오.(복수거래 키를 이용하여 입력하고, 전자계산서 거래는 '전자입력'으로 입력할 것.)

6 부가가치세신고서에 의한 회계처리

■ 보통예금(하나은행) 거래내역

번호	거래일	내용	찾으신금액	맡기신금액	잔액	거래점
		계좌번호 524-55-215457　(주)이루테크				
1	20x1-7-25	서대문세무서	61,000		***	***

자료설명	제1기 부가가치세 확정신고 납부세액이 하나은행 보통예금 계좌에서 출금되었다.
수행과제	6월 30일에 입력된 일반전표를 참고하여 납부세액에 대한 회계처리를 하시오.

실무수행4   결산

[결산자료]를 참고하여 결산을 수행하시오.(단, 제시된 자료 이외의 자료는 없다고 가정함.)

① 수동결산 및 자동결산

결산자료	1. 구입 시 자산으로 처리한 소모품의 기말 현재 미사용 내역은 다음과 같다.

품목명	단위	수량	단가	총액
상품 포장박스	개	250	2,800원	700,000원
스크래치 필름	롤	20	20,000원	400,000원
계				1,100,000원

결산자료	2. 기말상품재고액은 32,000,000원이다. 3. 이익잉여금처분계산서 처분 예정(확정)일 　-당기분 : 20x2년 2월 27일 　-전기분 : 20x1년 2월 27일
평가문제	1. 수동결산 또는 자동결산 메뉴를 이용하여 결산을 완료하시오. 2. 12월 31일을 기준으로 '손익계산서 ➡ 이익잉여금처분계산서 ➡ 재무상태표'를 순서대로 조회 작성하시오. 　(단, 이익잉여금처분계산서 조회 작성 시 '저장된 데이터 불러오기' ➡ '아니오 선택' 　➡ 상단부의 '전표추가'를 이용하여 '손익대체분개'를 수행할 것.)

평가문제	실무수행평가 (62점)

입력자료 및 회계정보를 조회하여 [평가문제]의 답안을 입력하시오.

번호	평가문제	배점
11	**평가문제 [거래처등록 조회]** [거래처등록] 관련 내용으로 옳지 않은 것은? ① 카드거래처의 매출 관련 카드는 1개이다. ② 금융거래처 중 '3.예금종류'가 '차입금'인 거래처는 2개이다. ③ 일반거래처 '(주)만도전자(00185)'의 대표자명은 백수인이다. ④ 일반거래처 '대신북클럽(04912)'의 담당자메일주소는 book@naver.com이다.	4
12	**평가문제 [일/월계표 조회]** 7월 한달 동안 발생한 '상품매출' 금액은 얼마인가?	3
13	**평가문제 [일/월계표 조회]** 상반기(1월~6월)에 발생한 '접대비(기업업무추진비)' 금액은 얼마인가?	3
14	**평가문제 [일/월계표 조회]** 하반기(7월~12월)에 발생한 '판매관리비' 중 계정별 금액이 옳지 않은 것은? ① 복리후생비 4,570,800원 ② 여비교통비 360,000원 ③ 임차료 1,500,000원 ④ 도서인쇄비 625,000원	4
15	**평가문제 [합계잔액시산표 조회]** 9월 말 '보통예금'의 잔액은 얼마인가?	4
16	**평가문제 [계정별원장 조회]** 1분기(1월~3월) 동안의 '외상매출금' 회수액은 얼마인가?	3
17	**평가문제 [거래처원장 조회]** 9월 말 거래처 '서대문세무서'의 '미지급세금' 잔액은 얼마인가? ① 0원 ② 61,000원 ③ 135,000원 ④ 243,000원	3
18	**평가문제 [거래처원장 조회]** 상반기(1월~6월) 동안의 '미지급금' 잔액이 존재하지 않는 거래처는 무엇인가? ① 00109.홍보세상 ② 30121.대한자동차 ③ 99602.우리카드 ④ 99605.모두카드	3
19	**평가문제 [현금출납장 조회]** 4월 한달 동안의 '현금' 입금액은 얼마인가?	3

번호	평가문제	배점
20	**평가문제 [재무상태표 조회]** 9월 말 '토지' 금액은 얼마인가?	4
21	**평가문제 [재무상태표 조회]** 12월 말 '주식발행초과금' 금액은 얼마인가?	4
22	**평가문제 [재무상태표 조회]** 12월 말 계정과목별 금액으로 옳지 않은 것은? ① 미수금 27,940,000원 ② 선급금 200,000원 ③ 예수금 2,626,630원 ④ 선수금 6,565,000원	2
23	**평가문제 [재무상태표 조회]** 12월 말 '이월이익잉여금(미처분이익잉여금)' 잔액은 얼마인가? ① 166,142,000원 ② 306,668,256원 ③ 675,142,000원 ④ 929,168,506원	2
24	**평가문제 [손익계산서 조회]** 전기대비 '소모품비'의 증가 또는 감소 내용으로 옳은 것은? ① 300,000원 감소 ② 300,000원 증가 ③ 400,000원 감소 ④ 400,000원 증가	2
25	**평가문제 [손익계산서 조회]** 당기에 발생한 '상품매출원가' 금액은 얼마인가?	2
26	**평가문제 [손익계산서 조회]** 상반기(1월~6월) 손익계산서의 계정과목별 금액으로 옳은 것은? ① 세금과공과금 922,500원 ② 복리후생비 979,100원 ③ 운반비 3,621,300원 ④ 수수료비용 90,000원	4
27	**평가문제 [부가가치세신고서 조회]** 제2기 예정 신고기간 부가가치세신고서의 '그밖의공제매입세액(14번란)'의 세액은 얼마인가?	3
28	**평가문제 [세금계산서합계표 조회]** 제2기 예정 신고기간 전자매출세금계산서의 매출처 수는 몇 곳인가?	3
29	**평가문제 [계산서합계표 조회]** 제2기 예정 신고기간의 전자매입계산서의 공급가액은 얼마인가?	3
30	**평가문제 [받을어음현황 조회]** '받을어음(조회구분 : 1.일별, 1.만기일 20x1.1.1.~20x1.12.31.)'의 보유금액 합계는 얼마인가?	3
총 점		62

| 평가문제 | 회계정보분석 (8점) |

회계정보를 조회하여 [회계정보분석] 답안을 입력하시오.

31. 재무상태표 조회 (4점)

당좌비율이란 유동부채에 대한 당좌자산의 비율로 재고자산을 제외시킴으로써 단기채무에 대한 기업의 지급능력을 파악하는데 유동비율보다 더욱 정확한 지표로 사용되고 있다. 전기 당좌비율을 계산하면 얼마인가?(단, 소숫점 이하는 버림 할 것.)

$$당좌비율(\%) = \frac{당좌자산}{유동부채} \times 100$$

① 13% ② 16%
③ 749% ④ 751%

32. 재무상태표 조회 (4점)

부채비율은 타인자본의 의존도를 표시하며, 기업의 건전성 정도를 나타내는 지표이다. 전기 부채비율을 계산하면 얼마인가?(단, 소숫점 이하는 버림할 것.)

$$부채비율(\%) = \frac{부채총계}{자본총계} \times 100$$

① 28% ② 30%
③ 355% ④ 362%

해답해설

Financial Accounting Technician

회계정보처리 자격시험 1급

75회

실무이론평가

1	2	3	4	5	6	7	8	9	10
①	③	①	③	③	③	②	③	①	③

01 <u>선적지인도조건</u>인 경우에는 상품이 선적된 시점에 소유권이 매입자에게 이전되기 때문에 미착상품은 <u>매입자의 재고자산에 포함</u>된다.

02 기업실체의 가정이다.

03 <u>영업이익의 감소는 판매비와관리비가 증가</u>해야 한다.

대손상각비는 판매비와관리비이다.

04 수정 후 당기순이익 = 수징 전 당기순이익(300,000) − 급여미지급(40,000) + 미수수익(15,000)

  = 275,000원

05 처분손익 = 처분금액(1,700,000) − 장부금액(1,900,000) = (−)200,000원(손실)

처분 전 장부금액은 20x0년 12월 31일 공정가치인 1,900,000원이다.

06 감가상각비 = [취득가액(5,000,000) − 잔존가치(500,000)] ÷ 내용연수(5) = 900,000원/년

07 신주발행 = [발행가액(16,000) − 액면가액(10,000)] × 600주 = 3,600,000원(할증발행)

액면금액을 초과하여 발행한 금액은 주식발행초과금(3,600,000원)으로 처리한다.

단, <u>주식할인발행차금 잔액이 있는 경우에는 먼저 상계처리</u>한 후 잔액을 주식발행초과금으로 처리한다.

08 ① <u>세금계산서 작성연월일은 필요적 기재사항</u>이다.

② 면세사업자는 세금계산서를 발급할 수 없다.

④ <u>재화를 직수출하는 경우에는 세금계산서 발급의무가 면제</u>된다.

09 ② 재화의 공급으로 보는 가공의 경우 : <u>가공된 재화를 인도</u>하는 때

③ 장기할부판매 : <u>대가의 각 부분을 받기</u>로 한 때

④ 외상판매의 경우 : <u>재화를 인도</u>하는 때

10 납부세액 = 국내매출액(110,000,000) × 10% − 원재료매입세액(4,000,000) = 7,000,000원

수출액은 영세율을 적용한다. 비영업용 승용자동차의 매입세액은 불공제한다.

■■■■■■ 실무수행평가

실무수행 1. 기초정보관리의 이해

1 사업자등록증에 의한 거래처등록 수정
- 대표자명을 '홍종오'에서 '백수인'으로 수정
- 업태를 '도소매업'에서 '제조업'으로 수정

2 전기분 손익계산서의 입력수정
1. [전기분 손익계산서]
- 전기분 재무상태표 146.상품 70,000,000원을 90,000,000원으로 수정하여, 전기분 손익계산서의 상품매출원가에 반영
- 817.세금과공과금 2,300,000원 추가입력 및 당기순이익 145,220,000원 확인
2. [전기분 이익잉여금처분계산서]
- 처분확정일 20x1년 2월 27일 수정입력

실무수행 2. 거래자료 입력

1 기타 일반거래 [일반전표입력] 1월 25일

(차) 보통예금	100,000,000원	(대) 자본금	50,000,000원
(신한은행(보통))		주식발행초과금	50,000,000원

2 약속어음 수취거래 [일반전표입력] 2월 13일

(차) 받을어음((주)동화인쇄)	18,000,000원	(대) 외상매출금((주)동화인쇄)	18,000,000원

[받을어음 관리]

어음상태	1 보관	어음종류	6 전자	어음번호	00420240213123456789		수취구분	1 자수
발행인	00102	(주)동화인쇄		발행일	20x1-02-13	만기일 20x1-05-13	배서인	
지급은행	100	국민은행	지점 강남	할인기관		지점	할인율(%)	
지급거래처					* 수령된 어음을 타거래처에 지급하는 경우에 입력합니다.			

3 기타 일반거래 [일반전표입력] 3월 10일

(차) 세금과공과금(판)	628,500원	(대) 보통예금	1,257,000원
예수금	628,500원	(신한은행(보통))	

4 통장사본에 의한 거래입력 [일반전표입력] 4월 15일

(차) 미지급금(우리카드)	1,800,000원	(대) 보통예금(기업은행(보통))	1,800,000원

⑤ 증빙에 의한 전표입력 [일반전표입력] 4월 24일

(차) 접대비(기업업무추진비)　　594,000원　　(대) 현금　　　　　　594,000원

실무수행 3. 부가가치세

① 과세매출자료의 전자세금계산서 발행

1. [매입매출전표입력] 7월 10일

거래유형	품명	공급가액	부가세	거래처	전자세금
11.과세	냉난방기	6,000,000	600,000	(주)제이산업	전자발행
분개유형	(차) 보통예금	5,940,000원	(대) 상품매출		6,000,000원
3. 혼합	(농협은행(보통))		부가세예수금		600,000원
	선수금	660,000원			

2. [전자세금계산서 발행 및 내역관리] 기출문제 77회 참고

② 매출거래 [매입매출전표입력] 8월 3일

거래유형	품명	공급가액	부가세	거래처	전자세금
11.과세	선풍기	-750,000원	-75,000원	(주)영인유통	전자입력
분개유형	(차) 108.외상매출금	-825,000원	(대) 상품매출		-750,000원
2.외상			부가세예수금		-75,000원

③ 매입거래 [매입매출전표입력] 9월 7일

거래유형	품명	공급가액	부가세	거래처	전자세금
57.카과	음료	12,000	1,200	(주)조선카페	
분개유형	(차) 여비교통비(판)	12,000원	(대) 미지급금		13,200원
4.카드(혼합)	부가세대급금	1,200원	(삼성카드)		

④ 매입거래 [매입매출전표입력] 9월 14일

거래유형	품명	공급가액	부가세	거래처	전자세금
54.불공	소유권보존 등기료	560,000	56,000	(주)법무법인 정률	전자입력
불공제 사유	0.토지의 자본적 지출관련				
분개유형	(차) 토지	616,000원	(대) 현금		616,000원
1.현금					

⑤ 매입거래 [매입매출전표입력] 9월 24일

거래유형	품명	공급가액	부가세	거래처	전자세금
53.면세	영업왕의 비밀외	75,000		대신북클럽	전자입력
분개유형	(차) 도서인쇄비(판)	75,000원	(대) 미지급금		75,000원
3.혼합					

⑥ 부가가치세신고서에 의한 회계처리

　　[일반전표입력] 7월 25일
　　(차) 미지급세금(서대문세무서)　　61,000원　　(대) 보통예금(하나은행(보통))　　61,000원

　　[일반전표입력] 6월 30일 조회
　　(차) 부가세예수금　　10,632,400원　　(대) 부가세대급금　　10,561,400원
　　　　　　　　　　　　　　　　　　　　　잡이익　　　　　　　10,000원
　　　　　　　　　　　　　　　　　　　　　미지급세금(서대문세무서)　　61,000원

실무수행 4. 결산

① 수동결산 및 자동결산

1. 수동결산 및 자동결산
　　[일반전표입력] 12월 31일
　　(차) 소모품비(판)　　　　900,000원　　(대) 소모품　　　　　900,000원
　　- 합계잔액시산표(12월31일) 조회하여 소모품 잔액 확인 후 결산분개
　　　[소모품 잔액 2,000,000원 - 미사용액 1,100,000원 = 당기사용액 900,000원]

　　[결산자료입력] 1월 ~ 12월
　　- 기말상품재고액 32,000,000원을 입력한다.
　　- 상단부 전표추가(F3)를 클릭하면 [일반전표입력] 메뉴에 분개가 생성된다.
　　(차) 상품매출원가　　230,748,500원　　(대) 상품　　　　230,748,500원
　　상품매출원가 = 기초재고액(90,000,000) + 당기매입액(172,748,500) - 기말재고액(32,000,000)
　　　　　　　　　= 230,748,500원

2. [재무제표 등 작성]
　　- 손익계산서 ➡ 이익잉여금처분계산서(처분일 입력 후 '전표추가' 클릭 ➡ 재무상태표를 조회 작성
　　한다.

평가문제. 실무수행평가 (62점)

번호	평가문제	배점	답
11	평가문제 [거래처등록 조회]	4	④
12	평가문제 [일/월계표 조회]	3	(26,960,000)원
13	평가문제 [일/월계표 조회]	3	(2,168,500)원
14	평가문제 [일/월계표 조회]	4	②
15	평가문제 [합계잔액시산표 조회]	4	(635,604,700)원
16	평가문제 [계정별원장 조회]	3	(56,500,000)원
17	평가문제 [거래처원장 조회]	3	①
18	평가문제 [거래처원장 조회]	3	③
19	평가문제 [현금출납장 조회]	3	(16,000,000)원
20	평가문제 [재무상태표 조회]	4	(616,000)원
21	평가문제 [재무상태표 조회]	4	(60,000,000)원
22	평가문제 [재무상태표 조회]	2	③
23	평가문제 [재무상태표 조회]	2	②
24	평가문제 [손익계산서 조회]	2	④
25	평가문제 [손익계산서 조회]	2	(230,748,500)원
26	평가문제 [손익계산서 조회]	4	①
27	평가문제 [부가가치세신고서 조회]	3	(201,200)원
28	평가문제 [세금계산서합계표 조회]	3	(8)곳
29	평가문제 [계산서합계표 조회]	3	(1,075,000)원
30	평가문제 [받을어음현황 조회]	3	(21,850,000)원
총 점		62	

평가문제. 회계정보분석 (8점)

31. 재무상태표 조회 (4점)

    ③ (693,528,800원/92,500,000원)×100≒749%

32. 손익계산서 조회 (4점)

    ① (192,500,000원/685,142,000원)×100≒28%

Financial Accounting Technician
회계정보처리 자격시험 1급

74회

합격율	시험년월
60%	2024.7

실무이론평가

[1] 다음 중 도매업을 영위하는 (주)한공의 손익계산서와 관련된 설명으로 옳지 **않은** 것은?

　① 영업외수익은 배당금수익, 임대료, 접대비 등을 포함한다.

　② 판매비와관리비는 상품 등의 판매활동과 기업의 관리활동에서 발생하는 비용으로서 복리후생비, 급여, 통신비 등을 포함한다.

　③ 매출액은 총매출액에서 매출할인, 매출환입, 매출에누리를 차감한 금액으로 한다.

　④ 상품매출원가는 '기초상품재고액＋당기상품매입액－기말상품재고액'이다.

[2] 다음 중 손익계산서상 영업이익에 영향을 미치지 **않는** 계정과목은?

　① 본사 건물의 감가상각비

　② 영업팀에서 사용하는 업무용 핸드폰에 대한 통신비

　③ 단기대여금의 기타의대손상각비

　④ 본사 직원의 복리후생비

[3] 다음은 (주)한공의 특허권 취득 관련 자료이다. 이를 토대로 20x1년도 무형자산상각비를 계산하면 얼마인가?

• 특허권 취득일 : 20x1. 1. 1.	• 특허권 등록비 : 2,000,000원
• 상각방법 : 정액법(내용연수 : 5년)	• 특허권 취득부대비용 : 100,000원

　① 200,000원　　　　　　　　　　② 220,000원

　③ 400,000원　　　　　　　　　　④ 420,000원

[4] 다음과 같은 결산 회계처리 누락이 20x1년도 손익계산서에 미치는 영향으로 옳은 것은?

> (주)한공은 20x1년 11월 1일에 가입한 1년 만기 정기예금 15,000,000원(연이율 3%, 월할계산)
> 에 대한 이자 경과분(미수분)을 계상하지 않았다.

① 당기순이익 75,000원 과대계상
② 당기순이익 75,000원 과소계상
③ 당기순이익 450,000원 과대계상
④ 당기순이익 450,000원 과소계상

[5] 다음 자료를 토대로 (주)한공의 20x1년 12월 31일 결산 시 회계 처리로 옳은 것은?

> • 20x1년 5월 1일 소모품 2,000,000원을 구입하고 대금은 현금으로 지급하였으며, 구입한 소모
>   품은 전액 자산처리하였다.
> • 20x1년 12월 31일 소모품 미사용액은 450,000원이다.

① (차) 소모품   450,000원   (대) 소모품비   450,000원
② (차) 소모품   1,550,000원   (대) 소모품비 1,550,000원
③ (차) 소모품비   450,000원   (대) 소모품   450,000원
④ (차) 소모품비 1,550,000원   (대) 소모품   1,550,000원

[6] 다음 결산정리사항 중 비용의 이연에 해당하는 거래는?
① 임대료수익 미수분을 계상하다.
② 보험료 선급분을 계상하다.
③ 이자수익 선수분을 계상하다.
④ 이자비용 미지급분을 계상하다.

[7] 도매업을 영위하고 있는 (주)한공은 20x1년 3월 10일 (주)서울의 파산으로 단기대여금 3,000,000원의
회수가 불가능하게 되었다. 이 거래로 인하여 (주)한공이 손익계산서에 계상해야 하는 계정과목과 그
금액은 얼마인가?(단, 3월 10일 이전에 설정된 단기대여금에 대한 대손충당금 잔액은 1,100,000원이다.)
① 대손상각비   1,100,000원   ② 대손상각비   1,900,000원
③ 기타의대손상각비 1,100,000원   ④ 기타의대손상각비 1,900,000원

[8] 다음 중 우리나라 부가가치세의 특징에 대해 잘못 설명하는 사람은?

> 승현 : 수출하는 재화에 대해서는 영세율을 적용해.
> 주희 : 납세의무자와 담세자가 다를 것으로 예정된 세금이야.
> 희수 : 매출세액에서 매입세액을 차감하여 납부세액을 계산하지.
> 성한 : 납세의무자의 인적사항을 고려하는 인세에 해당 해.

※ 1차 저작권자의 저작권 침해 소지가 있어 삽화 삽입은 어려우니 양해바랍니다.

① 승현   ② 주희
③ 희수   ④ 성한

[9] 다음 중 부가가치세 과세거래에 해당하는 것을 모두 고르면?

> 가. 소형승용차를 중고차 매매상에게 유상으로 처분하는 경우
> 나. 세금을 사업용 자산으로 물납하는 경우
> 다. 상표권을 유상으로 양도하는 경우
> 라. 양도담보의 목적으로 부동산을 제공하는 경우

① 가, 다   ② 가, 라
③ 나, 다   ④ 나, 라

[10] 컴퓨터 부품을 제조하는 (주)한공의 다음 자료를 토대로 20x1년 제2기 예정신고기간(20x1.7.1. ~20x1.9.30.)의 부가가치세 납부세액을 계산하면 얼마인가? 단, 세금계산서는 적법하게 수수하였고 주어진 자료 외에는 고려하지 않는다.

> • 세금계산서 발급분 : 공급가액 6,000,000원(과세매출)
> • 세금계산서 수취분 : 공급가액 1,200,000원(과세매입)
> • 세금계산서 수취분 : 공급가액 1,000,000원[대표이사 업무용 승용차(2,000cc) 수리비]

① 380,000원   ② 480,000원
③ 500,000원   ④ 600,000원

■■■■■■■■ 실무수행평가

(주)대우전자(3740)는 전자제품을 도소매하는 법인으로 회계기간은 제8기(20x1.1.1.~20x1. 12.31.)이다.
제시된 자료와 [자료설명]을 참고하여 [수행과제]를 완료하고 [수행과제]의 물음에 답하시오.

실무수행1 | 기초정보관리의 이해

회계관련 기초정보는 입력되어 있다. [자료설명]을 참고하여 [수행과제]를 수행하시오.

① 계정과목 및 적요등록 수정

자료설명	디자인권의 취득과 매각 거래가 자주 발생하여 무형자산 계정과목으로 등록하여 사용하려고 한다.
수행과제	'235.의장권'을 '235.디자인권'으로 정정등록하고, 현금적요와 대체적요를 등록하시오. – 현금적요 : 1.디자인권 취득대금 현금지급 – 대체적요 : 1.디자인권 상각액

② 전기분재무제표의 입력수정

재 무 상 태 표

제7(당)기 20x0. 12. 31. 현재
제6(전)기 20y0. 12. 31. 현재

(주)대우전자   (단위 : 원)

과 목	제 7 기 (20x0.12.31.)		제 6 기 (20y0.12.31.)	
자 산				
Ⅰ.유 동 자 산		257,458,000		116,640,000
(1) 당 좌 자 산		197,458,000		91,640,000
현 금		46,894,000		22,800,000
당 좌 예 금		41,000,000		20,850,000
보 통 예 금		67,034,000		34,496,000
단 기 매 매 증 권		10,500,000		3,000,000
외 상 매 출 금	27,000,000		8,200,000	
대 손 충 당 금	270,000	26,730,000	82,000	8,118,000
받 을 어 음		5,300,000		2,376,000
(2) 재 고 자 산		60,000,000		25,000,000
상 품		60,000,000		25,000,000
Ⅱ.비 유 동 자 산		121,165,000		50,000,000
(1) 투 자 자 산		18,000,000		0
장 기 대 여 금		18,000,000		0
(2) 유 형 자 산		93,165,000		7,300,000
토 지		30,000,000		0
건 물		40,000,000		
차 량 운 반 구	35,330,000		16,500,000	
감 가 상 각 누 계 액	15,000,000	20,330,000	12,300,000	4,200,000
비 품	6,000,000		9,400,000	
감 가 상 각 누 계 액	3,165,000	2,835,000	6,300,000	3,100,000
(3) 무 형 자 산		0		0
(4) 기 타 비 유 동 자 산		10,000,000		42,700,000
임 차 보 증 금		10,000,000		42,700,000
자 산 총 계		378,623,000		166,640,000
부 채				
Ⅰ.유 동 부 채		81,844,000		93,640,000
외 상 매 입 금		48,609,000		43,640,000
지 급 어 음		7,800,000		
미 지 급 금		22,500,000		50,000,000
예 수 금		2,935,000		0
Ⅱ.비 유 동 부 채		20,000,000		0
장 기 차 입 금		20,000,000		0
부 채 총 계		101,844,000		93,640,000
자 본				
Ⅰ.자 본 금		157,259,000		50,000,000
자 본 금		157,259,000		50,000,000
Ⅱ.자 본 잉 여 금		0		0
Ⅲ.자 본 조 정		0		0
Ⅳ.기 타 포 괄 손 익 누 계 액		0		0
Ⅴ.이 익 잉 여 금		119,520,000		23,000,000
미 처 분 이 익 잉 여 금		119,520,000		23,000,000
(당기순이익 96,520,000)				
자 본 총 계		276,779,000		73,000,000
부 채 와 자 본 총 계		378,623,000		166,640,000

자료설명	(주)대우전자의 전기(제7기)분 재무제표는 입력되어 있다.
수행과제	입력이 누락되었거나 잘못된 부분을 찾아 수정하시오.

실무수행2 | 거래자료 입력

실무프로세스 자료이다. [자료설명]을 참고하여 [수행과제]를 수행하시오.

1 계약금 지급
■ 보통예금(우리은행) 거래내역

번호	거래일	내 용	찾으신금액	맡기신금액	잔 액	거래점
		계좌번호 501-111923-02-123 (주)대우전자				
1	20x1-8-18	(주)수정전자	300,000		***	***

자료설명	(주)수정전자에서 상품을 매입하기로 하고, 계약금을 우리은행 보통예금 계좌에서 이체하여 지급하였다.
수행과제	거래자료를 입력하시오.

2 증빙에 의한 전표입력

자료설명	[8월 28일] 영업부에서 사용할 목적으로 구입한 승용차와 관련된 취득세를 신고납부기한일에 현금으로 납부하였다.
수행과제	거래자료를 입력하시오.

③ 대손의 발생과 설정

자료설명	[8월 30일] (주)정진상사의 파산으로 단기대여금 20,000,000원의 회수가 불가능하게 되어 대손처리하기로 하였다.
수행과제	대손처리시점의 거래자료를 입력하시오. (단, '단기대여금'에 대한 대손충당금 잔액은 없다.)

④ 증빙에 의한 전표입력

자료 1. 우체국택배 송장

자료 2. 신용카드매출전표

신용카드매출전표	
가 맹 점 명 우체국 1588 – 1300 사 업 자 번 호 214 – 81 – 22354 대 표 자 명 이 상 훈 주 소 서울 강남구 강남대로 272 농 협 카 드 신용승인 거 래 일 시 20x1 – 09 – 05 오전 10:05:36 카 드 번 호 8844 – 2211 – ****– 49** 가 맹 점 번 호 15888585 매 입 사 농협카드(전자서명전표) 품 명 택배 판 매 금 액 20,000원 합 계 20,000원	**자료설명** 자료 1. 판매상품을 발송하고 발급받은 우체국택배 송장이다. 자료 2. 택배비를 결제한 신용카드 매출전표이다. **수행과제** 거래자료를 입력하시오.

5 기타일반거래

자료 1. 건강보험료 영수증

자료 2. 보통예금(국민은행) 거래내역

번호	거래일	내용	찾으신금액	맡기신금액	잔액	거래점
		계좌번호 096-24-0094-123 (주)대우전자				
1	20x1-09-10	건강보험료	178,440		***	***

자료설명	8월 급여지급분에 대한 건강보험료(장기요양보험료 포함)를 납부기한일에 국민은행 보통예금 계좌에서 이체하여 납부하였다. 보험료의 50%는 급여 지급 시 원천징수한 금액이며, 나머지 50%는 회사부담분이다.
수행과제	거래자료를 입력하시오.(회사부담분 건강보험료는 '복리후생비'로 처리할 것.)

실무수행3 부가가치세

부가가치세 신고 관련 자료이다. [자료설명]을 참고하여 [수행과제]를 수행하시오.

① 과세매출자료의 전자세금계산서 발행

거래명세서
(공급자 보관용)

공급자	등록번호	106-86-09792			공급받는자	등록번호	106-81-44120		
	상호	(주)대우전자	성명	김대우		상호	(주)세운유통	성명	위대한
	사업장주소	서울특별시 강남구 강남대로 254 (도곡동, 용문빌딩)				사업장주소	서울 구로구 구로동로 22		
	업태	도소매업		종사업장번호		업태	도소매업		종사업장번호
	종목	전자제품외				종목	전자제품		

거래일자	미수금액	공급가액	세액	총 합계금액
20x1.10.2.		10,000,000	1,000,000	11,000,000

NO	월	일	품목명	규격	수량	단가	공급가액	세액	합계
1	10	2	세탁건조기		5	2,000,000	10,000,000	1,000,000	11,000,000

자료설명	1. 상품을 공급하고 발급한 거래명세서이다. 2. 대금 중 3,000,000원은 우리은행 보통예금계좌로 입금 받고, 잔액은 다음달 10일에 받기로 하였다.
수행과제	1. 거래명세서에 의해 매입매출자료를 입력하시오. 2. 전자세금계산서 발행 및 내역관리 를 통하여 발급 및 전송하시오. (전자세금계산서 발급 시 결제내역 및 전송일자는 고려하지 말 것.)

② 매출거래

전자계산서				(공급자 보관용)			승인번호			

공급자	등록번호	106 – 86 – 09792				공급받는자	등록번호	113 – 81 – 13872		
	상호	(주)대우전자	성명(대표자)	김대우			상호	(주)한라전자	성명(대표자)	김우정
	사업장주소	서울특별시 강남구 강남대로 254 (도곡동, 용문빌딩)					사업장주소	서울특별시 서대문구 통일로 131 (충정로2가, 공화당빌딩)		
	업태	도소매업		종사업장번호			업태	도소매업		종사업장번호
	종목	전자제품외					종목	가전제품외		
	E – Mail	meta@bill36524.com					E – Mail	engel@bill36524.com		

작성일자	20x1.10.7.	공급가액	10,000,000	비 고	

월	일	품목명	규격	수량	단가	공급가액	비고
10	7	토지				10,000,000	

합계금액	현금	수표	어음	외상미수금	이 금액을	◉ 영수 ○ 청구	함
10,000,000							

자료설명	토지(장부금액 10,000,000원)를 매각하고 대금은 기업은행 보통예금 계좌로 입금 받았다.(단, 본 거래에 한하여 과세사업과 면세사업을 겸영한다고 가정할 것.)
수행과제	매입매출자료를 입력하시오.(전자계산서 거래는 '전자입력'으로 입력할 것.)

③ 매입거래

고객번호	3154892							납 부 마 감 일	20x1.11.30.
지로번호	1	3	4	0	5	2	8	미납 금액	0 원
고지금액	275,000 원								0 원

20x1년 10월 청구분 **도시가스요금** 지로영수증(고객용)

주소/성명　서울특별시 강남구 강남대로 254 (도곡동,용문빌딩) / (주)대우전자

당 월 사용량	사용기간	20x1.10.1.~20x1.10.31.	기 본 요 금	25,000 원
	금월지침	8,416 m³	사 용 요 금	250,000 원
	전월지침	6,104 m³	계 량 기 교 체 비 용	원
	사용량	2,312 m³	공 급 가 액	250,000 원
사용량 비 교	전월	1,535 m³	부 가 세	25,000 원
	전년동월	2,931 m³	가 산 금	원
계량기번호		CD011	정 산 금 액	원
검 침 원 명			고 지 금 액	275,000 원
			공급받는자 등록번호	106-86-09792
			공 급 자 등 록 번 호	101-81-25259

작성일자　　**20x1 년 11 월 7 일**

입금전용계좌

※ 본 영수증은 부가가치세법 시행령 53 조 3 항에 따라 발행하는
　전자세금계산서입니다.

한국도시가스(주)

자료설명	1. 회사의 10월분 도시가스요금명세서이다.
	2. 작성일자를 기준으로 입력하고 납부마감일에 보통예금계좌에서 자동이체 되는 거래의 입력은 생략한다.
수행과제	매입매출자료를 입력하시오.
	(전자세금계산서의 발급 및 전송업무는 생략하고 '전자입력'으로 입력할 것.)

4 매입거래

<table>
<tr><td colspan="2">

신용카드매출전표

가 맹 점 명 일품한식당 (02)3412 - 4451
사 업 자 번 호 316 - 01 - 17397
대 표 자 명 이 일 품
주   소 서울특별시 광진구 중곡동 211

농 협 카 드   신용승인
거 래 일 시   20x1 - 11 - 13 20:08:04
카 드 번 호   8844 - 2211 - **** - 49**
가 맹 점 번 호   45451124
매 입 사   농협카드(전자서명전표)
품   명   한정식 5인

공 급 가 액   150,000원
부 가 가 치 세   15,000원
합   계   165,000원
</td>
<td>자료설명</td>
<td>영업부 직원의 회식 후 법인카드로 결제하고 수령한 신용카드 매출전표이다.
(일품한식당은 일반과세 사업자이다.)</td>
</tr>
<tr><td></td><td>수행과제</td><td>매입매출자료를 입력하시오.</td></tr>
</table>

5 매입거래

전자세금계산서　　(공급받는자 보관용)　　승인번호

	등록번호	127 - 05 - 17529				등록번호	106 - 86 - 09792		
공급자	상호	우정골프	성명(대표자)	조우정	공급받는자	상호	(주)대우전자	성명(대표자)	김대우
	사업장주소	서울특별시 서대문구 충정로7길 12 (충정로2가)				사업장주소	서울특별시 강남구 강남대로 254 (도곡동, 용문빌딩)		
	업태	도소매업		종사업장번호		업태	도소매업		종사업장번호
	종목	골프용품외				종목	전자제품외		
	E - Mail	golf@nate.com				E - Mail	meta@bill36524.com		

작성일자	20x1.11.15.	공급가액	3,000,000	세 액	300,000
비고					

월	일	품목명	규격	수량	단가	공급가액	세액	비고
11	15	골프용품				3,000,000	300,000	

합계금액	현금	수표	어음	외상미수금	이 금액을	● 영수 ○ 청구	함
3,300,000	3,300,000						

자료설명	대표이사(김대우) 개인 취미생활을 위하여 골프용품을 구입하고, 발급받은 전자세금계산서이다.
수행과제	매입매출자료를 입력하시오.

6 부가가치세신고서 조회 및 입력자료 조회

수행과제	1. 제1기 부가가치세 확정과세기간의 부가가치세신고서를 조회하시오. 2. 전자신고세액공제 10,000원을 반영하여 6월 30일 부가가치세 납부세액(환급세액)에 대한 회계처리를 하시오. (단, 저장된 자료를 이용하여 납부세액은 '미지급세금', 환급세액은 '미수금', 전자신고세액공제는 '잡이익'으로 회계처리하고 거래처코드도 입력할 것.)

실무수행4 결산

[결산자료]를 참고하여 결산을 수행하시오.(단, 제시된 자료 이외의 자료는 없다고 가정함.)

1 수동결산 및 자동결산

결산자료	1. 단기매매증권의 기말 내역은 다음과 같다.(하나의 전표로 처리할 것.) 회사명 / 주식수 / 주당 장부금액 / 주당 기말평가금액 (주)명품 / 100주 / 25,000원 / 26,000원 (주)삼현 / 200주 / 40,000원 / 42,000원 합 계 / 300주 2. 기말상품재고액은 30,000,000원이다. 3. 이익잉여금처분계산서 처분 예정(확정)일 - 당기분 : 20x2년 2월 23일 - 전기분 : 20x1년 2월 23일
평가문제	1. 수동결산 또는 자동결산 메뉴를 이용하여 결산을 완료하시오. 2. 12월 31일을 기준으로 '손익계산서 ➡ 이익잉여금처분계산서 ➡ 재무상태표'를 순서대로 조회 작성하시오. (단, 이익잉여금처분계산서 조회 작성 시 '저장된 데이터 불러오기' ➡ '아니오 선택' ➡ 상단부의 '전표추가'를 이용하여 '손익대체분개'를 수행할 것.)

평가문제	실무수행평가 (62점)

입력자료 및 회계정보를 조회하여 [평가문제]의 답안을 입력하시오.

번호	평가문제	배점
11	**평가문제 [계정과목및적요등록 조회]** '235.디자인권' 계정과 관련된 내용으로 옳지 않은 것은? ① '비유동자산 중 무형자산'에 해당하는 계정이다. ② 표준재무제표항목은 '175.의장권'이다. ③ '디자인권'의 현금적요는 '디자인권 취득대금 현금지급'을 사용하고 있다. ④ '디자인권'의 대체적요는 사용하지 않고 있다.	4
12	**평가문제 [거래처원장 조회]** 10월 말 '01025.(주)세운유통'의 '108.외상매출금' 잔액은 얼마인가?	3
13	**평가문제 [거래처원장 조회]** 11월 말 '134.가지급금' 잔액이 가장 많은 거래처의 코드 5자리를 입력하시오.	3
14	**평가문제 [거래처원장 조회]** 12월 말 '253.미지급금' 거래처 중 잔액이 옳지 않은 것은? ① 07117.(주)엔소프트 15,000,000원 ② 06005.한국도시가스(주) 440,000원 ③ 99605.농협카드 4,365,000원 ④ 99800.하나카드 1,320,000원	2
15	**평가문제 [합계잔액시산표 조회]** 6월 말 '미지급세금' 잔액은 얼마인가?	3
16	**평가문제 [합계잔액시산표 조회]** 12월 말 '당좌자산'의 계정별 잔액으로 옳지 않은 것은? ① 단기대여금 30,000,000원 ② 받을어음 2,000,000원 ③ 선급비용 300,000원 ④ 선납세금 1,200,000원	3
17	**평가문제 [재무상태표 조회]** 12월 말 '단기매매증권' 잔액은 얼마인가?	3
18	**평가문제 [재무상태표 조회]** 12월 말 '선급금' 잔액은 얼마인가?	3
19	**평가문제 [재무상태표 조회]** 12월 말 '유형자산'의 장부금액(취득원가 – 감가상각누계액)으로 옳지 않은 것은? ① 토지 20,000,000원 ② 건물 50,000,000원 ③ 차량운반구 47,930,000원 ④ 비품 33,285,000원	3

번호	평가문제	배점
20	**평가문제 [재무상태표 조회]** 12월 말 '이월이익잉여금(미처분이익잉여금)' 잔액은 얼마인가? ① 267,508,870원 ② 273,550,050원 ③ 279,550,050원 ④ 297,508,870원	3
21	**평가문제 [손익계산서 조회]** 당기에 발생한 '상품매출원가'는 얼마인가?	4
22	**평가문제 [손익계산서 조회]** 당기에 발생한 '판매비와관리비' 계정별 금액으로 옳지 않은 것은? ① 복리후생비 12,401,420원 ② 수도광열비 6,284,520원 ③ 운반비 639,000원 ④ 도서인쇄비 340,000원	2
23	**평가문제 [손익계산서 조회]** 당기에 발생한 '영업외수익' 금액은 얼마인가?	3
24	**평가문제 [손익계산서 조회]** 당기에 발생한 '영업외비용' 금액은 얼마인가?	3
25	**평가문제 [부가가치세신고서 조회]** 제2기 확정 신고기간 부가가치세신고서 '과세_세금계산서발급분(1란)'의 세액은 얼마인가?	4
26	**평가문제 [부가가치세신고서 조회]** 제2기 확정 신고기간의 부가가치세신고서 '매입세액_그밖의공제매입세액(14란)'의 세액은 얼마인가?	4
27	**평가문제 [부가가치세신고서 조회]** 제2기 확정 신고기간의 부가가치세신고서 '매입세액_공제받지못할매입세액(16란)'의 세액은 얼마인가?	3
28	**평가문제 [세금계산서합계표 조회]** 제2기 확정 신고기간의 전자매입세금계산서 공급가액 합계는 얼마인가?	3
29	**평가문제 [계산서합계표 조회]** 제2기 확정 신고기간의 전자매출계산서의 공급가액은 얼마인가?	3
30	**평가문제 [예적금현황 조회]** 12월 말 은행별(계좌명) 보통예금 잔액으로 옳은 것은? ① 국민은행(당좌) 38,800,000원 ② 국민은행(보통) 231,740,000원 ③ 신한은행(보통) 8,282,000원 ④ 우리은행(보통) 6,834,000원	3
총 점		62

평가문제 | **회계정보분석 (8점)**

회계정보를 조회하여 [회계정보분석] 답안을 입력하시오.

31. 손익계산서 조회 (4점)

주당순이익은 1주당 이익을 얼마나 창출하느냐를 나타내는 지표이다. 전기 주당순이익을 계산하면 얼마인가?

$$주당순이익 = \frac{당기순이익}{주식수}$$

※ 발행주식수 10,000주

① 9,000원   ② 9,252원
③ 9,400원   ④ 9,652원

32. 재무상태표 조회 (4점)

당좌비율이란 유동부채에 대한 당좌자산의 비율로 재고자산을 제외시킴으로써 단기채무에 대한 기업의 지급능력을 파악하는데 유동비율 보다 더욱 정확한 지표로 사용되고 있다. 전기 당좌비율을 계산하면 얼마인가?(단, 소숫점 이하는 버림 할 것.)

$$당좌비율(\%) = \frac{당좌자산}{유동부채} \times 100$$

①   41%   ②   83%
③ 241%   ④ 462%

해답해설

Financial Accounting Technician
회계정보처리 자격시험 1급

74회

실무이론평가

1	2	3	4	5	6	7	8	9	10
①	③	④	②	④	②	④	④	①	②

01 접대비(기업업무추진비)는 판매비와관리비로 분류된다.

02 **기타의대손상각비는 영업외비용**으로 분류된다.

감가상각비, 통신비, 복리후생비는 판매비와관리비로 분류된다.

판매비와관리비는 영업이익에 영향을 미치며, **영업외비용은 영업이익에 영향을 미치지 않는다.**

03 무형자산상각비(정액법) = 취득원가(2,100,000)÷내용연수(5) = 420,000원/년

04 결산분개 : (차) 미수수익   75,000원   (대) 이자수익   75,000원

미수이자 = 정기예금(15,000,000)×연이율(3%)×2개월/12개월 = 75,000원

따라서, 이자수익 75,000원이 과소 계상되어 당기순이익 75,000원이 과소 계상된다.

05 소모품비 = 소모품 구입액(2,000,000) - 미사용액(450,000) = 1,550,000원(사용액)

따라서 (차) 소모품비 1,550,000원   (대) 소모품 1,550,000원이다.

06 ① 수익의 발생, ② 비용의 이연, ③ 수익의 이연, ④ 비용의 발생

07 상거래에서 발생한 **매출채권에 대한 대손상각비는 판매비와관리비로 처리**하고,

기타 채권에 대한 **기타의대손상각비는 영업외비용**으로 처리한다.

기타의대손상각비 = 대손액(3,000,000) - 설정대손충당금(1,100,000) = 1,900,000원

08 우리나라 부가가치세는 **납세의무자의 인적사항을 고려하지 않는 물세**이다.

09 나. 법률에 따라 조세를 물납하는 것은 재화의 공급으로 보지 아니한다.

라. 담보의 제공은 재화의 공급으로 보지 아니한다.

10 매출세액 = 과세표준(6,000,000)×10% - 과세매입(1,200,000)×10% = 480,000원.

대표이사 업무용 승용차 수리비에 대한 매입세액은 공제되지 아니한다.

■■■■■■■ **실무수행평가**

실무수행 1. 기초정보관리의 이해

① 계정과목 및 적요등록 수정
- '235.의장권' 계정과목을 선택하고 [Ctrl]+[F1]을 누른 후 '디자인권'으로 수정
- 현금적요 입력 : 1.디자인권 취득대금 현금지급
  대체적요 입력 : 1.디자인권 상각액

② 전기분재무제표의 입력수정
- 202.건물 4,000,000원을 40,000,000원으로 수정 입력
- 213.감가상각누계액 3,165,000원 추가 입력

실무수행 2. 거래자료 입력

① 계약금 지급 [일반전표입력] 8월 18일

(차) 선급금((주)수정전자)	300,000원	(대) 보통예금(우리은행(보통))	300,000원

② 증빙에 의한 전표입력 [일반전표입력] 8월 28일

(차) 차량운반구	3,500,000원	(대) 현금	3,500,000원

③ 대손의 발생과 설정 [일반전표입력] 8월 30일

(차) 기타의대손상각비	20,000,000원	(대) 단기대여금((주)정진상사)	20,000,000원

④ 증빙에 의한 전표입력 [일반전표입력] 9월 5일

(차) 운반비(판)	20,000원	(대) 미지급금(농협카드)	20,000원

⑤ 기타일반거래 [일반전표입력] 9월 10일

(차) 복리후생비(판)	89,220원	(대) 보통예금	178,440원
예수금	89,220원	(국민은행(보통))	

실무수행 3. 부가가치세

1 과세매출자료의 전자세금계산서 발행

1. [매입매출전표입력] 10월 2일

거래유형	품명	공급가액	부가세	거래처	전자세금
11.과세	세탁건조기	10,000,000	1,000,000	(주)세운유통	전자발행
분개유형	(차) 외상매출금	8,000,000원	(대) 상품매출		10,000,000원
3.혼합	보통예금	3,000,000원	부가세예수금		1,000,000원
	(우리은행(보통))				

2. [전자세금계산서 발행 및 내역관리] 77회 기출문제 참고

2 매출거래 [매입매출전표입력] 10월 7일

거래유형	품명	공급가액	부가세	거래처	전자세금
13.면세	토지	10,000,000		주)한라전자	전자입력
분개유형	(차) 보통예금	10,000,000원	(대) 토지		10,000,000원
3.혼합	(기업은행(보통))				

3 매입거래 [매입매출전표입력] 11월 7일

거래유형	품명	공급가액	부가세	거래처	전자세금
51.과세	도시가스요금	250,000	25,000	한국도시가스(주)	전자입력
분개유형	(차) 수도광열비(판)	250,000원	(대) 미지급금		275,000원
3.혼합	부가세대급금	25,000원			

4 매입거래 [매입매출전표입력] 11월 13일

거래유형	품명	공급가액	부가세	거래처	전자세금
57.카과	영업부 직원 회식	150,000	15,000	일품한식당	
분개유형	(차) 복리후생비(판)	150,000원	(대) 미지급금		165,000원
4.카드(혼합)	부가세대급금	15,000원	(농협카드)		

5 매입거래 [매입매출전표입력] 11월 15일

거래유형	품명	공급가액	부가세	거래처	전자세금
54.불공	골프용품	3,000,000	300,000	우정골프	전자입력
불공제사유		2. 사업과 관련 없는 지출			
분개유형	(차) 가지급금	3,300,000원	(대) 현금		3,300,000원
1.현금	(김대우)				

⑥ 부가가치세신고서 조회 및 입력자료 조회

[일반전표입력] 6월 30일

(차) 부가세예수금	4,510,000원	(대) 부가세대급금	3,250,000원
		잡이익	10,000원
		미지급세금(역삼세무서)	1,250,000원

실무수행 4. 결산

① 수동결산 및 자동결산

1. 수동결산 및 자동결산

[일반전표입력] 12월 31일

| (차) 단기매매증권 | 500,000원 | (대) 단기매매증권평가이익 | 500,000원 |

- (주)명품 : 100주×(26,000원 - 25,000원) = 100,000원 이익
- (주)삼현 : 200주×(42,000원 - 40,000원) = 400,000원 이익

계   500,000원 이익

[결산자료입력] 1월~12월

- 기말상품재고액 30,000,000원을 입력한다.
- 상단부 전표추가(F3) 를 클릭하면 [일반전표입력] 메뉴에 분개가 생성된다.

| (차) 상품매출원가 | 289,687,000원 | (대) 상품 | 289,687,000원 |

상품매출원가 = 기초재고액(60,000,000) + 당기매입액(259,687,000) - 기말재고액(30,000,000)
= 289,687,000원

2. [재무제표 등 작성]
   - 손익계산서 ➡ 이익잉여금처분계산서(처분일 입력 후 '전표추가' 클릭 ➡ 재무상태표를 조회 작성한다.

평가문제. 실무수행평가 (62점)

번호	평가문제	배점	답
11	**평가문제 [계정과목및적요등록 조회]**	4	④
12	**평가문제 [거래처원장 조회]**	3	(11,500,000)원
13	**평가문제 [거래처원장 조회]**	3	(40001)

번호	평가문제	배점	답
14	평가문제 [거래처원장 조회]	2	③
15	평가문제 [합계잔액시산표 조회]	3	(1,250,000)원
16	평가문제 [합계잔액시산표 조회]	3	①
17	평가문제 [재무상태표 조회]	3	(11,000,000)원
18	평가문제 [재무상태표 조회]	3	(500,000)원
19	평가문제 [재무상태표 조회]	3	③
20	평가문제 [재무상태표 조회]	3	③
21	평가문제 [손익계산서 조회]	4	(289,687,000)원
22	평가문제 [손익계산서 조회]	2	③
23	평가문제 [손익계산서 조회]	3	(6,045,860)원
24	평가문제 [손익계산서 조회]	3	(29,661,000)원
25	평가문제 [부가가치세신고서 조회]	4	(14,930,000)원
26	평가문제 [부가가치세신고서 조회]	4	(60,000)원
27	평가문제 [부가가치세신고서 조회]	3	(600,000)원
28	평가문제 [세금계산서합계표 조회]	3	(44,770,000)원
29	평가문제 [계산서합계표 조회]	3	(15,000,000)원
30	평가문제 [예적금현황 조회]	3	③
총 점		62	

평가문제. 회계정보분석 (8점)

31. 재무상태표 조회 (4점)

　④ 96,520,000원÷10,000주＝9,652원

32. 손익계산서 조회 (4점)

　③ (197,458,000원/81,844,000원)×100≒241%

기출문제

Financial Accounting Technician

회계정보처리 자격시험 1급

72회

합격율	시험년월
56%	2024.5

▨▨▨▨ 실무이론평가

[1] 다음 중 차 대리의 답변에서 알 수 있는 거래 분석으로 옳은 것은?

> 김부장 : (주)공인의 받을어음 결제 어떻게 되었습니까?
>
> 차대리 : (주)공인의 받을어음이 만기 결제되어 국민은행 당좌예금계좌에 입금되었습니다.

※ 1차 저작권자의 저작권 침해 소지가 있어 삽화 삽입은 어려우니 양해바랍니다.

① (차) 부채의 감소   (대) 자산의 감소

② (차) 자산의 증가   (대) 수익의 발생

③ (차) 자산의 증가   (대) 자산의 감소

④ (차) 부채의 감소   (대) 부채의 증가

[2] 다음 중 손익계산서에 대한 설명으로 옳지 <u>않은</u> 것은?

① 손익계산서는 재무상태를 나타낼 뿐 아니라 기업의 미래현금흐름과 수익창출능력 등의 예측에 유용한 정보를 제공한다.

② 수익과 비용은 그것이 발생한 기간에 정당하게 배분하도록 처리한다.

③ 손익계산서 등식은 '수익 – 비용 = 이익'이다.

④ 수익과 비용은 각각 총액으로 보고하는 것을 원칙으로 한다.

[3] 다음 거래에서 매출채권으로 계상되는 금액은 얼마인가?

> (주)한공은 상품 3,000개를 개당 1,000원에 판매하였다. 판매대금 중 1,000,000원은 외상으로 하고 1,400,000원은 자기앞수표로 받았으며, 나머지는 전자어음으로 수령하였다.

① 1,000,000원
② 1,600,000원
③ 2,400,000원
④ 3,000,000원

[4] 다음 중 도매업을 영위하는 (주)한공의 (가)와 (나)에 해당하는 계정과목으로 옳은 것은?

> (가) 영업사원의 명함제작비용
> (나) 거래처 (주)공인의 창사기념일 축하 선물비

	(가)	(나)
①	통신비	복리후생비
②	도서인쇄비	접대비
③	여비교통비	수수료비용
④	도서인쇄비	기부금

[5] 다음 자료를 토대로 (주)한공이 보유하고 있는 매도가능증권의 취득원가를 계산하면 얼마인가?

> 가. 상장되어 있는 (주)공인의 주식 700주를 주당 8,000원(액면 5,000원)에 취득하였다.
> 나. 취득수수료는 560,000원이다.

① 3,500,000원
② 4,060,000원
③ 5,600,000원
④ 6,160,000원

[6] 다음은 (주)한공의 기계장치 관련 자료이다. 20x2년 6월 30일에 기록될 유형자산처분손익은 얼마인가?

> • 20x0년 1월 1일 : 취득원가 5,000,000원
> • 20x1년 12월 31일 : 감가상각누계액은 2,000,000원이다.
> • 20x2년 6월 30일 : 2,700,000원에 현금으로 처분하였음
> • 정액법 상각 (내용연수 5년, 잔존가치 없음, 월할상각)

① 유형자산처분손실 200,000원   ② 유형자산처분손실 300,000원

③ 유형자산처분이익 200,000원   ④ 유형자산처분이익 300,000원

[7] 다음 비유동자산 중 감가상각대상이 <u>아닌</u> 것으로 짝지어진 것은?

> 가. 토지   나. 건물   다. 구축물
> 라. 건설중인자산   마. 기계장치

① 가, 라   ② 나, 다

③ 다, 마   ④ 라, 마

[8] 다음 중 부가가치세법상 사업자등록에 대하여 <u>잘못</u> 설명한 사람은?

> 해원 : 국가와 지방자치단체는 부가가치세법상 사업자에 해당되지 않아 사업자 등록 의무가 없어.
> 지수 : 일시적, 우발적으로 재화 또는 용역을 공급하는 자는 사업자 등록 의무가 없어.
> 주현 : 사업자의 사망으로 상속이 개시된 경우에는 폐업으로 보지 않고 사업자등록의 정정사유로
>   보는 거야.
> 민정 : 관할세무서장은 사업자가 사업등록신청을 하지 않은 경우 직권등록을 할 수 있어.

① 해원   ② 지수   ③ 주현   ④ 민정

[9] 다음 중 부가가치세법상 재화 또는 용역의 공급시기로 옳은 것은?
① 현금판매 : 대금이 지급된 때
② 재화의 공급으로 보는 가공 : 재화의 가공이 완료된 때
③ 장기할부조건부 용역의 공급 : 대가의 각 부분을 받기로 한 때
④ 공급단위를 구획할 수 없는 용역의 계속적 공급 : 용역의 공급을 완료한 때

[10] 다음은 도매업을 영위하는 (주)한공의 20x1년 제1기 확정신고기간(20x1.4.1.~20x1.6.30.) 자료이다. 이를 토대로 부가가치세 과세표준을 계산하면 얼마인가? (단, 주어진 자료의 금액은 부가가치세가 포함되어 있지 않은 금액이며, 세금계산서 등 필요한 증빙서류는 적법하게 발급하였다.)

가. 외상판매액	15,000,000원
나. 10개월 할부판매(할부이자상당액 300,000원 포함)	5,300,000원
다. 견본품 제공액	2,000,000원
라. 토지매각액	10,000,000원

① 20,000,000원
② 20,300,000원
③ 27,000,000원
④ 30,300,000원

실무수행평가

(주)스마토리(3720)는 휴대폰 액세서리를 도·소매하는 법인으로 회계기간은 제5기(20x1.1.1.~20x1.12.31.)이다. 제시된 자료와 [자료설명]을 참고하여 [수행과제]를 완료하고 [평가문제]의 물음에 답하시오.

실무수행1 기초정보관리의 이해

회계관련 기초정보는 입력되어 있다. [자료설명]을 참고하여 [수행과제]를 수행하시오.

① 거래처별 초기이월

지급어음 명세서

거래처명	적요	금액	비고
(주)세교상사	상품대금 어음지급	5,000,000원	어음수령일 : 20x0.11.30. 어 음 종 류 : 전자어음 만 기 일 : 20x1.5.31. 발 행 일 자 : 20x0.11.30. 어 음 번 호 : 00420231130123456789 금 융 기 관 : 국민은행(당좌)

자료설명	(주)스마토리의 전기분 재무제표는 이월받아 등록되어 있다.
수행과제	지급어음에 대한 거래처별 초기이월사항을 입력하시오.(단, 등록된 어음을 사용할 것.)

② 전기분 손익계산서의 입력수정

손 익 계 산 서

제4(당)기 20x0년 1월 1일부터 20x0년 12월 31일까지
제3(전)기 20y0년 1월 1일부터 20y0년 12월 31일까지

(주)스마토리 (단위 : 원)

과 목	제4(당)기		제3(전)기	
	금 액		금 액	
I. 매 출 액		300,000,000		177,000,000
상 품 매 출	300,000,000		177,000,000	
II. 매 출 원 가		160,000,000		107,740,000
상 품 매 출 원 가		160,000,000		107,740,000
기 초 상 품 재 고 액	10,000,000		19,920,000	
당 기 상 품 매 입 액	175,000,000		97,820,000	
기 말 상 품 재 고 액	25,000,000		10,000,000	
III. 매 출 총 이 익		140,000,000		69,260,000
IV. 판 매 비 와 관 리 비		43,310,000		21,745,000
급 여	16,000,000		12,000,000	
복 리 후 생 비	2,100,000		950,000	
여 비 교 통 비	1,500,000		650,000	
접대비(기업업무추진비)	1,000,000		700,000	
통 신 비	3,600,000		450,000	
수 도 광 열 비	2,300,000		375,000	
세 금 과 공 과 금	4,100,000		120,000	
감 가 상 각 비	3,240,000		700,000	
보 험 료	1,000,000		1,200,000	
차 량 유 지 비	4,970,000		3,600,000	
운 반 비	1,300,000		500,000	
소 모 품 비	2,200,000		500,000	
V. 영 업 이 익		96,690,000		47,515,000
VI. 영 업 외 수 익		4,100,000		2,100,000
이 자 수 익	4,100,000		2,100,000	
VII. 영 업 외 비 용		5,400,000		800,000
이 자 비 용	5,400,000		800,000	
VIII. 법 인 세 차 감 전 순 이 익		95,390,000		48,815,000
IX. 법 인 세 등		2,800,000		750,000
법 인 세 등	2,800,000		750,000	
X. 당 기 순 이 익		92,590,000		48,065,000

자료설명	(주)스마토리의 전기(제4기)분 재무제표는 입력되어 있다.
수행과제	1. [전기분 손익계산서]의 입력이 누락되었거나 잘못된 부분을 찾아 수정하시오. 2. [전기분 이익잉여금처분계산서]의 처분 확정일(20x1년 2월 28일)을 수정하시오.

실무수행2 | 거래자료 입력

실무프로세스 자료이다. [자료설명]을 참고하여 [수행과제]를 수행하시오.

1 기타 일반거래

전자수입인지 판매 영수증
 	
손해배상 등의 청구 시 영수증이 필요합니다.
문자메세지 및 상담문의 전화 : 1588-1300
 	
판 매 일 자 : 20x1-01-10 13:15
판 매 자 : 창구 101 김민중
고유식별번호 : 180830145402877
구 매 자 : (주)스마토리
 	
----------------------------------- 	
고유식별번호
판 매 금 액 :   10,000원
 	
위의 금액을 정히 영수합니다.
       20x1-01-10 12:44
             서대문 우체국
----------------------------------- 	
	자료설명
	
	법원에 법인 등기변경관련 서류 접수를 위한 전자수입인지를 구입하고 대금은 현금으로 지급하였다.
	
	수행과제
	
	거래자료를 입력하시오.
	(단, '세금과공과금'으로 처리할 것.)

2 3만원초과 거래에 대한 영수증수취명세서 작성

영 수 증 (공급받는자용) NO **(주)스마토리** 귀하 공급자: 사 업 자 등록번호 : 120-34-11112 상 호 : 24퀵서비스 성명 : 최재수 사 업 장 소 재 지 : 서울특별시 은평구 서오릉로 29, 2층 업 태 : 서비스 종목 : 광고출판물 작성일자 : 20x1.2.20. 공급대가총액 : 40,000 비고 공 급 내 역 월/일 : 2/20 품명 : 퀵요금 수량 : 1 단가 : 40,000 금액 : 40,000 합 계 : ₩40,000 위 금액을 (영수)청구)함	**자료설명** 상품 판매시 퀵배달 요금을 현금으로 지급하였다. 회사는 이 거래가 지출증명서류미수취가산세 대상인지를 검토하려고 한다. **수행과제** 1. 거래자료를 입력하시오. 2. 영수증수취명세서 (2)와 (1)서식을 작성하시오.

③ 증빙에 의한 전표입력

자료 1.

증 권 번 호	2557466		계 약 일	20x1년 3월 15일
보 험 기 간	20x1 년 3 월 15 일 00:00부터		20x2 년 3 월 15 일 24:00까지	
보 험 계 약 자	(주)스마토리		주민(사업자)번호	113-81-21111
피 보 험 자	(주)스마토리		주민(사업자)번호	113-81-21111

보험료 납입사항

총보험료	580,000원	납입보험료	580,000원	미납입 보험료

자료 2. 보통예금(우리은행) 거래내역

번호	거래일	내용	찾으신금액	맡기신금액	잔액	거래점
		계좌번호 542314-11-00027 (주)스마토리				
1	20x1-3-15	자동차보험	580,000		***	***

자료설명	1. 자료 1은 영업부 업무용 승용차의 자동차보험증권이다. 2. 자료 2는 보험료를 우리은행 보통예금 계좌에서 이체하여 지급한 내역이다.
수행과제	거래자료를 입력하시오.(단, '자산'으로 회계처리할 것.)

④ 약속어음 배서양도

전 자 어 음

(주)스마토리 귀하　　　　　　　　00420240120123456789

금 육백만원정　　　　　　　　　　　　6,000,000원

위의 금액을 귀하 또는 귀하의 지시인에게 지급하겠습니다.

지급기일	20x1년 3월 20일	발행일	20x1년 1월 20일
지 급 지	국민은행	발행지 주 소	서울특별시 서대문구 충정로7길 31
지급장소	서대문지점	발행인	(주)아이폰마켓

자료설명	[3월 18일] (주)대한상사의 외상매입금 일부를 결제하기 위해 (주)아이폰마켓에 상품을 매출하고 받은 전자어음을 배서양도 하였다.
수행과제	1. 거래자료를 입력하시오. 2. 자금관련정보를 입력하여 받을어음 현황에 반영하시오.

5 통장사본에 의한 거래입력

자료 1. 견적서

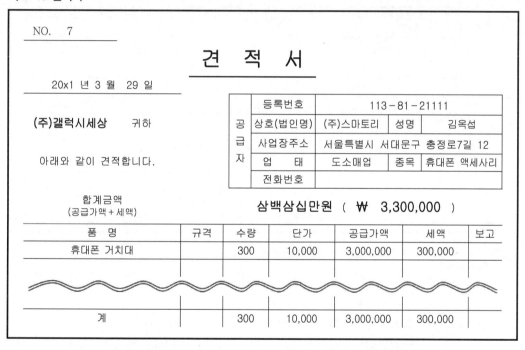

NO. 7

견 적 서

20x1 년 3 월 29 일

(주)갤럭시세상   귀하

아래와 같이 견적합니다.

공급자	등록번호	113-81-21111		
	상호(법인명)	(주)스마토리	성명	김옥섭
	사업장주소	서울특별시 서대문구 충정로7길 12		
	업 태	도소매업	종목	휴대폰 액세사리
	전화번호			

합계금액
(공급가액 + 세액)

삼백삼십만원 (₩ 3,300,000)

품 명	규격	수량	단가	공급가액	세액	보고
휴대폰 거치대		300	10,000	3,000,000	300,000	
계		300	10,000	3,000,000	300,000	

자료 2. 보통예금(기업은행) 거래내역

		내 용	찾으신금액	맡기신금액	잔 액	거래점
번호	거래일	계좌번호 096-24-0094-123 (주)스마토리				
1	20x1-3-29	(주)갤럭시세상		330,000	***	***

자료설명	1. 자료 1은 (주)갤럭시세상에 상품을 판매하기 위해 발급한 견적서이다. 2. 자료 2는 공급대가의 10%(계약금)를 기업은행 보통예금 계좌로 입금 받은 내역이다.
수행과제	거래자료를 입력하시오.

실무수행3 | 부가가치세

부가가치세 신고 관련 자료이다. [자료설명]을 참고하여 [수행과제]를 수행하시오.

① 과세매출자료의 전자세금계산서발행

거 래 명 세 서 (공급자 보관용)

공급자	등록번호	113-81-21111			공급받는자	등록번호	314-81-17506		
	상호	(주)스마토리	성명	김옥섭		상호	(주)앤텔레콤	성명	이재용
	사업장 주소	서울특별시 서대문구 충정로7길 12 (충정로2가)				사업장 주소	경기도 수원시 팔달구 매산로 10 (매산로1가)		
	업태	도소매업	종사업장번호			업태	도소매업	종사업장번호	
	종목	휴대폰 액세사리				종목	휴대폰 액세사리		

거래일자	미수금액	공급가액	세액	총 합계금액
20x1.7.5.		6,000,000	600,000	6,600,000

NO	월	일	품목명	규격	수량	단가	공급가액	세액	합계
1	7	5	휴대폰 필름		2,000	3,000	6,000,000	600,000	

비 고	전미수액	당일거래총액	입금액	미수액	인수자
		6,600,000	1,000,000	5,600,000	

자료설명	1. 상품을 판매하고 발급한 거래명세서이다. 2. 대금 중 1,000,000원은 6월 20일 계약금으로 받았으며, 잔액은 외상으로 하였다.
수행과제	1. 거래명세서에 의해 매입매출자료를 입력하시오. 2. 전자세금계산서 발행 및 내역관리 를 통하여 발급 및 전송하시오. (전자세금계산서 발급 시 결제내역 및 전송일자는 고려하지 말 것.)

2 매입거래

전자세금계산서		(공급받는자 보관용)			승인번호		2022010355	

공급자	등록번호	825 - 86 - 00742			공급받는자	등록번호	113 - 81 - 21111		
	상호	미래회계법인	성명(대표자)	백경호		상호	(주)스마토리	성명(대표자)	김옥섭
	사업장주소	서울특별시 남부순환로 2606, 8층				사업장주소	서울특별시 서대문구 충정로7길 12 (충정로2가)		
	업태	서비스업	종사업장번호			업태	도소매업	종사업장번호	
	종목	공인회계사				종목	휴대폰 액세사리		
	E-Mail	mirae@naver.com				E-Mail	smartory@bill36524.com		

작성일자	20x1.7.20.	공급가액	1,500,000	세 액	150,000

비고									

월	일	품목명	규격	수량	단가	공급가액	세액	비고
7	20	컨설팅 수수료				1,500,000	150,000	

합계금액	현금	수표	어음	외상미수금	이 금액을	● 영수 ○ 청구	함
1,650,000							

자료설명	1. 내부회계관리제도 컨설팅 자문 수수료를 지급하고 발급 받은 전자세금계산서이다. 2. 자문 수수료는 우리은행 보통예금 계좌에서 이체하여 지급하였다.
수행과제	매입매출전표를 입력하시오. (전자세금계산서 거래는 '전자입력'으로 입력할 것.)

3 매출거래

```
카드매출전표

카드종류 : 우리카드
회원번호 : 1561 - 2415 - **** - 3**2
거래일시 : 20x1.7.30. 10:15:22
거래유형 : 신용승인
매    출 : 100,000원
부 가 세 :  10,000원
합    계 : 110,000원
결제방법 : 일시불
가맹점번호 : 414095907

가맹점명 : (주)스마토리
      - 이 하 생 략-
```

자료설명	상품(휴대폰 가죽지갑)을 개인(이민우)에게 판매하고 발급한 신용카드 매출전표이다.
수행과제	매입매출자료를 입력하시오. (단, '외상매출금' 계정으로 처리할 것.)

④ 매입거래

전자세금계산서			(공급받는자 보관용)			승인번호		

공급자	등록번호	268-88-00787				공급받는자	등록번호	113-81-21111		
	상호	(주)에스스킨	성명(대표자)	이정건			상호	(주)스마토리	성명(대표자)	김옥섭
	사업장주소	경기도 용인시 기흥구 관곡로 92-1, 6층					사업장주소	서울특별시 서대문구 충정로7길 12 (충정로2가)		
	업태	제조		종사업장번호			업태	도소매업		종사업장번호
	종목	기능성화장품					종목	휴대폰 액세사리		
	E-Mail	sskin@naver.com					E-Mail	smartory@bill36524.com		

작성일자	20x1.8.10.	공급가액	2,000,000	세액	200,000
비고					

월	일	품목명	규격	수량	단가	공급가액	세액	비고
8	10	화장품세트		40	50,000	2,000,000	200,000	

합계금액	현금	수표	어음	외상미수금	이 금액을	● 영수	함
2,200,000						○ 청구	

자료설명	매출거래처에 선물할 화장품세트를 구입하고, 대금은 전액 우리은행 보통예금 계좌에서 이체지급하였다.
수행과제	매입매출자료를 입력하시오.(전자세금계산서 거래는 '전자입력'으로 입력할 것.)

⑤ 매입거래

<table>
<tr><td colspan="2">

신용카드매출전표

가 맹 점 명   쿠팡(주)
사 업 자 번 호   120 - 88 - 00767
대 표 자 명   강한승
주   소   서울특별시 송파구 송파대로 570

농 협 카 드   신용승인
거 래 일 시   **20x1 - 09 - 08 오전 09:40:12**
카 드 번 호   8844 - 2211 - **** - 49**
유 효 기 간   **/**
가 맹 점 번 호   186687393
매   입   사 : 농협카드(전자서명전표)

부가가치세물품가액   1,200,000원
부 가 가 치 세   120,000원
합 계 금 액   1,320,000원

20240908/10062411/00046160
</td>
<td>자료설명</td>
<td>사무실 냉난방기를 구입하고 받은 신용카드매출전표이다.</td>
</tr>
<tr>
<td>수행과제</td>
<td>

1. 매입매출자료를 입력하시오.
   (단, 자산으로 처리할 것.)
2. [고정자산등록]에 고정자산을 등록(코드 : 1001,   자산명 : 냉난방기,   상각방법 : 정률법, 내용연수   5년,   경비구분 : 800번대)하시오.
</td>
</tr>
</table>

⑥ 부가가치세신고서에 의한 회계처리

■ 보통예금(우리은행) 거래내역

		내용	찾으신금액	맡기신금액	잔액	거래점
번호	거래일	계좌번호 542314 - 11 - 00027 (주)스마토리				
1	20x1 - 8 - 05	서대문세무서		302,000	***	***

자료설명	제1기 부가가치세 확정신고와 관련된 부가가치세 조기환급세액이 우리은행 보통예금 계좌에 입금되었음을 확인하였다.
수행과제	6월 30일에 입력된 일반전표를 참고하여 환급세액에 대한 회계처리를 하시오.(단, 저장된 부가가치세신고서를 이용하고 거래처 코드를 입력할 것.)

실무수행4 | 결산

[결산자료]를 참고하여 결산을 수행하시오.(단, 제시된 자료 이외의 자료는 없다고 가정함.)

① 수동결산 및 자동결산

결산자료	1. 기말 현재 장기차입금의 내역은 다음과 같다. | 항목	금액	발생일	만기일	비고
---	---	---	---	---
신한은행(차입금)	50,000,000원	2022.09.01.	2025.09.01.	만기 일시상환
카카오뱅크(차입금)	40,000,000원	2022.06.30.	2026.06.30.	만기 일시상환
계	90,000,000원				 2. 기말 상품재고액은 28,000,000원이다. 3. 이익잉여금처분계산서 처분 예정(확정)일 -당기분 : 20x2년 2월 28일 -전기분 : 20x1년 2월 28일
평가문제	1. 수동결산 또는 자동결산 메뉴를 이용하여 결산을 완료하시오. 2. 12월 31일을 기준으로 '손익계산서 ➡ 이익잉여금처분계산서 ➡ 재무상태표'를 순서대로 조회 작성하시오. (단, 이익잉여금처분계산서 조회 작성 시 '저장된 데이터 불러오기' ➡ '아니오' 선택 ➡ 상단부의 '전표추가'를 이용하여 '손익대체분개'를 수행할 것.)

평가문제 │ 실무수행평가 (62점)

입력자료 및 회계정보를 조회하여 [평가문제]의 답안을 입력하시오.

번호	평가문제	배점
11	**평가문제 [일/월계표 조회]** 1/4분기(1월 ~ 3월) 발생한 '판매관리비' 금액은 얼마인가?	4
12	**평가문제 [일/월계표 조회]** 7월(7/1 ~ 7/31)한달 동안 '외상매출금' 증가액은 얼마인가?	3
13	**평가문제 [일/월계표 조회]** 다음 판매관리비 계정 중 3/4분기(7월 ~ 9월) 발생액이 가장 큰 계정과목은? ① 여비교통비 　　　　　　② 접대비(기업업무추진비) ③ 세금과공과금 　　　　　④ 보험료	3
14	**평가문제 [거래처원장 조회]** 12월 말 현재 각 계정과목의 거래처별 잔액이 옳지 않은 것은? ① 108.외상매출금 　(99700.우리카드) 　　　110,000원 ② 251.외상매입금 　(00104.(주)대한상사) 15,300,000원 ③ 253.미지급금 　　(99605.농협카드) 　　5,610,000원 ④ 261.미지급세금 　(03100.서대문세무서) 2,283,000원	3
15	**평가문제 [현금출납장 조회]** 2월 말 현금 잔액은 얼마인가?	3
16	**평가문제 [합계잔액시산표 조회]** 3월 말 현재 '외상매입금' 잔액은 얼마인가?	3
17	**평가문제 [합계잔액시산표 조회]** 7월 말 현재 '선수금' 잔액은 얼마인가?	3
18	**평가문제 [손익계산서 조회]** 1월 ~ 9월 발생한 '판매비와관리비'의 전기(4기) 대비 증감내역이 옳지 않은 것은? ① 보험료 1,340,000원 증가 　　　② 운반비 300,000원 감소 ③ 도서인쇄비 110,000원 증가 　　④ 수수료비용 1,600,000원 증가	3
19	**평가문제 [손익계산서 조회]** 당기에 발생한 '상품매출원가' 금액은 얼마인가?	3
20	**평가문제 [재무상태표 조회]** 12월 말 현재 '미수금' 잔액은 얼마인가?	3

번호	평가문제	배점
21	**평가문제 [재무상태표 조회]** 12월 말 현재 '선급비용' 잔액은 얼마인가?	3
22	**평가문제 [재무상태표 조회]** 12월 말 현재 '비유동부채' 금액은 얼마인가?	3
23	**평가문제 [재무상태표 조회]** 12월 말 '이월이익잉여금(미처분이익잉여금)' 잔액은 얼마인가? ① 454,388,690원　　　　　　　② 455,168,690원 ③ 457,520,300원　　　　　　　④ 458,600,000원	2
24	**평가문제 [영수증수취명세서 조회]** [영수증수취명세서(1)]에 작성된 3만원 초과 거래분 중 '12.명세서제출 대상' 금액은 얼마인가?	4
25	**평가문제 [부가가치세신고서 조회]** 제2기 예정(7월 1일~9월 30일) 신고기간 부가가치세신고서의 '그밖의공제매입세액명세(14번란)_신용카드매출전표수취/고정(42번란)' 금액(공급가액)은 얼마인가?	4
26	**평가문제 [세금계산서합계표 조회]** 제2기 예정 신고기간의 매출 전자세금계산서의 공급가액은 얼마인가?	4
27	**평가문제 [고정자산관리대장 조회]** 비품의 당기말상각누계액은 얼마인가?	2
28	**평가문제 [예적금현황 조회]** 3월 말 현재 은행별 보통예금 잔액으로 옳은 것은? ① 국민은행(당좌)　55,000,000원　　② 국민은행(보통)　249,600,000원 ③ 기업은행(보통)　45,230,000원　　④ 우리은행(보통)　52,600,000원	3
29	**평가문제 [받을어음현황 조회]** 만기일이 20x1년 1월 1일 ~ 20x1년 3월 31일에 해당하는 '받을어음'의 미보유 합계금액은 총 얼마인가?	3
30	**평가문제 [지급어음현황 조회]** 20x1년 5월에 만기일이 도래하는 '지급어음'의 거래처 코드 5자리를 입력하시오.	3
	총 점	62

| 평가문제 | 회계정보분석 (8점) |

회계정보를 조회하여 [회계정보분석] 답안을 입력하시오.

31. 손익계산서 조회 (4점)

매출액순이익률이란 매출액에 대한 당기순이익의 비율을 보여주는 지표이다. (주)스마토리의 전기 매출액순이익률을 계산하면 얼마인가?(단, 소숫점 이하는 버림 할 것.)

$$매출액순이익률(\%) = \frac{당기순이익}{매출액} \times 100$$

① 30% ② 35%
③ 38% ④ 42%

32. 재무상태표 조회 (4점)

유동비율이란 기업의 단기 지급능력을 평가하는 지표이다. (주)스마토리의 전기 유동비율은 얼마인가?(단, 소숫점 이하는 버림 할 것.)

$$유동비율(\%) = \frac{유동자산}{유동부채} \times 100$$

① 470% ② 492%
③ 514% ④ 529%

실무이론평가

1	2	3	4	5	6	7	8	9	10
③	①	②	②	④	③	①	①	③	②

01 (차) 당좌예금(자산의 증가)　　　　XXX　　(대) 받을어음(자산의 감소)　　　　XXX

02 손익계산서는 **경영성과**를 나타낼 뿐 아니라 기업의 **미래현금흐름과 수익창출능력 등의 예측**에 유용한 정보를 제공한다.

03 (차) 현　　　　금　　1,400,000원　　(대) 상품매출　　　　3,000,000원
　　　받 을 어 음　　　600,000원
　　　외상매출금　　1,000,000원

　　매출채권 금액 = 받을어음(600,000) + 외상매출금(1,000,000) = 1,600,000원

04 (가) 도서인쇄비, (나) 접대비(기업업무추진비)

05 매도가능증권의 **취득원가는 취득금액과 취득수수료의 합계**이다. 액면금액은 취득원가와 관련이 없다.
　　매도가능증권의 취득원가 = (700주 × 8,000원) + 560,000원 = 6,160,000원

06 감가상각비 = 취득가액(5,000,000) ÷ 내용연수(5년) = 1,000,000원/년
　　감가상각누계액(x2.6.30) = 연 감가상각비(1,000,000) × 2.5년 = 2,500,000원
　　처분손익 = 처분가액(2,700,000) - 장부가액(5,000,000 - 2,500,000) = +200,000원(이익)

　　(차) 현금　　　　　　　　2,700,000원　　(대) 기계장치　　　　　5,000,000원
　　　　감가상각누계액　　2,500,000원　　　　유형자산처분이익　　200,000원

07 **토지와 건설중인자산은 감가상각자산의 대상이 아니다.**

08 **국가와 지방자치단체는 부가가치세법상 사업자**에 해당한다.

09 ① 현금판매 : **재화가 인도되거나 이용가능**하게 된 때
　　② 재화의 공급으로 보는 가공 : **가공된 재화를 인도**하는 때
　　④ 공급단위를 구획할 수 없는 용역의 계속적 공급 : **대가의 각 부분을 받기로 한 때**

10 과세표준 = 외상판매액(15,000,000) + 할부판매액(5,300,000원) = 20,300,000원
　　견본품의 제공은 재화의 공급이 아니고, 토지매각은 면세에 해당된다.

실무수행평가

실무수행 1. 기초정보관리의 이해

① 거래처별 초기이월
- 지급어음 정보 입력

코드	거래처명	만기일자	어음번호	금액
30132	(주)세교상사	20x1-05-31	00420231130123456789	5,000,000

지급어음 상세등록
1. 지급은행　98000　국민은행(당좌)
　역삼　지점
2. 발행일자　20x1-11-30
3. 어음종류　4.전자

② 전기분 손익계산서의 입력수정
1. [전기분 손익계산서]
  - 812.여비교통비 15,000,000원을 1,500,000원으로 수정
  - 998.법인세등 2,800,000원을 추가입력
2. [전기분 이익잉여금처분계산서]
  - 처분확정일 20x1년 2월 28일 수정입력

실무수행 2. 거래자료 입력

① 기타 일반거래 [일반전표입력] 1월 10일

　(차) 세금과공과금　　　　　　　　10,000원　(대) 현금　　　　　　　　10,000원

② 3만원초과 거래에 대한 영수증수취명세서 작성
1. [일반전표입력] 2월 20일

　(차) 운반비(판)　　　　　　　　40,000원　(대) 현금　　　　　　　　40,000원

2. [영수증수취명세서] 작성
(1) 영수증 수취명세서(2)

	거래일자	상 호	성 명	사업장	사업자등록번호	거래금액	구분	계정코드	계정과목	적요
□	20x1-01-25	화영마트	김화영	서울특별시 서대문구 충정	119-92-10506	200,000		830	소모품비	
□	20x1-03-22	과자세상	이세상	서울특별시 서대문구 충정	104-81-17480	500,000		813	접대비(기업업무추진b	
□	20x1-05-17	이성천	이성천		770219-1785415	150,000	18	811	복리후생비	
□	20x1-02-02	24퀵서비스	최재수	서울특별시 은평구 서오릉	120-34-11112	40,000		824	운반비	

569

(2) 영수증 수취명세서(2)

1. 세금계산서, 계산서, 신용카드 등 미사용내역			
9. 구분	3만원 초과 거래분		
	10. 총계	11. 명세서제출 제외대상	12. 명세서제출 대상(10-11)
13. 건수	4	1	3
14. 금액	890,000	150,000	740,000

③ 증빙에 의한 전표입력 [일반전표입력] 3월 15일

 (차) 선급비용　　　　　　　　　580,000원　　(대) 보통예금(우리은행(보통))　　580,000원

④ 약속어음 배서양도 [일반전표입력] 3월 18일

 (차) 외상매입금((주)대한상사)　6,000,000원　(대) 받을어음((주)아이폰마켓)　6,000,000원
 [받을어음 관리]

어음상태	3 배서	어음번호	00420240120123456789	수취구분	1 자수	발 행 일	20x1-01-20	만 기 일	20x1-03-20
발 행 인	04520	(주)아이폰마켓		지급은행	100 국민은행			지 점	서대문
배 서 인		할인기관		지 점		할인율 (%)		어음종류	6 전자
지급거래처	00104	(주)대한상사		* 수령된 어음을 타거래처에 지급하는 경우에 입력합니다.					

⑤ 통장사본에 의한 거래입력 [일반전표입력] 3월 29일

 (차) 보통예금(기업은행(보통))　330,000원　(대) 선수금((주)갤럭시세상)　　330,000원

실무수행 3. 부가가치세

① 과세매출자료의 전자세금계산서발행

1. [매입매출전표입력] 7월 5일

거래유형	품명	공급가액	부가세	거래처	전자세금
11.과세	휴대폰 필름	6,000,000	600,000	(주)앤텔레콤	전자발행
분개유형	(차) 선수금	1,000,000원	(대) 상품매출		6,000,000원
3.혼합	외상매출금	5,600,000원	부가세예수금		600,000원

2. [전자세금계산서 발행 및 내역관리] 기출문제 77회 참고

② 매입거래 [매입매출전표입력] 7월 20일

거래유형	품명	공급가액	부가세	거래처	전자세금
51.과세	컨설팅 수수료	1,500,000	150,000	미래회계법인	전자입력
분개유형	(차) 수수료비용(판)	1,500,000원	(대) 보통예금		1,650,000원
3.혼합	부가세대급금	150,000원	(우리은행(보통))		

③ 매출거래 [매입매출전표입력] 7월 30일

거래유형	품명	공급가액	부가세	거래처	전자세금
17.카과	휴대폰 가죽지갑	100,000	10,000	이민우	
분개유형	(차) 외상매출금	110,000원	(대) 상품매출		100,000원
4.카드(외상)	(우리카드)		부가세예수금		10,000원

④ 매입거래 [매입매출전표입력] 8월 10일

거래유형	품명	공급가액	부가세	거래처	전자세금
54.불공	화장품세트	2,000,000	200,000	(주)에스스킨	전자입력
불공제사유	9. 접대비 관련 매입세액				
분개유형	(차) 접대비(판)	2,200,000원	(대) 보통예금		2,200,000원
3.혼합	(기업업무추진비)		(우리은행(보통))		

⑤ 매입거래 [매입매출전표입력] 9월 8일

거래유형	품명	공급가액	부가세	거래처	전자세금
57.카과	냉난방기	1,200,000	120,000	쿠팡(주)	
분개유형	(차) 비품	1,200,000원	(대) 미지급금		1,320,000원
4.카드(혼합)	부가세대급금	120,000원	(농협카드)		

[고정자산등록] 212.비품, 1001, 냉난방기, 취득일 : 20x1 - 09 - 08

6 부가가치세신고서에 의한 회계처리 [일반전표입력] 8월 5일

| (차) 보통예금(우리은행(보통)) | 302,000원 | (대) 미수금(서대문세무서) | 302,000원 |

- 6월 30일 조회

| (차) 부가세예수금 | 5,578,000원 | (대) 부가세대급금 | 5,870,000원 |
| 미수금(서대문세무서) | 302,000원 | 잡이익 | 10,000원 |

실무수행 4. 결산

1 수동결산 및 자동결산

1. 수동결산 및 자동결산

[일반전표입력] 12월 31일

| (차) 장기차입금 | 50,000,000원 | (대) 유동성장기부채 | 50,000,000원 |
| (신한은행(차입금)) | | (신한은행(차입금)) | |

[결산자료입력] 1월 ~ 12월

- 기말상품재고액 28,000,000원을 입력한다.
- 상단부 전표추가(F3) 를 클릭하면 [일반전표입력] 메뉴에 분개가 생성된다.

| (차) 상품매출원가 | 215,187,000원 | (대) 상품 | 215,187,000원 |

상품매출원가 = 기초재고액(25,000,000) + 당기매입액(218,187,000) - 기말재고액(28,000,000)
= 215,187,000원

2. [재무제표 등 작성]

- 손익계산서 ➜ 이익잉여금처분계산서(처분일 입력 후 '전표추가' 클릭 ➜ 재무상태표를 조회 작성한다.

평가문제. 실무수행평가 (62점)

번호	평가문제	배점	답
11	**평가문제 [일/월계표 조회]**	4	(111,190,000)원
12	**평가문제 [일/월계표 조회]**	3	(24,410,000)원
13	**평가문제 [일/월계표 조회]**	3	②

번호	평가문제	배점	답
14	평가문제 [거래처원장 조회]	3	②
15	평가문제 [현금출납장 조회]	3	(39,174,000)원
16	평가문제 [합계잔액시산표 조회]	3	(65,170,000)원
17	평가문제 [합계잔액시산표 조회]	3	(830,000)원
18	평가문제 [손익계산서 조회]	3	④
19	평가문제 [손익계산서 조회]	3	(215,187,000)원
20	평가문제 [재무상태표 조회]	3	(6,123,000)원
21	평가문제 [재무상태표 조회]	3	(700,000)원
22	평가문제 [재무상태표 조회]	3	(40,000,000)원
23	평가문제 [재무상태표 조회]	2	①
24	평가문제 [영수증수취명세서 조회]	4	(740,000)원
25	평가문제 [부가가치세신고서 조회]	4	(1,200,000)원
26	평가문제 [세금계산서합계표 조회]	4	(86,020,000)원
27	평가문제 [고정자산관리대장 조회]	2	(180,400)원
28	평가문제 [예적금현황 조회]	3	③
29	평가문제 [받을어음현황 조회]	3	(17,000,000)원
30	평가문제 [지급어음현황 조회]	3	(30122)
총 점		62	

평가문제. 회계정보분석 (8점)

31. 재무상태표 조회 (4점)

① (92,590,000원/300,000,000원)×100≒30%

32. 손익계산서 조회 (4점)

② (518,830,000원/105,430,000원)×100≒492%

저자약력

- **김영철** 세무사
  - · 고려대학교 공과대학 산업공학과
  - · 한국방송통신대학 경영대학원 회계세무전공
  - · (전)POSCO 광양제철소 생산관리부
  - · (전)삼성 SDI 천안(사) 경리/관리과장
  - · (전)강원랜드 회계팀장
  - · (전)코스닥상장법인CFO(ERP. ISO추진팀장)
  - · (전)농업진흥청/농어촌공사/소상공인지원센타 세법·회계강사

2025 로그인 FAT 1급
회계정보처리(Financial Accounting Technician)

10판 발행 : 2025년 1월 31일

저   자 : 김 영 철

발 행   인 : 허 병 관

발 행   처 : 도서출판 어울림

주   소 : 서울시 영등포구 양산로 57-5, 1301호 (양평동3가)

전   화 : 02-2232-8607, 8602

팩   스 : 02-2232-8608

등   록 : 제2-4071호

Homepage : http://www.aubook.co.kr

ISBN   978-89-6239-958-5   13320   정 가 : 26,000원

저자와의
협의하에
인지생략